東洋古典譯註叢書 119

譯註 二程全書 7

著者 程顥·程頤
책임번역 崔錫起
공동번역 姜導顯
현토감수 吳圭根

전통문화연구회

飜譯委員

企劃編輯 東洋古典飜譯編輯委員會
飜譯研究管理 朴相水
責任飜譯 崔錫起
共同飜譯 姜導顯
懸吐監修 吳圭根
潤　　文 李承俊
校　　訂 李承俊
編輯出版 白俊哲
裝　　幀 김진디자인

圖書管理

事業管理 權源吾
弘報管理 李和春
普　　及 申洋先
古典情報化 安成守

東洋古典譯註叢書를 발간하면서

우리의 古典國譯事業은 민족문화 진흥의 기초사업으로 1960년대부터 政府 支援으로 古文獻 現代化 작업을 추진하여 많은 成果를 거두었다. 당시 이 사업 추진의 先行課題로 東洋古典이라 일컬어지는 중국의 基本古典을 먼저 飜譯하여야 한다는 學界의 주장이 있었음에도 불구하고 우리 고전이 아니라는 일부의 偏狹한 視角과 財政 事情 등으로 인하여 배제되어 왔다.

전통적으로 중국의 기본고전은 우리 歷史와 함께 숨쉬며 각종 교육기관의 教科書로 활용됨은 물론이고 지식인들의 必讀書가 되어 왔으며, 우리 文化의 基底에 자리잡고 거의 모든 방면의 體系와 根幹을 형성하여 왔다. 그래서 학문연구의 기본서 역할을 해 왔을 뿐만 아니라 오늘날에도 우리의 國學徒 및 東洋學 研究者들에게 같은 역할을 하고 있음은 주지의 사실이다. 그럼에도 불구하고 中國古典은 우리 것이 아니라 하여 專門機關의 飜譯對象에 포함하지 않음으로써, 대부분 原典에서의 직접 번역이 아닌 重譯이나 拔萃譯의 방식이 주를 이루면서 教養水準으로 出版되어 왔다.

오늘날 東洋 三國 중에서 우리의 東洋學 연구가 가장 부진한 이유는, 東洋基本古典에 대한 폭넓은 이해의 부족과 漢文古典 讀解力의 저하에 기인함을 우리는 솔직히 인정하여야 한다. 따라서 이들 중국고전에 대한 신뢰할 만한 國譯이 이루어지는 것이 한국학 연구를 촉진시키는 시급한 先行課題라 할 수 있다.

이에 韓國學 및 東洋學의 연구와 古典現代化의 基盤構築을 위해서는, 전문기관으로 하여금 동양고전을 단기간에 각 분야의 專門 研究者와 漢學者가 상호 협동하여 연구번역하여 飜譯의 傳統性과 效率性, 研究의 專門性을 높일 수 있도록 政策的 配慮가 있어야 한다.

이에 本會에서는 元老 및 中堅 漢學者와 斯界의 專攻者로 하여금 協同研究飜譯하여 공부하는 사람들이 믿고 引用하거나 깊이 있는 註釋 등을 활용할 수 있게 하고, 知識人들의 敎養을 증진시켜 줄 수 있는 東洋古典의 國譯書 간행을 지속적으로 추진해 왔다. 근래에 다행히 이 사업에 대하여 각계 지도층의 폭넓은 이해와 지원에 힘입어 2001년도부터 國庫補助를 받아 東洋古典譯註叢書를 간행하게 되었다. 이를 계기로 우리 先學의 註釋과 見解를 반영하는 등 국역사업의 內實을 기하게 되었음을 이 자리를 빌어 衷心으로 감사드리며, 아울러 國譯에 參與하신 관계자 여러분의 勞苦에 깊은 謝意를 표한다.

끝으로 우리의 이러한 작업은 오랜 역사 위에 축적된 先賢들의 業績과 現代學問을 이어주는 튼튼한 架橋와 礎石이 되어 진정한 韓國學과 東洋學 발전에 기여할 것을 굳게 믿으며, 21세기를 우리 文化의 世紀로 열어 가는 밑거름이 되도록 우리의 力量을 本 事業에 경주하고자 한다. 江湖諸賢의 부단한 관심과 지원을 기대해 마지않는다.

社團法人 傳統文化研究會 理事長 李啓晃

凡 例

1. 본서는 ≪譯註 二程全書≫의 제7책이다.
2. 본서의 底本은 ≪二程全書≫(徐必達 校, 서울대 규장각 奎中 1470)이며, ≪二程全書≫(서울대 규장각 一簑古 181.1-j463i, 이하 '一簑古本'으로 약칭)와 ≪二程全書≫(국립중앙도서관 일산古3745-50, 이하 '國中本'으로 약칭)와 ≪二程集≫(王孝魚 點校, 中華書局, 1981, 이하 '中華書局本'으로 약칭) 등을 참고하였다.
3. 底本에서 校勘에 참고한 書目의 略稱은 初本·胡本·元本·陳本·時本·昭遠本·吳本·趙本·羅本으로, ≪遺書≫와 ≪外書≫의 目錄에 의하면 胡本은 胡安國(1074~1138)의 家本이고, 陳本은 陳淵(?~1145)의 기록이고, 時本은 時紫芝(?~?)의 기록이고, 羅本은 羅從彦(1072~1135)의 기록이며, 나머지는 자세하지 않다.
4. 본서는 원전의 傳統性과 번역의 現代性을 구현하기 위해 노력하였다.
5. 原文은 저본의 체제에 따라 단락을 구분하고, 각 단락마다 일련번호를 부여하였다.
6. 原文에는 우리나라 전통 방식으로 懸吐하고, 小註에는 標點하였다.
7. 번역은 原義에 충실하게 하되, 이해가 어려운 부분은 意譯 또는 補充譯을 하였다.
8. 번역문은 한글과 한자를 혼용하였으며, 맞춤법과 띄어쓰기는 한글 맞춤법과 표준어 규정을 따르는 것을 원칙으로 하였다.
9. 譯註는 인용문의 出典, 故事, 역사적 사건, 전문용어, 人物, 制度, 難解語, 校勘 등에 관한 사항을 밝혔다.
10. 校勘은 원문의 誤字, 脫字, 衍字, 倒文 등을 대상으로 하였으며, 校勘의 근거는 譯註에서 밝혔다.
11. 본서의 校勘에 사용된 符號는 다음과 같다.

( )〔 〕: (저본의 誤字)〔교감한 正字〕

〔 〕: 저본의 脫字 보충

( ): 저본의 衍字 삭제

12. 본서에 사용된 주요 符號와 略號는 다음과 같다.

“ ”: 引用, 對話

‘ ’: “ ” 안의 再引用, 對話, 强調

「 」: ‘ ’ 안의 再引用, 對話, 强調

( ): 원문에서는 讀音이 특수한 글자나 僻字의 音, 번역문에서는 간단한 譯註

〔 〕: 번역문과 뜻은 같으나 音이 다른 漢字 및 字句, 譯註에서 인용하여 번역한 原文

≪ ≫: 書名, 典據

〈 〉: 篇章名, 作品名, 補充譯

○ : 저본에 사용된 단락 구분 표시 遵用

13. 본서에 사용된 標點은 다음과 같다.

, : 한 문장 안에서 句나 節의 구분이 필요한 곳

. : 문장의 종결

· : 대등한 명사나 구절의 병렬

“ ”: 1차 인용, 대화

‘ ’: 2차 인용, 대화, 강조

「 」: 3차 인용, 대화, 강조

目次

東洋古典譯註叢書를 발간하면서

凡　例

二程全書 卷54

明道先生文 一

명·시　銘·詩

안락정명　顔樂亭銘 / 13

鄠縣의 산을 유람하며 지은 시 12수　遊鄠縣山詩十二首 / 15

白雲邑으로 가는 길에　白雲道中 / 18

말 위에서 우연히 짓다　馬上偶成 / 18

紫閣山을 유람하며　遊紫閣山 / 18

원숭이　獼猴 / 19

고관곡　高觀谷 / 19

草堂寺　草堂 / 20

長嘯洞 바위틈에서 얼음을 발견하여 돌로 깨서 먹으니 맛이 매우 좋았다　長嘯巖中得冰 以石敲餐甚佳 / 20

重雲寺를 유람하며 遊重雲 / 20

長嘯洞 북쪽에서 머리를 돌려 大頂峰을 바라볼 적에는 마치 병풍을 펼쳐놓은 듯하더니, 산 앞에 이르자 도리어 보이지 않으니 아마도 仙掌峰에 가려졌기 때문일 것이다 長嘯洞北 回望大頂 如列屛幛 比到山前 却不見 蓋爲仙掌所蔽 / 21

능소 세 봉우리　凌霄三峰 / 21

운제산　雲際山 / 22

하산하다 우연히 짓다　下山偶成 / 22

이 유람에서 小松과 黃楊을 각각 4그루씩 얻어 관아의 서쪽 창 아래 심고 절구 5수를 재미삼아 지어 邑令 張寺丞에게 올리다 是遊也 得小松黃楊各四本 植於公署之西窗 戲作五絶 呈邑令張寺丞 / 22

우연히 짓다　偶成 / 23

교외를 거닐며 즉흥적으로 짓다　郊行卽事 / 24

白徑嶺을 내려가며 郎中 孔周翰(孔宗翰)에게 먼저 부치다 下白徑嶺 先寄孔周翰郎中 / 24

봄날 강가에서　春日江上 / 25

淮南寺에 쓰다　題淮南寺 / 25

도화국　桃花菊 / 26

이른 아침의 추위　早寒 / 26

맑게 갠 날 들판을 걷다 2수　新晴野步 二首 / 27

중추절 보름달　中秋月 / 28

동이에 핀 연꽃 2수　盆荷 二首 / 28

장기 놀이 象戲 / 29

9일 張子直을 방문하였는데 꽃구경을 나갔다는 말을 듣고서 장난삼아 學舍에 쓰다 5수 九日訪張子直 承出看花 戲書學舍 五首 / 29

장난삼아 짓다 戲題 / 30

王求甫에게 쇠로 만든 如意杖을 주다 贈王求甫鐵如意 / 31

아버지의 〈早寒〉 시에 화답하다 和家君早寒之什 / 31

풀을 읊은 것에 화답하다 和詠草 / 32

邵堯夫의 〈打乖吟〉에 화답하다 2수 和邵堯夫打乖吟 二首 / 32

堯夫의 〈首尾吟〉에 화답하다 和堯夫首尾吟 / 34

堯夫의 西街를 노래한 시에 화답하다 2수 和堯夫西街之什 二首 / 34

月陂를 유람하다 遊月陂 / 35

가을날 우연히 짓다 2수 秋日偶成 二首 / 36

少卿을 대신하여 王 宣徽가 崇福宮을 유람하며 지은 시에 화답하다 代少卿和王宣徽遊崇福宮 / 37

王安之에게 화답하다 5수 和王安之五首

소원 小園 / 38

야헌 野軒 / 39

오정 汚亭 / 39

약헌 藥軒 / 39

만휘정 晩暉亭 / 40

〈花庵〉 시에 화답하다 和花庵 / 40

張子直이 새로운 시 한 축을 보여주었는데, 우연히 四韻詩를 지어 사례하다 子直示以新詩一軸 偶爲四韻奉謝 / 40

여러 공의 梅臺 시에 화답하다 和諸公梅臺 / 41

하루 뒤에 다시 화답하다 後一日再和 / 41

河陽으로 부임하는 呂晦叔을 보내며 送呂晦叔赴河陽 / 42

司馬君實에게 주다 贈司馬君實 / 42

張子厚 선생을 곡하다 哭張子厚先生 / 42

陸子履를 모시고 白石寺와 萬固寺를 유람하다 陪陸子履遊白石萬固 / 43

陳公의 정원에서 修禊한 일을 그 자리에서 읊다 陳公廙園修禊事席上賦 / 45

봄눈 春雪 / 46

늦봄 晩春 / 48

서호 西湖 / 49

환취정 環翠亭 / 49

韓持國 資政이 호숫가에서 홀로 마시며 보내온 시에 답하다 酬韓持國資政湖上獨酌見贈 / 50

二程全書 卷55

明道先生文 二

표・소

大殿에 올리는 箚子 上殿劄子 / 51

학교 제도를 정비하고 師表가 되는 儒者를 존중하고 士를 취할 것을 청하는 箚子 請修學校尊師儒取士劄子 / 53

王道와 霸道를 논하는 箚子 論王霸劄子 / 59

열 가지 사안을 논하는 箚子 論十事劄子 / 62

어진 이를 기를 것을 논하는 箚子 論養賢劄子 / 70

張載의 留任을 청하는 狀 乞留張載狀 / 72

新法에 대해 간하는 상소 諫新法疏 / 73

재차 올리는 상소 再上疏 / 75

西京提刑을 사직하는 奏狀 辭西京提刑奏狀 / 77

澶州簽判에 사은하는 表文 謝澶州簽判表 / 79

二程全書 卷56

明道先生文 三

서 · 기 · 제문 · 행장 書 · 記 · 祭文 · 行狀

橫渠 張子厚 선생에게 답한 편지 答橫渠張子厚先生書 / 81
진성현령제명기 晉城縣令題名記 / 84
彭 侍郎에 대한 제문 祭彭侍郎文 / 85
富鄭公에 대한 제문 祭富鄭公文 / 87
戶部侍郎으로 致仕한 故 彭公의 행장 故戶部侍郎致仕彭公行狀 / 89

二程全書 卷57

明道先生文 四

묘지 墓誌

程邵公의 묘지 程邵公墓誌 / 104
程 殿丞의 묘지명 程殿丞墓誌銘 / 106
李 寺丞의 묘지명 李寺丞墓誌銘 / 110
程 郎中의 묘지 程郎中墓誌 / 115
澶娘의 묘지 澶娘墓誌 / 120
邵堯夫 先生의 묘지명 邵堯夫先生墓誌銘 / 122
華陰 侯先生의 묘지명 華陰侯先生墓誌銘 / 127

二程全書 卷58

明道先生文 五

南廟試에서 지은 〈佚道使民賦〉 南廟試佚道使民賦 / 138
南廟試에서 지은 〈九敍惟歌論〉 南廟試九敍惟歌論 / 140
南廟試에서 지은 다섯 가지 對策 南廟試策五道
제1도 第一道 / 145
제2도 第二道 / 149
제3도 第三道 / 156
제4도 第四道 / 159
제5도 第五道 / 161

二程全書 卷59

伊川先生文 一

상서 上書

仁宗皇帝에게 올린 글 上仁宗皇帝書 / 165
彭思永을 대신하여 英宗皇帝께 올린 濮王의 典禮를 논하는 상소 代彭思永上英宗皇帝論濮王典禮疏 / 179
家君을 위해 詔命에 응하여 英宗皇帝께 올리는 글 爲家君應詔上英宗皇帝書 / 186
家君을 위해 神宗皇帝께 올린 薄葬을 논하는 글 爲家君上神宗皇帝論薄葬書 / 209
呂公著를 대신해서 詔命에 응하여 神宗皇帝께 올리는 글 代呂公著應詔上神宗皇帝書 / 214
富弼을 대신하여 神宗皇帝께 올린 永昭陵에 대해 논하는 疏 代富弼上神宗皇帝論永昭陵疏 / 223

二程全書 卷60

伊川先生文 二

표 · 소 表 · 疏

西京 國子監 敎授의 사직을 청하는 表 辭免西京國子監敎授表 / 228
재차 사직을 청하는 表 再辭免表 / 229
館職의 사직을 청하는 狀 辭免館職狀 / 230
재차 大殿에 나아가 經筵의 일을 논하기를 청하는 箚子 乞再上殿論經筵事箚子 / 230
貼黃 / 232
貼黃 / 232

經筵에 대해 논하는 첫 번째 箚子 論經筵第一劄子 / 232
貼黃 / 234
두 번째 箚子 第二 / 235
貼黃 / 236
세 번째 箚子 第三 / 236
貼黃 / 238
貼黃 / 238
崇政殿 說書의 사직을 청하는 表 辭免崇政殿說書表 / 238
재차 사직을 청하는 狀 再辭免狀 / 240
六參日에 大殿에 나아갈 것을 청하는 箚子 乞六參日上殿劄子 / 241
太皇太后께 올리는 글 上太皇太后書 / 242
判登聞鼓院의 사직을 청하는 奏狀 辭免判登聞鼓院奏狀 / 255
貼黃 / 256
재차 사직을 청하는 狀 再辭免狀 / 256
冬至에 稱賀하는 것을 논하는 箚子 論冬至稱賀箚子 / 257
貼黃 / 258
다시 太皇太后께 올리는 疏 又上太皇太后疏 / 258
넓고 시원한 곳으로 가서 강독할 것을 청하는 奏狀 乞就寬涼處講讀奏狀 / 261
貼黃 / 262
貼黃 / 262
다시 太皇太后께 올리는 글 又上太皇太后書 / 262
음악을 연주하고 御宴을 베푸는 것을 논하는 奏狀 論開樂御宴奏狀 / 270
고향으로 돌아가기를 청하는 첫 번째 狀 乞歸田里第一狀 / 271
貼黃 / 272
두 번째 狀 第二狀 / 273
세 번째 狀 第三狀 / 274
致仕를 청하는 첫 번째 狀 乞致仕第一狀 / 275
두 번째 狀 第二狀 / 276
喪을 마친 뒤에 제수된 直祕閣 判西京國子監의 사직을 청하는 狀 辭免服除直祕閣判西京國子監狀 / 278
재차 사직을 청하는 表 再辭免表 / 280
貼黃 / 283
貼黃 / 283
管勾崇福宮에 제수된 것에 사은하는 狀 謝管勾崇福宮狀 / 284
河南府에 보고하여 의원을 찾기를 청하는 狀 申河南府乞尋醫狀 / 285
재차 直秘閣 判監에 제수된 것에 사직을 청하는 狀 辭免再除直秘閣判監狀 / 285
재차 사직을 청하는 狀 再辭免狀 / 287
復官된 것에 사은하는 表 謝復官表 / 289

〔附 錄〕

1. ≪二程全書 7≫ 參考書目 / 293
2. ≪二程全書≫ 解題(QR) / 301
3. ≪二程全書≫ 總目次(QR) / 301
4. 二程 年譜(QR) / 301

譯註 二程全書 7

二程全書 卷54

明道先生文 一

明 後學 嘉興 徐必達 校正

명・시 銘・詩

안락정명 顔樂亭銘①

① 孔周翰[1]을 위해 짓다.
爲孔周翰作.

하늘이 인류를 낳은 뒤에	天之生民에
이분이 만물의 법칙이 되셨으니	是爲①物則이니
이분을 배우지 않고 스승 삼지 않으면	非學非師어든
어떻게 깨달으며 어떻게 이치를 알리	孰覺孰識이리오
聖人과 賢人을 분별하는 것은	聖賢之分은
예로부터 분명히 알기 어렵지만	古難其明이나
孔子 같은 성인을 만나서	有孔之遇하여
顔子[2] 같은 분이 있게 되었네	有顔之②生이라
성인은 도리로써 교화하고	聖以道化하고
현인은 도를 배워서 행하니	賢以學行하니
만세토록 사람들의 마음과 눈이	萬世心目이
혼매함을 타파하고 깨어나게 되었네	破昏爲醒이라

1) 孔周翰 : 孔宗翰(1029~1088)으로, 周翰은 그의 자이다. 曲阜 闕里 사람으로, 孔道輔의 차남이자 孔子의 46대손이다. 1059년에 진사시에 급제하여 仙源縣을 다스렸다. 宋 哲宗 초기에 司馬光의 추천으로 太常博士가 되었고, 이후 陵州通判・夔峽轉運判官・提點京東刑獄・司農少卿・鴻臚卿・刑部侍郎 등을 지냈다.
2) 顔子 : 孔子의 제자 顔回를 가리킨다.

저 闕里[3]를 두루 살펴보니	周爰闕里하니
안자가 예전에 살던 곳인데	惟顔舊止어늘
마을은 쇠락하여 숲이 우거지고	巷汚以榛하고
우물은 막혀서 무너져 내렸구나	井堙而圮라
고을 사람들은 어리석고 어리석어	鄕閭蚩蚩하여
도를 알지도 실천하지도 못하는데	弗視弗履어늘
우뚝 본보기가 된 이 그 누구인가	有卓其誰리오
선사 공자 문중의 후손이로다	師門之嗣로다
옛날의 도를 따르며 오늘날을 염려하여	追古念今하여
그 마음에 간절함이 있어서	有惻其心하여
선량한 상인을 잘 타일러서	良賈善諭하여
곳간을 열고 자금을 내게 했네	發帑出金이라
마을은 정비하여 새롭게 하고	巷治以闢하고
우물은 준설하여 물이 깊어지니	井渫而深하니
맑은 샘물은 만물을 윤택하게 하고	淸泉澤物하고
아름다운 나무는 그늘을 드리웠네	佳木成陰이라
터를 닦고 정자를 낙성하여	載基載落하여
顔樂亭이라 이름을 붙였네	亭曰顔樂이라
옛사람이 품었던 마음을	昔人有心을
내가 미루어 헤아려보네	予忖予度이라
지금부터 천 년 전에는	千載之上엔
안자가 오직 공자를 배웠고	顔惟③孔學하고
그로부터 백 세 뒤에는	百世之下엔
안자의 터에 공씨가 정자를 지었네	顔居孔作이라
성대한 덕이 널리 빛나고	盛德彌光이요
풍류가 날로 길어질 것이니	風流日長하리니
도가 끝없이 전해져서	道之無疆하여

3) 闕里 : 山東省 曲阜의 孔子가 살던 마을이다.

고금에 영원할 것이네 古今所常이리라
그 우물은 차마 없앨 수 없으며 水不忍廢요
그 땅은 차마 황폐하게 둘 수 없었으니 地不忍荒이니
아아, 그 바른 학문을 嗚呼正學을
그 어찌 잊을 수 있으랴 其何可忘이리오

①〈'爲'는〉 어떤 판본에는 '惟'로 되어 있다.
一作惟.
②〈'之'는〉 어떤 판본에는 '其'로 되어 있다.
一作其.
③〈'惟'는〉 어떤 판본에는 '爲'로 되어 있다.
一作爲.

鄠縣[4]의 산을 유람하며 지은 시 12수
遊鄠縣山詩十二首①

① 序文이 있다.
有序.

나는 어릴 때부터 秦 땅의 산은 기이한 곳이 많으며 有扈[5]를 점유한 곳은 더욱 빼어나다는 말을 들었으나, 유람하며 구경할 형편이 안 되는 것을 항상 한스러워하였다. 嘉祐 2년(1057) 비로소 과거에 응시하여 합격해 관직을 얻게 되어 마침내 吏曹에 청해 이 鄠邑에서 簿書를 주관하면서 구름 낀 산을 실컷 구경하여 평소의 지취를 보상받고자 하였다. 지금 부임한 지 거의 2년이 되었으나 중간에 공문서로 분주하여 밖에 나가 일한 것이 3분의 2이고, 나머지 3분의 1은 기한 안에 회계 장부를 작성하고 창고의 출납을 담당하느라 참으로 쉴 틈이 없었다. 오직 白雲邑 한 곳만은 호현의 산 앞쪽에 있어 가장 가까운 고을인지라 일찍이 틈을 타 두 번 가보았고, 그 나머지 아름

4) 鄠縣 : 陝西省 西安市 鄠縣(호현)을 가리킨다. 程顥가 27세 때 京兆府 鄠縣主簿로 부임하였다.
5) 有扈 : 鄠縣을 가리킨다. 夏나라 때 有扈氏의 나라가 鄠 땅에 있었다.

다운 곳은 모두 가볼 수 없었다. 처음의 마음이 변하여 泉石을 저버린 것이다.

가우 5년(1060) 2월 초하룻날 貳車[6] 晁公이 호현에 와서 여러 산을 유람한다는 소식을 들었다. 이에 앞서 조공이 함께 유람을 가자고 약속하였으나 探吏[7]를 만나 약속을 지키지 못하였다. 2일 아침에 조공이 편지로 알려와 비로소 공의 수레가 이미 草堂寺에 와 머물고 있다는 것을 알고서 白雲邑의 大夫 張君에게 달려갔다. 당시 산기슭에 있던 백성의 재산이 죄로 인해 관아에 몰수되어 경조부에서 공문을 보내 그 세납의 숫자를 헤아리라고 막 명하였기에, 그 일로 인하여 가기를 청하였다. 말을 채찍질하여 산에 이르자 조공은 이미 高觀谷[8]을 경유하여 紫閣山[9]에 올랐다가 돌아와 下院에서 쉬며 나를 기다린 지가 이미 한참이었다. 드디어 조공을 모시고 서쪽을 유람하여 李氏의 五花莊을 지나 못가에서 쉬었다가 밤에 白雲精舍에서 묵었다.

이튿날 아침 조공은 서쪽으로 향했고, 나는 다시 산을 따라 동쪽으로 紫閣山을 유람하고 南山[10]에 올라 仙掌峰을 바라보았다. 발길을 돌려 高觀谷에 이르러 石穴을 찾아보고 石潭을 살펴보고서 농지를 劃定한 것을 두루 살펴보았다. 花林과 水竹 사이를 거닐다가 밤에 草堂寺에서 머물렀다. 이날 저녁에 비가 올 듯한 기미가 서쪽 산으로부터 몰려와 처음에는 여러 곳을 두루 가볼 수 없으리라 염려하였으나 삽시간에 드디어 날이 개었다.

이튿날 아침 太平谷으로 들어가 重雲寺 下院에서 잠시 쉬었다. 태평곡으로 들어간 뒤로는 山水가 더욱 기이하고 빼어나 인간 세상이 아닌 듯했다. 돌길이 매우 험준하고 아래를 내려다보면 두려울 만하여 종종 바위를 밟으면 걸음걸이가 어지러워졌다. 長嘯洞으로 들어가 虎溪 서남쪽을 지나서 내려와 重雲寺에 이르렀고, 西閣을 돌아 鳳池를 찾아갔다가 雲頂峰·凌霄峰·羅漢峰 세 봉우리를 관망하였고, 東嶺에 올라 大頂峰에 쌓인 눈을 바라보았다. 다시 동북쪽으로 雲際山 아래의 깊은 시내로 내려오니, 물길 사이로 흰 돌이 깨끗하며 물소리가 맑고 시원하여 사랑할 만하였다. 바위에 앉아 물에 손을 적시고 연연하며 떠나지 못한 것이 한참이었다. 마침내 大定寺에서 묵

---

6) 貳車 : 京兆府尹을 보좌하는 副職을 말한다.
7) 探吏 : 奉命使臣의 가는 길을 탐문하는 아전을 말한다.
8) 高觀谷 : 陝西省 西安市 鄠縣에 있는 高冠峪을 가리키는 듯하다.
9) 紫閣山 : 陝西省 西安市 鄠縣에 있는 산이다. 원래 이름은 紫蓋山이며 紫閣峰·佛掌峰이라고도 한다.
10) 南山 : 陝西省 西安 남쪽의 終南山을 가리킨다. 太乙山·中南山·周南山·南山이라고도 한다.

었다.

이른 새벽에 上方[11]에 올라 해가 떠오르기를 기다렸다. 서쪽으로 藥山을 바라보고 북쪽으로 大頂峰을 바라보니 천 개의 봉우리와 만 개의 산등성이가 끝없이 눈앞에 펼쳐졌다. 하산할 적에 동쪽 시내를 따라 내려와 橫橋를 건너 다시 重雲寺 下院에서 잠시 쉬었다. 골짜기를 나와 太平宮 옛터를 둘러보고 돌아왔다. 말 위에서 생각나는 대로 읊조리다가 가끔 詩章을 이루었다. 입산할 때부터 돌아올 때까지 총 4일 동안 길고 짧은 시를 지은 것이 모두 12편인데, 우선 그대로 두어 유람한 순서대로 기록해 둔다.

僕自幼時로 已聞秦山多奇하며 占有區者는 尤復秀出이어늘 常恨遊賞無便이라 嘉祐二年에 始應擧得官하여 遂請于天官氏하여 願主簿書於是邑하며 爲厭飫雲山하여 以償素志라 今到官幾二年矣나 中間被符移奔走하여 外幹者三居其二요 其一則簿書期會와 倉廩出入으로 固無暇息이라 惟白雲特在山面하여 最爲近邑이라 常乘間兩至하고 其餘佳處는 都未得往이라 變化初心하여 辜負泉石이라 五年二月初吉에 聞貳車晁公來遊諸山이라 先是에 晁公見約同往이나 會探吏失期라 二日早에 晁公以書見命하여 始知車騎已留草堂하고 走白邑大夫張君이라 時民產有在山麓者가 以罪沒官하여 府符方命量其租入之數하여 因請以往이라 鞭馬至山하니 而晁公已由高觀登紫閣이라가 還憩下院하여 見待已久라 遂奉陪西遊하여 經李氏五花莊하여 息駕池上이라가 夜宿白雲精舍라 詰旦에 晁公西首하고 僕復竝山하여 東遊紫閣하고 登南山하여 望仙掌이라 回抵高觀谷하여 探石穴하고 窺石潭하고 因周視所定田이라 徜徉於花林水竹間이라가 夜止草堂이라 是晚에 雨氣自西山來하여 始慮不得徧詣諸境이나 一霎(삽)遂霽라 明旦에 入太平谷하여 憩(게)息於重雲下院이라 自入太平谷으로 山水益奇絶하여 殆非人境이라 石道甚巇하고 下視可悸하여 往往步亂石間이라 入長嘯洞하여 過虎溪西南하여 下至重雲하고 轉西閣하여 訪鳳池하고 觀雲頂凌霄羅漢三峰하고 登東嶺하여 望大頂積雪이라 復東北來雲際下深澗하니 白石磷磷於水間하며 水聲淸冷可愛라 坐石掬水하며 戀戀不能去者가 久之라 遂宿大定寺라 凌晨에 登上方하여 候日初上이라 西望藥山하고 北眺大頂하니 千峰萬巒이 目極無際라 下山緣東澗하여 渡橫橋하여 復憩於重雲下院이라 出谷遊太平宮故基而歸라 馬上率爾口語하여 往往成詩章이라 自入山으로 至歸히 凡四日에 得長短詠이 共十二篇으로 姑存之하여 以誌遊覽之次第云이라

---

11) 上方 : 높은 곳 또는 주지가 거주하는 방을 가리키는데, 여기서는 높은 곳을 지칭한다.

白雲邑으로 가는 길에 白雲道中

벼슬살이에 매인 몸은 질곡[12]과 같고　　吏身拘絆同疏屬이요
어두운 속안은 瞽矇[13]보다 심하네　　俗(服)〔眼〕[14]塵昏甚瞽矇(고몽)이라
종남산의 아름다운 산수를 저버리고　　辜負終南好泉石하고
한 해에 겨우 한 번 산중에 이르는구나　　一年一度到山中이라

말 위에서 우연히 짓다 馬上偶成

몸은 수고로우나 공무에는 보탬이 없고　　身勞無補公家事요
마음은 번잡하여 학업을 쇠퇴하게 하네　　心冗空令學業衰라
벼슬길은 험난하여 공업은 멀어지는데　　世路嶮巇功業遠이요
돌아가지도 못하니 사내답지 못하구나　　未能歸去不男兒라

紫閣山을 유람하며 遊紫閣山

선장봉이 멀리서 나를 손짓하여　　仙掌遠相招하여
구불구불 돌아 돌다리를 건너네　　縈紆度石橋라
어둑한 구름은 계곡 아래서 생겨나고　　暝雲生澗底하고
차가운 빗방울은 산중턱에 내리네　　寒雨下山腰라
신록의 나무들은 천 겹으로 가득하고　　樹色千層亂이요
파란 하늘은 구름장 사이로 아득하네　　天形一罅(하)遙라

---

12) 질곡 : 원문의 '疏屬'은 본래 산 이름인데 桎梏의 의미로 쓰인다. ≪山海經≫ 〈海內西經〉에 "貳負의 신하는 危라고 하는데 危와 貳負가 窫窳를 죽이자 帝가 그들을 疏屬의 산에다 묶어두면서 오른쪽 발에는 차꼬를 채우고 두 손은 반대로 머리와 함께 묶어 산 위의 나무에 매달아두었다.〔貳負之臣曰危 危與貳負殺窫窳 帝乃梏之疏屬之山 桎其右足 反縛兩手與髮 繫之山上木〕"라고 하였다.
13) 瞽矇 : 周나라 때 春官에 속한 官名으로, 맹인인 樂官을 말한다.
14) (服)〔眼〕 : 저본에는 '服'으로 되어 있으나, 中華書局本에 의거하여 '眼'으로 바로잡았다.

공무로 분주하여 오래 머물기 어려우니　　吏紛難久駐하니
고개 돌려 어부와 나무꾼을 부러워하네　　回首羨漁樵라

원숭이　獼猴①

① 산중의 승려가 말하기를 "晏元獻公[15]이 오자 원숭이가 산에 가득했습니다."라고 하였다.
山僧云 "晏元獻公來, 獼猴滿山."

듣자하니 원숭이는 성질이 자못 신령스러워　　聞說獼猴性頗靈하여
재상의 수레가 오면 온 산에서 맞이한다지　　相車來便滿山迎이라
여윈 말 타고 온 나를 어찌 나와 맞이하랴　　鞭羸到此何曾見하리오
짐승도 세상 물정과 같음을 비로소 깨달았네　　始覺毛蟲更世情이로다

고관곡　高觀谷

우레가 잇달아 울리며 앞 봉우리에 메아리쳐　　轟(굉)雷疊鼓響前峰하니
붉은 구름과 신록의 숲 속에서 들려오네　　來自彤(동)雲翠藹中이라
골짜기에 쌓인 음기가 이런 기상 형성하자　　洞壑積陰成氣象하니
귀신이 어둠을 타고 세찬 바람 몰아치네　　鬼神憑暗弄威風이라
벼랑에 흩뿌리는 비는 천 길 절벽을 적시고　　噴崖雨露千尋濕하고
바위에서 떨어지는 물방울은 점점이 붉구나　　落石珠璣萬顆紅이라
못에 규룡이 살더라도 발길 멈추기 어려우니　　縱有虬龍難駐足하니
지금은 가물 때 기우제 지낼 일이 아니기 때문　　還應不是旱時功이라

15) 晏元獻公 : 晏殊(991~1055)이다. 자는 同叔이고, 시호는 元獻으로, 臨川 사람이다. 일곱 살에 신동으로 이름이 나서 宋 眞宗의 부름을 받았으며, 同進仕出身을 하사받았다. 仁宗 때 參知政事·宰相兼樞密使를 역임하였고, 재상으로 있으면서 范仲淹·孔道輔·歐陽脩·富弼·楊察 등을 등용하였다.

草堂寺[16] 草堂①

① 절이 대나무 숲속에 있는데, 그 대나무는 거의 열 이랑쯤 되었다.
寺在竹林之心, 其竹蓋將十頃.

들쭉날쭉 전각이 신록의 숲속에 있는데　　參差臺殿綠雲中한대
사방의 왕대 사이로 한 줄기 길이 나 있네　　四面篔簹(운당)一徑通이라
일찍이 華陽眞人의 ≪眞誥≫[17]를 읽어보니　　曾讀華陽眞誥上하니
신선의 거처는 벽림궁[18]에 있다고 하였지　　神仙居在碧琳宮이라

長嘯洞 바위틈에서 얼음을 발견하여 돌로 깨서 먹으니 맛이 매우 좋았다 長嘯巖中得冰 以石敲餐甚佳

수레와 사람 모두 지쳐 갈증이 심했는데　　車倦人煩渴思長커늘
바위틈의 얼음덩어리 모난 옥처럼 깨끗하네　　巖中冰片玉成方이라
늙은 신선이 반기며 속세에서 오래 수고했다고　　老仙笑我塵勞久하고
雲膏[19]를 주면서 속세의 내장을 씻으라 하네　　乞與雲膏洗俗腸이라

重雲寺를 유람하며 遊重雲

속세 구속을 싫어한 지 오래라 온갖 생각 혼몽했는데　　久厭塵籠萬慮昏한대

---

16) 草堂寺 : 陝西省 西安市 鄠邑區 圭峰山 북쪽 산기슭에 위치한 사찰로, 중국 불교 三論宗의 발원지 중의 하나이다. 東晉 때 창건되었으며, 5호 16국 後秦의 황제 姚興이 인도 승려 鳩摩羅什을 이곳으로 맞이하여 초당을 짓고 불경을 번역하게 하여 초당사라는 이름을 얻었다고 한다.
17) 華陽眞人의 眞誥 : 원문의 '華陽'은 華陽隱居 또는 華陽眞人을 가리키는 말로, 陶弘景(456~536)의 호이다. 도홍경은 南北朝 시대 宋나라와 梁나라 때 사람으로, 양생술을 연마한 仙家의 은자이다. ≪眞誥≫는 도홍경이 지은 책으로, 신선들이 주고받은 비결을 기록한 것이다.
18) 벽림궁 : 곤륜산 위에 있다고 하는 궁궐 중 하나이다.
19) 雲膏 : 道家에서 쓰는 말로 비와 이슬을 가리키는데, 여기서는 얼음을 지칭한다.

기쁘게도 천석을 찾아 잠시 정신을 맑게 하네	喜尋泉石暫淸神이라
눈과 발이 지치도록 깊은 산속 유람하는 일	目勞足倦深山裏하니
속세 사람 마주하여 고개 숙이는 것보다 낫네	猶勝低眉對俗人이라

長嘯洞 북쪽에서 머리를 돌려 大頂峰을 바라볼 적에는 마치 병풍을 펼쳐놓은 듯하더니, 산 앞에 이르자 도리어 보이지 않으니 아마도 仙掌峰에 가려졌기 때문일 것이다

長嘯洞北 回望大頂 如列屛幛 比到山前 却不見 蓋爲仙掌所蔽

몇 굽이나 산허리를 돌아 중운사에 이르러서	行盡重雲幾曲山하여
고개 돌려 오싹한 푸른 봉우리를 바라보네	回頭方見碧峰寒이라
하늘이 아마도 선장봉으로 모두 가려버렸나	天將仙掌都遮(차)斷하니
본래 속세의 속안으로 볼까봐 두려워하는 듯	元恐塵中俗眼看이라

능소 세 봉우리 凌霄三峰

장소동 바위 동쪽 옛 사찰 앞에는	長嘯巖東古寺前엔
세 봉우리가 의지하여 산세가 이어졌네	三峰相倚勢相連이라
우연히 구름 걷혀 해를 볼 수 있게 되니	偶逢雲靜得見日하니
만약 길이 통한다면 천상과 가까우리	若有路通須近天이라
음산한 바람 우레처럼 골짜기 밑에서 울리고	陰吹響雷生谷底하고
늙은 소나무 젓가락처럼 벼랑 끝에 보이네	老松如箸見崖顚이라
저 세 봉우리 평지에 뿌리를 내리지 못하고	結根不得居平地하고
오히려 연화봉과 멀리 어깨를 나란히 하네	猶與蓮花遠比肩이라

운제산 雲際山

남약산 동쪽 백각산 서쪽의 운제산 南藥東邊白閣西요
산에 오르니 이 내 몸이 흰 구름과 나란하네 登臨身共白雲齊라
상방의 정상에서 밝아오는 아침을 바라보다가 上方頂上朝來望이라가
고개숙인 사방의 여러 봉우리를 문득 보았네 陡(두)覺群峰四面低라

하산하다 우연히 짓다 下山偶成

흉금에 사흘 동안 속세 티끌 끊었다가 襟裾三日絶塵埃라가
남여 타고 머리 돌려 돌아가려 하노라 欲上藍輿首重迴라
우리 유자의 본분 經世濟民이 아니라면 不是吾儒本經濟어든
한가로이 노닐며 어찌 산을 나오려 하리 等閑爭肯出山來리오

이 유람에서 小松과 黃楊을 각각 4그루씩 얻어 관아의 서쪽 창 아래 심고 절구 5수를 재미삼아 지어 邑令 張寺丞에게 올리다
是遊也 得小松黃楊各四本 植於公署之西窗 戲作五絶 呈邑令張寺丞①

①〈張寺丞의 이름은〉 興宗이다.
(乘)〔興〕[20]宗.

중춘 시절 온갖 꽃이 환하게 피니 中春時節百花明하니
어찌 관현악 연주 소리 필요하랴 何必繁絃列管聲이리오
만일 누가 근교의 행락지를 묻는다면 借問近郊行樂地어든
황계의 산수가 사람을 맑게 비춘다 하리 潢①溪山水照人淸이리라

20) (乘)〔興〕: 저본에는 '乘'으로 되어 있으나, 四庫全書本에 의거하여 '興'으로 바로잡았다.

①〈'潢'은〉 어떤 판본에는 '璜'으로 되어 있다.
一作璜.

마음이 한가로워 관현악을 연주하지 않고　　心閑不爲管絃樂이요
道心이 우월하니 어찌 名利의 영화를 따르랴　　道勝豈因名利榮이리오
한직의 관원은 자적하기 어렵다 말하지 말라　　莫謂冗官難自適하라
한가로운 때 마음대로 유람을 떠날 수 있다네　　暇時還得肆遊行이니라

공명은 나의 관심사가 아니며　　功名未是關心事요
부귀는 본래 천명이 있다고 하지　　富貴由來自有天이라
權酤[21]를 맡았으나 세입이 부족하니　　任是權(각)酤虧課利니
내 봉급에서 충당을 해도 모자라네　　不過抽得俸中錢이라

요순 같은 성군의 시대에 태어났고　　有生得遇唐虞聖하고
정사를 할 적에는 어진 수령을 만났네　　爲政仍逢守令賢이라
무능하여 한가로운 주부 자리를 얻었지만　　縱得無能閑主簿라도
즐거이 노닐면서 화창한 봄을 만끽하였네　　嬉遊不負艶陽天이라

송사에선 묵은 원통함이 풀렸다고 들리고　　獄訟已聞冤滯雪이요
농가에선 땅이 고루 기름진 것을 기뻐하네　　田農還喜土膏匀이라
시골 늙은이도 오히려 서로 웃을 터인데　　只應野叟猶相笑하니
산천은 주인이 되는 것을 허락하지 않네　　不與溪山作主人이라

우연히 짓다　偶成①

① 당시 鄠縣의 主簿가 되었다.
時作鄠縣主簿.

21) 權酤 : 국가에서 술을 전매하는 제도, 또는 술에 세금을 부과하여 징수하는 것을 말한다.

옅은 구름에 산들 바람 부는 정오 무렵　　雲淡風輕近午天에
꽃을 찾고 버들 따라 앞개울을 건너가네　　訪花隨柳過前川이라
인근 사람들 내 마음의 즐거움을 모르고서　　傍人不識予心樂하고
배우는 소년이 한가로이 돌아다닌다 하겠지　　將謂偷閑學少年이라

교외를 거닐며 즉흥적으로 짓다 郊行卽事

꽃핀 언덕 푸른 들판 마음껏 노닐 때　　芳原綠野恣行時에
봄기운 스민 먼 산들이 사방에 푸르네　　春入遙山碧四圍라
흥에 흩날리는 꽃잎 따라 버드나무 길 지나다　　興逐亂紅穿柳巷하다가
피곤하여 시냇가로 가 이끼 낀 돌에 앉았네　　困臨流水坐苔磯라
잔술에 흠뻑 취하는 것을 사양하지 말고　　莫辭盞酒十分醉하고
바람에 지는 꽃잎 날리는 것만 염려하게　　秪恐風花一片飛하라
더구나 오늘처럼 이 청명하고 좋은 날씨에　　況是清明好天氣에
노닐다가 돌아가길 잊은들 어떠하리　　不妨游衍莫忘歸라

白徑嶺[22]을 내려가며 郎中 孔周翰(孔宗翰)에게 먼저 부치다 下白徑嶺 先寄孔周翰郎中

보슬비 속을 달려 꽃핀 교외를 지나가니　　驟經微雨過芳郊하니
긴 황하의 기상이 호쾌함을 한층 더 느끼네　　轉覺長河氣象豪라
돌아가는 길에 험준한 吳坂[23]을 오르니　　歸騎已登吳坂峻하니
떠가는 구름에 華山이 높은 줄 알겠구나　　飛雲猶認華山高라
관문 앞의 갈림길은 서역으로 통하는데　　門前岐路通西國한대

---

22) 白徑嶺 : 현 山西省 運城市 동남쪽에 있는 中條山의 支嶺으로, 河南省 三門峽市로 길이 통한다.
23) 吳坂 : 山西省에 있는 吳山은 산 정상까지 일곱 개의 산이 중첩해 있다.

성곽 위의 누대는 큰 물결을 진압하네	城上樓臺壓巨濤라
甘棠[24]의 옛 풍화를 물으려 하는데	欲問甘棠舊風化한대
주인은 손님 맞아 봄 술에 취하겠지	主人邀客醉春①醪라

①〈'春'은〉 어떤 판본에는 '香'으로 되어 있다.
一作香.

봄날 강가에서　春日江上

새로 난 부들과 연한 버들 물가에 가득하고	新蒲嫩柳滿汀洲하고
봄기운 깃든 고기잡이 배 노 하나로 떠가네	春入漁舟一棹浮라
구름 같은 장막은 하늘 밖의 해를 거꾸로 가리고	雲幕倒遮天外日하고
주막 깃발은 대숲 사이 누각에서 가벼이 나부끼네	風帘輕颺(양)竹間樓라
먼 봉우리 끝까지 바라보니 아스라이 보이고	望窮遠岫微茫見하고
흥에 겨워 돌아가는 뱃길 따라 한만히 노니네	興逐歸槎汗漫遊라
교룡이 파도를 일으키는 것은 두렵지 않고	不畏蛟螭起波浪하고
맑은 물결 동쪽으로 흘러가는 것이 안타깝네	却憐清泚向東流라

淮南寺에 쓰다　題淮南寺

남북으로 오가며 여기저기 머무는 사이에	南去北來休便休에
흰 마름풀은 가을 楚江[25]에서 모두 시들었네	白蘋(빈)吹盡楚江秋라
도인은 가을을 슬퍼하는 객이 아니겠지만	道人不是悲秋客이나
나는 저무는 산 마주보며 시름에 젖어있네	一任晩山相對愁라

24) 甘棠 : 甘棠은 팥배나무로, 지방관의 政事 또는 善政을 의미한다. 周나라 召公이 남쪽 지방을 순행하면서 文王의 정사를 펼 적에 팥배나무 아래에 머물렀는데, 백성들이 그의 덕을 그리워하여 그 나무를 차마 베지 못하고 시를 지어 찬미하였다.(≪詩經≫ 〈召南 甘棠〉)
25) 楚江 : 長江을 가리킨다.

도화국[26] 桃花菊

선인처럼 검푸른 머리에 분홍빛 뺨 仙人紺髮粉紅腮(시)는
근래에 무릉도원에서 옮겨 심었네 近自武陵源上來①라
여느 꽃처럼 늦게 핌을 부끄러워하지 않아 不似常花羞晚發하여
봄빛을 머금은 채 가을을 기다리며 피네 故將春色待秋開라
하늘이 홀로 준 금색 꽃술을 간직하여 存留金蘂(예)天偏與하여
풍기는 봄 향기에 다른 꽃들 시기하네 漏泄春香衆始猜라
아름다운 명성과 굳센 절개 함께 얻었으니 兼得佳名共堅節하니
서리 내린 새벽에 누대에서 홀로 마주하네 曉霜還獨對樓臺라

① 이 꽃은 근래에 생겨난 것이다.
此花近歲方有.

이른 아침의 추위 早寒

밤새 된서리 내려 땅이 꽁꽁 어니 一夜威霜特地嚴하니
아침이 되자 한기가 서재로 밀려드네 朝來寒氣入書簾이라
바로 온기가 필요해 화로에 獸炭[27] 피우고 乍須火暖親爐獸하고
연적에 빙설이 맺힌 것을 비로소 알았네 初覺冰澌結硯蟾이라
떨어지는 잎새가 바람에 우수수 날리고 敗葉捲風輕簌簌(속속)이요
먼 산봉우리는 불에 탄 듯 뾰족뾰족하네 遠峰經燒靜尖尖이라
나갈 때 담비나 여우 털옷 필요치 않으니 出門未要貂狐燠하니
우선 가벼운 갖옷을 차례대로 결쳐입네 且着輕裘次第添이라

26) 도화국 : 菊花桃를 가리킨다. 장미과 복숭아속의 나무로, 3~4월에 국화꽃과 비슷한 모양의 진분홍색 꽃이 핀다.
27) 獸炭 : 석탄을 가루로 만들어 짐승모양으로 빚은 것, 또는 짐승의 뼈 등을 태운 숯을 말한다.

맑게 갠 날 들판을 걷다 2수　新晴野步 二首

靑帝[28]가 바야흐로 만물의 봄을 이루려는데	靑帝方成萬物春한대
어찌하여 궂은비가 꽃다운 계절을 방해하나	如何淫雨害芳晨고
구름 사이 해를 함께 가리키며 개이길 비니	乞求共指雲間日하니
길거리의 먼지를 싫어한 것이 후회되네	悔恨輕嫌陌上塵이라
맹렬한 바람은 그쳤지만 아직도 쌀쌀한데	消盡風威猶料峭어늘
밝게 갠 날 산빛은 이미 우뚝하구나	放開山色已嶙峋이라
이 놀이 王孫의 즐거움[29]이라 말하지 말게	燕遊莫道王孫樂하라
羲皇 시대 사람이라 생각하는 이 또 있다네[30]	亦有羲皇更上人이라
음산한 기운 사라지자 온 세상이 환한데	陰曀(예)消除六幕寬한대
즐거운 외유에 어이하여 내 마음 한가한가	嬉遊何事我心閑고
새 소리와 이내 마음 조화되는 이 시절에	鳥聲人意融和候에
파릇한 풀과 향기로운 꽃 무성히 피어있네	草色花芳杳藹(애)間이라
물속에 드리운 노을은 빛이 언덕에 비치고	水底斷霞光出岸하고
구름 끝에 비낀 해는 그림자가 산을 삼켰네	雲頭斜日影銜山이라
내 감정을 따라 시인의 흥취를 논해보면	緣情若論詩家興이어든
도리어 부끄러움 모르는 시인이 될 듯하네	却恐騷人合厚顏이라

---

28) 靑帝 : 봄을 주관하는 신이다. 五行에서 東方은 木에 속하고, 木은 봄과 청색을 상징하므로 봄을 주관하는 신을 東皇・東帝・靑帝・靑皇 등으로 불렀다.

29) 王孫의 즐거움 : 漢나라 淮南 小山王 劉安의 〈招隱士〉에 “왕손은 외유하여 돌아오지 않고, 봄풀만 돋아나서 무성하네.〔王孫遊兮不歸 春草生兮萋萋〕”라고 하였는데, 왕손은 楚나라 대부 屈原을 가리킨다. 봄을 만끽하며 노니는 즐거움을 말한다.

30) 羲皇……있다네 : 陶潛의 〈與子儼等疏〉에 “오뉴월에 북쪽 창 아래 누워 있으면 서늘한 바람이 잠깐씩 지나가는 때를 만나니, 스스로 羲皇 시대 사람이라고 생각이 들었다.〔五六月中 北窓下臥 遇涼風暫至 自謂是羲皇上人〕”라고 하였는데, ‘희황’은 상고시대의 전설상의 제왕 伏羲氏로, 희황 시대 사람은 陶潛처럼 유유자적하게 지내는 시인 자신을 가리킨 것이다.

중추절 보름달 中秋月

구름이 걷히고 좋은 바람 불어오니	雲靜好風吹하니
맑은 빛이 사방으로 흘러넘치네	清光溢四垂라
가을이 한창 왕성한 날이요	金行方盛日이요
달이 정남쪽에 뜨는 때로세	陰魄正中時라
신선이 사는 궁궐을 엿보는 듯하고	髣髴(방불)窺瑤闕이요
계수나무 가지 분명히 드러나네	分明露桂枝라
영재들 모아 함께 술 마시며 구경하니	遴英同醉賞하니
그 누가 관직에 얽매인 것 한탄하리	誰復嘆官羈리오

동이에 핀 연꽃 2수 盆荷 二首

뜰아래 대나무는 파릇파릇하고	庭下竹青青하고
동이에 핀 연꽃 수면과 나란하네	盆[①]荷水面平이라
멀리 퍼지는 향기 없다 누가 말하나	誰言無遠趣리오
퍼져오는 맑은 향기를 절로 느끼는데	自覺有餘淸이라
푸른 석가산 그림자 동이에 비치고	影倒假山翠요
밝은 아침 햇살에 물결이 빛나네	波光朝日明이라
잔물결에 연꽃은 더욱 푸르고 청정하며	漣漪(의)尤綠淨하고
밤이 되면 서늘한 바람이 불어오네	涼吹夜來生이라

① 〈'盆'은〉 어떤 판본에는 '圓'으로 되어 있다.
一作圓.

적막한 초가집은 사립문이 닫혔고	衡茅岑寂掩柴關하고
뜰아래는 성긴 대나무 몇 그루뿐	庭下蕭疎竹數竿이라
땅이 좁아 큰 연못 만들기 어려워	狹地難容大池沼하니
얕은 동이에 작은 못을 만들었네	淺盆聊作小波瀾이라

청명한 밝은 달은 밤 그림자 드리우고　澄澄皓月供宵影하고
솔솔 부는 서늘한 바람 새벽 한기 더하네　瑟瑟涼風助曉寒이라
얕은 물[31]과 큰 바다를 따질 것이 없으니　不校蹄涔(잠)與滄海하니
맑은 흥취에 얼마나 편안할지 모르겠네　未知淸興有誰安이라

장기 놀이 象戱

대개 장기와 바둑은 모두 놀이로 하는 것이나　大都博奕皆戱劇이나
장기 놀이는 도리어 용병술을 배울 수 있다네　象戱翻能學用兵이라
車와 馬에는 周나라의 전법이 여전히 남아 있고　車馬尙存周戰法이요
좌우 士에는 漢나라 관명이 함께 갖춰져 있다네[32]　偏裨兼備漢官名이라
팔면으로 에워싼 中軍에 장군이 위중하게 앉아있고　中軍八面將軍重이요
들쭉날쭉한 전선에선 步卒들이 빠르게 움직이네　河外斜尖步卒輕이라
가만히 장기판을 들여다보며 스스로 웃으니　却凭(빙)紋楸聊自笑하니
劉邦과 項羽 같은 영웅도 진을 치고 싸웠구나　雄如劉項亦閑爭이라

9일 張子直을 방문하였는데 꽃구경을 나갔다는 말을 듣고서 장난삼아 學舍에 쓰다 5수
九日訪張子直 承出看花 戱書學舍 五首

평소엔 서로 맞이하여 만났는데　平昔邀相見이러니

---

31) 얕은 물 : 원문의 '蹄涔'은 말이나 소의 발자국 속에 고인 물이란 뜻으로, 아주 미미한 것을 가리킨다.

32) 좌우……있다네 : ≪史記≫ 권30 〈平準書〉의 '命日武功爵'에 대해 ≪史記集解≫에 "≪茂陵中書≫에 武功爵이 있는데 1급은 造士라 하고, 2급을 閑輿衛라 하고, 3급을 良士라 하고, 4급을 元戎士라 하고, 5급을 官首라 하고, 6급을 秉鐸이라 하고, 7급을 千夫라 하고, 8급을 樂卿이라 하고, 9급을 執戎이라 하고, 10급을 左庶長이라 하고, 11급을 軍衛라 하였다.〔茂陵中書 有武功爵一級曰造士 二級曰閑輿衛 三級曰良士 四級曰元戎士 五級曰官首 六級曰秉鐸 七級曰千夫 八級曰樂卿 九級曰執戎 十級曰左庶長 十一級曰軍衛〕"라고 하였다. 장기판에서 王의 옆에서 보좌하는 士에 대해 이런 관작명의 의미를 유추한 것이다.

이젠 문 앞을 지나도 만날 수 없네	過門又不逢이라
함께 꽃구경 할 욕심을 내었으니	貪隨看花伴하니
응당 나의 초라함을 비웃으리라	應笑我龍鍾이라
봄빛이 술보다 진한 줄 알겠으니	須知春色醲於酒니
취한 유람객은 마음이 절로 들떠서	醉得遊人意自狂하여
머리카락 하얗게 센 늙은 공자로 하여금	直使華顚老公子로
꽃 보러 젊은이들 사이로 끼어들게 하겠지	看花爭入少年場이라
꽃을 탐하는 것 본래 젊은이의 일이니	貪花自是少年事니
술에 취함은 깨어남이 싫어서가 아니네	沈酒定嫌醒者非라
다만 나는 산야에서 늙어가는 용렬한 사람	顧我疎慵老山野니
석양을 등진 채 말을 타고 돌아가네	却騎歸馬背斜暉라
말에서 내려 노복에게 물어보니	下馬問老僕하니
공은 꽃을 구경하러 나가셨다 하네	言公賞花去라
다만 가까운 정원에 계실 것이나	只在近園中이나
수풀 우거져 계신 곳을 모르겠네	叢深不知處라
복사꽃 오얏꽃 바람에 지니 살구가 푸르고	桃李飄零杏子青하고
성안 가득한 거마소리 봄날 우레처럼 울리네	滿城車馬響春霆이라
그 중에서도 득의한 이는 장공자일 것이니	就中得意張公子니
열흘 간 꽃구경에 취해서 깨질 않으리	十日花前醉不醒이라

장난삼아 짓다 戱題

지난해엔 봄날의 경치를 감상했는데	曾是去年賞春日이어늘
봄빛 다한 뒤에도 아쉬움에 머뭇거렸네	春光過了又逡巡이라

작년의 봄날은 저절로 가버렸는데 却是去年春自去로되
내 마음엔 지난해 봄이 그대로이네 我心依舊去年春이라

王求甫에게 쇠로 만든 如意杖[33]을 주다
贈王求①甫鐵如意

①〈'求'는〉 어떤 판본에는 '永'으로 되어 있다.
一作永.

요사스런 말로 나쁜 말 전하는 것 믿지 말고 妖言莫信傳張惡하고
헛된 객기로 唾壺를 부수는 짓[34] 그만두게 虛氣休將碎唾(타)壺하라
묻노니 한가한 창가에서 가만히 등이나 긁지 借問閑窗靜抓背요
어찌하여 이기고자 남의 산호를 부수는가[35] 何如爭勝擊珊瑚아

아버지의 〈早寒〉 시에 화답하다 和家君早寒之什

온 대지엔 하얀 서리 찬 새벽에 내렸고 滿地淸霜結曉寒이요
아침에는 싸락눈이 사립문에 흩날리네 平明飛霰灑柴關이라
잠깐 술기운을 빌려서 온몸을 데워도 乍憑酒力溫肌骨이나

---

33) 如意杖 : 끝부분이 손가락처럼 구부러지고 긴 자루가 달린 등 긁는 도구이다.
34) 唾壺를 부수는 짓 : 唾壺는 가래나 침을 뱉는 그릇이다. 晉나라 때 王敦이 매번 술을 마신 뒤에는 문득 曹操가 지은 〈步出夏門行〉의 "늙은 준마는 마판에 엎드려 있어도 뜻은 천 리 밖에 있고, 열사는 늘그막에도 장대한 마음은 그치지 않는다.〔老驥伏櫪 志在千里 烈士暮年 壯心不已〕"라는 구절을 노래하면서 鐵如意로 타호를 두드려 박자를 맞추었는데, 타호의 주둥이가 다 부서졌다고 한다.(≪晉書≫ 권98 〈王敦列傳〉)
35) 이기고자……부수는가 : 西晉 때 石崇은 매우 부유하여 사치스러운 생활을 했는데, 晉 武帝의 외숙인 王愷와 부유함을 다투었다. 왕개가 무제에게서 받은 높이가 2척이 넘는 珊瑚樹를 석숭에게 보이자, 석숭이 鐵如意로 산호수를 때려 부수어 버렸다. 왕개가 크게 노하자 석숭이 똑같은 것으로 갚아주겠다고 하고서 자기 집에 있는 산호수를 모두 가져오게 했는데, 높이가 3~4척에 이르는 것이 예닐곱 개였고 왕개의 것과 비슷한 것은 아주 많았다고 한다.(≪晉書≫ 권33 〈石崇列傳〉)

세찬 바람이 얼굴에 닿는 것을 느끼네　　陡(두)覺風威著面顔이라
마을사람들 서로 불러 북쪽 창을 막고　　閭里相呼泥北戶하고
소와 양을 거두어서 앞산을 내려오네　　牛羊收牧下前山이라
급히 날마다 땔나무와 숯을 비축해야 하니　　急須趂(진)日藏薪炭하니
언 뒤의 높은 가지는 꺾기가 쉽지 않네　　凍後高枝不易攀이라

풀을 읊은 것에 화답하다　和詠草

東皇[36]의 의사가 두루 미침을 점차 깨달으니　　漸覺東皇意思勻하니
묵은 뿌리가 처음 동하여 밤사이 새로워졌네　　陳根初動夜來新이라
평지에 돋아난 엷은 초록빛에 문득 놀라고　　忽驚平地有輕綠하고
온 거리를 뒤덮었던 묵은 먼지도 사라졌네　　已蓋六街無舊塵이라
피고 시드는 것으로 들판의 풀을 노래하지 말라　　莫爲枯榮吟野草①하라
수레 멈춰 취해 누울 자리 근심한 것[37] 가련하네　　且憐愁醉柅②香輪이라
시인은 王孫이 멀리 떠난 것을 괜스레 원망했으니　　詩人空怨王孫遠하니
시야 가득 무성한 풀 또 한 번의 봄이로세　　極目萋萋又一春이라

①〈'草'는〉 아마도 '火'가 되어야 할 듯하다.
恐當作火.
②〈'柅'는〉 옛 판본에는 '枕'으로 되어 있다.
舊作枕.

邵堯夫[38]의 〈打乖吟〉[39]에 화답하다 2수
和邵堯夫打乖吟 二首

36) 東皇 : 봄을 관장하는 신이다.
37) 수레……것 : 唐나라 鄭谷의 〈曲江春草〉에 "향나무 수레들 푸른 봄풀 다 짓밟지 말고, 유람객이 한번 취해 누울 자리 남겨두게.〔香輪莫輾青青破 留與愁人一醉眠〕"라고 하였다.
38) 邵堯夫 : 邵雍(1011~1077)이다. 堯夫는 그의 자이며, 호는 安樂, 시호는 康節로, 范陽사람이다. 象數學에 능통하였고, 先天學을 확립하였다. 평생 벼슬에 나아가지 않고 洛陽에서 은거하였다.
39) 打乖吟 : 원제는 〈安樂窩中好打乖吟〉이다. '타괴'는 세상과 어그러지는 일을 한다는 뜻이다.

세상과 어긋남은 몸을 편히 하려는 것 아니니　　打乖非是要安身이니
도가 커야 혼탁한 속세와 섞일 수가 있다네　　道大方能混世塵이라
누추한 동네에서 평생 산 顔子의 즐거움이요　　陋巷一生顏氏樂이요
맑은 풍절 천고에 드리운 伯夷의 청빈함이네　　淸風千古伯夷貧이라
객은 신묘한 문구 찾아 詩卷을 여러 번 뒤적이나　　客求墨妙多攜(휴)卷이나
하늘은 빼어난 시인 위해 봄을 넉넉히 빌려주었네　　天爲詩豪剩借春이라
실컷 웃고 이야기 나누며 속세 사람과 친하니　　盡把笑談親俗子하니
덕스러운 용모 시골 사람 위로하기 충분하리　　德容猶足慰鄕人이라

성현의 사업은 본래 세상을 경륜하는 것이니　　聖賢事業本經綸이니
巢父와 許由[40]를 위해 어찌 그 뒤를 이으리　　肯爲巢由繼後塵고
세 번의 폐백도 伊尹의 뜻 되돌리지 못했고[41]　　三幣未回伊尹志요
만 종의 녹도 子輿[42]의 청빈함 바꾸기 어려웠네　　萬鍾難換子輿貧이라
선생은 천고에 전해진 經世濟民의 뜻을 품고　　且因經世藏千古하여
百源山[43] 서쪽 봉우리에 은거한 지 십 년이 지났네　　已占西軒度十春이라

---

40) 巢父와 許由 : 堯임금 때의 高士이다. 요임금이 許由를 九州의 長으로 삼으려 하자 허유는 더러운 말을 들었다고 하며 潁水의 물에 귀를 씻었고, 허유가 귀를 씻는 것을 본 巢父는 그 물이 더럽다하여 상류로 가서 소에게 물을 먹였다 한다.

41) 세……못했고 : 湯임금이 사람을 보내 폐백을 가지고 가서 伊尹을 초빙했는데, 이윤은 태연히 "내가 무엇 때문에 탕임금의 폐백을 받겠는가. 내가 나가는 것이 어찌 농촌에 살면서 이대로 堯舜의 道를 즐기는 것만 하겠는가."라고 하였다. 탕임금이 세 번 사신을 보내 그를 초빙했는데, 이윽고 돌연 마음을 고쳐먹으며 말하기를 "내가 농촌에 살면서 이대로 요순의 도를 즐기는 것이 어찌 이 임금을 요순과 같은 성군으로 만드는 것만 하겠으며, 어찌 이 백성을 요순의 백성으로 만드는 것만 하겠으며, 내 몸으로 요순의 도가 행해지는 것을 직접 보는 것만 하겠는가. 하늘이 이 백성을 낼 때에는 먼저 안 자로 하여금 늦게 아는 자들을 깨우치게 하고, 먼저 깨달은 자로 하여금 늦게 깨닫는 자들을 깨우쳐 주게 하였다. 나는 하늘이 낸 백성 중에 먼저 깨달은 자이니, 내 장차 이 道로 이 백성들을 깨우쳐 줄 것이다. 내가 깨우쳐 주지 않고 누가 깨우치겠는가."라고 하였다.(≪孟子≫ 〈萬章 上〉)

42) 子輿 : 孟子의 字이다. ≪孟子≫ 〈告子 上〉에 "한 그릇의 밥과 한 그릇의 국을 얻어 먹으면 살고 얻어 먹지 못하면 죽는 상황에서 욕을 하면서 음식을 주면 길 가는 사람도 받지 않으며, 발로 차서 주면 구걸하는 사람도 좋아하지 않을 것이다. 그런데 萬鍾의 祿은 예의염치를 따지지 않고 받으니, 만종의 녹이 나에게 무슨 보탬이 된단 말인가.〔一簞食 一豆羹 得之則生 弗得則死 嘑爾而與之 行道之人弗受 蹴爾而與之 乞人不屑也 萬鍾則不辨禮義而受之 萬鍾於我何加焉〕"라고 하였다.

43) 百源山 : 河南省 輝縣 서북쪽에 있는 산으로, 邵雍이 은거한 곳이다.

제때 멈추고 제때 행함은 모두 천명 있으니　　時止時行皆有命하니
선생은 세상과 어긋난 사람이라 할 수 없네　　先生不是打乖人이라

堯夫의 〈首尾吟〉[44]에 화답하다　和堯夫首尾吟

선생은 시 읊기를 좋아하는 사람이 아니니　　先生非是愛吟詩니
지극히 즐거운 때를 표현하려 한 것이리라　　爲要形容至樂時라
취중에 乾坤 이치 모두 만물에 깃들었음 알았으니　　醉裏乾坤都寓物하니
한가로운 바람과 달을 보며 누구에게 전하리　　閑來風月更輸誰리오
生死에는 天命이 있으니 사람이 어찌 관여하랴　　死生有命人何與오
때를 따라 소멸하고 생장하니 나는 슬프지 않네　　消長隨時我不悲라
현묘[45]하여 일 없는 경지에 곧장 이르렀으니　　直到希夷無事處니
선생은 시 읊기를 좋아하는 사람이 아니라네　　先生非是愛吟詩라

堯夫의 西街를 노래한 시[46]에 화답하다 2수
和堯夫西街之什 二首

선생들이 함께 서쪽 거리 구경 나서기에　　先生相與賞西街하니
소자가 직접 궤장을 들고서 따라왔네요　　小子親攜几杖來라
행차하면 매번 격한 논쟁에 끼어들게 하고　　行次每容參劇論하고
자리 모퉁이에서 술시중을 들게 하시네　　坐隅還許侍餘盃라
난간 앞 흐르는 물에 마음이 함께 즐겁고　　檻前流水心同樂이요

---

44) 首尾吟 : 邵雍이 지은 135수의 연작시로, 매수 첫 구와 마지막 구에 모두 "요부는 시 읊기를 좋아하는 사람이 아니니〔堯夫非是愛吟詩〕"로 되어 있다.

45) 현묘 : 원문의 '希夷'는 ≪道德經≫에 "보아도 보이지 않는 것을 夷라 하고 들어도 들리지 않는 것을 希라 한다.〔視之不見 名曰夷 聽之不聞 名曰希〕"라고 한 데서 나온 말로, 적막하고 미묘한 이치를 뜻한다.

46) 西街를 노래한 시 : 邵雍의 ≪擊壤集≫ 권12 〈同程郎中父子月陂上閑步吟〉 다음에 程顥의 이 시가 附記되어 있는 것으로 보아 '西街之什'은 소옹이 은거한 서쪽 거리를 노래한 시로 보인다.

숲 밖의 푸른 산에 시야가 거듭 열리네	林外青山眼重開라
태평 시절과 한가한 신세 모두 얻기 어려우니	時泰身閑難兩得이니
그저 흥에 겨워 자주 모시고 따라다니네	直須乘興數追陪라

선생이 세속을 떠나 서쪽 거리에 은거하니	先生高蹈隱西街하니
바람과 달도 시 짓는 재주에 끌려다니네	風月猶牽賦詠才라
잠시 이웃에 들러 연못가 집을 구경하면	暫到隣家賞池館하면
곧장 아름다운 시구를 구슬처럼 쏟아내시네	便將佳句寫瓊瑰라
웅장한 포부 접으니 마음이 먼저 즐거우나	壯圖已讓心先快하나
어려운 운자 자주 써서 글자를 고심하네	劇韻仍降字占挼라
다만 한 가지 심한 허풍이 있으시니	只有一條誇大甚하니
물가에선 두세 잔 술도 못 마신다 하시네	水邊曾未兩三盃라

月陂[47]를 유람하다 遊月陂

월파의 제방 위를 사방으로 배회하는데	月陂堤上四徘徊하니
북쪽 하늘 위로 백 척 누대 우뚝하네	北有中天百尺臺라
만물이 이미 가을 기운 따라 바뀌니	萬物已隨秋氣改하니
서늘한 저녁 위해 술 한 단지 열어보리	一樽聊爲晚涼開라
물속의 구름 그림자 한가로이 비추고	水心雲影閑相照하고
숲속의 샘물 소리 정적 속에 들려오네	林下泉聲靜自來라
세상일 단서 없으니 무슨 계획 필요하랴	世事無端何足計리오
좋은 날이 되면 다시 모시기를 기약할 뿐	但逢佳日約重陪라

---

47) 月陂 : 호수 이름이다. 隋・唐 때 洛陽의 上陽宮 남쪽에서 동쪽으로 퍼져 흐르는 洛水의 굽이에 宇文愷가 둑을 쌓아 만들었는데, 모양이 반달 같다고 하여 붙여진 이름이다.

가을날 우연히 짓다 2수 秋日偶成 二首

맑게 갠 날씨에 가을 하늘 드높은데	寥寥天氣已高秋하니
백 척 높이 누대가 허공에 우뚝하네	更倚淩虛百尺樓라
세상의 명리에 하루살이처럼 모여드나	世上利名群蠛蠓이나
예로부터 흥망성쇠는 물거품과 같다네	古來興廢幾浮漚라
陋巷에서 안빈낙도한 顔回는 즐거웠고	退安陋巷顔回樂이요
長安을 보지 못한 李白은 시름겨웠네[48)	不見長安李白愁라
이 두 가지 일의 근원에 깨달음이 있으니	兩事到頭須有得이니
내 마음 가는 곳마다 절로 여유롭도다	我心處處自優游라

한가하니 일마다 조용하지 않은 일 없고	閑來無①事不從容②이요
잠 깨니 동쪽 창엔 해가 이미 붉게 떴네	睡覺東窗日已紅이라
만물을 가만히 살펴보건대 모두 저대로 사니	萬物靜觀皆自得하니
사계절의 좋은 흥취를 사람들과 함께 즐기리	四時佳興與人同이라
道는 형체 있는 하늘과 땅의 밖으로 통하고	道通天地有形外요
생각은 변화하는 바람과 구름 속으로 드네	思入風雲變態中이라
부귀해도 지나치지 않고 빈천해도 즐거우니	富貴不淫貧賤樂이니
사내가 이 경지에 이르면 영웅호걸이리라	男兒到此是豪雄이리라

①〈'無'는〉 어떤 판본에는 '何'로 되어 있다.
一作何.

②〈'從容'은〉 어떤 판본에는 '疎慵'으로 되어 있다.
一作疎慵.

---

48) 長安을……시름겨웠네 : 李白의 시 〈登金陵鳳凰臺〉에 "온통 뜬구름이 밝은 해를 가리니, 장안이 보이지 않아 시름겹게 하네.〔總爲浮雲能蔽日 長安不見使人愁〕"라고 하였다.

少卿[49)]을 대신하여 王 宣徽[50)]가 崇福宮[51)]을 유람하며 지은 시에 화답하다 代少卿和王宣徽遊崇福宮

밝은 임금께서 崇福宮을 조성하시니	睿祖開眞宇하니
상서로운 빛이 紫微星[52)]에서 내려왔네	祥光下紫微라
위엄 있는 용모는 순수하고 화목하며	威容凝粹穆하며
신선의 儀仗은 사방에 근엄하네	仙仗儼周圍라
새 황제께서 追奉을 엄격히 하였으니	嗣聖嚴追奉하니
신선이 노닐다가 이곳으로 돌아왔네	神遊遂此歸라
면류관 쓰고 신비로운 전각에 임하니	冕旒臨祕殿하니
하늘의 해가 수도 서쪽 지방을 비추네	天日照西畿라
붉은 봉황을 그린 깃발은 星蓋[53)]를 감싸고	朱鳳銜星蓋요
푸른 옷 입은 동자는 玉衣[54)]를 지키네	靑童護玉衣라
신선의 음악은 멀리까지 울려퍼지고	鶴笙鳴遠吹요
구슬 같은 꽃술은 햇빛에 빛나네	珠蘂弄晴暉라
아름다운 풀은 봄철 내내 푸르고	瑤草春常在요
옥 같은 서리는 새벽에도 마르지 않네	瓊霜曉未晞라
나무 무늬는 신령스런 형상을 드러내고	木文靈像出요

---

49) 少卿 : 국가의 제사 등을 관장하는 太常寺의 副長官職이다.

50) 王 宣徽 : 王拱辰(1012~1085)이다. 자는 君貺, 시호는 懿恪이며, 咸平 사람이다. 1030년 진사가 되어 翰林院學士・吏部尙書 등을 지냈다. 宣徽北院使에 제수된 적이 있어 王 宣徽라 칭한 것이다. 王安石의 新法에 반대하여 邵雍과 정치적 입장을 같이하였다.

51) 崇福宮 : 河南省 登封市 북쪽에 있는 궁이다. 嵩山 太室山 남쪽 기슭의 萬歲峯 아래에 있다. 원래 이름은 萬歲觀으로, 漢 武帝 元封 원년에 창건되었다. 무제가 여러 신하들과 嵩山 太室山에 올라 산신제를 지냈는데 골짜기에서 세 번 "만세"라고 외치는 소리가 들려와 이 산을 萬歲峰이라 하고, 산 정상에 萬歲亭을 세우고, 산 아래에 萬歲觀을 지었다고 한다. 唐 高宗 때 萬歲觀 내에 太乙祠를 세워 기우제를 지냈는데 효험이 있어 萬歲觀을 太乙觀으로 개칭하였다. 宋 眞宗 때 觀을 宮으로 승격하여 崇福宮으로 개칭하고 대대적으로 정비하여 관리하였다. 당시 崇福宮을 관리하던 관원으로는 范仲淹・韓維・司馬光・程顥・程頤 등 名儒들이 많았다. 인종 때에는 萬歲觀 내 건물이 1천 여 칸에 이르러, 단순한 도교 사원을 넘어 유자들의 강학 장소가 되었다.

52) 紫微星 : 紫微垣의 별로, 天帝가 거처하는 곳이라고 한다.

53) 星蓋 : 별의 도안이 그려진 日傘을 가리킨다.

54) 玉衣 : 玉으로 만든 황제나 황후의 장례 의복을 가리킨다.

太一에서 솟은 샘물 날듯이 흐르네　　太一醴泉飛라
醮祭날 저녁엔 신선 수레[55] 생각하고　　醮夕思飆(표)馭요
향기로운 새벽엔 붉은 궁궐 바라보네　　香晨望絳闈라
쇠한 몸으로 궁직 맡은 것 부끄러운데　　衰遲愧宮職한대
숭복궁 맑고 깨끗하여 절로 機心을 잊네　　蕭灑自忘機라

王安之[56]에게 화답하다 5수　和王安之五首

소원　小園

한적한 동네 서쪽 굽이에 있는 奉常[57]의 집　　閑坊西曲奉常家는
천연의 경관 속에 아늑한 곳을 차지했네　　景物天然占一窳(유)라
庾信의 전원[58]처럼 터는 비록 협소하지만　　恰似庾園基址小나
가는 길 아득한 산골짜기보다 훨씬 낫네　　全勝浥澗路途賒(사)라
그대는 누항에서 마음이 즐거운 줄 알겠으니　　知君陋巷心猶樂이니
나의 더부살이에 비하여 자랑할 만한 일이네　　比我僑居事已誇라
지팡이 짚고 서로 오가기 쉬움을 기뻐하니　　且喜杖藜相過易니
담장 너머라 少游의 수레[59]도 필요 없네　　隔牆無用少游車라

① 白樂天의 시에 〈盧中丞[60]이 산골짜기에 집을 지었는데 城과의 거리가 먼 것을 희롱하

---

55) 신선 수레 : 원문의 '飆馭'는 회오리바람을 타고 올라가는 신선의 수레를 말한다. 飆車라고도 한다.
56) 王安之 : 자는 叔安, 호는 藥窗이다.
57) 奉常 : 종묘의 예의를 관장하는 관직으로, 후에 太常으로 개칭하였다.
58) 庾信의 전원 : 北周 때 시인 庾信의 〈小園賦〉에 "나에게 몇 이랑 오두막이 있으니, 애오라지 바람 서리를 피할 뿐이네.〔余有數畝弊廬 聊以避風霜〕"라고 하였다.
59) 少游의 수레 : 少游는 後漢의 名將 馬援의 종제로, 마원이 일찍이 南方을 정벌하면서 이르기를 "나의 종제 소유가 일찍이 나의 강개함을 슬퍼하며 말하기를 '선비가 세상에 태어나 衣食을 해결하고 下澤車(진펄을 다닐 수 있는 작고 가벼운 수레)를 타고 款段馬(느리고 굼뜬 말)를 몰고서 군 서리가 되어 선영의 분묘를 지키며 향리에서 善人이라 일컬어지면 될 뿐이니, 분에 넘치는 것을 구하면 스스로 괴로울 뿐입니다.'라고 하였다. 내가 浪泊・西里에 있으면서 적은 소탕하지도 못했는데 아래로는 물이 차고 위로는 안개가 끼어 瘴毒이 찌는 듯하여 하늘의 솔개가 물속으로 떨어지니, 누워서 소유가 평소에 하던 말을 생각해보지만 어찌 그럴 수 있겠는가."라고 하였다.(≪後漢書≫ 권54 〈馬援列傳〉)

다〉라는 것이 있다.[61)]
白樂天有詩, 戲盧中丞, 浥澗山居, 去城之遠.

야헌 野軒

빼어난 경관 많은 큰집을 어찌 부러워하리 誰憐大第多奇景이리오
고풍 있는 청빈한 이 집이 사랑스럽네 自愛貧家有古風이라
속세에 있을 적엔 초야의 생각이 드니 會向紅塵生野思하니
산수가 가슴속에 있음을 비로소 알았네 始知泉石在胸中이라

오정 汚亭

개결함이 굳세면 참으로 큰일 할 수 있지만 强潔猶來眞有爲어니와
고상함을 좋아하면 어찌 무심할 수 있으랴 好高安得是無心이리오
汚亭의 오묘한 뜻 그대는 알아야 하리니 汚亭妙旨君須會니
침범할 일 없는데 나와 남이 어찌 다투리 物我何爭事莫侵고

약헌 藥軒

주머니의 여러 약재 천 가지나 되겠고 囊中數味應千種이요
섬돌 아래 심은 약초 백 가지도 넘는구나 砌(체)下栽苗過百名이라
뜰에 불어오는 산들바람 좋기도 하니 好是微風入庭戶니
맑은 향기 풍겨 와서 집안에 가득하네 淸香交送滿檐楹이라

---

60) 中丞 : 御史大夫 밑의 관직인 御史中丞을 가리킨다.
61) 白樂天의……있다 : 원제는 〈李盧二中丞 各創山居 俱誇勝絶 然去城稍遠 來往頗勞 敝居新泉 實在宇下 偶題十五韻 聊戲二君〉이다.

만휘정　晩暉亭

정자 밑 예쁜 꽃들 봄이 오면 정히 좋고　亭下花光春正好요
정자 끝의 산빛은 저물녘에 더 아름답네　亭頭山色晩尤佳라
맑은 바람 넉넉하게 차지한 곳 알고 싶다면　欲知剩占清①風處면
거리 동쪽을 따라가 첫 번째 집을 생각하게　思順街東第一家라

①〈'清'은〉 어떤 판본에는 '春'으로 되어 있다.
一作春.

〈花庵〉[62] 시에 화답하다　和花庵

뜻을 얻자마자 곧바로 유유자적하니　得意卽爲適하니
꽃 심을 적엔 많음을 귀히 여기지 않네　種花非貴多라
한 구역이 겨우 한 길의 자리[63]인데　一區才丈席이어늘
두 눈에 가득한 구름 같은 덩굴이라　滿目自雲蘿라
즐거운 새 소리를 가만히 듣고　靜聽禽聲樂이요
지나가는 달빛을 한가로이 부르네　閑招月色過라
공에게 기대한 것은 安民濟世이니　期公在康濟니
끝내 이 심정을 어이한단 말인가　終柰此情何리오

張子直이 새로운 시 한 축을 보여주었는데, 우연히 四韻詩를 지어 사례하다　子直示以新詩一軸 偶爲四韻奉謝

바쁜 일 끝낸 그대는 편안할 것이고　治劇君能佚이요

62) 花庵 : 司馬光의 ≪傳家集≫ 권9에 수록된 〈花庵獨坐〉를 가리킨다.
63) 한 길의 자리 : 원문의 '丈席'은 한 길 정도 되는 공간으로, 스승과 강론하는 자리를 의미한다. ≪禮記≫ 〈曲禮 上〉에 "음식을 대접하려 청한 객이 아니면 자리를 깔되 자리 사이의 거리를 1丈 정도 되게 한다.〔若非飮食之客 則布席 席間函丈〕"라고 하였다.

늘 한가로운 나는 더욱 게을러지네　　居閑我更慵이라
화려한 수식을 그만두려 생각하나　　自惟降藻麗나
장중하고 전아하게 할 줄도 모르네　　不解繼春容이라
나의 화답은 그대의 시를 알기 때문　　寡和知高唱이니
깊은 정을 고풍에 드러내어 보이네　　深情見古風이라
고요히 梁甫吟[64]의 의미 읊조리니　　靜吟梁甫意니
참으로 隆中[65]에 누워있는 듯하네　　眞似臥隆中이라

여러 공의 梅臺 시에 화답하다　和諸公梅臺

얼른 홍취 타고 봄꽃 구경 가야겠네　　急須乘興賞春英이어니
꽃이 졌다는 부질없는 소식 기다리지 말고　　莫待空枝謾寄聲이라
맑은 경치 온화한 바람은 전날의 일이고　　淑景暖風前日事요
엷은 구름 이슬비는 지금의 내 심정이네　　淡雲微雨此時情이라

하루 뒤에 다시 화답하다　後一日再和

봄나들이 제때에 해야 한다고 늘 권했으니　　常勸嬉遊須及辰하니
두건과 신발에 흙먼지 묻을까 사양치 마시게　　莫辭巾屨(구)染埃塵이라
다만 비바람을 만나 梅臺 위로 올라가보니　　秖應風雨梅臺上하니
이미 전날보다 시들어서 절반의 봄이로세　　已減前時一半春이라

---

64) 梁甫吟 : 〈梁甫吟〉은 蜀漢의 재상 諸葛亮이 출사하기 전 南陽 隆中에 은거할 적에 부른 노래로, 천하에 큰 뜻을 품은 장부의 울울한 심정을 노래한 것이다.
65) 隆中 : 湖北省 襄陽縣 서쪽에 있는 산으로, 삼국시대 諸葛亮이 은거하던 곳이다.

河陽으로 부임하는 呂晦叔[66)]을 보내며 送呂晦叔赴河陽

아침 해 뜬 도성 문엔 깃발이 나부끼고　曉日都門颭旆(점패)旌이요
저녁 바람 나팔 소리에 세 성으로 들어가리　晩風鐃吹入三城이라
그대가 다시 백성 위해 일어난 것을 아니　知君再爲蒼生起니
이는 예사로운 刺史의 행렬이 아니로세　不是尋常刺史行이라

司馬君實[67)]에게 주다 贈司馬君實

두 용이 맑은 洛水 가에 한가로이 누웠다가　二龍閑臥洛波淸이어늘
오늘은 도성 문에서 나 홀로 그대를 전송하네　今日都門獨餞行이라
어진 이를 만나서 出處를 함께하길 바랐는데　願得賢人均出處러니
깊은 뜻이 백성에게 있었음을 비로소 알았네　始知深意在蒼生이라

張子厚[68)] 선생을 곡하다 哭張子厚先生

함께 수학하길 기약한 사문을 탄식하노니　歎息斯文約共修하니
어찌하여 부자께서는 갑자기 멀리 떠나시는가　(知)〔如〕[69)]何夫子便長休아

---

66) 呂晦叔 : 呂公著(1018~1089)이다. 晦叔은 그의 자이다. 시호는 正獻으로, 東萊 사람이다. 呂公弼의 아우이며, 歐陽脩와 함께 강학하였다. 仁宗 때 진사가 되어 翰林學士·御史中丞 등을 지냈다. 王安石의 新法 및 新學에 반대하였고, 司馬光과 절친하여 서로 협력해서 정치를 하였다.
67) 司馬君實 : 司馬光(1019~1086)이다. 君實은 그의 자이며, 호는 迂夫·迂叟, 시호는 文正으로, 陝州 夏縣 사람이다. 涑水先生이라고도 하고, 죽은 뒤 溫國公에 봉해져 司馬溫公이라고도 한다. 1038년 진사가 되어 知諫院·翰林學士·權御史中丞 등을 역임하였다. 王安石의 新法을 극력 반대하여 여러 차례 논쟁을 벌이다가 樞密副使를 사퇴하고 永興知軍으로 나갔다. 1071년 西京御史臺에 있다가 물러나 洛陽에서 역사서를 편찬하는 데 전념하여 1084년 ≪資治通鑑≫을 완성하였다. 1085년 哲宗이 즉위하자 門下侍郞으로 기용되고, 左僕射에 오르면서 조정을 장악했다. 이후 신법을 철폐하고 舊法을 회복시켰다.
68) 張子厚 : 張載(1020~1077)이다. 子厚는 그의 자이며, 호는 橫渠, 시호는 明으로, 鳳翔 郿縣 사람이다. 1058년 진사가 되어 崇文院校書·著作佐郞 등을 지냈다. 송대 理學을 창시한 北宋五君子 중의 한 사람이다. 關中에서 강학하였으므로, 그의 학문을 關學이라 부른다.
69) (知)〔如〕: 저본에는 '知'로 되어 있으나, ≪張子全書≫에 의거하여 '如'로 바로잡았다.

동산에는 백성이 우러를 분 다시는 안 계시고	東山無復蒼生望이요
서토에는 그 누가 후학과 함께 도를 구하리	西土誰共後學求리오
천고에 남을 명성은 형제간에 나란했는데[70]	千古聲名聯棣萼(체악)이러니
두 해 사이 모두 떠나 언덕으로 돌아가셨네	二年零落去山丘라
침문에서 통곡함이 끝이 없을 것을 아니	寢門慟哭知何限하니
어찌 친구로서 옛 교유 생각해서일 뿐이랴	豈獨交親念舊游리오

陸子履[71]를 모시고 白石寺[72]와 萬固寺[73]를 유람하다
陪陸子履遊白石萬固

條山[74]은 푸르고 황하 물결 누러니	條山蒼蒼河流黃하니
中蒲[75]의 지형지세 천하에 굳건하네	中蒲形勢天下彊이라
황제께서 어진 제후 얻어 한 방면 안정시키니	帝得賢侯殿一方하니
사 년도 채 되지 않아 백성 여망 위로하였네	四年不更慰民望이라
원풍 戊午年(1078) 늦은 봄 삼월달에	元豐戊午季春月에
성상의 마음 가뭄 근심하고 백성 염려하셨네	上心閔雨愁黎蒼이라
사방에 사신 보내 산천에 기우제를 지내니	使車四出走群望하니
나도 명을 받들어 제후의 강역에 오게 되었네	我亦奉命來侯疆이라
그 정성에 신이 감격하여 하늘의 뜻이 순해져	精神感格天意順하여

70) 형제간에 나란했는데: 張載와 그의 아우인 張戩(1030~1076)은 關中의 학자들에게 '二張'으로 일컬어졌다.

71) 陸子履 : 陸經이다. 子履는 그의 자이며, 호는 嵩山老人으로, 越州 사람이다. 일찍이 歐陽脩와 함께 館閣에 있으면서 修撰을 지낸 적이 있다. 行書를 잘 썼으므로 구양수가 다른 사람을 위해 碑誌를 지을 때면 반드시 육경에게 글씨를 쓰게 하여 書名을 더욱 날리게 되었다.

72) 白石寺 : 明 洪武 연간에 萬固寺에 편입되었다.

73) 萬固寺 : 山西省 永濟市 서남쪽 中條山 기슭에 있는 사찰이다. 唐나라 大中 8년(854)에 창건되었다. 처음엔 建元寺였으나 뒤에 지금의 이름으로 바뀌었다. 明나라 洪武 연간에 白石寺·讚嘆寺·竹溪寺·雲蓋寺·淨土寺를 편입하였고, 萬曆 연간에 승려 福登이 중수하였다. 당시 '中條第一禪林'으로 일컬어졌다.

74) 條山 : 山西省 運城市 芮城縣에 있는 산으로, 中條山이라고도 한다.

75) 中蒲 : 河中蒲로, 현 山西省 永濟市 일대를 가리킨다.

조서를 내리자마자 비가 쏟아지기 시작하였네	詔書纔下雨已霶이라
시든 보리 푸릇해지고 벼가 땅을 뚫고 나오니	病麥還青禾出土하니
농부들이 춤을 추며 군왕의 덕을 노래하였네	野農鼓舞歌君王이라
친구를 만나 서로 옛일을 말하지 않은 것은	故人相見不道舊는
비가 내린 기쁨이 다하지 않았기 때문일세	爲雨懽喜殊未央이라
성스러운 임금 염려 덕분에 소신들 즐거워하니	聖主寬憂小臣樂하니
저절로 마음이 들떠 흉금을 펼 수 있겠네	自可放蕩舒胸腸이라
백석사와 만고사는 모두 경치 좋은 곳인데	白石萬固皆勝地러니
이곳 수령이 나를 위해 술을 가지고 왔네	主人爲我携壺觴이라
좋은 날을 만나는 것 속세에서의 바람이니	況逢佳日俗所尙이니
수레와 말이 날 새기도 전 큰길에 가득하네	車馬未曉塡康莊이라
십 리 되는 행렬엔 노인과 어린이 뒤섞이고	扶提十里雜老幼하고
길게 줄 선 천 명의 기병엔 창들이 선명하네	迤邐(이리)千騎明戈槍이라
푸른 이내로 들어가는 징소리 처음 들리고	初聽鳴鐃入青靄하니
아침 햇살에 빛나는 붉은 깃발 점차 보이네	漸見朱旆輝朝陽이라
앞장서는 수령은 謝康樂[76]과 같은 분이고	遨頭自是謝康樂이요
뒤따르는 수레는 元漫郎[77]과 같은 이들이네	後乘獨慚元漫郎이라
제후는 와서 손님이 있는 것을 알겠지만	侯來雖知有賓客이나
사람들은 장차 풍년이 들 것을 기뻐하네	衆喜更爲將豐穰이라
시냇가 바위에 앉으니 사방이 바위 골짜기인데	臨溪坐石遍巖谷이러니

76) 謝康樂 : 謝靈運(385~433)이다. 南北朝 시대 宋나라 사람으로 謝玄의 손자이다. 康樂公을 襲封하여 謝康樂이라고 불렸다. 산수 유람을 좋아하여 많은 산수시를 남겼다. 일찍이 始寧의 南山에서부터 나무를 베어 길을 내어 곧장 臨海까지 이르렀는데, 따르는 사람이 수백 명이었다. 임해 태수 王琇가 놀라 산적인 줄 알았다가 사영운인 줄 알고서야 안심하였다는 고사가 있다.(≪宋書≫ 권67 〈謝靈運傳〉)

77) 元漫郎 : 唐나라 때의 시인 元結(723~772)이다. 漫郎은 그의 자호이다. 자는 次山이고, 하남 낙양 사람이다. 원결은 성격이 소탈하고 자유분방하여 거지를 벗으로 사귀기도 하였다. 어떤 사람이 그를 힐난하자 〈丐論〉을 지어 "옛사람은 고을에 군자가 없으면 구름과 산을 벗하고, 마을에 군자가 없으면 소나무와 잣나무를 벗하고, 자리에 군자가 없으면 거문고와 술을 벗했으니, 나라에 유람을 다니다가 군자를 보면 벗할 뿐. 거지는 오늘날의 군자이니, 나는 그와 친구가 되지 못할까 걱정이네.〔古人鄉無君子則與雲山友 里無君子則與松柏友 坐無君子則與琴酒友 出遊於國 見君子則友之 丐者今之君子 吾恐不得與之友也〕"라고 하였다.(≪古今事文類聚≫ 別集 권19 〈丐論〉)

그윽한 곳에서 종종 거문고 피리 소리 들려오네　幽處往往聞絲簧이라
산빛은 좋은 손님 맞이하여 움직이는 듯하고　山光似迎好客動이요
해 그림자는 정히 유람객을 위해 길구나　日景定爲遊人長이라
높은 곳에서 멀리 바라보니 흥취가 끝이 없어　乘高望遠興不盡하여
연연해하며 바삐 헤어져야 함을 알지 못하네　戀戀不知歧路忙이라
인생살이 골몰하여 온갖 일에 괴로워하니　人生汨沒苦百態하니
이 즐거움 얻는 것 참으로 늘 있기 어렵네　得此樂事眞難常이라
내 아름다운 경치 떠나려니 벌써 서글픈데　我辭佳境已惆悵한대
제후 또한 어찌 이 고을에 오래 있겠는가　侯亦那得久此鄕이리오
훗날 만나서 다시 서로 이야기하자며　他時會合重相語하며
천석을 떠나왔지만 어찌 잊을 수 있으랴　辜負泉石何能忘이리오

陳公의 정원에서 修禊한 일을 그 자리에서 읊다
陳公廙園修禊事席上賦

옛날에는 蘭亭[78]에서 성대히 모였고　盛集蘭(臺)〔亭〕[79]舊요
지금은 洛社에서 풍류모임 있다네　風流洛社今이라
좌중에는 속된 나그네가 없고　坐中無俗客이요
물굽이에선 맑은 소리 들려오네　水曲有淸音이라
香篆[80]의 연기는 왔다가 도로 가고　香篆來還去하고
꽃가지는 떠올랐다 다시 가라앉네　花枝泛復沈이라
날 저무는 것을 근심할 필요 없으니　未須愁日暮하니
하늘가에 엷은 구름 끼었을 뿐이라네　天際是輕陰이라

78) 蘭亭 : 浙江省 紹興縣 會稽山 북쪽에 있던 王羲之의 정자이다. 이곳에서 당대의 명사 41인이 修禊하고 시를 지으며 놀았고, 왕희지가 〈蘭亭記〉를 지어 이 날의 감회를 서술하였다.
79) (臺)〔亭〕 : 저본에는 '臺'로 되어 있으나, 四庫全書本에 의거하여 '亭'으로 바로잡았다.
80) 香篆 : 향불의 연기가 篆字 모양으로 피어오른다 하여 붙인 이름이다

봄눈 春雪

이월도 장차 끝나가려 하니	二月將臨尾하니
여러 陰도 한동안 물러나겠지[81]	群陰久退潛이리라
복사꽃 오얏꽃 어여쁠 것이니	只知桃李艷(염)하니
어찌 다시 눈 서리를 꺼려하리	何復雪霜嫌이리오
자욱한 싸락눈이 먼저 내리다가[82]	密霰仍先集하고
날리는 진눈깨비 여기저기 적시네	飄霙忽散霑이라
바람 불자 날씨는 쌀쌀해지고	帶風成料峭하고
비마저 와서 부슬부슬 내리네	和雨作廉纖이라
長江과 漢水 사이가 처음엔 다 보였는데	江漢初彌望이러니
지금은 옥구슬이 중간에 끼어있는 듯	珠璣亦間兼이라
작은 눈송이는 지붕 위에 내려앉고	片痕才着瓦요
비스듬히 날린 것은 주렴을 통과하네	斜勢漸穿簾이라
눈 속의 새는 遼東城의 학[83]이 변한 듯하고	鳥化遼城鶴이요
길은 越나라 여자가 짠 비단[84]을 펼친 듯하네	途鋪越女縑이라
떨어지는 꽃처럼 때로는 어지러이 춤추다	落英時鬪舞라가
솜처럼 흩날리면서 서로 달라붙기도 하네	飛絮或同黏(점)이라
흰 옥처럼 깨끗한 눈을 직접 잡아보니	直把瓊瑤比하니
고니와 해오라기 깃털[85]이라 누가 의심하랴	誰疑鵠鷺燖이리오

---

81) 여러……물러나겠지 : 음력 11월은 復卦(䷗)로 衆陰이 왕성한 가운데 一陽이 처음 생겨나는 형상이며, 이후 매월 아래에서 陽이 자라나 夬卦(䷪)인 3월이 되면 陽이 왕성하고 陰이 물러나는 형상이 된다.

82) 자욱한……내리다가 : ≪詩經≫ 〈小雅 頍弁〉에 "눈이 쏟아지려 하니, 싸락눈이 먼저 내리네.〔如彼雨雪 先集維霰〕"라고 하였다.

83) 遼東城의 학 : 漢代의 遼東 사람 丁令威는 靈虛山에서 신선술을 익혀 신선이 되었다. 학으로 변해 고향을 찾았으나 이미 천 년이 지나 아는 사람이 없어 공중을 배회하다가 돌아갔다는 고사가 있다.(≪搜神後記≫ 권1)

84) 越나라……비단 : 越 땅에서 생산되는 越羅는 가볍고 부드러우며 섬세한 것으로 유명하다. 화려한 무늬와 색감으로 이름난 蜀錦과 함께 귀하고 값비싼 보화이다.

85) 고니와 해오라기 깃털 : 韓愈의 〈詠雪贈張籍〉에 "틀림없이 고니와 해오라기를 삶은 것이 아니요, 참으로 고운 옥돌을 부순 것이로다.〔定非燖鵠鷺 眞是屑瓊瑰〕"라고 하여, 흰 눈이 내리는 것을 고니와 해오라기를 삶을 때 흰 털이 뽑혀서 날리는 것에 비유하였다.

송곳처럼 예리하게 살결에 파고들며 透肌錐共利하고
칼날처럼 날카롭게 얼굴을 때리네 灑面刃爭銛이라
추위가 겁나 문을 열고 보노라니 寒怯開闈賞하니
달빛이 엉기어 달과 함께 구경하네 光凝伴月覘이라
나무꾼이 파는 숯은 값이 올랐지만 價增樵市炭이나
흥이 나서 주막 깃발 보고 들어가네 興入酒家帘(렴)이라
발을 멈추니 신발은 은으로 장식한 듯하고 駐足銀粧履요
고개를 드니 수염에는 옥구슬이 주렁주렁 昂頭玉裹髥(염)이라
어찌하여 따뜻한 봄기운을 속여서 如何欺煦律하여
궁벽한 집안을 거듭 곤란케 하는가 重復困窮閻이리오
땔감이 떨어져 아침 내내 장만하고 (新)〔薪〕[86]乏經朝備하고
따뜻한 날씨 믿고 가벼운 옷 입었네 衣因恃暖拈이라
꽃을 따며 노닐던 아가씨는 한탄하고 擷(힐)芳遊女恨이요
올해 농사 근심하는 늙은 농부는 점을 치네 憂歲老農占이라
대나무가 자주 잎을 떨구는 것 안타깝고 惜竹頻敲葉이요
꽃이 금세 거적 위를 덮는 것 근심스럽네 愁花旋覆苫이라
권세 잃은 봄의 신 太皞[87]를 슬퍼하니 失權悲太皞하니
세찬 바람 일으키는 飛廉[88]이 나타났구나 助虐有飛廉이라
몰아치듯 내려 처음엔 용맹하다 의심했으나 驟降初疑勇이나
이내 녹아내리니 또한 겸손하다 의심하네 旋消亦訝謙이라
북방의 운기가 기회를 얻은 것이지만 朔雲雖借便이나
水神[89]이 어찌 싫어함이 없겠는가 水后可無厭이라
아무리 陰의 신령이 교묘하다 하여도 縱任陰靈巧라도
木기운[90]을 다 없애기는 어려울 것이네 難令木氣殲(섬)이라
맹추위가 부질없이 기세를 떨치지만 寒威徒自奮이나

86) (新)〔薪〕: 저본에는 '新'으로 되어 있으나, 四庫全書本에 의거하여 '薪'으로 바로잡았다.
87) 太皞 : 伏羲氏를 말하는데, 木德으로 왕 노릇을 했기 때문에 봄을 맡은 靑帝로 삼은 것이다.
88) 飛廉 : 바람을 관장하는 風神의 이름이다.
89) 水神 : 五行의 방위에서 물〔水〕은 북방에 위치하며 겨울에 해당한다.
90) 木기운 : 五行에서 木은 동쪽에 위치하며 봄에 해당한다. 여기서는 봄기운을 가리킨다.

봄기운이 또한 때때로 더해지네	春氣亦時添이라
눈 쌓인 형세가 평평한 언덕 같더니	積勢方平壠이러니
어느덧 녹아 처마에서 물이 떨어지네	流澌已墜簷이라
어두운 하늘은 여전히 우중충하지만	暗空猶沓沓이나
가까운 땅속에선 곧 소곤소곤 속삭이는 듯	近地卽估估이라
먼 곳의 강물은 수면을 가리기 어렵고	遠水難遮面하고
높은 봉우리는 뾰족함을 감추지 않네	高峰不裹尖이라
담장에 쌓인 눈은 분칠한 듯하지만	着牆聊晝粉이나
땅을 뒤덮은 눈이 어찌 소금이겠는가	蓋地豈成鹽이리오
흰 명주 부채가 속세의 티끌에 놀란 듯	紈扇驚塵曀(예)하고
하얀 곤륜산이 불길을 인식한 듯하네	崑崗認火炎이라
가만히 내리다가 거듭 녹아버려	端來薦融釋하여
부질없이 다시 땅을 젖게 하네	空復助洳漸이라
쌓인 수분은 끝내 연약해지겠지만	積潤終滋嫩(눈)이로되
놀란 우레는 또한 한동안 진동하리	驚雷亦震淹이라
봄을 관장하는 東君[91]은 슬퍼하지 말라	東君莫惆悵이라
밝은 태양 다시 우러러보길 기다리네	杲日待重瞻하니라

늦봄 晩春

인생살이 백년은 길기도 한데	人生百年永한대
반평생의 세월이 지나가버렸네	光景我逾半이라
그 사이 얼마나 슬퍼하고 기뻐했나	中間幾悲歡이리오
하물며 수없이 만났다 헤어졌다네	況復多聚散이라
靑陽[92]이 늦봄으로 변하였고	靑陽變晩春하고

91) 東君 : 동쪽은 사계절로 배분하면 봄에 해당한다.
92) 靑陽 : 봄을 뜻하는 말이다. ≪爾雅≫ 〈釋天〉에 "봄은 청양, 여름은 주명, 가을은 백장, 겨울은 현영이니, 네 가지 기운이 조화로운 것을 옥촉이라고 한다.〔春爲靑陽 夏爲朱明 秋爲白藏 冬爲玄英 四氣和謂之玉燭〕"라고 하였다.

연약한 가지는 늙은 줄기가 되었네	弱條成老幹이라
시절 때문에 놀란 것이 아니니	不爲時節驚이니
술병 잡고 누구에게 권하려는가	把酒欲誰勸이리오

서호 西湖

溪水의 다리 곁 鴨子陂 언덕에는	溪水橋邊鴨子陂엔
누대가 군성 서쪽에 우뚝하네	樓臺只在郡城西라
안개 낀 물결 언뜻 보여 마음이 기쁜데	煙波乍見心先快러니
섬들을 살펴보려 하니 길을 헤매게 하네	島嶼將尋路欲迷라
종일토록 바람 없어 거룻배 비껴가고	盡日無風橫舴艋(책맹)이요
때때로 비가 내려 무지개 드리우네	有時經雨飮虹蜺(홍예)라
어찌 지척에 있는 속된 세상이	如何咫尺塵埃地가
유람객의 마음을 어지럽힐 수 있으랴	能使遊人意不齊리오

환취정 環翠亭

성안에 살아 겹겹의 산들이 보이지 않았는데	城居不見萬山重한대
높은 정자를 지으니 먼 허공까지 다 보이네	因起高亭破遠空이라
텅 빈 허공은 곧장 하늘 밖 우주인 듯하고	虛曠直疑天宇外하고
주위는 마치 그림 병풍 속에 있는 듯하네	周旋如在畫屛中이라
엉겼다 흩어지는 아지랑이 층층이 솟아나고	凝嵐(람)散靄(애)層層出하고
옥을 깎은 듯 청천을 밀친 듯 사방이 똑같네	削玉排靑面面同이라
잠시 정자에 올라 보고 돌아가길 잊었으니	暫得登臨已忘去하니
사계절의 좋은 정취는 어진 공의 차지라네	四時佳致屬賢公이라

韓持國 資政[93)]이 호숫가에서 홀로 마시며 보내온 시에 답하다 酬韓持國資政湖上獨酌見贈

꽃을 보며 술 따르는 것은 공의 즐거움이요　　對花酌酒公能樂이요
마른 밥에 나물 국 먹는 것은 나의 빈한함이네　　飯糗羹(구갱)藜我自貧이라
만약 지극한 정성은 안팎이 없다고 말한다면　　若語至誠無內外어든
분별하려는 것 또한 진리를 미혹시키는 것이리　　却應分別更迷眞이라

① 한지국의 시[94)]에 "팔 베고 물 마시는 程夫子[95)], 고요히 앉아 향 피우는 范使君[96)]. 외부의 즐거움 잊지 못하는 내가 부끄러워, 푸른 술잔에 붉은 마름꽃 띄워 석양을 바라보네."라고 하였다.
韓詩云 "曲肱飮水程夫子, 宴坐焚香范使君. 媿我未能忘外樂, 綠尊紅芰對西曛."

---

93) 韓持國 資政 : 韓維(1017~1098)이다. 持國은 그의 자이며, 호는 南陽으로, 雍丘 사람이다. 재상의 천거로 벼슬길에 나아가 門下侍郞·太子少傅 등을 지냈으며, 南陽郡公에 봉해졌다. 資政殿 大學士를 지냈으므로, 資政이라 한 것이다.
94) 한자국의 시 : 韓維의 ≪南陽集≫ 권14에 수록된 〈戲示程正叔范彝叟時正叔自洛中過訪〉이다.
95) 程夫子 : 程顥를 가리킨다.
96) 范使君 : 使君은 지방 수령을 가리키는 말로, 范使君은 范仲淹의 셋째 아들인 范純禮(1031~1106)를 가리킨다.

二程全書 卷55

明道先生文 二

明 後學 嘉興 徐必達 校正

표·소 表·疏

大殿에 올리는 箚子 上殿劄子

신이 엎드려 생각건대 君道의 大體는 옛일을 상고하여 학문을 바로잡고, 善·惡의 귀추를 밝히고, 忠·邪의 구분을 변별하여 道의 바른 곳으로 밝게 나아가는 데 있습니다. 그러므로 이는 임금의 지향이 먼저 정해짐에 달려 있으니, 임금의 지향이 정해지면 천하의 정치가 이루어질 것입니다. 이른바 지향을 정한다는 것은 마음을 하나로 하고 생각을 진실하게 하여 善을 택해서 굳게 잡는 것입니다. 義理가 먼저 극진하지 않으면 많이 듣더라도 쉽게 미혹되며, 志意가 먼저 정해지지 않으면 善을 지키더라도 간혹 마음이 옮겨갈 것입니다. 이는 오직 聖人의 가르침을 반드시 따라야 할 것으로 여기고, 先王의 다스림을 반드시 본받아야 할 것으로 여기며, 후세의 박잡한 정사에 구애되지 않고, 세속의 인순고식하는 논의에 끌려가거나 미혹되지 않으며, 스스로 아는 것은 밝게 알기를 지극히 하고, 도를 믿는 것은 독실하게 하기를 지극히 하며, 賢者에게 맡기고서 두 마음을 품지 말고, 간사한 사람을 물리치고 의심하지 말아서, 반드시 三代와 같이 융성한 세상을 이룩할 것을 기약하고야 마는 데에 달려 있습니다.

臣伏謂호되 君道之大는 在乎稽古正學하고 明善惡之歸하고 辨忠邪之分하여 曉然趨道之正이니이다 故로 在乎君志先定하니 君志定而天下之治成矣니이다 所謂定志者는一心誠意하여 擇善而固執之也니이다 夫義理不先盡이면 則多聽而易(이)惑하며 志意不先定이면 則守善而或移니이다 惟在以聖人之訓으로 爲必當從하고 先王之治로 爲必可法하며 不爲後世駁雜之政所牽制[①]하고 不爲流俗因循之論所遷惑하며 自知는 極於明하고 信道는 極於篤[②]하며 任賢勿貳하고 去邪勿疑하여 必期致世如三代之隆而後已也니이다

①〈'制'는〉 어떤 판본에는 '滯'로 되어 있다.
一作滯.
② 어떤 판본에는 이 구절이 윗 구절의 위에 있다.
一本此句在上句上.

그러나 천하의 일은 항상 사소한 것을 소홀히 여기는 데에서 환난이 생겨나니, 의지 또한 점점 익숙해지는 것을 경계해야 합니다. 그러므로 옛날의 임금은 비록 출입하거나 조용히 거동하거나 한가로이 휴식할 때에도 반드시 송독하여 훈계하거나 규계하여 간언하는 신하가 있어, 左右前後의 사람이 바른 사람 아닌 이가 없어서 그 德業을 이룩하였습니다. 엎드려 바라옵건대 폐하께서는 노성한 어진 儒者들에게 禮로써 명하시되 굳이 직책을 주어 수고롭게 할 것이 아니라, 날마다 편한 자리에서 가까이 하여 道義를 강론하여 聖德을 도와서 기르게 하십시오. 또 천하의 어질고 뛰어난 인재를 택하여 곁에서 모시거나 좌우에 수행하게 하고 아침저녁으로 만나보아 선한 도리를 개진하고 정치의 大體를 강마하게 하여 성상의 귀를 넓히십시오. 이와 같이 하면 성상의 지혜가 더욱 밝아지고 王道가 참으로 충만해질 것입니다.

然이나 天下之事는 患常生於忽微하니 而志亦戒乎漸習이니이다 是故로 古之人君은 雖出入從容閒燕이라도 必有誦訓箴諫之臣하여 左右前後가 無非正人하여 所以成其德業이니이다 伏願陛下는 禮命老成賢儒호되 不必勞以職事하고 俾日親便座하여 講論道義하여 以輔養聖德하소서 又擇天下賢俊하여 使得陪侍法從하고 朝夕延見하여 開陳善道하고 講磨治體하여 以廣聞聽하소서 如是면 則聖智益明하고 王猷允塞矣리이다

오늘날은 온 세상의 도가 쇠미하여 인심이 날로 투박해지고 말세의 습속이 떠들썩하여 다시는 염치가 없습니다. 이는 대체로 朝廷에 덕을 존숭하고 도를 즐거워하는 풍속이 미덥지 못하고, 성심을 돈독히 한 충실하고 온후한 교화가 아직 펼쳐지지 못했기 때문입니다. 오직 폐하께서는 聖人의 가르침을 상고하고 先王의 다스림을 본받으며, 마음을 하나로 하고 생각을 진실하게 하여 강건한 하늘의 도리를 체득해 힘써 행하시면 천하 사람들이 매우 다행으로 여길 것입니다.

今四海靡靡하여 日入偷薄하고 末俗嘵嘵하여 無復廉恥니이다 蓋亦朝廷尊德樂道①之風이 未

孚요 而篤誠忠厚之教가 尙鬱也일새니이다 惟陛下는 稽聖人之訓하고 法先王之治하며 一②心誠意하여 體乾剛健而力行之하시면 則天下幸甚이리이다

①〈'道'는〉 어떤 판본에는 '義'로 되어 있다.
一作義.
②〈'一'은〉 어떤 판본에는 '正'으로 되어 있다.
一作正.

학교 제도를 정비하고 師表가 되는 儒者를 존중하고 士를 취할 것을 청하는 箚子　請修學校尊師儒取士箚子

신이 엎드려 생각건대, 천하를 다스리는 것은 풍속을 바로잡고 어질고 재주 있는 인재를 얻는 것을 근본으로 삼습니다. 宋나라가 건국된 지 1백여 년이 지났으나 教化가 아직 크게 순수하지 않고, 人情이 아직 지극히 아름답지 않고, 士人은 謙退하는 절도가 미미하고, 고을 주민은 염치를 아는 행실이 없고, 형벌은 번다하나 범죄가 그치지 않고, 관원은 남아도나 인재가 부족한 것은 대개 학교 제도가 정비되지 않고, 師表가 되는 儒者가 존숭 받지 못하여 士人을 풍교하고 권면하고 양육하고 격려하는 방도가 시행될 길이 없기 때문입니다.

생각건대 오늘날은 聖人과의 거리가 아득히 멀어져 스승의 도가 성립되지 않고 유자의 학문이 거의 무너져서 사라지게 될 지경입니다. 그러나 오직 朝廷에서 사표가 될 유자를 숭상하고 士人을 교육하면 오래지 않아 회복될 것입니다. 옛날에는 道德을 일치시켜 풍속을 동일하게 하였으니,[1] 만일 스승의 도와 유자의 학문이 바르지 않으면 도덕이 어떻게 일치될 수 있겠습니까. 요즘 사람들은 사사로운 견해를 가져 학자마다 다른 설을 주장하고, 경전의 뜻을 번쇄하게 풀이하여 다시는 통일할 수 없으니, 도가 밝혀지지 않고 행해지지 않는 이유가 바로 여기에 있습니다.

---

1) 옛날에는……하였으니 : ≪禮記≫ 〈王制〉에 "司徒가 六禮를 정비하여 백성을 절제시키며, 七教를 밝혀서 백성의 덕을 흥기시키며, 八政을 질서 있게 하여 淫佚함을 방지하며, 道德을 일치시켜서 풍속을 동일하게 한다.〔司徒修六禮以節民性 明七教以興民德 齊八政以防淫 一道德以同俗〕"라고 하였다.

臣伏謂호되 治天下는 以正風俗得賢才로 爲本이니이다 宋興百餘年이로되 而教化未大醇하고 人情未盡美하고 士人微謙退之節하고 鄕閭無廉恥之行하고 刑雖繁而奸不止하고 官雖冗而材不足者는 此蓋學校之不修하고 師儒之不尊하여 無以風勸養勵之使然耳일새니이다 竊以去聖久遠하여 師道不立하고 儒者之學이 幾於廢熄이나 惟朝廷崇尙教育之면 則不日而復(복)이리이다 古者엔 一道德以同俗하니 苟師學不正이면 則道德何從而一이리잇가 方今人執私見하여 家爲異說하고 支離經訓하여 無復統一하니 道之不明不行이 乃在於此니이다

신이 생각건대 의당 가까이서 모시는 어진 儒者들에게 먼저 禮로써 명하여 각각 유형별로 천거하게 하고, 百官과 方岳·州縣의 관리들에게도 마음을 다하여 인재를 찾게 하면 무릇 先王의 도를 밝히고 德業이 넉넉히 갖추어져 師表가 될 만한 자가 있을 것이고, 그 다음으로는 지향을 독실하게 하고 학문을 좋아하며 재질이 훌륭하고 행실이 다듬어진 자가 있을 것이니, 이런 인재들이 모두 명성이 알려질 것입니다. 은거하는 士는 조정에서 마땅히 禮를 후하게 하여 초빙하고, 그 나머지는 州·縣에 명하여 공손히 올려 보내게 하여 京師로 모이게 한 뒤 넓은 집에 머물게 하고 그 食料를 넉넉히 주어 그들의 집안 살림을 돌보게 하며, 어진 대신이 일을 주관하게 하여 여러 유자들이 아침저녁으로 서로 함께 바른 학문을 강론하여 밝히게 해야 합니다.

그 道는 반드시 人倫에 근본을 두어 사물의 이치를 밝히는 것이어야 하며, 그 가르침은 小學의 灑掃應對로부터 시작하여 孝悌忠信을 닦고 禮樂에 맞게 주선하는 것입니다. 그리고 士人을 인도하고 격려하며 점차 연마하여 성취하는 방도는 모두 차례가 있으며, 그 요점은 善을 택하여 몸을 닦아 천하 사람들을 교화하여 완성시키는 데 이르고, 鄕人으로부터 聖人의 도에 이를 수 있도록 하는 데 있습니다. 그 학문과 행실이 모두 이에 맞는 자는 덕을 이룬 군자가 될 것입니다.

臣謂호되 宜先禮命近侍賢儒하여 各以類擧하고 及百執事方岳州縣之吏도 悉心推訪이면 凡有明先王之道하고 德業充備하여 足爲師表者요 其次有篤志好學하고 材良行修者하리니 皆以名聞이러이다 其高蹈①之士는 朝廷當厚禮延聘하고 其餘命州縣敦遣하여 萃於京師하여 館之寬閑之宇하고 豐其廩餼하여 卹其家之有無하며 以大臣之賢典領其事하여 俾群儒朝夕相與講明正學이니이다 其道는 必本於人倫하여 明乎物理요 其教는 自小學灑掃應對以往으로 修其孝悌忠信하고 周旋禮樂이니이다 其所以誘掖激勵漸摩成就之道는 皆有節序하며 其要는 在於擇善修

身하여 至於化成天下하며 自鄕人而可至於聖人之道니이다 其學行이 皆中於是者는 爲成德이라

①〈'蹈'는〉 어떤 판본에는 '尙'으로 되어 있다.
一作尙.

또 그 다음은 재주와 식견이 밝고 통달하여 善에 나아갈 수 있는 자를 뽑아 날마다 그의 가르침을 받게 하고, 시일이 오래되면 그 중 어질고 뛰어난 자를 뽑아 높은 직임에 충당하는 것입니다. 학문이 크게 밝고 德義를 존숭할 만한 자를 가려 太學의 스승으로 삼고, 다음은 천하의 학교에 나누어 배치하여 학생을 가르치게 하되, 제후국의 수도로부터 시작하여 列郡에 이르는 것입니다. 士人 중에 배우기를 원하는 자와 백성 중에 준수한 자를 가려 입학시키고, 모두 봉급을 넉넉히 주고 身役을 면제합니다. 무릇 부모와 형제를 봉양해야 하는 자는 또한 그가 여유롭게 왕래하도록 허락하여 그의 행실을 살핍니다. 그 중 크게 가르침을 따르지 않는 자는 내쫓아 身役에 종사하게 합니다.

又其次는 取材識明達可進於善者하여 使日受其業하고 稍久則擧其賢傑하여 以備高任이니이다 擇其學業大明德義可尊者하여 爲大學之師하고 次以分敎天下之學호되 始自藩府로 至于列郡이니이다 擇士之願學과 民之俊秀者하여 入學하고 皆優其廩給而蠲(견)其身役이니이다 凡其有父母骨肉之養者는 亦通其優游往來하여 以察其行이니이다 其大不率敎者는 斥之從役이니이다

점차 太學으로부터 州·郡의 학교에 미쳐 도덕과 학업이 성취되어 남들의 스승이 될 만한 자를 가려 州·郡의 제도와 같이 縣의 학교에서 가르치게 합니다. 훗날에는 十室의 마을에서부터 黨·遂[2]에 이르기까지 모두 庠序의 제도[3]를 정비하여 백성을 위해 스승을 세우고, 배우는 자들은 차등을 두어 살펴야 합니다. 縣令은 매년 학교의 스승과 함께 鄕飮酒禮를 열어 鄕老와 배우는 자들을 모아서 경전에 밝고 행실이 바르며 재능이 있어 어떤 일을 맡을 만한 士人을 사람들이 추천하면 州의 학교로 올려 보내 그의 실상을 살핍니다. 학문이 거칠고 행실이 어긋난 자는 학업을 그만두고 돌아

2) 黨·遂 : 黨은 500家의 마을이고, 遂는 교외의 행정 조직으로 5縣이 遂가 된다.
3) 庠序의 제도 : 고대 지방 학교의 명칭으로 黨에는 庠이 있고, 術에는 序가 있다고 하였는데, 術은 지방 행정 조직인 遂를 가리킨다.(≪禮記≫ 〈學記〉)

가게 하며 그를 추천한 현령과 스승에게 죄를 묻고, 州學에 올려서 합당한 자는 그의 家役을 면제합니다. 郡守는 또 해마다 학교의 스승과 함께 鄕飮酒禮를 행하여 郡의 士人들을 성대하게 모아 經義·性行·材能 세 가지로 평가하여 우수한 士人을 빈객으로 예우하여 태학으로 천거하고, 태학에서는 또한 그들을 모아 가르칩니다. 그 학문이 밝지 않고 행실이 바르지 않으며 재질이 낮은 자는 학업을 그만두고 돌아가게 하며 郡守와 郡學 스승의 죄로 여깁니다. 태학에 올라간 자는 또한 때때로 고향으로 돌아갔다가 다시 태학으로 돌아오는 것을 허락합니다.

漸自大學으로 及州郡之學하여 擇其道業之成可爲人師者하여 使教于縣之學하니 如州郡之制니이다 異日則十室之鄕으로 達於黨遂히 皆當修其庠序之制하여 爲之立師하고 學者以次而察焉이니이다 縣令은 每歲與學之師로 以鄕飮之禮로 會其鄕老學者하여 衆推經明行修材能可任之士하면 升於州之學하여 以觀其實이니이다 學荒行虧者는 罷歸而罪其吏與師하고 其升於州而當者는 復(복)其家之役이니이다 郡守는 又歲與學之師로 行鄕飮酒之禮하여 大會郡士하고 以經義性行材能三物로 賓興其士於太學하고 太學又聚而教之니이다 其學不明行不修與材之下者는 罷歸하고 以爲郡守學師之罪니이다 升於大學者는 亦聽其以時還鄕里하고 復來於學이니이다

太學에서는 해마다 朝廷에 어진 자와 재능 있는 자를 천거하니, 이를 選士라고 합니다. 조정에서는 그들에게 경전을 질문하여 그들의 말을 살펴보고, 직무를 시험하여 그들의 재질을 관찰한 뒤에 그 등급의 차이를 평가하여 품계를 명합니다. 무릇 郡·縣의 학교와 태학에 거처하는 자는 모두 3년이 지난 뒤에야 천거 대상에 들 수 있으며, 州·郡의 학교에서 태학으로 올라온 자는 1년 뒤에 천거합니다. 학업과 행실이 뛰어나며 여러 사람의 신임을 받는 자는 학교에 거처하지 않거나 혹은 학교에 거처한 것이 오래되지 않았더라도 또한 천거를 논하는 인원수에 들 수 있습니다.

太學은 歲論其賢者能者於朝하니 謂之選士라 朝廷은 問之經以考其言하고 試之職以觀其材하여 然後에 辨論其等差而命之秩이니이다 凡處郡縣之學與太學者는 皆滿三歲하여 然後에 得充薦하며 其自州郡升於太學者는 一歲而後薦이니이다 其有學行超卓하여 衆所信服者는 雖不處於學하고 或處學而未久라도 亦得備數論薦이니이다

무릇 士를 선발하는 방법은 모두 성품과 행실이 단정하고 깨끗하며, 집안에 거처할

적에 효성스럽고 우애가 있으며, 廉恥와 禮讓이 있으며, 학업에 통달하여 밝으며, 治道를 환히 깨달은 것으로써 합니다. 州·縣의 학교에 있는 자는 먼저 그 鄕里의 長老로 하여금 추천하게 하고, 다음은 학교의 학생들이 추천하게 합니다. 太學에 있는 자는 먼저 그와 함께 공부하는 同學으로 하여금 추천하게 하고, 다음은 博士가 추천합니다. 그 학교의 스승과 州·縣의 수령은 혹시라도 사사로운 마음으로 멋대로 추천함이 없어야 하니, 만일 사실대로 추천하지 않고 간사한 마음으로 윗사람을 속이는 경우는 학교의 스승과 州·縣의 수령 모두 그 仕籍에서 이름을 지워버려 종신토록 벼슬을 할 수 없게 하며, 잘못 추천한 자는 또한 관직을 2등급 삭탈하되 사면이나 사직을 논하지 못하게 합니다. 州·縣의 수령으로서 부임한 지 반 년이 되지 않은 자는 모두 士와 스승을 천거하지 못하고, 모든 수령은 배우는 자들이 성취하거나 성취하지 못한 分數를 취하여 賞罰로 삼습니다.

凡選士之法은 皆以性行端潔하며 居家孝悌하며 有廉恥禮遜하며 通明學業하며 曉達治道者니이다 在州縣之學은 則先使其鄕里長老하고 次及學衆推之니이다 在太學者는 先使其同黨하고 次及博士推之니이다 其學之師與州縣之長은 無或專其私니 苟不以實하고 其懷奸罔上者는 師長皆除其仕籍하여 終身不齒하며 失者는 亦奪官二等호되 勿以赦及去職論이니이다 州縣之長으로 涖事未滿半歲者는 皆不薦士師하고 皆取學者成否之分數하여 爲之賞罰이니이다

무릇 公·卿·大夫의 자제들은 모두 입학하되 京師에 있는 자는 太學에 들어가고, 外方에 있는 자는 각자 거주하는 州의 학교에 들어가니, 이를 國子라 합니다. 蔭補에 해당됨이 있는 자는 모두 옛 제도대로 하되, 오직 학교에서 선발되지 않은 자는 관직을 주지 않습니다. 매년 諸路[4]에서는 각 路의 國子 중 준수한 자를 태학에 올릴 것을 별도로 진언하고, 올렸으나 합당하지 않은 자는 그 路의 監司와 州·郡의 스승을 벌합니다. 태학에서는 해마다 國子 중 학행과 재능이 있는 자를 조정에 천거하며, 州·郡의 학교에서 빈객으로 예우하고 考試하는 법도는 모두 태학에서 士를 선발하는 것과 같습니다.

凡公卿大夫之子弟는 皆入學호되 在京師者는 入太學하고 在外者는 各入其所在州之學하니 謂之國子니이다 其有當補蔭者는 竝如舊制로되 惟不選於學者는 不授以職이니이다 每歲에 諸路

4) 諸路 : 路는 宋代 행정구역의 명칭으로 후대의 '省'과 같다.

別言一路國子之秀者升於太學하고 其升而不當者는 罪其監司與州郡之師니이다 太學은 歲論國子之有學行材能者於朝하며 其在學賓興考試之法은 皆如選士니이다

國子는 입학한 뒤 京師와 지방의 학교에서 모두 7년을 수학하고, 혹 太學에서는 5년을 수학합니다. 나이가 30세 이상이 되어서도 학업을 성취하지 못한 자는 분별하여 두 등급으로 나누어, 上에 해당하는 자는 창고를 관리하는 임무를 주는 것을 허락하되 만일 그 후에도 학업을 닦고 정진하여 선발할 적에 합격하지 못하면 다시는 民政을 직접 맡게 하지 않으며, 下에 해당하는 자는 학업을 그만두고 돌아가게 합니다. 비록 학업 기간이 찼더라도 머물러 배우기를 원하는 자는 또한 허락합니다. 지방의 학교에서 7년을 수학해도 선발에 뽑히지 못한 자는 모두 태학으로 불러다가 시험하여 선별하되 위와 같이 두 등급의 법을 적용합니다. 國子 중에 크게 가르침을 따르지 않는 자는 또한 학교에서 내쫓아 학업을 그만두게 합니다. 무릇 직책을 맡은 사람 중에 그의 학업과 재능과 행실이 천거될 만한 자는 諸路와 近侍가 아뢰어 태학에 거처하게 하고, 그를 천거하고 시험하는 것은 또한 태학에서 士를 천거하는 법도와 같이 하여 어질고 능력 있는 자를 취해 등용합니다. 무릇 國子 중에 관직이 있는 자는 선발에 합격하면 그 품계를 올려줍니다.

國子自入學으로 中外通及七年이요 或太學五年이니이다 年及三十以上으로 所學不成者는 辨而爲二等하여 上者는 聽授以筦庫之任하되 自非其後學業修進하여 中於論選이면 則不復使親民政하고 其下者는 罷歸之니이다 雖歲滿願留學者는 亦聽이니이다 其在外學七歲而不中升選者는 皆論致太學而考察之하되 爲二等之法이니이다 國子之大不率教者는 亦斥罷之니이다 凡有職任之人에 其學業材行應薦者는 諸路及近侍以聞하여 處之太學하고 其論試亦如選士之法하여 取其賢能而進用之니이다 凡國子之有官者는 中選이면 則增其秩이니이다

신이 생각건대 이미 한결같이 道德과 仁義로써 그들을 가르치고 기르며, 또한 오로지 행실과 재주와 학문으로써 승진시켜 사소하게 聲律이나 따지는 것, 糊名[5]과 謄錄[6], 일체의 의리가 없는 폐단 등을 없애면 몇 년이 채 되지 않아 배우는 자들이 휩

5) 糊名 : 과거 시험에서 부정을 막기 위해 답안에 기재된 응시자의 성명을 풀칠하여 봉하는 것을 말한다.

쓸리듯 크게 변화할 것입니다. 어찌 士를 얻는 것이 점점 많아질 뿐이겠습니까. 천하의 풍속이 장차 날로 순정해져 王化의 근본이 될 것입니다. 신이 생각건대 帝王의 道는 이보다 더 숭상할 것이 없으니, 원컨대 폐하께서는 특별히 마음속에 담아두시고 만세를 위해 실행하십시오.

臣謂호되 旣一以道德仁義教養之하며 又專以行實材學升進하여 去其聲律小碎와 糊名謄錄과 一切無義理之弊면 不數年間에 學者靡然丕變矣리이다 豈惟得士浸廣이릿가 天下風俗이 將日入醇正하여 王化之本也니이다 臣謂호되 帝王之道는 莫尙於此니 願陛下特留宸意하여 爲萬世行之①하소서

① 熙寧[7] 원년(1068)에 올린 글로, 당시 監察御史裏行이었다.
熙寧元年上, 時爲監察御史裏行.

王道와 霸道를 논하는 箚子　論王霸箚子

신이 엎드려 생각건대 天理의 바름을 얻어 人倫의 지극함을 극진히 한 것은 堯·舜의 道이며, 사사로운 마음을 써서 仁義의 가장자리에 의거한 것은 霸者의 일입니다. 王道는 숫돌처럼 평탄하여 人情에 근본을 두고 禮義에서 나와 마치 큰길을 따라가서 다시는 구불구불한 길이 없는 것과 같습니다. 霸者는 굽이도는 오솔길을 가면서 오르내리고 빙빙 도는 것과 같아서 끝내 요·순의 도에 들어갈 수 없습니다. 그러므로 마음을 진실하게 하여 王道를 행하면 王者가 되고, 仁義를 빌려 霸道를 행하면 霸者가 됩니다. 이 두 가지는 그 道가 같지 않으니, 그 초심을 살피는 데 달려 있을 따름입니다. ≪易≫에 이른바 "털끝만큼의 차이가 천리만큼 어긋난다."라는 것[8]은 그 초심을

---

6) 謄錄 : 과거 시험에서 筆跡을 통해 특정인을 선발하는 부정을 막기 위해 답안을 새로 베껴 심사하게 하는 것을 말한다.

7) 熙寧 : 宋나라 제6대 황제 神宗 때의 연호로, 1068년부터 1077년까지 사용하였다.

8) 易에……것 : 이 내용은 지금의 ≪周易≫에는 보이지 않고, ≪禮記≫ 〈經解〉에 "그러므로 禮의 教化는 미묘한 것이어서, 일이 형태를 갖추기 전에 그 사악함을 막아 사람으로 하여금 날로 善으로 옮겨가고 罪를 멀리하게 하면서도 스스로 그것을 알지 못하게 한다. 그러므로 先王들은 이를 높이 여긴 것이다. ≪易≫에 이르기를 '군자는 처음을 삼가니, 처음의 털끝만큼의 차이가 천리만큼 어긋난다.'라는 것이 이를 말하는 것이다.〔故禮之教化也微 其止邪也於未形 使人日徙善遠罪而不自知也 是以先王隆之也 易曰 君子愼始 差若毫釐 繆以千里 此之謂也〕"라고 한 문장에 보인다.

살피지 않아서는 안 된다는 말입니다. 그러므로 천하를 다스리는 자는 반드시 그의 지향을 먼저 세워야 하니, 바른 지향이 먼저 확립되면 간사한 설이 그의 마음을 옮겨 가게 할 수 없고, 異端의 설도 그의 마음을 미혹되게 할 수 없습니다. 그러므로 힘써 道에 나아가면 막을 수가 없습니다. 만일 霸者의 마음으로 王道의 성공을 구한다면 이는 돌을 팔면서 옥이라고 하는 것과 같습니다. 그러므로 仲尼의 무리 중에 齊 桓公이나 晉 文公의 일을 말한 자가 없는 것[9]과 曾西가 자신을 管仲과 비교하는 것을 수치스럽게 여긴 것[10]은 의리상 따르지 않을 바이기 때문입니다. 그런데 하물며 霸者보다 못한 자야 말할 것이 있겠습니까.

臣伏謂호되 得天理之正하여 極人倫之至者는 堯舜之道也요 用其私心하고 依仁義之偏者는 霸者之事也니이다 王道如砥하여 本乎人情하고 出乎禮義하여 若履大路而行하여 無復回曲이니이다 霸者는 崎嶇反側於曲徑之中하여 而卒不可與入堯舜之道니이다 故로 誠心而王則王矣요 假之而霸則霸矣니 二者는 其道不同하니 在審其初而已니이다 易所謂差若毫釐繆以千里者는 其初不可不審也니이다 故로 治天下者는 必先立其志니 正志先立이면 則邪說不能移하고 異端不能惑이니이다 故로 力進於道而莫之禦也니이다 苟以霸者之心而求王道之成이면 是衒石以爲玉也니이다 故로 仲尼之徒는 無道桓文之事하고 而曾西恥比管仲者는 義所不由也일새니 況下於霸者哉리잇가

폐하께서는 堯·舜의 자질을 지니시고, 요·순의 지위에 처하셨으니, 반드시 요·순의 마음으로써 자임한 뒤에야 그의 道를 확충할 수 있을 것입니다. 漢·唐의 임금 중에 일컬을 만한 사람이 있으나 그 사람을 논하면 先王의 학문을 한 것이 아니고, 그 시대를 고찰하면 모두 박잡한 정사였습니다. 이에 보잘것없는 소신의 견해로써 보건대 오늘날은 다행히 小康에 이르렀으나 법도를 만들고 왕통을 드리운 것은 후세까지 이어질 만한 것이 아니니, 모두 행할 것이 못 됩니다. 그런데 폐하께서는 仁政을 행하고자 하면서도 평소 그 도구를 강구하지 않으시니, 가령 그 도가 크게 밝아진 뒤에 仁政을 행한다면 들쭉날쭉 일정하지 않아 끝내 이를 곳이 없을 것입니다.

---

9) 仲尼의……것 : ≪孟子≫ 〈梁惠王 上〉에 보인다.
10) 曾西가……것 : 혹자가 曾西에게 묻기를 "그대와 管仲은 누가 더 어진가?"라고 하자, 증서가 발끈하며 기뻐하지 않으며 말하기를 "너는 어찌 나를 관중과 비교하는가. 관중은 군주의 신임을 저와 같이 독차지 하였으며, 국정을 행하는 것을 저와 같이 오래하였는데도 功烈이 저와 같이 낮으니, 너는 어찌 나를 관중과 비교하는가."라고 하였다. (≪孟子≫ 〈公孫丑 上〉)

陛下는 躬堯舜之資하고 處堯舜之位하니 必以堯舜之心自任하여 然後에 爲能充其道니이다 漢唐之君에 有可稱者나 論其人이면 則非先王之學이요 考其時면 則皆駁雜之政이니이다 乃以一曲之見으론 幸致小康이나 其創法垂統은 非可繼於後世者니 皆不足爲也니이다 然이나 欲行仁政而不素講其具하니 使其道大明而後行이면 則或出或入하여 終莫有所至也니이다

일에는 大·小가 있고 先·後가 있으니, 작은 일을 살피고 큰일을 소홀히 하며 나중에 할 일을 먼저하고 먼저 할 일을 나중에 하는 것은 모두 적절하게 다스릴 수 있는 방도가 아닙니다. 또한 지향을 태만히 해서는 안 되고, 때를 놓쳐서는 안 됩니다. 오직 폐하께서는 先聖의 말씀을 상고하고 人事의 이치를 살펴서, 堯·舜의 도가 나에게 갖추어져 있음을 알아 자신에게 돌이켜 誠하게 하고, 그것을 미루어 四海에 미치며, 마음이 같고 덕이 같은 신하를 택하여 그와 함께 천하의 일을 이루어야 합니다. ≪書經≫에 이르기를 "伊尹은 湯임금과 함께 같은 덕을 소유하였다."[11]라고 하였고, 또 이르기를 "순일하도다. 왕의 마음이여!"[12]라고 하였으니, 마음을 한결같게 한 뒤에야 큰 일을 해낼 수 있다는 말입니다.

옛날에는 三公[13]을 반드시 갖추었던 것이 아니라 오직 그 자리에 마땅한 사람을 두었으니, 참으로 적임자를 얻어서 그 자리에 두지 못하면 차라리 그 자리를 비워두는 것만 못하다고 여겼기 때문입니다. 대개 小人의 일은 君子가 함께 할 수 없는 것인데, 어찌 聖賢의 일에 용렬한 사람을 참여시킬 수 있겠습니까. 성현의 일을 하고자 하면서도 용렬한 사람을 참여시키면 그 命이 어지러워질 것입니다. 이미 군자의 지모에 맡기고서 또 소인의 의논을 받아들이면 총명함이 전일하지 못하고 志意가 미혹될 것입니다. 지금 천고에 깊은 고질의 병폐를 구제하고 백성을 위한 장구한 계책을 세우려 하는 마당에 聽覽의 밝음을 지극히 하고 正邪의 변별을 극진히 하여 의견이 둘로 나뉘지 않고 일치하지 않는다면 어떻게 그 일을 해낼 수 있겠습니까.

夫事有大小하고 有先後하니 察其小하고 忽其大하며 先其所後하고 後其所先은 皆不可以適治니이다 且志不可慢이요 時不可失이니이다 惟陛下는 稽先聖之言하고 察人事之理하여 知堯舜之

11) 伊尹은……소유하였다 : ≪書經≫ 〈咸有一德〉에 "저 이윤은 몸소 湯王과 더불어 모두 순일한 덕을 소유하여 능히 天心에 합당하였습니다.〔惟尹 躬曁湯 咸有一德 克享天心〕"라고 하였다.
12) 순일하도다 왕의 마음이여 : ≪書經≫ 〈咸有一德〉에 보인다.
13) 三公 : 周나라 때의 太師·太傅·太保를 가리킨다.

道備於己하여 反身而誠之하고 推之以及四海하며 擇同心一德之臣하여 與之共成天下之務니이다 書所謂尹躬暨湯으로 咸有一德이라하고 又曰 一哉라 王心이여하니 言致一而後可以爲也니이다 古者에 三公不必備요 惟其人이니 誠以謂不得其人而居之면 則不若闕之之愈也니이다 蓋小人之事는 君子所不能同이어늘 豈聖賢之事에 而庸人可參之哉리잇가 欲爲聖賢之事나 而使庸人參之면 則其命亂矣리이다 既任君子之謀하고 而又入小人之議면 則聰明不專而志意惑矣니이다 今將救千古深錮之弊하고 爲生民長久之計에 非夫極聽覽之明하고 盡正邪之辨하여 致一而不二어든 其能勝之乎잇가

혹자가 이르기를 "임금의 거동은 삼가지 않으면 안 되니, 更張을 쉽게 여기면 해가 되는 것이 크다."라고 하였으나, 신은 홀로 그렇지 않다고 생각합니다. 이른바 경장이라는 것은 이치에 합당한 것을 돌아볼 따름입니다. 그 행위가 모두 옛것을 상고하고 의리를 바탕으로 하여 행하면 삼가는 것이 이보다 더 큰 것이 없을 것이니, 어찌 구차한 것을 인습하다가 끝내 敗亂을 초래하는 것과 같겠습니까. 예로부터 聖人의 말씀을 스승으로 삼고 先王의 정치를 본보기로 삼아 장차 크게 어떤 일을 하려고 하다가 도리어 환란을 불러온 경우가 어찌 일찍이 있었습니까. 원컨대 폐하께서는 하늘이 주신 용맹과 지혜를 떨치고 하늘의 강건한 덕을 체득하여 독자적으로 결단하여 시원스레 의심하지 않으시면 만세에 매우 다행일 것입니다.

或謂호되 人君擧動은 不可不愼이니 易(이)於更張이면 則爲害大矣라하나 臣獨以爲不然하니이다 所謂更張者는 顧理所當耳니이다 其動이 皆稽古質義而行이면 則爲愼莫大焉하니 豈若因循苟簡하여 卒致敗亂者哉리잇가 自古以來로 何嘗有師聖人之言하고 法先王之治하여 將大有爲而返成禍患者乎잇가 願陛下는 奮天錫之勇智하고 體乾剛而獨斷하여 霈然不疑면 則萬世幸甚①이리이다

① 熙寧 2년(1069)에 올린 글로, 당시 監察御史裏行이었다.
熙寧二年上, 時爲監察御史裏行.

열 가지 사안을 논하는 箚子　論十事劄子①

① 師傅・六官・經界・鄉黨・貢士・兵役・民食・四民・川澤・分數를 논한 것이다.
師傅六官經界鄉黨貢士兵役民食四民川澤分數.

신이 가만히 생각건대 聖人이 처음 法을 만들 적에 모두 사람의 심정에 근본을 두고 사물의 이치를 지극히 하였으니, 비록 二帝・三王[14]일지라도 때에 따라 개혁하고 일에 따라 늘리고 줄이는 제도가 없지 않았습니다. 그러나 정치를 하는 큰 근원과 백성을 기르는 중요한 도리에 대해서는 앞 시대 성인과 후대의 성인이 어찌 條理를 함께 하지 않겠습니까. 대개 古今과 治亂을 막론하고 生民의 이치에 곤궁함이 있다면 성인의 법을 고칠 수 있습니다. 후세에 그 개혁하는 방도를 능히 극진히 한 경우는 크게 다스려지고, 혹 그 한 부분만을 개혁한 경우는 조금 편안하였으니, 이것이 역대에 밝게 드러난 효험입니다. 만일 단지 옛것을 굳게 지킬 줄만 알아서 오늘날에 개혁을 능히 시행하지 못하거나, 고식적으로 명분만을 따르고자 하여 마침내 그 실제의 개혁을 폐기한다면 이는 고루한 儒者의 견해일 것이니, 어찌 治道를 논할 수 있겠습니까.

臣竊謂호되 聖人創法에 皆本諸人情하고 極乎物理하니 雖二帝三王이라도 不無隨時因革踵① 事增損之制니이다 然이나 至乎爲治之大原과 牧民之要道하얀 則前聖後聖이 豈不同條而共貫哉리잇가 蓋無古今無治亂히 如生民之理有窮이면 則聖人之法을 可改니이다 後世能盡其道則大治하고 或用其偏則小康하니 此歷代彰灼著明之效也니이다 苟或徒知泥古하여 而不能施之於今하고 姑欲循名하여 而遂廢其實이면 此則陋儒之見이니 何足以論治道哉리잇가

①〈'踵'은〉 어떤 판본에는 '稱'으로 되어 있다.
一作稱.

그러나 만일 오늘날 사람들의 심정이 모두 이미 옛날 사람과 다르니 先王이 이룩한 일을 오늘날에 회복할 수 없다고 여겨 눈앞의 편의만을 따르고 고원한 계책을 힘쓰지 않는다면 또한 크게 일을 도모하고자 하는 논의가 아니어서 오늘날의 지극한 폐단을 구제할 수 없을까 염려됩니다. 생각건대 衣服・飮食・宮室・器用과 같은 부류는 만일 오늘날에 편리하면서도 법도가 있는 것이라면 어찌 갑자기 개혁할 필요가 있겠습니까. 오직 天理는 변치 않아 사람이 의지하여 사는 것은 古今에 다른 이치가 없으니, 성인이 반드시 하고자 했던 것은 참으로 모두 거행할 수 있습니다. 그러나 그것을 행

14) 二帝・三王 : 二帝는 堯・舜을 가리키고, 三王은 夏나라 禹, 商나라 湯, 周나라 文王・武王을 가리킨다.

하는 데는 먼저 할 것과 나중에 할 것이 있고, 그것을 쓰는 데는 천천히 할 것과 급히 할 것이 있으니, 이를테면 계획하여 운용하며 주선하여 모두 합당하게 하는 것은 朝廷에서 강구하고 시행하는 것이 어떠한가에 달려 있습니다.

然이나 儻謂今人之情이 皆已異於古하니 先王之迹을 不可復於今이라하여 趣便目前하고 不務高遠이면 則亦恐非大有爲之論하여 而未足以濟當今之極弊也니이다 謂如衣服飮食宮室器用之類는 苟便於今而有法度者어든 豈亦遽當改革哉리잇가 惟其天理之不可易하여 人所賴以生은 非有古今之異니 聖人之所必爲者는 固可概擧니이다 然이나 行之有先後하고 用之有緩速하니 若夫裁成運動과 周旋曲當은 則在朝廷講求設施如何耳니이다

옛날에는 天子로부터 庶人에 이르기까지 반드시 스승과 벗을 기다려 그 德業을 성취하였습니다. 그러므로 舜임금·禹임금·文王·武王 같은 聖人도 모두 누군가를 따라서 배운 바가 있습니다. 오늘날은 師傅의 직무가 제대로 갖추어지지 않고 벗으로 삼고 신하로 삼는 의리가 드러나지 않아 德을 높이고 善을 즐거워하는 풍도가 천하에 아직 이루어지지 않았습니다. 이는 古今에 다름이 있는 것이 아닙니다.

古者엔 自天子로 達於庶人히 必須師友以成就其德業이니이다 故로 舜禹文武之聖도 亦皆有所從學이니이다 今師傅之職不修하고 友臣之義未著하여 所以尊德樂善之風이 未成於天下하니이다 此非有古今之異者也니이다

王은 반드시 하늘의 뜻을 받들어 관직을 세웁니다. 그러므로 天地·四時의 관직[15]은 二帝·三王을 지나면서 혹시라도 바뀐 적이 없었으니, 온갖 제도가 정비되고 온갖 교화가 잘 다스려진 까닭입니다. 唐나라에 이르러서도 오히려 그 대략이 조금 남아있었습니다. 잘 다스려질 적에는 오히려 綱紀가 조금 바로잡혔지만, 오늘날에는 官秩이 뒤섞이고 어지러우며 직책이 폐지되고 해이하여 태평한 정치가 이 때문에 아직 이르지 못하고 있습니다. 이 또한 古今에 다름이 있는 것이 아닙니다.

王者는 必奉天建官하니이다 故로 天地四時之職은 歷二帝三王하여 未之或改하니 所以百度修而萬化理也니이다 至唐하야도 猶僅存其略이니이다 當其治時엔 尙得綱紀小正이나 今官秩淆亂하며

15) 天地·四時의 관직 : 天官인 大冢宰(吏曹), 地官인 大司徒(戶曹), 春官인 大宗伯(禮曹), 夏官인 大司馬(兵曹), 秋官인 大司寇(刑曹), 冬官인 大司空(工曹)을 가리킨다.

職業廢弛하여 太平之治가 所以未至하나이다 此亦非有古今之異也니이다

하늘이 인류를 낳은 뒤에 임금을 세워 그로 하여금 백성을 기르도록 하되 반드시늘 생계를 유지할 산업을 마련해주어 백성의 삶을 넉넉하게 해주었으니, 經界[16)]는 바르게 정하지 않아서는 안 되고 井地는 균등하게 배분하지 않아서는 안 됩니다. 이것이 정치를 하는 큰 근본입니다. 唐나라 때에는 오히려 식구 수에 따라 田地를 나누어 주는 제도가 있었으나, 지금은 씻은 듯이 그런 법이 사라져 부유한 사람이 州·縣을 다 차지해도 막지 않고 가난한 사람이 떠돌아다니며 굶어죽는데도 구휼하지 않습니다. 요행히 살아가는 백성들이 많지만 衣食의 부족함은 아마도 끝이 없을 것입니다. 태어나는 아이들은 날로 더욱 많아지니 토지분배 제도를 마련하지 않으면 衣食은 날로 줄어들어 떠돌다가 죽는 사람이 날로 많아질 것입니다. 이는 곧 잘 다스려지느냐 혼란스러워지느냐가 나뉘는 기점이니, 어찌 토지분배 제도를 제정하는 방도를 점차 도모하지 않을 수 있겠습니까. 이 또한 古今에 다름이 있는 것이 아닙니다.

天生蒸民에 立之君하여 使司牧之호되 必制其恒産하여 使之厚生이니 則經界는 不可不正이요 井地는 不可不均이니이다 此爲治之大本也니이다 唐은 尙能有口分授田之制로되 今則蕩然無法하여 富者跨(고)州縣而莫之止요 貧者流離餓殍而莫之恤이니이다 幸民雖多나 而衣食不足者는 蓋無紀極이니이다 生齒日益繁하니 而不爲之制면 則衣食日蹙하여 轉死日多리이다 此乃治亂之機也니 豈可不漸圖其制之之道哉리잇가 此亦非有古今之異者也니이다

옛날에는 정치 교화가 鄕里에서 시작하였으니, 그 법이 比·閭·族·黨·州·鄕[17)]·酇·遂[18)]에서 일어나 서로 연속되어 통치하였습니다. 그러므로 백성들이 서로 편안하고

---

16) 經界 : 토지와 영역을 구획하여 나누는 것이다.

17) 比……·鄕 : ≪周禮≫ 〈地官 大司徒〉에 "5家가 比가 되니 서로 보호해주도록 하며, 5比가 閭가 되니 서로 받아주도록 하며, 4閭가 族이 되니 서로 장례를 지내주도록 하며, 5族이 黨이 되니 서로 구원해주도록 하며, 5黨이 州가 되니 서로 구제해주도록 하며, 5州가 鄕이 되니 서로 빈객으로 대우하도록 한다.〔令五家爲比 使之相保 五比爲閭 使之相受 四閭爲族 使之相葬 五族爲黨 使之相救 五黨爲州 使之相賙 五州爲鄕 使之相賓〕"라고 하였다.

18) 酇·遂 : ≪周禮≫ 〈地官 遂人〉에 郊外의 행정조직에 대해 "5家가 隣이 되고, 5隣이 里가 되고, 4里가 酇이 되고, 5酇이 鄙가 되고, 5鄙가 縣이 되고, 5縣이 遂가 된다.〔五家爲隣 五隣爲里 四里爲酇 五酇爲鄙 五鄙爲縣 五縣爲遂〕"라고 하였다.

친목하여 刑法을 범하는 일이 드물고 廉恥에 쉽게 이르렀습니다. 이 또한 人情의 자연스러운 바인지라 실행하면 효과가 있습니다. 이 또한 古今에 다름이 있는 것이 아닙니다.

古者엔 政教始乎鄕里하니 其法이 起於比閭族黨州鄕酇(찬)遂하여 以相聯屬統治라 故로 民相安而親睦하여 刑法鮮犯하고 廉恥易(이)格이니이다 此亦人情之所自然이라 行之則效니이다 亦非有古今之異者也니이다

庠序[19]의 교육은 先王이 人倫을 밝혀 천하를 교화한 것인데, 오늘날 師道와 학교가 폐지되어 道德이 일치되지 않고, 鄕射가 없어져 禮樂이 일어나지 못하고, 士를 추천하는 것이 鄕里에 근본을 하지 않아 행실이 닦여지지 않고, 준수한 백성이 학교에서 길러지지 못하여 인재가 많이 등용되지 못하니, 이런 분명한 일 또한 古今에 다름이 있는 것이 아닙니다.

庠序之教는 先王이 所以明人倫하여 化成天下로되 今師學廢而道德不一하고 鄕射亡而禮樂不興하고 貢士不本於鄕里而行實不修하고 秀民不養於學校而人材多廢니 此較然之事도 亦非有古今之異者也니이다

옛날엔 府·史·胥·徒[20]는 관청에서 祿을 받았고, 兵과 農은 애초 나누지 않았습니다. 지금은 교만한 병사들이 국고를 소모하여 국력 또한 이미 극도로 쇠퇴하였습니다. 신이 생각건대 禁軍 이외의 병사는 점점 농사로 돌아가게 하지 않는다면 장차 깊은 우려를 끼칠 것입니다. 府·史·胥·徒의 부역은 그 해악이 천하에 두루 미치니, 그 제도를 고치지 않으면 큰 환란을 면치 못할 것입니다. 이 또한 지극히 자명한 이치이니, 古今에 다름이 있는 것이 아닙니다.

古者엔 府史胥徒는 受祿公上하고 而兵農은 未始判也니이다 今驕兵耗匱하여 國力亦已極矣니이다 臣謂호되 禁衛之外는 不漸歸之於農이면 則將貽深慮하리이다 府史胥徒之役은 毒遍

---

19) 庠序 : 여기서는 학교를 가리킨다.

20) 府·史·胥·徒 : ≪周禮≫ 〈天官 冢宰〉에 보이는 관부의 하급관리들이다. “다섯 번째가 府이니 관청의 書契를 담당하여 문서 및 기물을 보관하며, 여섯 번째가 史이니 관청의 문서를 담당하여 정치를 도우며, 일곱 번째가 胥이니 관원의 품계를 담당하여 재능에 따라 관직을 제수하는 일을 하며, 여덟 번째가 徒이니 관청의 명령을 담당하여 징소하거나 명령을 시행한다.〔五曰府 掌官契以治藏 六曰史 掌官書以贊治 七曰胥 掌官敍以治敍 八曰徒 掌官令以徵令〕”라고 하였다.

天下니 不更其制면 則未免大患이리이다 此亦至明之理니 非有古今之異者也니이다

옛날에는 백성에게 반드시 9년 동안 먹을 양식이 있었으니, 3년 먹을 양식이 없는 나라는 그 나라를 제대로 된 나라가 아니라고 여겼습니다. 신이 살펴보건대 천하에 농사짓는 자는 적고 곡식을 먹는 자는 많으며, 地力은 다하지 못하고 사람의 공력은 근면하지 못하여 아무리 부유한 집안이나 강성한 종족일지라도 여유 있게 식량을 쌓아두는 집이 드무니, 하물며 가난하고 노약한 자들이야 말할 것이 있겠습니까. 간혹 한 州나 縣에 흉년이 들면 곧바로 도적이 횡행하고 굶주린 이들이 길에 가득하게 됩니다. 만일 불행히 사방 2~3천 리에 재해가 있거나 혹 여러 해 동안 흉년이 들면 朝廷에서 어떤 방법으로 대처해야 할지를 알지 못하니, 그 근심은 이루 다 말할 수 없습니다. 어찌 '옛날에는 어찌하여 오랫동안 이런 지경에 이르지 않았는가.'라고 말하면서 요행을 믿을 만한 것으로 여길 수 있겠습니까. 참으로 점차 옛 제도를 따라서 토지를 균등히 나누어 농사에 힘쓰고 公私가 서로 곡식을 비축할 방법을 만들어 흉년에 대비해야 합니다. 이 또한 古今에 다를 것이 없습니다.

古者엔 民必有九年之食이니 無三年之食者는 以爲國非其國이니이다 臣觀컨대 天下耕之者少하고 食之者衆하며 地力不盡하고 人功不勤하여 雖富室强宗이라도 鮮有餘積하니 況其貧弱者乎잇가 或一州一縣有年歲之凶이어든 卽盜賊縱橫하고 飢羸滿路니이다 如不幸有方三二千里之災하고 或連年之歉이면 則未知朝廷以何道處之니 則其患不可勝言矣니이다 豈可曰昔何久不至是하여 因以幸爲可恃也哉리잇가 固宜漸從古制하여 均田務農하고 公私交爲儲粟之法하여 以爲之備니이다 此亦無古今之異者也니이다

옛날에는 四民[21]이 각각 일정한 직업이 있었고, 농사짓는 자가 10에 8~9할이었습니다. 그러므로 衣食이 쉽게 공급되어 백성들은 괴롭고 곤궁한 바가 없었습니다. 지금 京師에 떠도는 백성은 그 숫자가 백만을 넘어서 노는 자를 다 헤아릴 수가 없습니다. 곤궁하고 괴로우며 외롭고 가난하고 병에 걸린 백성들을 살펴보건대 교묘한 속임수를 써가면서 스스로 살아갈 방도를 찾지만 항상 살아가기가 넉넉하지 않습니다. 이런 자들이 날마다 늘어나고 해마다 불어나니 오래되면 장차 어떻게 되겠습니까. 일이

21) 四民 : 士·農·工·商을 가리킨다.

이미 극에 달했으니 聖人이 능히 제도를 고쳐 소통시킨 것처럼 하지 않는다면 환난을 면할 길이 없을 것입니다. 그러니 어찌 '어찌할 도리가 없다.'고 하면서 그만둘 수 있겠습니까. 이는 옛일을 참작하여 오늘날의 제도를 바꾸어서 많이 가진 사람의 것을 균등히 나누고 적게 가진 사람을 구휼하여 점차 그들의 생업을 만들어서 구제하는 데 달려 있습니다. 이 또한 古今에 다름이 있는 것이 아닙니다.

古者엔 四民各有常職한대 而農者十居八九라 故로 衣食易(이)給하여 而民無所苦困이니이다 今京師浮民이 數逾百萬하여 游手不可貲度(탁)이니이다 觀其窮蹙辛苦하며 孤貧疾病컨대 變詐巧僞하여 以自求生이나 而常不足以生이니이다 日益歲滋니 久將若何리잇가 事已窮極하니 非聖人能變而通之면 則無以免患이니이다 豈可謂無可奈何而已哉리잇가 此在酌古變今하여 均多恤寡하여 漸爲之業하여 以救之耳니이다 此亦非有古今之異者也니이다

聖人이 하늘의 뜻을 받들어 만물을 다스리는 도는 六府[22]에 있으며, 六府의 임무는 五官[23]에서 다스려지며, 山虞[24]와 澤衡[25]은 각각 항상 금지하는 법령이 있었습니다. 그러므로 만물이 풍성하여 財用이 부족하지 않았습니다. 지금은 五官이 정비되지 않고 六府가 다스려지지 않아 쓰는 데 절도가 없고 취하는 데 제때가 없으니, 어찌 만물이 그 본성을 잃을 뿐이겠습니까. 나무와 숲의 터전인 산은 온 천지가 모두 민둥산이 되었는데도 도끼로 마구 베어버리고 게다가 경계를 침범해도 금하지 않으며, 빈번히 川澤에서 고기잡이를 하여 물고기를 남획해서 또한 이미 씨가 말랐으니, 장차 어찌 하겠습니까. 이것이 바로 극도로 곤궁한 폐단입니다. 오직 虞衡[26]의 직책을 정비하여 그들로 하여금 나무와 물고기를 기르게 하면 지금의 제도를 고쳐 소통하게 하여 오래 지속할 수 있는 형세가 있을 것입니다. 이 또한 古今에 다름이 있는 것이 아닙니다.

---

22) 六府 : ≪禮記≫ 〈曲禮 下〉에 "천자의 六府는 司土・司木・司水・司草・司器・司貨라 하니 六職을 담당한다.〔天子之六府 曰司土司木司水司草司器司貨 典司六職〕"라고 하였다.

23) 五官 : ≪禮記≫ 〈曲禮 下〉에 "천자의 五官은 司徒・司馬・司空・司士・司寇라 하니 五衆을 담당한다.〔天子之五官 曰司徒司馬司空司士司寇 典司五衆〕"라고 하였다.

24) 山虞 : ≪周禮≫ 〈地官 山虞〉에 "山虞는 山林의 政令을 담당한다.〔山虞掌山林之政令〕"라고 하였다.

25) 澤衡 : ≪周禮≫ 〈地官〉에 보이는 하위직인 國澤의 政令을 담당하는 澤虞, 林麓의 禁令을 순찰하면서 지역주민이 산림을 지키는 것을 공평히 하여 때로 산림을 계산해 상과 벌을 주는 일을 담당하는 林衡, 川澤의 禁令을 순찰하면서 지역주민이 지키는 것을 공평히 하여 때로 지키지 않고 금령을 범하는 자를 잡아 주벌하는 일을 담당하는 川衡을 가리킨다.

26) 虞衡 : ≪周禮≫ 〈地官〉에 보이는 職名인 山虞・澤虞와 林衡・川衡을 줄여서 쓴 말이다.

聖人奉天理物之道는 在乎六府요 六府之任은 治於五官이요 山虞澤衡은 各有常禁이니이다 故로 萬物阜豐하여 而財用不乏이니이다 今五官不修하고 六府不治하여 用之無節하고 取之不時니 豈惟物失其性이리잇고 林木所資에 天下皆已童赭(자)어늘 斧斤焚蕩하고 尙且侵尋不禁하며 而川澤漁獵之繁에 暴殄天物하여 亦已耗竭하니 則將若之何잇고 此乃窮弊之極矣니이다 惟修虞衡之職하여 使將養之면 則有變通長久之勢니이다 此亦非有古今之異者也니이다

옛날에는 冠·婚·喪·祭와 車馬·衣服·器物·用具를 차등을 두어 분별하여 감히 등급을 넘어 참람하게 할 수 없었습니다. 그러므로 財用이 쉽게 공급되어 백성들에게 항상심이 있었습니다. 지금은 禮의 제도가 정비되지 않고 사치함을 서로 숭상하여 卿·大夫의 집안에서 행하는 것이 능히 禮에 맞지 않고, 장사꾼의 부류가 간혹 王·公의 禮를 넘더라도 禮의 제도가 人情을 단속하기에 부족하고, 名位에 따른 分數가 貴·賤을 구별하기에 부족합니다. 이미 정해진 분수가 없으면 간사하게 속이고 약탈하는 것을 사람마다 자신의 욕심을 실컷 채운 뒤에 그만둘 것이니, 어찌 그침이 있겠습니까. 이는 서로 다투어 어지러워지는 길입니다. 先王의 법도를 본받아 강구하여 줄이거나 더하는 일을 어찌 하지 않을 수 있겠습니까. 이 또한 古今에 다름이 있는 것이 아닙니다.

古者엔 冠婚喪祭와 車服器用을 等差分別하여 莫敢踰僭이니이다 故로 財用易(이)給하여 而民有恒心이니이다 今禮制未修하고 奢靡相尙하여 卿大夫之家가 莫能中禮하고 而商販之類가 或踰王公이나 禮制不足以檢飭人情하고 名數不足以旌別貴賤이니이다 旣無定分이면 則奸詐攘奪을 人人求厭其欲而後已니 豈有止息者哉리잇가 此爭亂之道也니이다 則先王之法하여 豈得不講求而損益哉리잇가 此亦非有古今之異者也니이다

이 열 가지는 단지 그 실마리일 뿐입니다. 신은 특히 그 큰 단서를 논하였으니, 三代의 법은 반드시 시행할 만한 징험이 있다고 생각하기 때문입니다. 강령과 조목, 계량하는 수치, 시행하는 일, 조처하는 방도와 같은 것들은 잘 살펴서 행하면 반드시 경전의 가르침에 상고하여도 합당하고 人情에 베풀어보아도 마땅할 것입니다. 이는 분명히 정해진 이치이니, 어찌 한갓 우활하여 쓸모없는 설과 같겠습니까. 오직 聖明하신 폐하께서 헤아려 선택하십시오.

此十者는 特其端緖耳니이다 臣特論其大端하니 以爲三代之法有必可施行之驗이니이다 如其綱條度數施爲注措之道는 則審行之면 必也稽之經訓而合하고 施之人情而宜리이다 此는 曉然之定理니 豈徒若迂疏無用之說哉리잇가 惟聖明裁擇하소서

어진 이를 기를 것을 논하는 箚子 論養賢劄子

신이 가만히 생각건대 當代를 의론하는 자들은 모두 어진 이를 얻으면 천하가 다스려진다는 것을 알지만, 어진 이를 초치하는 방도는 알지 못합니다. 이는 비록 衆論이 분분하여 그 요령을 극진히 하지 못하기 때문이지만, 朝廷에서도 그것을 행하는 것을 어렵다고 여겨 하지 않기 때문입니다. 三代에 어진 이를 기른 것은 반드시 배움에 근본을 둔 것이어서 德化가 행해지고 治道가 나왔습니다. 本朝는 唐나라의 옛 제도를 따랐으나, 館閣의 淸選은 단지 문자 상의 직분일 뿐이어서 명분과 실상이 바르지 않으니, 어진 이를 부르고 인재를 길러 時政을 돕고 교화를 도우려 하나 장차 무엇을 좇아서 그것을 이루겠습니까. 신이 두루 살펴보건대 옛날의 명철한 先王은 자신을 비우고 至治를 구하였으니, 어찌 일찍이 천하의 인재를 다 구해서 자기의 덕을 이루지 않았겠습니까. 그러므로 말하기를 "위대한 舜임금은 이보다 더 위대한 점이 있었으니, 善을 남과 함께 하여 남에게서 취하여 善을 행하기를 좋아하였다."[27]라고 하였습니다. 오늘날 이렇게 큰 천하에 어찌 어진 이가 부족하겠습니까마는, 朝廷에 어진 이를 기를 자리가 없어서 용모로써 그 기량의 高下를 천천히 살펴보고서 등용하거나 물리치고 있습니다.

신은 지금 조정에 延英院을 설치하여 사방의 어진 이를 대우하고, 무릇 公論으로 추천된 자와 巖穴에 은거한 어진 이를 반드시 불러서 넉넉히 예우하여 품계에 따라 녹봉을 주되, 갑자기 관직에 나아가게 해서는 안 되고 단지 應詔라고 명명하여 무릇 정사가 있으면 그들에게 맡겨서 자세히 정하게 하고, 무릇 典禮가 있으면 그들에게

27) 위대한……좋아하였다 : ≪孟子≫ 〈公孫丑 上〉에 "위대한 舜임금은 이보다 더 위대한 점이 있었으니, 善을 남과 함께 하여 자신을 버리고 남을 따르며 남에게서 취하여 善을 행하기를 좋아하였다. 밭 갈고 곡식을 심으며 질그릇 굽고 물고기 잡을 때부터 황제가 될 때까지 남에게서 취하지 않음이 없었다.〔大舜有大焉 善與人同 舍己從人 樂取於人 以爲善 自耕稼陶漁 以至爲帝 無非取於人者〕"라고 하였다.

맡겨 토론하게 하여, 경영하여 계획할 일은 아뢰어 진술하게 할 수 있고 治亂에 대해 강구할 수 있게 하기를 청합니다. 여럿이 지내며 절차탁마하여 날로 그 재능을 다하게 하고 그 지향을 실행하게 하며, 政府와 近臣들로 하여금 그들과 서로 접하게 하고, 폐하께서 때때로 그들을 召對하여 治道를 고하게 하면 그들의 재주와 식견, 기량과 능력을 살필 수 있을 것입니다. 여러 해 동안 그들을 관찰하여 인품을 더욱 분명히 구분한 뒤에 어진 이는 지위에 나아가게 하고 유능한 자는 직무를 맡게 하여 혹은 郡·縣을 맡기기도 하고 혹은 士儒의 師表로 삼기도 하고, 그 중 德業이 더욱 남다른 자는 帥臣[28)]과 職司[29)]의 임무에 점차 나아가게 하면 輔弼도 되고 公卿도 되어 어디에 두어도 알맞지 않음이 없을 것입니다. 이와 같이 하면 同類를 이끌고 함께 나와 초야에는 버려진 어진 이가 없을 것이니, 폐하의 어진 이를 존숭하고 士를 대우하는 마음은 천하 사람들의 기대를 저버림이 없다고 할 것입니다. 성상께서는 재결해 주십시오.

臣竊以議當代者는 皆知得賢則天下治나 而未知所以致賢之道也니이다 是雖衆論紛然하여 未極其要나 朝廷亦以行之爲艱而不爲也일새니이다 三代養賢은 必本於學하여 而德化行焉하고 治道出焉이니이다 本朝는 踵循唐舊이나 而館閣淸選은 止爲文字之職하여 名實未正하니 欲招賢養材하여 以輔時贊化나 將何從而致之也리잇가 臣歷觀컨대 古先哲王은 所以虛己求治하니 何嘗不盡天下之才하여 以成己之德也리잇가 故曰 大舜有大焉하시니 善與人同하사 樂取於人하여 以爲善이러시다하니이다 今天下之大에 豈爲乏賢이리오마는 而朝廷無養賢之地하여 以容徐察其器實高下而進退之也니이다 臣今欲乞朝廷設延英院하여 以待四方之賢하고 凡公論推薦及巖穴之賢을 必招致優禮하여 視品給俸호되 而不可遽進以官하고 止以應詔命名하여 凡有政治則委之詳定하고 凡有典禮則委之討論하여 經畫得以奏陳하고 而治亂得以講究也니이다 俾群居切磨하여 日盡其材하고 行其志하며 使政府及近侍之臣으로 互與相接하고 陛下時賜召對하여 詔以治道면 可觀其材識器能也니이다 察以累歲하여 人品益分하고 然後에 使賢者就位하고 能者任職하여 或委付郡縣하고 或師表士儒하고 其德業尤異는 漸進以帥臣職司之任이면 爲輔弼하고 爲公卿하여 無施之不稱也니이다 若是면 則引彙竝進하여 野無遺賢이니 陛下尊賢待士之心은 可謂無負於天下矣니이다 取進止하소서

---

28) 帥臣 : 宋나라 때 諸路安撫司의 장관을 지칭하는 말이다.
29) 職司 : 어떤 관직을 주관하는 관원을 가리킨다.

張載의 留任을 청하는 狀 乞留張載狀

신이 엎드려 듣건대 著作佐郎 張載를 明州로 파견해 苗振[30] 공의 일을 조사하여 문초하게 한다고 합니다. 가만히 생각건대 장재의 經術과 德義는 오랫동안 士人들의 師表가 되어 가까이서 모시는 신하들이 그의 學行을 논하여 천거하였습니다. 그러므로 召對의 기회를 얻어 폐하께서 친히 하문하시고 자주 격려하심을 입어 中外가 한결같이 폐하께서 儒學을 존숭하고 어질고 준수한 인재를 넉넉히 예우하심을 알았으니, 善을 행하려는 사람은 누군들 권면할 줄 모르겠습니까. 지금 조정에서는 반드시 그의 학문과 사업을 궁구하여 살피고 그의 기량과 재능을 자세히 시험하려 해야 하니, 이 일은 참으로 教化의 本源에 관계되고 政治의 大體에 관계되는 바가 있습니다. 만약 그로 하여금 이런 일을 강구하여 논의하게 하시면 충분히 그의 지대한 능력을 다할 것입니다.

대저 조칙을 받든 옥사를 추고하여 심문하는 것은 儒者가 해서는 안 되는 일은 아니지만, 신이 지금 논하는 바는 조정에서 士를 대우하는 道에 대한 것입니다. 대개 獄事를 다스리는 일을 시험하는 것은 비록 그가 깊이 파고들어 자세히 조사하는 능력과 적발하여 처단하는 수완을 볼 수 있어 바로 능력 있는 관리를 시험할 수 있는 것이기는 하나, 儒者의 사업을 극진히 하는 방법은 아닙니다. 공연히 사방의 사람들로 하여금 조정에서 儒術과 賢業으로써 인재를 진출시키고서 獄吏의 일로써 그를 시험한다고 여기게 하면 道를 품고 몸을 깨끗이 닦는 士는 스스로 나오기가 더욱 어려울 것이고, 조정에서 어진 이를 높이고 士를 취하는 체통에도 잃는 바가 있을 것입니다. 하물며 苗振은 죄를 저지른 것이 명백하고 情狀이 이미 갖추어졌으니, 공평하고 민첩한 사람 한 명을 찾아 보내면 곧 일을 끝마칠 수 있습니다. 엎드려 바라건대 조정에서는 따로 사람을 차출하여 事體를 중히 보전하소서. 삼가 狀을 갖추어 아뢰니다.

臣伏聞컨대 差著作佐郎張載往明州推勘苗振公事라하니이다 竊謂호되 載經術德義는 久爲士人師法하여 近侍之臣이 以其學行論薦이니이다 故로 得召對하여 蒙陛下親加延問하고 屢形天獎하여 中外翕然知陛下崇高儒學하고 優禮賢俊하니 爲善之人은 孰不知勸이리잇가 今朝廷은 必欲究觀其學業하고 詳試其器能이니 則事固有繫教化之本源하고 干治政之大體者니이다 儻使之講求議論이면 則足以盡其所至니이다 夫推案詔①獄은 非謂儒者之不當爲나 臣今所論者는

30) 苗振 : 宋 仁宗 때의 관리이다.

朝廷待士之道爾니이다 蓋試之以治獄은 雖足以見其鉤深練覈之能과 攻摘斷擊之用하여 正可試諸能吏나 非所以盡儒者之事業이니이다 徒使四方之人으로 謂朝廷以儒術賢業進人하여 而以獄吏之事試之면 則抱道修潔之士는 益難自進矣요 於朝廷尊賢取士之體에 將有所失이니이다 況苗振罪犯明白하고 情狀已具하니 得一公平幹敏之人이면 便足了事니이다 伏乞朝廷別賜選差하여 貴全事體하소서 謹具狀奏聞②하노이다

①〈'詔'는〉 어떤 판본에는 '訟'으로 되어 있다.
一作訟.
② 熙寧 2년(1069) 윤11월에 올린 글로, 당시 監察御史裏行이었다.
熙寧二年閏十一月上, 時爲監察御史裏行.

新法[31]에 대해 간하는 상소 諫新法疏①

① 熙寧 3년(1070) 3월 4일.
熙寧三年三月四日.

신이 근래 여러 번 아뢰어 靑苗錢[32]을 미리 나누어 주고 이자를 거두는 것을 혁파하고 提擧官[33]을 가려서 없애는 일을 청하여 아침저녁으로 바랐으나 아직 시행하라는 명을 받지 못했습니다. 신이 가만히 생각건대 현명한 자는 일이 드러나기 전에 보고, 지혜로운 자는 어지럽기 전에 방비합니다. 하물며 오늘날은 사리가 밝게 드러나 알기 쉬우니, 만약 조짐이 있을 적에 빨리 결단하지 않아 이 일이 더욱 견고하게 유지되면 반드시 후회를 하게 될 것입니다. 후회한 뒤에 고치면 해로움이 너무 많습니다. 대개 위태로움을 안정시키는 근본은 人情에 달려 있고 어지러움을 다스리는 기틀은 일의 시작에 달려 있습니다. 대중의 마음이 어긋나면 말을 해도 신뢰하지 않고 온 나

31) 新法 : 宋 神宗 때 王安石이 주도하여 만든 靑苗法·保安法·保馬法 등의 각종 새로운 법률을 말한다.
32) 靑苗錢 : 宋 神宗 2년(1069)에 王安石이 시행한 新法의 하나로, 常平倉에서 백성에게 전곡을 빌려주되 봄에 꾸어 준 것은 여름에, 여름에 꾸어 준 것은 가을에 2푼의 이자를 붙여 거두어 들이던 법이다. 국가의 부를 축적하고 춘궁기에 곡물 가격을 안정시키는 역할을 하였으나, 국가가 직접 백성을 상대로 고리대금업을 한다는 비난을 받았다.
33) 提擧官 : 宋代 諸路의 常平·茶鹽 등의 일을 맡은 관리를 가리킨다.

라 사람이 화합하면 하는 일이 반드시 성공하니, 참으로 위력으로 강함을 취하고 말로 승리를 기필할 수는 없습니다.

그런데 근래에 들은 바는 더욱 온당하지 못한 것들입니다. 엎드려 보건대 制置條例司[34]가 상소하여 대신들이 아뢴 것을 반박하고 奉行하지 않는 관원을 모두 탄핵하여 中外의 物情을 더욱 놀라게 하였습니다. 이는 곧 한쪽으로 치우친 의견을 거행하여 공론을 모조리 저지하고, 사소한 일을 통해 대중의 마음을 먼저 잃은 것입니다. 그 輕重을 헤아려 보건대, 옳은 바를 알지 못하겠습니다.

신이 가만히 생각건대, 폐하께서는 참으로 事體를 이미 환히 보시고 是非를 궁구하여 알아 聖心에 있어서는 고치기를 주저하지 않으실 것이나, 權臣들이 오히려 굳게 고집하기 때문에 이에 많은 사람들의 마음이 크게 답답해하고 대중의 의론이 더욱 소란스러워지게 된 것입니다. 만약 이 일을 끝내 행하고자 한다면 반드시 끝까지 해내기가 어려울 것입니다. 엎드려 바라건대 폐하께서는 神明의 위엄과 결단을 떨치시어 성공과 실패의 조짐을 살피소서. 한 가지 실수를 하여 온갖 일을 그르치는 것이 어찌 크나큰 은혜를 내려 대중의 심지를 새롭게 해서 밖으로 사람을 부리는 소요를 없애고 이자 거두는 것을 없애는 仁政을 빨리 추진하는 것과 같겠습니까. 하물며 糴糶[35]의 법이 아울러 행해지면 저축되는 물자가 절로 많아지고, 조정에서는 거행하는 조처를 잘못하지 않을 것이니, 의론이 무슨 명분으로 떠들썩하게 일어나겠습니까. 엎드려 바라건대 신이 아뢴 바를 살펴서 다시 시행하는 명을 내리신다면 천하 사람들이 매우 다행으로 여길 것입니다.

臣近累上言하여 乞罷預俵青苗錢利息及汰去提擧官事하여 朝夕以覬(기)나 未蒙施行이니이다 臣竊謂호되 明者는 見於未形하고 智者는 防於未亂이니이다 況今日事理顯白易(이)知하니 若不因機亟決하여 持之愈堅이면 必貽後悔니이다 悔而後改면 則爲害已多니이다 蓋安危之本은 在乎人情하고 治亂之機는 繫乎事始하니이다 衆心睽乖면 則有言不信이요 萬邦協和면 則所爲必成하니 固不可以威力取强하고 言語必勝이니이다 而近日所聞은 尤爲未便이니이다 伏見컨대 制置條例司가 疏駁大臣之奏하고 擧劾不奉行之官하여 徒使中外物情으로 愈致驚駭하니이다 是乃擧一偏而盡沮公議하고 因小事而先失①衆心이니이다 權其輕重컨대 未見其可니이다 臣竊謂호되 陛下固

34) 制置條例司 : 制置三司條例司로, 王安石이 新法을 시행하기 위해 설치한 기관이다.
35) 糴糶 : 춘궁기에 백성들에게 곡식을 빌려주는 것을 '糶'라 하고, 가을에 이자를 붙여서 곡식을 거두어들이는 것을 '糴'이라 한다.

已燭見事體하고 究知是非하여 在聖心엔 非吝(린)改張이나 由柄臣尙持固必로 是致輿情大鬱하고 衆論益讙(환)하니이다 若欲遂行이면 必難終濟니이다 伏望컨대 陛下奮神明之威斷하여 審成敗之先機하소서 與其遂一失而廢百爲론 孰若沛大恩而新衆志하여 外汰使人之擾하고 亟推去息之仁이리잇가 況糶糴之法兼行이면 則儲蓄之資自廣하고 在朝廷未失於擧措니 使議論何名而沸騰이리잇가 伏乞檢會臣所上言하여 再賜施行이면 則天下幸甚②이리이다

①〈'失'은〉 어떤 판본에는 '動'으로 되어 있다.
一作動.

② 당시 監察御史裏行이었다. 성상께서 程顥의 상소를 언급하자, 王安石이 말하기를 "정호가 中書省에 이르렀을 때 신이 대략 타이르기를 '方鎭[36]들이 조정의 법령을 비방하여 조정에서 거듭 밝혀서 법의 취지를 알게 하였으니, 이 일을 制置條例司가 상소하여 대신들의 章奏를 반박한 것이라고는 말할 수 없다.'고 하였습니다. 그러자 정호가 말하기를 '대신들이 논의하여 열거한 것은 일에 마땅히 포함되어야 한다.'고 하였습니다. 이 말은 더욱 이치를 해치니, 만약 법의 취지를 거듭 밝혀서 中外로 하여금 모두 알게 하지 않는다면 이는 邪說로써 백성을 속이는 것을 내버려두고 詔令의 본뜻을 더욱 천하에 밝게 드러나지 못하게 하는 것입니다. 이와 같이 하면 다른 의론들이 어찌 그치겠습니까."라고 하였다.
時爲監察御史裏行. 上語及程顥疏, 安石曰 "顥至中書, 臣略諭以'方鎭沮毁朝廷法令, 朝廷申明使知法意, 不得謂之疏駁大臣章奏.' 顥乃言 '大臣論列, 事當包含.' 此言尤爲害理. 若不申明法意, 使中外具知, 則是縱使邪說誣民, 而令詔令本意更不明於天下. 如此則異議何由帖息?"

재차 올리는 상소　再上疏①

① 熙寧 3년(1070) 4월 17일.
熙寧三年四月十七日.

신이 듣건대 천하의 이치는 簡易함에 근본을 하고서 順道로써 행하면 이루지 못할 일이 없다고 합니다. 그러므로 '지혜로운 자가 禹임금이 물을 흘러가게 한 것처럼 하

36) 方鎭 : 觀察使나 節度使가 있는 鎭營. 혹은 그 관찰사나 절도사를 가리킨다.

는 것은 그 無事한 바를 행하는 것이다.'[37]라고 하였으니, 이를 버리고서 험난한 데로 간다면 지혜롭다고 말할 수 없을 것입니다. 대개 예로부터 至治를 일으킬 적에 비록 전적으로 맡거나 단독으로 결단하여 공적을 성취한 경우는 있지만, 보필하는 대신들이 사람마다 각자 마음이 달라 의견이 일치되지 못하고 분리되어 나라의 정사가 기이하게 나오고 명분이 바르지 않아서 中外의 人情이 모두 불가하다고 여기는데도 능히 어떤 일을 성취한 경우는 듣지 못했습니다. 하물며 타당하지 않은 법을 처리하면서 公論을 막아 없애고, 한두 명의 小臣이 실제로 大計에 간여하고, 미천한 자를 등용하여 존귀한 이를 능멸하여 간사함으로써 正道를 방해하는 경우야 말할 것이 있겠습니까.

무릇 이는 모두 천하의 이치상 성공하기에 마땅하지 않아 지혜로운 자가 행하지 않는 것입니다. 설령 이를 말미암아 요행으로 일이 조금 성공함이 있더라도 이익을 꾀하는 신하가 날로 진출하고 덕을 숭상하는 풍조는 점차 쇠퇴할 것이니, 더욱 조정의 복이 아닙니다. 하물며 또 天時가 순조롭지 않고 지진이 해마다 일어나 사방의 인심이 날로 더욱 요동치니, 이는 모두 폐하께서 마땅히 위로 天意를 헤아리고 아래로 人事를 관찰해야 할 때입니다. 신은 관직을 수행하는 것이 변변치 않고 의론하는 것이 보탬이 없으니 이전에 아뢴 바를 윤허하시어 빨리 직임을 강등하고 문책하시기를 바랍니다.

臣聞호되 天下之理는 本諸簡易(이)하여 而行之以順道면 則事無不成이니이다 故曰 智者가 若禹之行水는 行其所無事也라하니 捨而之於險阻면 則不足以言智矣니이다 蓋自古로 興治에 雖有專任獨決하여 能就事功者나 未聞輔弼大臣人各有心하여 睽戾不一致하여 國政異出하고 名分不正하여 中外人情交謂不可로되 而能有爲者也니이다 況於措置失宜하여 沮廢公議하고 一二小臣이 實與大計하고 用賤陵貴하여 以邪妨正者乎잇가 凡此皆天下之理不宜有成하여 而智者之所不行也니이다 設令由此僥倖하여 事小有成이라도 而興利之臣日進하고 尙德之風浸衰니 尤非朝廷之福이니이다 矧(신)復天時未順하고 地震連年하여 四方人心이 日益搖動하니 此皆陛下所當仰測天意하고 俯察人事者也니이다 臣奉職不肖하고 議論無補하니 望允前奏하여 早賜降責①하소서

37) 지혜로운……것이다 : ≪孟子≫ 〈離婁 下〉에 "지혜로움을 미워하는 까닭은 그가 천착하기 때문이니, 만일 지혜로운 자가 禹임금이 물을 흘러가게 한 것처럼 한다면 지혜를 미워할 까닭이 없을 것이다. 우임금이 물을 흘러가게 한 것은 그 無事한 바를 행한 것이니, 만일 지혜로운 자가 또한 그 無事한 바를 행한다면 지혜가 또한 클 것이다.〔所惡於智者 爲其鑿也 如智者若禹之行水也 則無惡於智矣 禹之行水也 行其所無事也 如智者亦行其所無事 則智亦大矣〕"라고 하였다.

① 당시 權監察御史裏行이었는데, 이로 인해 파직되어 權發遣京西路同提典刑獄이 되었다. 時權監察御史裏行, 由是罷爲權發遣京西路同提典刑獄.

西京提刑을 사직하는 奏狀 辭西京提刑奏狀

신은 성은을 입어 權發遣京西路提點刑獄에 차임되었습니다. 이미 간절한 정성을 다 쏟아내어 감히 명을 받을 수가 없어서 유배지로부터 날마다 윤허해주시기를 바라고 있습니다. 폐하를 번거롭게 할 것을 피하지 않고 재차 진술하여 청합니다.

신은 한산한 직책에 있다가 폐하의 발탁을 과도하게 입어 言官의 직책에 임명되었습니다. 삼가 직책을 맡은 이후로 매번 是非를 의론하여 열거함이 있었는데, 오직 나라를 근심하고 임금을 사랑하는 것으로써 마음을 삼을 줄만 알고, 감히 자신을 드러내어 사람들에게 자랑하는 것을 일삼지 않았습니다. 폐하께서는 신의 우직함을 밝게 살피시어 매번 너그러이 용납해 주셨습니다. 그러므로 항상 安·危에 대해 지적하여 진달하고 邪·正에 대해 분별하여 밝혔습니다. 신은 임금이 스스로 聖人이라 자처하는 사람이 아님을 알아 이에 일찍이 아첨하는 말을 하지 않았고, 신하는 의리상 사사로운 사귐이 없음을 알아 이에 아첨하며 편당을 짓는 계책을 차마 쓰지 않았습니다. 밝은 곳에는 폐하가 계시고 어두운 곳에는 귀신이 있으니, 신의 작은 정성을 굽어 살펴주시길 실로 앙망하였습니다.

그러나 신은 학술이 과문하고 고루하며 지식이 소활하여 한갓 흙을 쥐고서 孟津을 막으려는[38] 마음만 있고 일찍이 성상의 마음을 되돌릴 힘이 없었습니다. 근래 時政의 실패를 힘써 아뢰고 대신들의 잘못을 아울러 논하였으나 聖明을 보좌할 수 없었으니, 이는 신이 직무를 폐기한 것입니다. 이미 글을 올려 스스로 탄핵하고 물러나 어명을 기다렸습니다. 刑書[39]가 아직 바로잡히지 않았는데 恩典이 과분하게 내려올 줄 어찌

38) 흙을……막으려는 : 자신의 역량을 헤아리지 못하고 대항하는 것을 말한다. 孟津은 현 河南省 洛陽市 孟津區 黃河에 있는 나루터로, 周 武王이 殷 紂王을 칠 때 제후들과 맹약한 곳이다. 後漢 초에 朱浮가 대장군이 되어 北邊을 토평하였는데, 漁陽太守로 있던 자가 항명하였다. 그러자 주부가 그에게 말하기를, "지금 천하가 몇 리이고 列郡이 몇 성인가. 어찌하여 자그마한 漁陽을 가지고 천자와 원한을 맺으려고 하는가. 이는 황하 물가에 사는 사람이 흙을 쥐고서 孟津을 막으려고 하는 것과 같다."라고 하였다.(≪後漢書≫ 권33 〈朱浮列傳〉)

39) 刑書 : 죄인의 성명과 죄명을 쓴 문서이다.

생각이나 했겠습니까. 신이 염치를 대략이라도 안다면 감히 부끄러움을 무릅쓰고 나아가기를 결코 원하지 않을 것입니다. 만약 이익을 보고 의리를 잊고서 후안무치하게 관직을 받는다면 폐하께서는 이와 같은 신하를 또한 장차 어디에 쓰겠습니까. 하물며 臺諫의 직임은 朝廷의 綱紀가 의지하는 곳인데 옳고 그름을 말하지 못하게 하면 모두 그 자리에 나아갔다가 떠나갈 것이니, 신은 綱紀가 이로 인해 해이해질까 두렵습니다. 신은 비록 보잘것없는 몸이나 감히 죽음을 무릅쓰고 청합니다.

엎드려 바라건대 폐하께서는 밝은 해와 같이 살피심을 열고 가을 된서리 같은 형벌을 엄히 하시어 신을 궁벽한 곳으로 쫓아내어 실로 분수를 달게 여기게 하십시오. 신은 피눈물을 흘리며 성상께 고하는 지극한 마음을 이기지 못하겠습니다.

臣伏蒙聖恩하여 差權發遣京西路提點刑獄이니이다 已瀝懇誠하여 不敢祗受하여 願從竄謫으로 日冀允俞하나이다 不避煩瀆하고 輒再陳請하나이다 臣出自冗散하여 過蒙陛下拔擢하여 寘在言責이니이다 伏自供職已來로 每有論列호되 惟知以憂國愛君爲心하고 不敢以揚己矜衆爲事니이다 陛下亮其愚直하여 每加優容이라 故로 常指陳安危하고 辨析邪正이니이다 知人主不當自聖하여 則未嘗爲諂諛(도유)之言하고 知人臣義無私交하여 則不忍爲阿黨之計니이다 明則陛下하고 幽則鬼神이니 臣之微誠을 實仰臨照하소서 然이나 臣學術寡陋하며 智識濶疏하여 徒有捧土之心하고 曾微回天之力이니이다 近以力陳時政之失하고 併論大臣之非나 不能裨補聖明하니 是臣隳(휴)廢職業이니이다 既已抗章自劾하고 屛居俟命이니이다 豈意刑書未正而恩典過頒이리잇가 使臣粗知廉隅면 必不敢蒙恥願就니이다 如其見利忘義하여 靦面受之면 陛下有臣如此를 亦將安用이리잇가 況臺諫之任은 朝廷綱紀所憑이어늘 使不以言之是非면 皆得進職而去리니 臣恐綱紀自此弛廢니이다 臣雖無狀이나 敢以死請하노이다 伏望陛下開白日之照하고 厲嚴霜之刑하여 投諸荒陬(추)하여 實所甘分하소서 臣無任瀝血祈天之至①니이다

① 熙寧 3년(1070) 4월에 올린 글이다. 성상이 王安石에게 말하기를 "人情이 이와 같이 분분한 것은 어째서인가?"라고 하자, 왕안석이 말하기를 "陳襄[40]과 程顥가 오로지 呂公著와 편당을 지어 폐하께서 다스리는 실정에 전혀 도움이 없습니다. 지금 邪說이 분분한 때를 당해서 진양을 知制誥에 임용하고 정호를 提點刑獄에 임용하니 사람들이 그 공평함을 칭송합니다. 이들 小人이 만약 여공저에게 붙어 그들의 뜻을 행했다면 천

40) 陳襄 : 1017~1080. 자는 述古, 호는 古靈, 시호는 忠文이며, 福州 候官 사람이다. 1042년 진사가 되어 知杭州·樞密院直學士 등을 지냈다. 陳烈·鄭穆·周希孟과 함께 閩中四先生으로 일컬어졌다. 평생 학교 교육과 인재 양성에 힘써 司馬光 등 33인을 천거하였다. 王安石의 新法에 반대하여 여러 차례 상소하였다.

하의 이익이 모두 그들에게 돌아갔을 것입니다. 그들이 이미 뜻을 얻지 못했으나 또한 폐하께서 장려하여 등용해 주심을 잃지는 않았으니, 기꺼이 물러나 善을 행하지 않을 수 있겠습니까."라고 하였다. 이에 정호를 僉書[41] 鎭寧軍節度使 判官事로 삼았다.

熙寧三年四月上. 上謂王安石曰 "人情如此紛紛, 奈何?" 安石曰 "陳襄程顥專黨呂公著, 都無助陛下爲治之實. 今當邪說紛紛之時, 乃用襄知制誥, 顥提點刑獄, 人稱其平正. 此輩小人, 若附公著, 得行其志, 則天下之利皆歸之. 旣不得志, 又不失陛下獎用, 可爲肯退聽而不爲善?" 乃以爲僉書鎭寧軍節度判官事.

澶州簽判[42]에 사은하는 表文　謝澶州簽判表

신의 의론은 국정에 보탬이 없고 직무는 제대로 수행하지 못하였으니, 나라에 典刑이 있어 죄가 죽어 마땅합니다. 그러나 널리 용서하심을 황송하게 받고 크나큰 은혜를 우러러 입었으니, 이 몸이 다하더라도 갚을 길이 없습니다.

신의 성질은 질박하고 노둔하며 학술은 공허하며 의지는 조잡하며 지식은 취할 바가 없는데, 폐하께서 큰 정치를 도모하여 여러 인재를 널리 구할 적에 近臣의 말을 지나치게 들으시어 외람되이 風憲[43]의 직임을 받았습니다. 신은 밝으신 성상을 만나 뵙고서 또한 지치고 노둔한 몸을 다 바칠 것을 생각하고 맹세하여 오직 정직한 도리로써 임금을 섬길 줄만 알았으니, 어찌 차마 배운 것을 굽혀 세상에 아첨하는 짓을 했겠습니까. 여러 번 소활한 의론을 올렸으나 격파해내는 재주가 아님을 부끄러워하였으며, 헛되이 속마음을 다 토로하였으나 일찍이 정사에 털끝만큼의 보탬도 없었습니다. 이미 허물을 바로잡고 잘못을 규찰할 수 없게 되었으니, 참으로 정직함을 팔아 명예를 사는 것을 원하지 않는데 어찌 감히 총애를 입고 관직에 그대로 있겠습니까. 오직 몸을 건사하여 물러날 뿐입니다. 스스로 탄핵하는 글을 계속 올리고 궁궐 문 앞에서 청하기를 굳건히 하였습니다만, 성상의 마음을 돌리지 못하여 국법이 오히려 잘못 행해졌으며, 다시 조정에서 내린 조서를 받드니 법을 집행하는 권한을 나누어 주게 하였습

41) 僉書 : 簽書와 통용되는 용어로 簽書判官廳公事를 가리킨다.
42) 簽判 : 宋나라 때 州・府에 京官을 파견해 判官으로 충당했는데, 당시 이들을 簽書判官廳公事라고 칭하였으며, 이를 줄여 簽書라고 약칭하였다.
43) 風憲 : 百官을 규찰하고 風紀를 단속하는 관원을 가리킨다.

니다. 이런 조처는 쟁론하는 풍도를 저해할 뿐만 아니라, 또한 포상하고 벌을 내리는 실상을 무너뜨릴까 두렵습니다. 힘써 드러내어 아뢰고서 공손히 처벌을 기다립니다.

이는 대개 황제폐하께서 지극한 하늘처럼 청명하고 널리 비추는 해처럼 밝게 임하여 正·邪를 통찰하는 마음이 그윽하고 은미한 곳에서 眞·僞를 분별하시어 신의 충성을 살피고 신의 狂直함을 용서하여 차마 무거운 형벌에 처하지 못하시고서 먼 시골로 보내 규찰하는 관직에서 물러나 편안한 자리에 처하게 하신 것입니다. 양육해 주시는 은혜는 의리가 참으로 乾坤과 같고, 널리 포용해주시는 은혜는 무게가 山嶽보다 더욱 무겁습니다. 그러니 신이 어찌 감히 평소 배운 것을 날마다 새롭게 하고 아는 것을 힘써 실천하여 마음을 붙잡고서 사특한 생각을 하지 않고 道를 믿기를 더욱 독실하게 하지 않을 수 있겠습니까. 원컨대 평범한 사람의 지향을 따르면서 儒者로서의 부끄러운 짓을 하지 않을 것이니, 혹 평범한 일상 속에서 스스로 진보할 수는 있겠지만 만에 하나라도 우러러 보답할 수는 없을 것입니다.

論議無補하고 職業不修하니 國有典刑하여 罪在誅戮이나 曲蒙弘貸하여 仰荷鴻私하니 期於糜捐이나 莫可報謝①니이다 臣性質朴魯하며 學術空虛하며 志意粗修하며 智識無取로되 陛下講圖大政하여 博謀群材에 過聽侍臣之言하여 猥加風憲之任이니이다 臣旣遭遇明聖하고 亦思誓竭疲駑하여 惟知直道以事君이니 豈忍曲學而阿世리잇가 屢進濶疎之論호되 愧非擊搏之才하며 徒嘗刳(고)瀝肺肝호되 曾無裨補毫髮이니이다 旣不能繩愆糾繆하니 固不願沽直買名한대 豈敢冒寵以居리잇가 惟是奉身而退니이다 自劾之章繼上하고 闔門之請深堅이나 天意未回하여 憲章尙屈하며 更奉發中之詔하니 俾分提憲之權하니이다 不惟沮諍論之風이요 亦懼廢賞刑之實이니이다 力形奏述하고 恭俟誅夷니이다 此蓋伏遇皇帝陛下極天淸明하고 普日照臨하여 洞正邪之心迹이 辨眞僞於幽微하여 察臣忠誠하고 恕臣狂直하여 不忍寘(치)諸重辟하여 投之遠荒하여 解其察視之官하여 處以便安之地니이다 生成之賜는 義固等於乾坤이요 涵容之恩은 重益逾於山嶽이니이다 臣敢不日新素學하고 力蹈所知하여 秉心不回하고 信道愈篤이리잇가 願狥小夫之志하여 不爲儒者之羞니 或能自進於尋常이나 無可仰酬於萬一이니이다

① 中謝[44]하다.
中謝.

44) 中謝 : 表文에서 상투적인 말을 생략하는 투식으로, '莫可報謝' 다음에 '誠惶誠懼 頓首頓首'를 줄인 것이다.

二程全書 卷56

明道先生文 三

明 後學 嘉興 徐必達 校正

서・기・제문・행장 書・記・祭文・行狀

橫渠 張子厚[1] 선생에게 답한 편지 答橫渠張子厚先生書[2]

편지를 받아보니 '性을 定할 적에 動하지 않을 수 없어 오히려 外物에 얽매인다.'고 말씀하셨습니다. 이는 현자께서 익숙히 사려하셨을 것이니 어찌 소자의 말을 기다릴 필요가 있겠습니까. 그러나 제가 이 점에 대해 생각해 본 것이 있는지라 감히 그 설을 선생께 아뢰옵니다.

이른바 定이라는 것은 動하여도 定하고 靜하여도 定하여 보내고 맞이함도 없고 內・外도 없습니다. 만일 外物을 밖으로 여겨 자기를 이끌고서 外物을 따르면, 이것이 자기의 性에 內・外가 있다고 여기는 것입니다. 또한 性을 밖에서 物을 따르는 것이라고 하면 性이 밖에 있을 때에는 무엇이 안에 있는 것이겠습니까. 이는 外物의 유혹을 끊는 것에만 마음을 두어 性에 內・外가 없음을 알지 못하는 것입니다. 이미 內・外로써 두 근본을 삼으면 또한 어찌 갑자기 定을 말할 수 있겠습니까.

天地가 떳떳한 것은 그 마음이 만물에 두루 미치면서도 무심하기 때문이고, 聖人이 떳떳한 것은 그 감정이 만사에 순응하면서도 무정하기 때문입니다. 그러므로 君子의 학문은 廣大無邊하여 크게 공정해서 物이 다가오면 순응하는 것보다 더 좋은 것이 없습니다. ≪周易≫에 이르기를 "貞하면 吉하여 뉘우침이 없을 것이니, 왕래하기를 자주 하면 벗만이 네 생각을 따르리라."[3]라고 하였으니, 만일 外物의 유혹을 없애는 데 급

---

1) 張子厚 : 張載(1020~1077)이다. 子厚는 그의 자이며, 호는 橫渠, 시호는 明으로, 鳳翔 郿縣 사람이다. 1058년 진사가 되어 崇文院校書・著作佐郎 등을 지냈다. 송대 理學을 창시한 北宋五君子 중의 한 사람이다. 關中에서 강학하였으므로, 그의 학문을 關學이라 부른다.

2) 答橫渠張子厚先生書 : 이 편지는 程顥가 性에는 內外가 없음을 논한 글로, 후대 '定性書'라고 불렸다. 二程의 재전문인 呂本中의 家本에는 제목이 '答橫渠先生定性書'로 되어 있다.

3) 貞하면……따르리라 : ≪周易≫ 咸卦 九四爻辭에 보인다.

급하면 동쪽에서 없어지면 서쪽에서 생겨남을 장차 보게 될 것입니다. 그러면 유혹을 없애는 데 시일이 부족할 뿐만 아니라, 도리어 그 단서가 무궁하여 없앨 수 없을 것입니다.

사람의 감정은 각각 가려진 바가 있기 때문에 道에 나아갈 수 없습니다. 대개 사람들의 걱정은 사사로운 생각을 하여 지혜를 쓰는 데 있습니다. 사사로운 생각을 하면 추진하는 일을 당연한 이치에 순응하게 할 수 없고, 지혜를 쓰면 밝은 지각을 자연의 이치에 순응하게 할 수가 없습니다. 지금 外物을 미워하는 마음으로 사물이 없는 곳을 비추려 한다면 이는 거울을 돌려놓고서 자신의 모습이 비치기를 바라는 것입니다. ≪주역≫에 이르기를 "그 등에 그치면 자기 몸을 보지 못하며, 뜰을 지나면서도 사람을 보지 못한다."[4]라고 하였고, 孟氏(孟子) 또한 말하기를 "지혜로움을 미워하는 까닭은 그가 천착하기 때문이다."[5]라고 하였습니다. 밖을 그르다 하고 안을 옳다고 하기보다는 內·外를 모두 잊는 것이 나으니, 內·外를 모두 잊으면 마음이 깨끗해져서 아무 일이 없을 것입니다. 일이 없으면 안정되고, 안정되면 밝아질 것이니, 밝아지면 어찌 사물에 응할 적에 얽매이겠습니까.

聖人의 기쁨은 物이 마땅히 기뻐하는 것으로써 기뻐하고, 성인의 노여움은 物이 마땅히 노여워하는 것으로써 노여워합니다. 이는 성인의 기쁨과 노여움이 자기 마음에 달려 있지 않고 物에 달려 있는 것입니다. 이것이 성인이 物에 응한 것이 어찌 아니겠습니까. 어찌 밖으로부터 온 것을 그르다고 여겨 다시 안에 있는 것을 구하여 옳다 여길 수 있겠습니까. 지금 사사로운 생각을 하여 지혜를 쓰는 기쁨과 노여움을 성인의 바른 기쁨과 노여움에 비교하여 본다면 어떠하겠습니까. 사람의 감정 중에서 쉽게 발하여 절제하기 어려운 것으로는 오직 노여움이 심하니, 다만 노여울 때에 서둘러 노

---

4) 그……못한다 : ≪周易≫ 艮卦 卦辭에 "그 등에 그치면 자기 몸을 보지 못하며, 뜰을 지나면서도 사람을 보지 못하여 허물이 없으리라.〔艮其背 不獲其身 行其庭 不見其人 无咎〕"라고 하였다. 朱熹는 전자를 멈추어 있으면서 그치는 것〔止而止〕으로, 후자를 걸어가면서 그치는 것〔行而止〕으로 해석하였다. 이는 사사로운 생각을 하여 당연한 이치에 순응하지 못하는 것을 비유하기 위해 인용한 것이다.

5) 지혜로움을……때문이다 : ≪孟子≫ 〈離婁 下〉에 "지혜로움을 미워하는 까닭은 그가 천착하기 때문이니, 만일 지혜로운 자가 禹임금이 물을 흘러가게 한 것처럼 한다면 지혜를 미워할 까닭이 없을 것이다. 우임금이 물을 흘러가게 한 것은 그 無事한 바를 행한 것이니, 만일 지혜로운 자가 또한 그 無事한 바를 행한다면 지혜가 또한 클 것이다.〔所惡於智者 爲其鑿也 如智者若禹之行水也 則無惡於智矣 禹之行水也 行其所無事也 如智者亦行其所無事 則智亦大矣〕"라고 하였다. 이는 지혜를 써서 자연의 이치에 순응하지 못하는 것을 비유하기 위해 인용한 것이다.

여운 마음을 잊고 이치의 옳고 그름을 관찰한다면 또한 外物의 유혹이 미워할 것이 못됨을 알 수 있고, 道에 대해서도 사유가 절반을 넘어설 것입니다.

마음의 자세하고 은미한 부분은 입으로 다 말할 수 없고, 게다가 평소 文辭에 서투르고 또 정사로 바빠 정밀히 사려할 수 없었으니 저의 설이 온당한지 여부를 알려주시길 기다리겠습니다. 그러나 큰 요점을 거론한 것은 또한 이치에 가까울 것입니다. 道는 가까이 있는데 멀리서 찾는 것은 옛사람이 옳지 않다고 여긴 바이니, 밝으신 선생께서 판단해 주십시오.

承教하니 諭以定性未能不動하여 猶累於外物이라 此賢者慮之熟矣니 尙何俟小子之言이리잇가 然이나 嘗思之矣라 敢貢其說於左右라 所謂定者는 動亦定하고 靜亦定하여 無將迎하고 無內外라 苟以外物爲外하여 牽己而從之면 是以己性爲有內外也라 且以性爲隨物於外면 則當其在外時엔 何者爲在內오 是有意於絶外誘하여 而不知性之無內外也라 既以內外爲二本이면 則又烏可遽語定哉아 夫天地之常은 以其心普萬物而無心이요 聖人之常은 以其情順萬事而無情이라 故로 君子之學은 莫若廓然而大公하여 物來而順應이라 易曰貞吉悔亡하리니 憧憧往來면 朋從爾思라하니 苟規規於外誘之除인댄 將見滅於東而生於西也라 非惟日之不足이요 顧其端無窮하여 不可得而除也리라 人之情은 各有所蔽라 故로 不能適道라 大率患在於自私而用智라 自私則不能以有爲爲應迹[①]하고 用智則不能以明覺爲自然이라 今以惡(오)外物之心으로 而求照無物之地하면 是反鑑而索照也라 易曰 艮其背면 不獲其身하며 行其庭하여도 不見其人이라하고 孟氏亦曰 所惡於智者는 爲其鑿也라하니라 與其非外而是內론 不若內外之兩忘也니 兩忘則澄然無事矣리라 無事則定하고 定則明이니 明則尙何應物之爲累哉아 聖人之喜는 以物之當喜요 聖人之怒는 以物之當怒라 是聖人之喜怒가 不繫於心而繫於物也라 是則聖人豈不應於物哉아 烏得以從外者爲非하여 而更求在內者爲是也아 今以自私用智之喜怒로 而視聖人喜怒之正이면 爲如何哉오 夫人之情에 易(이)發而難制者는 惟怒爲甚하니 第能於怒時에 遽忘其怒하고 而觀理之是非면 亦可見外誘之不足惡(오)요 而於道에도 亦思過半矣리라 心之精微는 口不能宣이요 加之素拙於文辭하고 又吏事匆(총)匆하여 未能精慮니 當否佇(저)報라 然이나 擧大要는 亦當近之矣라 道近求遠은 古人所非니 惟聰明裁之라

① 〈'迹'은〉 어떤 판본에는 '物'로 되어 있다.

一作物.

진성현령제명기 晉城縣令題名記

옛날 諸侯의 나라에는 각각 역사 기록이 있었기 때문에 제후들의 善惡이 모두 후세에 드러났다. 秦나라 때부터 제후를 없애고 守令을 두니, 사관 또한 따라서 폐지되었다. 그 뒤로 걸출하여 功德이 있는 자는 循吏列傳에 기록되고 지극히 흉악하고 잔혹한 자는 酷吏列傳에 기록되는 경우가 아니면 그 나머지는 민멸되어 전해진 것이 없다. 예컨대 漢나라와 唐나라가 천하를 소유한 것이 모두 수백 년이니, 그 사이에 郡·縣의 정사에는 기록할 만한 것이 의당 많을 것이다. 그러나 기록된 사람은 대략 수십 인뿐이다. 어진 이의 정사는 불행히 전하지 못하게 되고 불초한 자의 정사는 요행히 그의 악을 덮을 수 있게 되었으니, 이는 옛날 사관을 둔 의도와는 다르다.

장구한 세월 동안 至治를 도모하는 일은 비록 성스럽고 지혜로운 분이 나라를 다스리더라도 단시간에 대충 만들 수 없다. 대개 반드시 人情에 근본을 하여 법도를 만든 뒤에야 惡을 버리고 善을 따르게 할 수 있으니, 그 紀綱과 법령은 반드시 자세히 살펴서 정한 뒤에 시행해야 하고, 백성이 복종하고 감화되는 것도 반드시 오래 기다린 뒤에야 순박하고 견고하여 변하지 않는다. 오늘날 관리가 된 자는 3년 만에 교대하는 것을 너무 느리다고 여긴다. 백성들로 하여금 모두 禮義를 알게 하는 일은 처음 부임할 때부터 즉시 서둘러 정사 베풀기를 도모하더라도 敎令이 익숙하지 않고 민심이 신뢰하지 않는데 다시 수령을 바꾸는 교지가 벌써 이른다. 만약 후임으로 온 사람이 지향하는 바가 같지 않거나 또한 심한 성향이 있는 경우는 자신의 정사를 새롭게 하고자 할 것이니, 전임의 법을 모두 없애 그 자취가 참으로 남은 것도 없을 것이다. 그런데 인순고식하며 직무를 다하지 않는 자야 말할 것이 있겠는가.

아! 중지되기 쉬운 정사를 행하고서 다시 그 傳에 실린 것도 없으면 마땅히 그가 떠난 뒤에는 모든 것이 얼마 지나지 않아 없어져 그의 잘잘못에 대해 전혀 들을 수 없을 것이다. 그러므로 나는 옛 사관이 기록한 선한 정사를 들으려 하였으나 들을 수가 없어서 이에 오늘날 前官의 이름을 써서 기록으로 남긴 것이 오히려 옛일에 가까울 것이라고 여겼으나, 이 고을에는 그런 기록조차 없다. 이에 案牒[6]에서 고찰하고 서리와 백성에게 물어 李君 이하 21인을 겨우 찾아 그들이 수령으로 부임한 기간의 선후를 차례대로 기록하였으니, 백성들이 그 이름을 보고서 그의 정사를 잊지 않게 하면

6) 案牒 : 公文을 모아놓은 서류첩을 가리킨다.

후세 사람들이 그것을 통해 그의 옳고 그름을 따져 스승의 훈계로 삼을 것이다. 이후로 부임하는 자는 그 뒤를 이어서 기록하기를 청한다.

古者에 諸侯之國에 各有史記①라 故로 其善惡이 皆見於後世라 自秦으로 罷侯置守令하니 則史亦從而廢矣라 其後에 自非傑然有功德者는 或記之循吏하고 與夫凶忍殘殺之極者는 以酷見傳하며 其餘則泯然無聞矣라 如漢唐之有天下가 皆數百年이니 其間에 郡縣之政에 可書者가 宜亦多矣리라 然이나 其見書者는 率纔數十人이라 使賢者之政으로 不幸而無傳하고 其不肖者로 復幸而得蓋其惡하니 斯②與古史之意③로 異矣라 夫圖治於長久者는 雖聖知爲之라도 且不能倉卒苟簡而就라 蓋必本之人情하여 而爲之法度然後에 可使去惡而從善이니 則其紀綱條教는 必審定而後下요 其民之服循漸漬도 亦必待久라야 乃淳固而不變이라 今之爲吏는 三歲而代者를 固已遲之矣라 使皆知禮義者는 能自始至로 卽皇皇然圖所施設이라도 亦教令未熟하고 民情未孚어늘 而更書已至矣라 儻後之人이 所志不同하고 復有甚者는 欲新己之政이니 則盡其法而去之하여 其迹固無餘矣온 而況因循不職者乎아 噫라 以易(이)息之政으로 而復無以託其傳이면 則宜其去에 皆未幾而善惡無聞焉이라 故欲聞古史之善而不可得이라 則因謂今有題前政之名氏以爲記者가 尙爲近古나 而斯邑無之라 乃考之案牒하고 訪之吏民하여 纔得自李君而降二十一人하여 第其歲月之先後而記之하니 俾民觀其名而不忘其政하면 後之人이 得從而質其是非하여 以爲師戒云耳라 來者는 請嗣書其次라

① 어떤 판본에는 '記'자가 없다.
   一無記字.
② 〈'斯'는〉 어떤 판본에는 '其'로 되어 있다.
   一作其.
③ 〈'意'는〉 어떤 판본에는 '事'로 되어 있다.
   一作事.

彭 侍郞[7)]에 대한 제문 祭彭侍郞文

아득한 저 하늘은　　　　悠悠彼蒼은

7) 彭 侍郞 : 彭思永(1000~1070)으로, 程顥의 장인이다. 戶部侍郞으로 致仕하였다. 뒤에 程顥가 지은 行狀이 있다.

변함없이 지켜보는데	顧佑有常한대
어찌하여 불행하게도	如何不淑하여
시대의 현량을 죽였는가	殲(섬)時之良고
하늘은 어찌 이분을 남겨두어	胡不憖(은)遺하여
사대부의 바람을 위로하지 않는가	以慰士大夫之望고
아아 슬프도다	嗚呼哀哉라
예전 내가 어릴 적에	昔我穉齒에
공의 기대를 받았으니	爲公所器하니
가르치고 깨우쳐주셨으며	敎之誨之하며
따님을 아내로 주셨도다	實妻以子라
두 집안의 기쁨을	二姓之歡을
무엇에 비길 수 있으랴	疇可倫擬리오
스무 해가 넘도록	逾二十年에
한결같이 사랑해 주셨는데	顧愛終始한대
내가 하북으로 귀양가자	我謫河北하니
공이 건강[8]에서 돌아가셨네	公薨建康이라
법도상 가볼 수가 없어	義不得往하여
정신만이 날아서 찾아 갔었네	神魂飛翔이라
쓸쓸한 남포를 바라보면서	望南浦之蕭條하여
나부끼는 붉은 만장 상상하였네	想丹旐(조)之悠揚이라
눈물이 강물처럼 끝없이 흘러도	涙如流水나
공의 집에는 닿지 못하고	不到公之堂하고
통곡하는 소리 하늘에 울려도	號聲動天이나
공의 상을 치를 수 없었네	不徹公之喪이라
공의 덕은 본조에서 존숭받고	惟公德尊本朝하고
공의 행실은 당세에 드높았으니	行高當世하니
사방 나라의 본보기가 되었고	爲四國之矜式이요

8) 건강 : 江蘇省 南京市의 옛 이름이다.

세 조정[9]에서 믿고 의지하였네	被三朝之注倚라
그 풍도는 후세 사람에게 전해지고	風誼傳於後人하고
그 사업은 나라의 역사에 남으리라	事業存乎國史라
공의 기상은 호방하고 명백하여	磊(뢰)落明白하여
온 천지에 드높이 알려질 것이니	掀(흔)揭天地하니
비록 백세가 지나더라도	縱綿百世之長이나
공은 잊혀지지 않을 것이네	公爲不亡이리라
무능한 나의 보잘것없는 글솜씨 다하더라도	雖竭無能之鄙辭라도
어찌 성대한 덕의 광휘에 더할 수 있으랴	何足以增盛德之輝光이리오
오직 저의 정성을 부치니	惟寓愚之誠兮여
멀리서 안주와 술을 올리네	因遠致乎餚(효)觴이라
공께서는 오셔서 흠향하시어	公其來饗兮여
저의 슬픔을 위로해 주시길	慰余之悲傷이라
두터운 은혜를 길이 말할 것이니	長言恩禮之厚兮여
어느 때나 잊을 수 있을지 알랴	知何時之可忘이리오
아아 슬프도다	嗚呼哀哉라
삼가 흠향하시길 바랍니다	伏惟尙饗하소서

富鄭公[10]에 대한 제문　祭富鄭公文

維 元豐 6년(1083) 歲次 癸亥 11월 壬寅朔 19일 庚申에 奉議郎 監汝州鹽酒稅 輕車都尉 賜緋魚袋 程顥가 삼가 생질 張敷를 보내 맑은 술과 몇 가지 제수를 받들어서 太尉 文忠公의 영전에 감히 밝게 고합니다.

---

9) 세 조정 : 宋나라 仁宗・英宗・神宗의 조정을 말한다.

10) 富鄭公 : 富弼(1004~1083)이다. 鄭國公에 봉해졌으므로 鄭公으로 일컬었다. 자는 彦國, 시호는 文忠이며, 洛陽 사람이다. 范仲淹에게 수학하였다. 1030년 茂才로 천거되었다. 1042년 知制誥가 되어 거란으로 사신을 가 영토할양을 요구하는 일을 강력히 항의하고, 대신 歲幣를 늘리는 것으로 합의하였다. 이듬해 樞密使로 옮겨 范仲淹 등과 함께 慶曆新政을 추진하고, 河北 수비에 대한 12가지 대책을 올렸다. 1055년에 文彦博과 함께 재상이 되었고, 1069년에 다시 재상이 되어 王安石의 變法을 반대하였다. 文彦博・韓琦와 함께 宋代의 명재상으로 이름났다.

아! 옛일을 상고하건대, 온전한 인재를 얻는 것은 실로 어려우니 오직 夔와 契[11]이 唐・虞가 교체되는 시기에 나왔고, 姬旦(周公)과 呂尙(姜太公)이 周 文王과 武王 연간에 지위를 얻었습니다. 그 나머지는 비록 大賢과 碩輔가 있었으나 겨우 한 시대의 험난함을 구제할 뿐이었고, 眞儒와 大聖은 대부분 그 덕에 맞는 지위가 아닌 데 처하여 홀로 그 道를 지킨 경우가 많았습니다. 누가 우리 공처럼 道는 밝은 임금이 거듭 나와 태평이 이어지는 운수에서 행해지고, 몸은 존귀하고 부유하고 안락하고 영화로움의 완전함을 누렸으며, 일은 천하의 막중함에 관계되고, 지위는 人臣의 반열에서 지극했겠습니까. 공은 일생 네 분의 임금을 섬겼는데 모두 상등의 성스러운 군주였고, 시기는 70년을 살았는데 태평시대의 안정을 가슴에 품으셨습니다. 功勳은 해와 달처럼 환히 드러나고 명망은 온 세상에 가득하였으며, 시골집에서 유유자적한 것이 오히려 13년이나 되었습니다. 사람의 직분에 있어서는 저버림이 없었다고 말할 만하고, 하늘의 이치에 있어서도 곡진하게 보전하였다고 하겠습니다. 그러니 세상을 떠나시던 날 원근의 사람들이 부고를 듣고서 누군들 탄식하며 눈물을 흘리지 않았겠습니까. 아직도 공께서 돌아가신 것을 한스럽게 여깁니다.

아! 일반적인 세태는 편안하려는 데에서 구차해지고 변치 않는 절개는 영원히 지키기가 어려우니, 숨어 사는 자는 근심과 책임이 미치지 않아 게을러지고 연로하여 휴양하는 자는 혈기가 쇠하여 지향이 바뀝니다. 오직 공만은 나이가 많아질수록 지향이 더욱 굳세졌고 몸이 오랫동안 물러나 있어도 정성이 더욱 견고해졌으니, 오직 임금을 사랑하고 나라를 근심하는 道는 밤낮으로 정성스러움을 지극히 하였습니다. 공은 눈을 감으신 날 아침 임종하기 전에 아무것도 가슴속에 얽매인 것이 없었으나, 조정의 생각은 유독 옛날 담당했던 지위로 나오게 하는 데 있었습니다. 조정에서는 마땅히 이름을 바꾸어 시호를 내리는 은전으로 사실을 채집하여 시호를 짓고, 제사하고 책봉하는 성스러운 조서로 애통함을 지극히 하였으니, 또한 사대부들이 공의 죽음을 한스럽게 여기는 것은 아마도 우연이 아닐 것입니다.

어리석고 불초한 저는 공에게 과분한 예우를 받았습니다. 다만 義理에 대해 서로 기약하였을 뿐, 아첨하여 따르며 사적인 총애를 받지는 않았습니다. 공이 洛陽에서 돌아가셨을 적에 저는 汝州에 있었는데, 벼슬살이에 법도가 있어 달려가고자 하였으

11) 夔와 契 : 夔는 舜임금 때 음악을 담당한 신하이고, 契은 순임금 때 文教를 담당한 신하이다.

나 갈 길이 없었습니다. 염할 적에는 관을 바라보지 못했고 장례 때에는 묘소에 가보지 못했습니다. 목을 빼고 서쪽을 바라보니, 비통함을 어찌 헤아릴 수 있겠습니까. 보잘것없는 글에 정성을 담아 조출한 제수를 禮에 맞게 진설하여 길가에서 공손히 제를 올리니 이제는 훗날을 기약할 수 없게 되었습니다. 아아, 슬픕니다. 삼가 흠향하시기를 바랍니다.

維元豐六年歲次癸亥十一月壬寅朔十九日庚申에 奉議郎監汝州鹽酒稅輕車都尉賜緋魚袋程顥가 謹遣外甥張敷하여 以淸酌庶羞之奠하고 敢昭告于太尉文忠公之靈이라 嗚呼라 粵(월)稽古昔컨대 得全實難하니 惟夔契(설)出乎唐虞之際하고 而姬呂位乎文武之間이라 其餘는 雖有鉅賢碩輔라도 僅或濟一時之險艱하고 眞儒大聖은 多處非其位而孤騫(건)이라 孰如我公하여 道行乎重熙累洽之運하고 而身享乎尊富安榮之完하며 事繫天下之重하고 位極人臣之班이리오 生逢四世한대 皆上聖之主요 時歷七紀한대 膺太平之安이라 勳業揭乎日月하고 聞望塞乎天淵하며 優游里第者가 猶十有三年이라 於人之職에 可謂無負요 在天之理에 亦爲曲全이라 然而捐館之日에 遠近聞之하고 孰不齎諮而涕漣리오 尙以公之沒也로 爲有憾焉이라 嗚呼라 世之常態는 苟於自便하고 終始之節은 艱於永肩하니 屛伏者는 以憂責不及而怠懈하고 休老者는 以血氣旣衰而志遷이라 惟公은 年彌高而志愈厲하고 身久退而誠益堅하니 惟是愛君憂國之道는 極晝夜之拳拳이라 迨乎瞑目之旦屬纊之前에 萬物已莫累乎心胸이로되 而朝廷之念은 獨有進乎昔日之當權이라 宜乎易名之諡典으로 號爲摭(척)實하고 祭冊之聖詔로 極於哀憐하니 則士大夫以公之沒爲憾者는 蓋非偶然이라 顥愚不肖는 辱公禮遇로되 顧相期於義理하고 非見私於趨附라 公薨於洛에 賤居在汝한대 官守有制하여 欲往無路라 斂不望棺하고 葬不臨墓라 引領西風하니 悲慟何數리오 誠寓鄙文하고 禮陳菲具하여 恭祭道周하니 後期無所라 嗚呼哀哉라 伏惟尙饗하소서

戶部侍郎으로 致仕한 故 彭公의 행장
故戶部侍郎致仕彭公行狀

공의 諱는 思永, 字는 季長이다. 공의 선조는 京兆 사람으로 唐나라 중기에 吉州刺史를 지낸 분이 있어 그곳에 살았는데, 지금은 廬陵 사람이 되었다. 부친 尙書公은 經術을 연구하고 詩에 능하여 세상에 이름이 났으며, 강개하여 큰 절개가 있었으나 벼슬할 적에 뜻을 얻지 못하여 東宮官[12]으로 있다가 늙기도 전에 물러나 臨湘에 살았

다. 공은 그분의 둘째 아들이다.

公諱思永이요 字季長이라 其先은 京兆人으로 唐之中世에 有爲吉州刺史者하여 因家焉이러니 今爲廬陵人이라 尙書는 治經術하고 以能詩名於世하며 慷慨有大節이나 仕不得志하여 未老以東宮官退居臨湘하니 公其次子也라

공은 성품이 순박하고 순수하고 밝고 신중하며 자질이 옥처럼 아름답고 빼어났다. 어렸을 때 여느 아이들과 달라 장난치는 일을 한 적이 없었고, 두세 살 때에는 이미 스스로 학문을 할 줄 알았다. 尙書公은 매번 공의 등을 어루만지며 말하기를 "우리 집안을 일으킬 사람은 필시 이 아이일 것이다."라고 하였다. 약관이 되기 전에 상서공의 상을 당했는데 효성스럽다고 소문이 났다. 집안이 가난하여 장례를 치를 길이 없어서 밤낮으로 목 놓아 울다가 한 해가 다 가도록 비용을 마련하여 끝내 장례 준비를 하고서 상여를 모시고 수천 리 길을 가 廬陵에서 장례를 치르니, 공을 아는 사람들은 탄식하지 않는 사람이 없었다. 상을 마치고서 더욱 스스로 발분하였고 학문에 힘써 글재주가 있다고 일컬어졌다.

公性淳粹明重하며 材質瑰(괴)秀라 孩提時에 卽異於常兒하여 未嘗爲戲弄之事하고 數歲에 已自知爲學이라 尙書每撫其背曰 興吾家者는 必是兒也라하니라 未冠에 居尙書喪한대 以孝聞이라 家貧無以葬하여 晝夜號泣이라가 營治歲終하여 卒能襄事하여 扶喪數千里歸廬陵하니 知者는 無不咨歎이라 終喪하고 益自奮勵하고 力學有文稱이라

天聖 5년(1027) 擧進士[13]로서 급제하여 南康軍判官에 제수되었다. 計臣[14]이 공의 자질을 아뢰어 드디어 監泰州角斜鹽場이 되었다. 요직에 있는 사람들이 공의 어짊을 더욱 알게 되어 서로 공을 천거하였다. 임기가 끝나자 大理寺丞으로 옮겨 監洪州鹽務가 되었고, 知廣州南海縣으로 옮겼다. 모친상을 당해 관직을 떠났다. 모친상을 마치고 知洪州分寧縣이 되었다. 이 두 고을은 평소 다스리기 어렵다고 일컬어져 전임 수령들이 줄줄이 죄를 짓고 물러났지만, 고을 백성들이 공의 정성에 교화되어 법을 어

12) 東宮官 : 太子를 輔導하는 太師·太傅·太保 등의 관직을 가리킨다.
13) 擧進士 : 진사시에 응시할 자격을 갖춘 사람이다.
14) 計臣 : 국가의 재정을 담당하는 대신이다.

기지 말자고 서로 경계하여 송사가 없는 지경에 이르렀다.

天聖五年에 擧進士擢第하여 授南康軍判官이라 計臣言其材하여 遂監泰州角斜鹽場이라 當路益知其賢하여 交薦之라 秩滿에 遷大理寺(시)丞하고 監洪州鹽務하고 移知廣州南海縣이라 以母喪으로 去職이라 服除하고 知洪州分寧縣이라 二邑은 素號難治하여 前令比以罪去나 民化公之誠하여 相戒以毋犯法하여 至於無訟이라

또 睦州通判이 되었다. 마침 바닷물이 육지로 크게 밀려들어 밤에 台州城을 무너뜨리니 고을 사람들이 많이 죽었다. 朝廷에서는 監司에게 詔書를 내려 良吏를 골라 그곳으로 보내 위무하게 하였는데, 공이 드디어 그곳으로 가게 되었다. 공이 그곳에 이르자 서리와 백성이 모두 길에서 호소하였다. 공은 마음을 다하여 구제하고 양육하며 수고로움을 꺼리지 않아 먹고 자는 것을 잊는 지경에 이르렀다. 익사한 사람들을 극진히 장사지내고 제문을 지어 제사 지냈다. 병들고 고달픈 자를 위문하고, 굶주리고 궁핍한 자를 진휼하고, 도적을 없애고, 야위고 허약한 자를 위무하였다.

공이 처음 이르렀을 때 성안에는 온전한 집이 없었다. 공이 두루 다니면서 살펴보고 복구할 계획을 세우느라 아침 일찍부터 밤늦게까지 일을 하여 잠시도 쉰 적이 없었다. 가난하여 집을 짓거나 수리하지 못하는 백성들은 목수에게 명하여 나무를 베어 그들을 돕게 하였다. 몇 달 뒤 公家와 私家의 집이 모두 복구되어 사람들이 자기 집에서 편안히 지냈다.

공은 옛 성이 무너져 겨우 흔적만 남아 있는 것을 보고 장구한 계책을 세울 것을 생각하여 관료들을 불러 그들에게 말하기를 "고을이 바다에 가까운데 성이 없으니, 이는 바닷물에 무너졌기 때문이다. 마땅히 제군들과 이 일을 도모해야 한다."라고 하였다. 일정을 정하고 공사를 권면하니 백성들이 그 수고로움을 잊었고, 성이 완성되자 마침내 영원히 이롭게 되었다. 天子께서 가상히 여겨 조서를 내려 특별히 장려하였다. 그 뒤 台州를 떠나 睦州로 돌아갈 적에 기뻐하면서 뛰거나 울면서 그리워하는 두 고을의 백성들이 길에 뒤섞였다.

既又通判睦州라 會海水大上하여 夜敗台州城하니 郡人多死라 詔監司하여 擇良吏往撫之한대 公遂行이라 將至에 吏民이 皆號訴於道라 公悉心救養하며 不憚勞苦하여 至忘寢食이라 盡葬溺死者하고 爲文以祭之라 問疾苦하고 賑饑乏하고 去盜賊하고 撫羸弱이라 其始至也에 城無完舍라

公周行相視하고 爲之規畫이라 朝夕暴露하여 未嘗憩(게)息이러라 民貧不能營葺者는 命工伐木以助之라 數月而公私之舍畢復(복)하여 人安其居라 公視故城庫壞하여 僅有髣髴하고 思爲遠圖하여 召寮屬而謂之曰 郡瀕海而無城하니 此水所以爲害也라 當與諸君圖之라하니라 程役勸功하니 民忘其勞하고 城成하여 遂爲永利라 天子嘉之하여 錫書獎異라 後去台還睦할새 二州之民喜躍啼戀者가 交於道라

얼마 뒤 知潮州로 옮겼다. 潮州의 백성들은 해마다 제방을 수리하는 일로 괴로워하였는데 서리들이 농간을 부려 가난한 자들이 더욱 피해를 입었다. 공이 그들을 위해 법을 만들어 부역은 균등해지고 비용은 줄어드니 백성들이 크게 기뻐하였다. 교대하여 돌아와 知常州가 되었다. 그때 都官員外郎[15]으로 있었는데 이윽고 소명을 받아 侍御史[16]가 되었다. 內降[17]으로 관직에 제수하고 상을 내리는 폐단에 대해 극론하여 斜封[18]은 公朝의 일이 아니라고 하였는데, 仁宗이 매우 옳다고 여겼다. 皇祐[19] 연간에 明堂에 제사지내기 하루 전에 사면한다는 말이 전해져 백관이 모두 품계를 올릴 수 있게 되었는데, 공이 어가를 호종하여 景靈宮에 머물 적에 급히 아뢰기를 '은혜를 지나치게 베풀어 요행을 바라는 마음을 더하게 해서는 안 됩니다.'고 하였다. 사면령이 내려지자 과연 공의 말대로 되었다.

未幾에 就移知潮州라 潮民歲苦修堤之役한대 吏緣爲奸하여 貧者尤被其害라 公爲之法하여 役均而費省(생)하니 民大悅이라 代還하여 知常州라 時爲都官員外郎이로되 尋召爲侍御史라 極論內降授官賞之弊하여 以謂斜封非公朝之事한대 仁宗深然之라 皇祐祀明堂前一日에 有傳赦語하여 百官皆得遷秩者러니 公方從駕宿景靈宮할새 亟上言하여 不宜濫恩하여 以益僥倖이라 旣肆赦에 果然이라

이때 張堯佐[20]는 貴妃의 친족으로 등용되었고, 王守忠은 성상을 가까이서 모시는

15) 都官員外郎 : 都官은 刑部를 가리키고 員外郎은 各部의 次官인 郎中 다음의 관직이다.
16) 侍御史 : 궁중에서 백관을 규찰하고 詔命을 받드는 일을 담당하는 관직이다.
17) 內降 : 中書省의 심의 절차를 거치지 않고 궁중에서 직접 내린 칙서를 말한다.
18) 斜封 : 비스듬히 봉한 辭令書로, 조정의 정식 임명 절차를 거치지 않고 사사로이 임명하는 것을 말한다.
19) 皇祐 : 宋 仁宗의 일곱 번째 연호로, 1049년부터 1054년까지 사용하였다.
20) 張堯佐 : 宋 仁宗이 총애하던 溫成皇后의 伯父로 요직을 두루 지냈다.

近侍로서 총애를 받았다. 參知政事 자리가 비자 장요좌는 아침저녁으로 어명을 기다렸고, 왕수충도 節度使가 되기를 구하여 物議가 떠들썩하였다. 공이 同列을 이끌고서 그 문제를 언급하자, 모두 "어명이 행해지길 기다려야 한다."라고 하였다. 공이 말하기를 "어명을 내리기 전에 아뢰고서 待罪하는 것이 마땅하지, 어명이 나와 구제할 수 없으면 조정의 잘못이 될 것입니다."라고 하였다.

드디어 홀로 상소를 올려 극언하였는데 "폐하께서 이러한 은혜를 베푸시는 것은 의지할 데 없고 빈한한 士人에 대해서는 마음이 없고, 오직 장요좌와 왕수충을 위해 짐짓 대중을 기쁘게 하기를 취하려는 것일 뿐입니다."라고 말하기에 이르렀다. 또 귀비의 친족이 정권을 잡고 內臣이 권세를 부리는 것은 모두 국가의 복이 아님을 말하였다. 상소가 들어가자 仁宗이 진노하여 사람들은 모두 공이 위태로울 것이라고 여겼다. 공이 말하기를 "만일 두 사람에 대한 어명을 행하시지 않는다면 鼎鑊[21]에 나아가더라도 여한이 없을 것입니다."라고 하였다. 이에 御史中丞 郭勸과 諫官 吳奎가 모두 동조하여 공의 충성을 아뢰고 마땅히 공의 의견을 받아들이시고 죄를 주어서는 안 된다고 하였다. 인종이 노여움을 풀고 장요좌와 장수충의 바람은 마침내 가로막혔다.

時張堯佐以妃族進하고 王守忠以親侍帷幄被寵이라 參知政事闕員하니 堯佐朝暮待命하고 守忠亦求爲節度使하여 物議讙動이라 公帥(솔)同列言之하니 皆曰宜待命行이라 公曰 宜以先事得罪나 命出而不可救면 則爲朝廷失矣라 遂獨抗疏極言한대 至曰 陛下行此覃恩은 無意孤寒이요 獨爲堯佐守忠하여 故取悅衆人耳라 且言妃族秉政하고 內臣用事는 皆非國家之福이라 疏入하니 仁宗震怒하여 人皆爲公危之라 公曰 苟二人之命을 不行이면 雖赴鼎鑊(확)이라도 無恨하리라 於是에 御史中丞郭勸과 諫官吳奎가 皆爲上言其忠하고 當蒙聽納하고 不宜加罪라 仁宗怒解하여 而堯佐守忠之望이 遂格이라

공은 오히려 넘치는 은혜를 입고 臺職을 그만두고 司封員外郎으로서 외직으로 나가 宣州 守令이 되었다. 전임 수령이 뇌물을 받아 정사를 그르쳐 고을의 정사가 무너지고 해마다 큰 흉년이 반복되었다. 공이 부임하여 紀綱을 정비하고, 고달픈 백성들을 위무하고, 상부에 아뢰어 관아의 곳간을 열어 굶어죽는 백성을 살리자, 마침내 떠돌아다니는 백성이 없어졌다. 體量安撫使가 공의 치적을 보고하니, 諸路 중 으뜸이었다.

21) 鼎鑊 : 죄인을 삶아 죽이는 큰 솥이다.

公猶以汎恩罷臺職하고 以司封員外郎으로 出守宣州라 前守以贓敗하여 郡政隳(휴)弛하고 歲復大歉(겸)이라 公至하여 修紀綱하고 撫凋瘵(채)하고 奏發官庾하여 以活饑莩하니 卒無流亡이라 體量安撫使가 上公治狀하니 爲諸路①之最라

①〈'路'는〉 어떤 판본에는 '州'로 되어 있다.
一作州.

儂智高[22]가 잇달아 州郡을 함락하였다. 嶺外[23]에서 군대를 운용할 적에는 군량을 荊湖[24] 지역에서 충당하였다. 공이 北路轉運使에 제수되어 관청에 이르러 수령 가운데 잔인하고 사납고 쇠약하고 나태한 자를 각각 한 사람씩 쫓아낼 것을 아뢰자, 여덟 州가 권면할 줄 알게 되었다.

下溪[25]의 오랑캐 추장 彭仕義가 험난한 지형을 믿고서 교만하여 여러 오랑캐를 거느리고서 난을 일으키려 하였다. 먼저 공문을 보내 辰州[26]의 수비대장을 꾸짖자, 장차 그들을 통제할 수 없을 것이니 팽사희를 죽이자고 공에게 청하였다. 공이 경내를 순행하여 辰州에 이르자, 팽사희는 공을 두려워하여 즉시 믿을 만한 사람을 보내 편지를 들고 공을 맞이하게 하였는데 禮를 행하는 것이 매우 조심스러웠다. 공이 성심으로 그를 대하고 禍·福으로써 타이르자, 모두 두려워하고 감복하여 스스로 뉘우치고 잘못을 고치겠다고 청하였다. 변방의 환란이 드디어 그쳤다.

당시 大司農[27]이 諸路의 使臣을 이익으로써 회유하여 羨餘[28]를 헌납하게 하였다. 공이 말하기를 "백성의 재물을 긁어 모아 상을 받는 일을 나는 차마 하지 못하겠다."

---

22) 儂智高 : 1025~1055. 北宋 때 廣源州에서 활동한 蠻人이다. 慶曆 원년(1041)에 儻猶州에서 반란을 일으켜 국호를 大曆國이라 하고 交趾의 李王朝에 반기를 들었고, 송나라로 귀순하고자 하였으나 받아들여지지 않자 安德州에 南天國을 세우고 仁惠皇帝라 참칭하였다. 皇祐 4년(1052)에 송나라에서 반란을 일으켜 邕州를 격파하고 국호를 大南國으로 바꾸었으나 狄靑에게 패하여 大理로 달아났다.
23) 嶺外 : 중국 남방의 五嶺(越城嶺·都龐嶺·萌渚嶺·騎田嶺·大庾嶺) 이남 지역을 가리킨다.
24) 荊湖 : 현 湖北省·湖南省 지역을 가리킨다.
25) 下溪 : 현 湖南省 古丈縣 인근 지역이다.
26) 辰州 : 현 湖南省 沅陵 인근을 관할하던 행정구역이다.
27) 大司農 : 조정에서 국가 재정을 담당하던 관리이다.
28) 羨餘 : 초과 징수된 세금을 말한다. ≪周禮≫ 〈地官 司徒〉에 "무릇 徒役은 가구당 1인을 초과하지 못하게 하고 나머지 인원은 羨이라 한다.〔凡起徒役 毋過家一人 以其餘爲羨〕"라고 한 데서 유래하였다.

라고 하니, 드디어 헌납하는 일이 없어졌다.

儂智高連陷州郡이라 嶺表用兵은 餉饋仰於荊湖라 除北路轉運使하여 至部하여 奏黜守令之殘暴疲懦者各一人하니 而八州知勸이라 下溪蠻酋彭仕羲가 恃險而驕하여 將帥群蠻爲亂이라 先移文하여 罵辰州守將한대 將不能制하니 請公誅之라 公行部至辰하니 仕羲畏公하여 卽遣親信하여 持書迎謁한대 禮甚謹이라 公推誠待之하고 諭以禍福하니 皆悚懼感服하여 請自悛革이라 邊患遂息이라 時大農이 以利誘諸路使하여 以羨餘爲獻이라 公曰 裒(부)民取賞을 吾不忍爲이라하니 遂無所獻이라

남쪽의 도둑떼가 평정되어 공은 그 공로로 工部郎中에 승진되었고, 소명을 받고 度支判官이 되었다가 刑部의 관직으로 승진하였다. 1년 뒤 지방관으로 나가 益州路轉運使가 되었다. 처음 直史館[29]이 되어 三品의 服을 하사받았다. 입궐하여 사직하자 仁宗이 타이르며 말하기를 "益部[30]는 먼 지방이니 卿이 安撫한다면 나는 근심이 없을 것이다."라고 하였다.

공이 蜀에 이르렀을 때 마침 成都의 수령 자리가 비어 공에게 조서를 내려 임시로 成都府의 일을 맡게 하였다. 전임의 정사는 대부분 임시방편을 일삼아 점차 법도를 잃었다. 심지어 서리가 官錢 1천 緡을 훔쳐 옥에 가둔 지 이미 3년이 되었는데도 오히려 그가 자유롭게 출입하도록 내버려둔 일이 있었다. 공이 철저하게 조사하라고 명한 지 하루 만에 죄상이 갖추어졌다.

蜀 땅 사람들은 交子[31]를 가지고 거래를 하여 모두 허리춤에 交子를 넣어 다녔는데, 도둑들이 작은 칼을 이용해 마치 자기 물건처럼 많은 사람들 속에서 그 돈을 잘 훔쳐가니, 백성들이 괴로워하였다. 공이 그 정황을 알고서 곧장 도둑 한 사람을 체포하여 그 일당을 실토하게 해서 10여 명을 잡고, 모두 刺字해서 諸軍의 노예로 삼으니, 도둑들이 드디어 사라졌다. 이 두 건의 죄를 다스리니 사람들이 법을 두려워할 줄 알게 되어 蜀이 이에 크게 다스려졌다.

해마다 中貴人[32]이 峨嵋山에 제사를 지낼 적에 항상 成都에 수십 일을 머물면서 진

---

29) 直史館 : 國史實錄院에 근무하는 관직을 말한다.
30) 益部 : 益州 지방을 가리킨다. 익주는 蜀 땅의 지역을 말한다.
31) 交子 : 宋나라 때 蜀 지방 사람들이 사용하던 紙幣이다. 당시 사용하던 鐵錢이 너무 무거워 사사로이 契券을 만들었는데, 이를 交子라 하였다.

귀한 물건이나 기이한 애호품을 강제로 거두어 대개 수백 만 錢에 이르렀으니 모두 민간에서 나온 것이었다. 공이 명하여 3분의 2를 줄이자 使者가 원망하고 노여워하며 떠나갔으나 공은 돌아보지 않았다.

南寇平하여 公以勞進工部郎中하고 召爲度支判官하고 升刑部라 歲餘에 出爲益州路轉運使라 始直史館하고 賜三品服이라 入辭하니 仁宗諭之曰 益部遠方이니 以卿安撫면 吾無憂矣리라 至蜀에 會成都闕守하여 詔公權領府事라 前政多務姑息하여 寖失法度라 至有吏盜官錢千緡하여 付獄已三歲로되 猶縱其出入自若者라 公命窮治之一日而獄具라 蜀人以交子貿易하여 皆藏於腰間이러니 盜善以小刃取之於稠人中如己物하니 民病苦之라 公得其狀하여 卽捕獲一人하여 使疏其黨類하여 得十餘輩하고 悉黥隸諸軍하니 盜者遂絶이라 二罪而人知畏法하여 蜀乃大治라 歲有中貴人祠峨嵋할새 常留成都中數十日하며 誅取珍貨奇玩하여 例至數百萬錢하니 一出於民間이라 公命三省(생)其二하니 使者恨怒而去나 公不之顧라

임기 중에 兵部郎中으로 옮겼고, 소명을 받고 돌아가 戶部副使가 되었다. 1년 뒤 天章閣待制로서 陝西都轉運使에 충원되었다. 河北에서 將帥를 구할 적에 공으로 하여금 高陽[33]을 鎭撫하게 하였고, 인하여 諫議大夫에 올랐다. 英宗께서 보위를 이어받은 뒤 성은을 입어 給事中에 올랐다.

당시 태평한 시절에 익숙해져 군대를 다스리는 자들 중 紀律에 밝은 자가 드물었는데 三關[34]은 더욱 심했다. 공이 장수가 되어 바야흐로 엄정함을 중시하고, 기율을 범한 자는 자못 軍法으로써 다스리니, 교만한 병사들이 크게 진정되었다.

河北 지방은 예전에 누에를 쳐 명주를 생산하고 삼을 심어 베를 생산하는 것으로 생산 실적의 高下를 삼아, 백성들이 두려워하여 감히 뽕나무와 삼을 심지 못하였기 때문에 더욱 가난해졌다. 공이 이 실정을 조정에 아뢰어 그 법을 고치자, 이때부터 길쌈하는 이득이 해마다 증가하였다. 高陽을 진무한 지 2년 만에 변방이 편안해지고 인민들이 화합하였다.

공은 변방의 신하가 功을 바라며 일을 아뢰는 것을 미워하여 여러 차례 재단하여 바로잡다가, 드디어 대신들과 의견이 합치되지 않았다. 이 때문에 병을 핑계로 兵任

---

32) 中貴人 : 환관을 지칭한 말이다.
33) 高陽 : 현 河北省 蠡縣 지역을 가리킨다.
34) 三關 : 河北 지역의 淤口關・益津關・瓦橋關을 가리키는 듯하다.

에서 물러나게 해달라고 청하고 江南의 관리가 되기를 구하여 知江寧府로 옮겼다. 潮州와 江寧府는 예전부터 火災가 많았는데 공이 떠날 때까지 화재가 일어난 적이 없었으니, 사람들이 덕스러운 정사에 감응한 것이라고 여겼다.

任中遷兵部郎中하고 召還爲戶部副使라 歲餘에 以天章閣待制로 充陝西都轉運使라 河朔謀帥할새 以公鎭高陽하고 仍進秩諫議大夫라 英宗嗣位에 恩升給事中이라 時狃(뉴)於承平하여 治兵者는 鮮明紀律한대 而三關爲甚이라 公爲帥하여 方重嚴正하고 犯者는 頗以軍法從事하니 驕兵大戢이라 河北舊以桑麻爲産籍之高下하여 民懼不敢藝植이라 故로 益貧이라 公奏更其法하여 自是絲纊之利가 歲歲增益이라 在鎭二年에 邊圉帖寧하고 人民浹和라 公惡(오)邊臣之邀功啓事者하여 屢加裁正이라가 遂與大臣持議不合이라 由是로 以病請解兵任하고 求爲江南官하여 徙知江寧府라 潮與江寧은 舊多火災한대 迄公去未嘗作하니 人以爲德政之感이라

金陵에 머문 지 1년 만에 다시 소명을 받아 權御史中丞이 되었다. 당시 濮王의 大號를 추숭할 적에 親父로 칭해야 한다는 의론이 다시 일어났다.[35] 諫官과 御史 가운데 典禮가 바르지 않다는 이유로 서로 이어서 論列한 사람 6, 7인이 모두 죄를 얻어 쫓겨났다. 공이 처음 御史中丞에 제수되어 그 불가함을 힘써 아뢰었고, 또 그 일을 論列한 자를 소환할 것을 청하였다. 성상께서 그 일을 살펴보시기 전에 다시 상소를 올려 그 일을 극론하였는데, 말이 더욱 간절하고 지극하였다. 英宗께서 간언을 너그러이 받아들여 일이 거의 시행되려 하였으나, 대신들이 강력하게 고집하였기 때문에 시행되지 못하였다. 공은 이 일로 인해 憲職에서 물러날 것을 구하여 글을 올린 것이 다섯 번이고, 나아가 알현하고 직접 아뢴 것은 많아서 다 기록할 수 없다. 마침 英宗께서 병환이 있으시니 공이 비로소 근심하고 두려워하여 다시는 스스로 말하지 않았다.

留金陵歲餘에 復召權御史中丞이라 時追崇濮王大號할새 復有稱親之議라 諫官御史로 以典禮未正으로 相繼論列者六七人이 皆以罪去라 公始拜中司하여 力陳其不可하고 且請召還言事者라 上未之察에 更爲疏極論其事한대 言益切至라 英宗深加聽納하고 事幾施行이나 而大臣

35) 濮王의……일어났다 : 宋 仁宗이 후사가 없이 사망하자, 인종의 從兄인 濮王 趙允讓의 아들 趙曙가 인종의 뒤를 이어 英宗으로 즉위하였다. 이듬해 생부 복왕의 추숭을 논하였는데, 司馬光・王珪・呂誨・呂大防・范鎭・范純仁 등은 大統이 중요하므로 인종을 皇考로 복왕을 皇伯으로 칭하기를 주장하였고, 歐陽脩・韓琦・曾公亮 등은 생부를 백부로 칭한 예가 없으니 복왕을 皇考로 칭해야 한다고 주장하였다. 의론이 정해지지 않자 황태후가 조서를 내려 복왕을 皇親이라 일컫고 塋을 園으로 개칭하게 하였다.

持之甚力이라 故로 不果라 公因求解憲職하여 以章言者五요 進見而面陳者는 多至不記라 會英宗不豫하니 公方憂懼하여 不復自言이라

지금의 천자(神宗)께서 보위에 오르시고 공이 御史中丞에 정식으로 제수되자 지출의 비용을 줄이고 힘써 검약함을 따라 先帝의 뜻에 부합하기를 청하자, 성상께서 그 말을 가상히 여겨 받아들였다. 마침 御史 蔣之奇가 大臣의 음란한 일[36]을 고발하여 아뢰자, 그 설이 도성 안에 자자하였다. 장지기가 공을 끌어들여 도움을 받고자 하여 이에 "공이 일찍이 말한 것이다."라고 말하였고, 공 또한 "남녀 간의 비밀스러운 사생활은 외부인이 알 수 있는 것이 아니어서 진실로 끝까지 따져 묻기 어려우나, 또한 취할 만한 점이 있다. 그러므로 비방하는 말이 일시에 일어나고 사람들이 신빙성이 있다고 여기는 것이다. 또 그 사람은 앞장서서 濮園에 대한 논의를 거론하여 典禮에 어긋나 여러 사람의 노여움을 초래하였으니 다시 政府에 두어서는 안 된다."라고 하였는데, 執政이 '장지기가 논한 것이 명확하지 않아 징험할 수 없다.'는 이유로 공의 말이 어디서 나온 것인지를 다그쳤다. 집정이 세 차례 묻자 공이 더욱 절실하게 아뢰었고, 또 말하기를 "풍문은 총명을 넓히는 것입니다. 지금 그 말의 출처를 굳이 캐묻고서 죄를 준다면 이후로는 풍문을 들을 수 없을 것입니다. 차라리 중한 벌을 달게 여길지언정 국가가 言路를 열어놓은 법을 감히 폐지할 수는 없습니다."라고 하였다. 인하여 대신이 붕당을 지어 전횡하는 것은 조정을 위한 계책이 아니라고 극론하였다.

다음날 강등되어 給事中 知黃州에 제수되었으며, 도중에 太平州로 옮겼다. 후에 郊祀를 지낸 뒤 성은을 베풀 적에 다시 工部侍郎 知亳州가 되었다. 1년이 채 되지 않아 揚州로 옮겼다. 熙寧 3년(1070)에 글을 올려 연로함을 고하여 戶部侍郎으로 옮겨 致

36) 大臣의 음란한 일 : '大臣'은 歐陽脩를 가리킨다. 구양수의 매부 張龜正이 세상을 떠나자 과부가 된 누이가 어린 딸을 데리고 구양수에게 의탁하였는데, 그 딸은 전처의 소생이었다. 구양수가 그녀를 자시의 먼 친족 조카뻘인 歐陽晟에게 시집보냈는데, 후일 그녀가 구양성의 노비와 사통하였다. 구양수의 政敵들이 이 일을 구실로 삼아 대대적으로 비판하였는데, 장씨의 供招 중에 구양수가 장씨와 애매한 관계를 가졌고 장씨의 재산을 속여서 차지했다는 말이 나왔다. 이 일에 대해 ≪宋史≫ 권319 〈歐陽脩列傳〉에서는 "〈濮王에 대한〉 蔣之奇의 설이 歐陽脩의 생각과 합치되어 구양수가 그를 천거하여 御史로 삼았는데, 여러 사람들이 그를 간사하다고 지목하였다. 장지기가 그것을 근심하여 스스로 벗어날 방법을 생각하였다. 이때 구양수의 처남 薛宗孺가 구양수에게 유감이 있어 陰事에 대한 근거 없는 비방을 만들어 구양수를 욕보이려 하였다. 이리저리 떠돌던 소문이 中丞 彭思永에게 이르렀고 팽사영이 이를 장지기에게 말하자, 장지기가 바로 상소하여 구양수를 탄핵하였다."라고 하였다.

仕하였다. 조정에서 그를 가련하게 여겼기 때문에 詔辭가 매우 아름다웠으니, 공의 일생 벼슬살이를 영예롭게 한 것이다.

今天子踐阼에 正拜御史中丞하여 請裁損出入用度하고 務從儉約하여 以稱先志하니 上嘉納之라 會御史蔣之奇奏發大臣陰事하여 其說蓋盛於都下하여 而之奇欲扳公爲助하여 乃曰公嘗言之라 公亦謂帷箔之私는 非外人所知하여 誠難究詰이나 然亦有以取之라 故로 謗言一興하고 而人以爲信이라 且其首爲濮園議하여 違典禮以犯衆怒하니 不宜更在政府라한대 而執政以之奇所論冥昧不可質로 迫公言其所從來라 三問而公奏益急하고 且曰 風聞者는 以廣聰明也라 今必問其所從來하고 因而罪之면 則後無聞矣리라 寧甘重謫이언정 不敢廢國家開言路之法이라 因極陳大臣朋黨專恣는 非朝廷計이라 翌日에 降授給事中知黃州하고 道徙太平州라 郊祀推恩하여 復工部侍郎知亳州라 未滿歲에 移揚州라 熙寧三年에 上書告老하여 遷戶部侍郎하여 致仕라 朝廷憐之라 故로 詔辭甚美하니 所以寵耀其終始焉이라

공은 만년에 歷陽의 풍토를 좋아하여 드디어 그곳으로 옮겨가 살았다. 장차 고향으로 돌아가려 하여 11월에 金陵에 들렀는데 26일 병으로 세상을 떠났으니, 향년 71세였다. 금릉 사람들이 분주하게 장례를 돕고 길을 오가며 통곡하였으니, 공이 사람들의 마음을 얻은 것이 이와 같았다. 공이 관직을 맡은 것은 45년이었으니, 여러 차례 품계가 올라 某에 이르렀고, 공훈은 某이고, 관작은 某이고, 식읍이 약간 있다.

公晩樂歷陽風土하여 遂徙居之라 將歸하여 十一月過金陵한대 二十六日에 以疾終하니 享年七十有一이라 金陵之人이 奔走供事하고 往來哭於道路하니 其得人心如此라 公任官四十五年이니 累階至某요 勳某요 爵某요 食邑若干이라

공은 정밀하고 신중하여 정사에 뛰어났다. 번거롭고 바쁜 일을 만나면 다른 사람들은 감당할 수 없는 듯이 여겼지만, 공은 그 일을 처리하는 것이 여유로웠다. 그러므로 大體가 있어 관리로서의 정사에 정밀하다고 세상 사람들이 칭송하는 것이 반드시 공에게 돌아갔다. 공의 사업은 원대하여 당시에 드러난 것이 적지 않다. 그러나 공의 아름다운 德性과 순수한 心術을 세상 사람들이 더욱 존경하였으니, 대개 자질과 품성이 남들보다 뛰어난 점이 있었기 때문이다. 그러므로 공의 어질고 후덕하고 진실하고 너그러움은 타고난 것이리라.

公精愼하여 長於政事라 遇繁劇하면 他人若不可堪이나 而公處之裕然이라 故로 世稱有大體精吏治者는 必歸之公이라 其事業磊(뢰)落하여 見於時者가 爲不少矣라 然이나 其德性之美와 心術之醇을 世尤尊之하니 蓋資稟有過於人者也일새라 故로 其仁厚誠恕는 出於自然이라

나이 8~9세 때 부친 尙書公이 岳州從事가 되었는데, 공이 새벽에 일어나 學舍로 가려 할 적에 문 밖에서 금비녀를 주웠다. 공은 묵묵히 그곳에 앉아 찾아오는 사람들을 살펴보았다. 어떤 서리가 한참동안 배회하여 그 까닭을 물으니 과연 비녀를 떨어뜨린 사람이었다. 공이 그 정황을 묻고 진실인지 징험하고서 바로 돌려주었다. 서리가 수백 금으로써 사례하니 공이 웃으면서 받지 않고 말하기를 "내가 만약 욕심을 내었다면 금비녀를 가졌지, 수백 금에 불과한 돈을 받겠는가."라고 하였다. 서리가 탄식하고 놀라워하며 물러갔다.

年八九歲時에 尙書爲岳州從事한대 公晨起將就學舍할새 得金釵(차)於門外라 公默坐其處하여 以伺訪者라 有一吏徘徊久之하여 問故하니 果墜釵者也라 公詰其狀하고 驗之信하여 則出付之라 吏謝以數百金하니 公笑不受曰 我若欲之인댄 取釵요 不過於數百金耶아 吏嘆駭而去라

처음 과거시험에 응시할 적에 가난하여 여윳돈이 없어 오직 금팔찌 몇 쌍을 가지고 여관에서 지냈다. 함께 응시하는 자들이 그 여관에 들렀는데 사람들이 팔찌를 꺼내어 구경시켜 달라고 청하였다. 손님 중에 팔찌 하나를 소매 사이로 집어넣는 자가 있었는데 공은 그것을 보고서도 말을 하지 않았다. 사람들은 그 사실을 알지 못하고 모두 놀라서 팔찌를 찾았다. 공이 말하기를 "내 팔찌의 개수는 이것뿐이었으니, 잃어버린 것이 없소."라고 하였다. 그들이 떠나려 할 적에 팔찌를 소매에 감춘 자가 읍하며 손을 들자 팔찌가 땅으로 떨어지니, 사람들이 공의 도량에 감복하였다.

始就擧時에 貧無餘貲하여 惟持金釧數隻하고 棲於旅舍라 同擧者過之러니 衆請出釧爲翫이라 客有墜其一於袖間者한대 公視之不言이라 衆莫知也하여 皆驚求之라 公曰 數止此耳니 非有失也라 將去에 袖釧者가 揖而擧手할새 釧墜於地하니 衆服公之量이라

宗族을 돌볼 적에 은혜를 베풀려는 마음이 있어 생질의 고아가 된 딸을 거두어 자

기 자식처럼 돌보았고, 그녀를 위해 善士를 골라 시집보냈다. 떳떳하고 한결같음을 지켜 함부로 습관을 바꾸지 않았다. 벗과 교제할 적에는 신의를 다하여 처음부터 끝까지 마음을 변치 않았다. 청렴하고 개결하고 순수하고 검소한 것은 천성에 근본을 둔 것이다. 모친상을 지낼 적에 매우 가난하여 고을 사람들이 앞다투어 제수를 보냈는데 모두 사양하니 풍속이 그로 인해 교화되었다. 그 뒤 높은 벼슬에 올랐으나 자신을 돌보는 것은 평소의 검소한 생활을 바꾸지 않았다. 평생 聲色과 奇巧를 즐긴 적이 없었다.

그 타고난 자질이 고상하고 시원하며 의론은 맑고 담박하였으나, 단정하고 장중하고 공손하고 신중하여 거동하는 것이 반드시 禮를 말미암아 일찍이 태만한 낯빛을 하고 희롱하거나 모욕하는 말을 한 적이 없으니, 공을 본 사람들은 모두 경외하고 존중할 줄 알았다. 그러나 도량이 넓고 커서 마음을 안정시키거나 흔들 수 없었다. 남들과 있을 적에 비록 한 해가 다 가도록 사람들은 공이 기뻐하거나 노여워하는 변화를 보지 못하였다. 일을 만나면 명백히 처리하여 꾸밈을 일삼지 않았고, 남을 대할 적에는 貴賤·高下를 따지지 않고 한결같이 忠信으로 대하여 거동에 의심하거나 꺼리는 바가 없었고, 공에게 다가가면 온화하여 크게 아름다운 덕이 있었다.

撫宗族有恩意하여 外甥孤女를 收視之如己子하고 爲擇善士而嫁之라 守常一하여 不妄遷習이라 與朋友交에 盡信義하여 始卒無移改라 廉潔純儉은 本之天性이라 居母喪할새 貧甚하여 鄕人爭饋之나 皆謝去하니 風俗爲之化라 後居顯仕어늘 自奉養不改其素라 平生無聲色奇巧之翫이라 其氣宇高爽하며 議論淸澹하나 而端莊恭謹하여 動必由禮하여 未嘗有惰慢之色과 戲侮之言하니 見者皆知畏重이라 然襟度夷曠하여 不可澄撓라 與人處에 雖終歲라도 莫見其喜怒之變이라 遇事明白하여 不事襮(박)飾하고 接人無貴賤高下하고 一以忠信하여 動無疑忌하고 卽之溫然하여 有大雅之德이라

政事를 할 적에는 어질고 은혜롭게 하는 데 근본을 두어 서리와 백성들이 공을 마치 부모처럼 사랑하였으며, 심정을 속여 남들을 기쁘게 하거나 자신을 드러내어 명예를 얻기를 좋아하지 않았다. 항상 말하기를 "남을 농락하는 일은 내가 하지 않을 바이다."라고 하였다. 憲府에 있을 적에 논하여 아뢴 것이 많았으나 남들에게 말한 적이 없었다. 간혹 말수가 적은 것을 나무라면 사과할 뿐 끝내 변명하지 않았다. 매번 사람

들에게 말하기를 "나는 다른 것을 배우지 않았고, 단지 어릴 때부터 마음을 평온하게 하여 남을 대하는 것을 배웠을 뿐이다."라고 하였다. 또 일찍이 子弟들을 가르치며 말하기를 "내가 서너 살 때 한겨울에 이불 속에 있으면 천하 사람들의 추위를 생각할 줄 알았다."라고 하였다. 대개 근원을 둔 것이 이와 같았으니, 마땅히 어질고 너그러운 선함이 천하에 드러나 朝廷으로부터 士人에 이르기까지 그의 참으로 장자다운 도량을 추숭한 것이다.

爲政本仁惠하여 吏民愛之如父母하며 惟不喜矯情悅衆하고 揚己取譽라 常曰 牢籠之事는 吾所不爲라 居憲府할새 多所論奏나 未嘗以語人이라 或疵其少言이면 惟謝之하고 終不自辨이라 每謂人曰 吾不爲他學하고 但幼卽學平心以待物耳라 又嘗教其子弟曰 吾數歲時에 冬處被中이면 則知思天下之寒者矣라 蓋源流如此하니 宜其仁恕之善이 見於天下하여 自朝廷으로 至於士人히 推其誠長者라

지조를 지키는 것이 강경한 점에 있어서는 털끝만큼도 옮기거나 빼앗을 수 없었고, 善을 좋아하고 惡을 미워하여 결단하는 데 용맹하였고, 권세나 이익에 회유되지 않고 위세나 무력에 변심하지 않았다. 潮州의 관사는 예로부터 괴이한 일이 많다고 전해져 그간의 수령들 중에 편안하게 거처한 사람이 없었는데, 공은 떠날 때까지 그런 일이 있는지 없는지 물어본 적이 없었다. 공이 이치에 통달하고 正道를 지키는 것이 이와 같았으니 늠름한 대장부였다. 그러므로 세 조정을 차례로 섬길 적에 임금께서 공을 신뢰한 것이다.

至其持守剛勁하여 不可毫髮遷奪하고 喜善嫉惡하여 勇於斷決하고 不爲勢利誘하고 不以威武移라 潮州州宅은 舊傳多怪하여 前後守臣無寧處者러니 公迄去토록 無嘗問其有無라 其達理守正若此하니 凜乎其丈夫也라 故로 歷事三朝에 人主信之라

공은 晏氏에게 장가들었는데 돌아가신 재상 元獻公[37]의 조카딸이자 刑部侍郎 諱 容

---

37) 元獻公 : 晏殊(991~1055)의 시호이다. 자는 同叔이며, 臨川 사람이다. 일곱 살에 신동으로 이름이 나 眞宗의 부름을 받았으며 同進事出身을 하사받고 祕書省正字에 임명되었다. 仁宗 때 集賢殿太學士・同平章事兼樞密使를 지냈다. 재상으로 있으면서 范仲淹・孔道輔・歐陽脩・富弼 등을 등용하였다.

의 따님이니, 延安郡君에 봉해졌고 어진 행실이 있어 종족과 향당에서 존경을 받았다. 공은 두 아들을 두었다. 장남 衛는 이전에 趙州軍事判官을 지냈으며, 효성스럽고 신중하고 온화하고 후덕하여 부모가 연로하자 차마 곁을 떠나지 못해 관직을 그만두고 돌아와 곁에서 모신 지 10년이었다. 차남 衍은 준수하고 영민하여 뛰어난 재주가 있었는데 擧進士가 된 뒤 세상을 떠났다. 딸은 다섯을 두었는데, 장녀는 知鄂州인 嘉魚縣의 胡從에게 시집갔고, 차녀는 宜春의 李伯英에게 시집갔고, 삼녀는 나의 아내이고, 또 사녀는 太常博士 田祐에게 시집갔고, 오녀는 著作佐郎 齊域에게 시집갔는데, 이백영과 제역에게 시집간 딸은 모두 일찍 세상을 떠났다. 손자는 4명으로, 該와 諮는 나란히 試將作監主簿가 되었고, 詢과 訢은 아직 어리다. 손녀 5명은 모두 아직 시집가지 않았다.

公娶晏氏한대 故相元(憲)〔獻〕[38]公之姪이요 而刑部侍郎諱容之子也이니 封延安郡君하고 有賢行하여 爲宗黨所尊이라 二男이라 長曰衛는 前趙州軍事判官이며 孝謹和厚하여 以親老不忍去左右하여 解官歸侍者十年矣라 次曰衍은 俊敏有高才한대 方擧進士而卒이라 五女子한대 長適知鄂州嘉魚縣胡從하고 次適宜春李伯英하고 次卽顥之室이고 又次適太常博士田祐하고 次適著作佐郎齊域한대 而歸李氏齊氏者는 皆早世라 孫四人이니 曰該와 曰諮는 竝試將作監主簿요 詢訢尙幼라 孫女五人은 俱未嫁라

공이 돌아가신 다음해 嗣子가 장차 某月 某日에 공의 상여를 받들어 和州 歷陽縣 某鄕 某里 某地에 장사지내려 하였다. 그 전에 공의 官次와 行事를 공의 집안에서 얻었고, 공의 道德과 같은 것은 내가 몸소 가르침을 받아 알고 있는 것이니, 삼가 엮어서 기록하여 盛德君子에게 墓誌를 청해 영원히 전해지기를 도모한다. 삼가 행장을 쓰다.

公終之明年에 嗣子가 將以某月某日로 奉公之喪하여 葬於和州歷陽縣某鄕某里某地라 前期에 得公之官次行事於其家하고 若公之道德은 則顥所親炙而知者니 謹加編錄하여 請求誌於盛德君子하여 以圖不朽라 謹狀하다

---

38) (憲)〔獻〕: 저본에는 '憲'으로 되어 있으나, ≪宋史≫ 〈晏殊列傳〉에 의거하여 '獻'으로 바로잡았다.

二程全書 卷57

明道先生文 四

明 後學 嘉興 徐必達 校正

묘지 墓誌

程邵公의 묘지 程邵公墓誌

邵公은 廣平 사람 程顥의 둘째 아들이다. 治平 원년(1064) 仲秋(음력 8월) 4일에 태어나서 熙寧 원년(1068) 仲夏(음력 5월) 14일에 죽었고, 3일 뒤 伊陽縣 神陰鄕 先塋 동쪽에 묻었다. 邵公은 그의 어릴 적 이름이고, 端慤이 그의 이름이다.

태어나면서부터 기이한 자질이 있어 한 살도 되기 전에 온화하고 순수하고 단정하고 신중한 태도가 완연하여 사랑스러웠고, 총명함이 날마다 드러나 방정하고 도탑고 순박하고 아름다운 기상이 더욱 갖추어졌다. 그가 처음 말할 적에 가끔 시를 가르치면 대개 서너 번도 되지 않아 즉시 외웠고, 오래되어도 다시는 잊어버리지 않았다. 비록 총명하고 영특하여 內外를 꿰뚫어보는 듯하였으나 표현은 조용하였다. 그러므로 보고 아는 것에는 민첩하였으나 말하고 행동하는 것에는 안온하였다. 앉으나 서나 반드시 정중하고 삼가서 함부로 둘러보지 않았고, 일찍이 까불거나 나대는 기색이 없었다. 효성스럽고 우애 있고 믿음직스럽고 겸손한 성품은 대개 타고난 것이었다.

남들과 말할 적에는 온화하였으나, 하지 않아야 할 바가 있을 적에는 자신의 원칙을 확고하게 지켰다. 대체로 그의 마음에 기약한 바가 있으면 나중에 온갖 일로써 회유하고 다그치더라도 끝내 마음을 다시 바꾸지 않았다. 어느 날 아이들이 그의 앞에서 서로 심하게 장난치고 기뻐하며 웃고 함부로 날뛰는 것을 보았으나 담담히 듣지도 알지도 못한 듯이 하였다. 비록 침범하여 난폭한 짓을 좋아하는 아이가 있더라도 감히 그를 업신여기지 못하였다. 그가 살아있던 5년 동안 사람들은 그에게 기뻐하고 노여워하고 좋아하고 바라는 것이 있는 것을 보지 못하였다. 어찌 단지 여느 아이들과 다를 뿐이었겠는가. 모두가 학문에 노숙한 사람도 능히 하기 어려운 것이니, 우리 아이의 자질은 곧 태어난 처음에 완성된 것이었다.

아! 만약 하늘이 부여한 수명이 길었다면 나는 그 아이가 어느 경지에 이르렀을지 모르겠다. 나의 아우 頤 또한 斯文을 자신의 임무로 여겼는데, 일찍이 이 아이가 우리 형제의 학문을 마땅히 대대로 전할 것이라고 생각하였다. 지금은 다 끝났으니, 나의 애통함은 또한 父子 사이의 친함 때문만은 아니다.

대저 動靜은 陰陽의 본질이지만 게다가 五氣[1]가 번갈아 운행하니 더욱 들쭉날쭉하여 가지런하지 못하다. 그러니 생명을 부여받은 부류는 잡되게 섞인 경우가 많고 정밀하고 전일한 경우는 간혹 만나는 것이 당연하다. 간혹 만나는 것도 어려우니 그 운수가 혹 길지 못한 것 또한 당연하다. 우리 아이는 정밀하고 전일한 기운을 타고 났으나 운수가 국한된 것이리라. 하늘의 이치가 그러하니, 내가 무슨 말을 하랴. 장례 날이 다가와 돌에 새길 겨를이 없어서 벽돌에 거칠게 써서 그의 묘지명을 짓는다.

邵公은 廣平程顥之次子也라 生於治平始元仲秋之四日하여 死於熙寧首禩(사)仲夏之十四日하고 越三日에 藏①之於伊陽縣神陰鄕祖塋之東이라 邵公은 其幼名也요 端慤이 其名也라 生而有奇質하여 未滿歲而溫粹端重之態가 完然可愛하고 聰明日發하여 而方厚淳美之氣가 益備라 其始言也에 或授之以詩어든 率未三四過에 即已成誦矣요 久亦不復忘去라 雖警悟俊穎하여 若照徹內外나 而出之從容이라 故로 敏於見知나 而安於言動이라 坐立必莊謹하여 不妄瞻視하고 未嘗有戲慢之色이라 孝友信讓之性은 蓋出於自然이라 與人言則溫然이나 及其有所不爲하얀 則確乎其守也라 大凡其心有所許면 後雖以百事誘迫이라도 終不復移矣라 日視群兒相與狎弄歡笑跳梁於前호되 泊乎如不聞知라 雖有喜相侵暴者라도 亦莫之敢侮라 蓋厥生五年에 而人不見其有喜怒好欲이라 是豈特異於常兒哉리오 皆老於學者之所難能也니 而吾兒之資는 乃成於生之初라 嗚呼라 使其降年之永이면 則吾不知其所至也라 吾弟頤亦以斯文爲己任한대 嘗意是兒當世吾兄弟之學이라 今則已矣니 則吾之慟은 亦不特以父子之親也라 夫動靜者는 陰陽之本이로되 況五氣交運하니 則益參差不齊矣라 賦生之類는 宜其雜揉者衆하고 而精一者間或値焉이라 以其間値之難하니 則其數或不能長도 亦宜矣라 吾兒는 其得氣之精一而數之局者歟인저 天理然矣니 吾何言哉리오 以其葬日之迫으로 刊刻之不暇也니 惟砂書於磚하여 以誌其壙이라

①〈'藏'은〉 어떤 판본에는 '葬'으로 되어 있다.
一作葬.

---

1) 五氣 : 水·火·金·木·土 五行의 氣를 말한다.

程 殿丞[2)]의 묘지명 程殿丞墓誌銘

程氏는 永寧의 博野[3)]에 살았는데 그곳 풍토가 온화하고 도타워 대대로 충직하고 청렴하고 효성스럽고 근후함으로써 소문이 났다. 少師[4)]가 朝廷에서 지위가 높아져 처음으로 京師에 집을 하사받아 開封 사람이 되었으나, 대대로 내려온 가풍이 쇠퇴하지 않아 자손들이 대부분 善을 좋아하였으니, 나의 숙부께서는 우리 집안의 법도를 잘 지킨 분이라고 일컬을 만하다. 숙부의 휘는 瑜이고, 자는 叔寶이다. 少師 휘 羽와 淸河太君[5)] 張氏와 襄陵太君 賈氏의 증손이고, 尙書虞部員外郎 휘 希振과 高密縣君 崔氏의 손자이고, 贈大理寺丞 휘 道와 天水 趙氏와 長壽縣太君 任氏의 아들이다.

程氏居永寧之博野러니 土風渾厚하여 世以忠廉孝謹聞이라 少師貴重於朝하여 始賜第京師하여 爲開封人이로되 世風不衰하여 子孫多好善하니 而吾叔父는 可謂能守其家法者矣라 叔諱瑜요 字叔寶라 少師諱羽와 淸河太君張氏와 襄陵太君賈氏之曾孫이요 尙書虞部員外郎諱希振과 高密縣君崔氏之孫이요 贈大理寺丞諱道와 天水趙氏와 長壽縣太君任氏之子라

공은 소년 시절에 족형 廣平郡公 文簡公[6)]의 蔭補로 試將作監主簿가 되었다. 약관이 되기 전에 荊南監利尉가 되었는데 바로 재간이 있고 민첩하다고 일컬어졌다. 재차 永州零陵簿로 임용되었는데 더욱 재주로 알려졌다. 당시 谿蠻[7)]이 세력을 모아 움직여서 縣邑을 불사르고 겁박하였는데, 道州 寧遠[8)] 지역이 적을 막기에 가장 적당하여 部使

2) 程 殿丞 : 程顥의 5촌 從叔 程瑜이다. 殿丞은 殿中丞으로 어전에서 의복・수레・의약 등을 관장하는 직책이다.
3) 博野 : 현 河北省 保定市 博野縣이다.
4) 少師 : 程瑜의 증조부 程羽를 가리킨다. 少師는 三公의 다음인 三少(少師・少傅・少保)의 少師를 말한다.
5) 太君 : 宋代 신하의 모친에게 내린 封號이다.
6) 文簡公 : 程琳(988~1056)이다. 자는 天球, 永寧軍 博野縣 사람으로, 文簡은 그의 시호이다. 1011년 진사가 되어 任校書郎・著作佐郎 등을 지냈고, 宋 仁宗이 즉위하자 太常博士・諫議大夫・御史中丞・樞密直學士・給事中・知制誥・御史中丞・開封知府 등을 지냈고, 이후 尙書左丞・工部尙書・資政殿大學士에 이르렀다. 사후에 魏國公에 봉해졌다.
7) 谿蠻 : 五溪蠻을 가리킨다. 湖南省 湘西와 貴州省・四川省・湖北省의 경계인 沅水 가에 살던 소수민족으로, 그 지역에 雄溪・樠溪・酉溪・無溪・辰溪의 五溪가 있어 五溪蠻이라 일컬었다.
8) 寧遠 : 현 湖南省 永州市 寧遠縣이다.

者[9)]가 공에게 현령의 일을 겸하라고 명하였다. 공이 영원현에 도착한 날 읍치에는 성벽이 없고 창고에는 무기가 없어서 공이 읍성을 경영하여 새로 만들기를 밤낮으로 하였다. 읍성을 완공하고 백성을 안집시킨 지 오래지 않아 蠻寇가 대규모로 쳐들어와 긴 포위망을 만들고 성을 핍박하였다. 공이 사졸들을 격려하고 몸소 화살과 돌을 무릅쓰며 여러 날 성을 수비하였으며, 奇兵을 물속으로 잠입시켜 적의 후방에서 사방으로 습격하여 매우 힘겹게 맞서 싸우자, 적이 이에 패하여 달아났다. 얼마 뒤 함께 성을 지킨 사람들이 모두 공로를 논하며 포상을 바라자, 공이 말하기를 "성을 지키는 것은 우리의 일이다. 성을 온전히 지켰으면 족하지, 또한 이익으로 삼는 것이 마땅하겠는가."라고 하며 끝내 자신의 공을 말하지 않았다.

少以族兄廣平文簡公廕으로 試將作監主簿라 未冠에 爲荊南監利尉한대 即以幹敏稱이라 再調永州零陵簿한대 益以才著라 時谿蠻嘯動하여 焚劫縣邑한대 道州寧遠이 最當賊衝하여 部使者가 命公攝令事라 至止之日에 邑無城壁하고 府無兵械하여 公이 經營創治하여 夜以繼日이라 完集未幾에 蠻寇大至하여 設長圍以逼城이라 公이 激勵士卒하고 躬冒矢石하며 捍守累日이요 以奇兵으로 由水中旁出賊後하여 合戰甚苦하니 賊乃敗去라 既而오 同守者가 皆論功丐賞하니 公曰 城守는 吾事也라 城獲完이면 足矣요 尚當以爲利乎아하고 卒不自言이라

교대하여 돌아와 汝州 龍興令이 되었다. 計省[10)]에서 그의 재주를 아뢰어 드디어 監解州鹽池가 되었는데 賦稅를 넉넉히 거두었다. 大理寺丞 簽書磁州判官公事로 改差하였다. 磁州의 太守가 武人인지라 정사를 알지 못하였는데 공이 조용히 정사를 도와 온 고을이 크게 다스려졌다. 일이 비록 공에게서 나왔으나 그 자취를 엿본 사람이 없었으니, 공이 겸손히 감추고 자랑하지 않는 것이 모두 이와 같았다.

代還하여 得爲汝州龍興令이라 計省言其材하여 遂監解州鹽池한대 歲課羨溢이라 改大理寺丞簽書磁州判官公事라 太守武人不知爲政이러니 公從容開贊하여 一郡(人)〔大〕[11)]治라 事雖出公이나 而人莫窺其跡하니 謙晦不伐이 率皆此類라

---

9) 部使者 : 御史 또는 監司의 속칭이다.

10) 計省 : 宋代 국가 재정을 담당하던 三司의 별칭이다.

11) (人)〔大〕 : 저본에는 '人'으로 되어 있으나, 一蓑古本에 의거하여 '大'로 바로잡았다.

몇 년간의 노고로 太子贊善大夫에 오르고 五品服을 하사받았다. 곧 知邛州依政縣으로 옮겼는데, 당시 모친 長壽太君의 연세가 높아 공은 먼 길을 떠나는 노고가 있을까 두려워하여 곧바로 글을 올려 監臨官[12)]으로 나가길 자원하여 봉양하기에 편하게 하였다. 舒州皖口監轄로 바뀌었다가, 이에 근무 성적 평가로 殿中丞으로 옮겨 조정에 돌아왔다. 知濮州雷澤縣이 되었는데 부임하기 전에 갑작스러운 병으로 京師에서 세상을 떠났으니, 실로 嘉祐 7년(1062) 3월 18일이다.

以年勞로 升太子贊善大夫하고 賜五品服이라 就移知邛(공)州依政縣한대 時長壽太君春秋高하여 公懼有遠行之勞하여 卽上書願就監臨하여 以便奉養이라 改舒州皖口監轄하고 乃以考課로 遷殿中丞하여 還朝라 知濮州雷澤縣한대 未行에 暴疾로 終于京師하니 實嘉祐七年三月十八日也라

공은 용모와 몸가짐이 훌륭하고 빼어나며 풍모와 도량이 온화하고 전아하여 단정하고 장중하고 근엄하고 돈후하며 함부로 말하거나 웃지 않았다. 나아가고 물러나고 움직이고 멈추는 것이 모두 법도가 있으며, 의관이 정돈되어 바라보면 엄숙하였다. 3세에 부친을 여의자 長壽太君께서 가르치고 기르신 것이 엄격하고 지극하여, 모친을 정성스럽게 받들어 섬기고 아침저녁으로 삼가고 공경하여 조금도 게을리한 적이 없었다. 남과 사귀기를 잘 하여 오래될수록 더욱 돈독하였다. 아! 행실은 풍속을 권면하기에 충분하였고 재주는 큰일을 하기에 충분하였는데 불행히도 단명하여 끝까지 펼치지 못했다. 세상을 떠난 나이가 겨우 43세였다.

公은 姿儀偉秀하며 風度平雅하여 端莊謹厚하며 不妄言笑라 進退動止는 皆有法度하며 衣冠整理하여 望之肅然이라 三歲而孤하니 長壽太君教養嚴至하여 恂恂奉事하고 恪恭朝夕하여 未嘗少懈라 善與人交하여 久而益篤이라 嗚呼라 行足以勵俗하고 才足以有爲어늘 不幸短命하여 未究所施라 歿之年이 方四十三矣라

공은 張氏에게 장가들었는데 부인은 福昌縣君에 봉해졌고, 온화하고 자애롭고 효성스럽고 화목하여 族人들이 그녀의 어짊을 추앙하였다. 세 아들을 두었는데 預는 병으

---

12) 監臨官 : 감독하기 위해 현지에 가는 관원이다.

로 죽었고, 顥와 顚은 모두 儒學을 하고 있다. 세 딸을 두었는데 장녀는 前 常州軍事推官 王師古에게 시집갔고, 둘째는 襄陵의 賈芮에게 시집갔고, 막내는 汝南의 周純明에게 시집갔다.

公娶張氏한대 封福昌縣君하고 和慈孝睦하여 族人推其賢이라 三子한대 曰預는 以疾廢요 曰顥(의)曰顚(전)은 皆爲儒學이라 三女한대 長適前常州軍事推官王師古하고 仲適襄陵賈芮(예)하고 季適汝南周純明이라

熙寧 2년(1069) 8월 丙申日에 공의 종형 司農[13]이 河南府 伊陽縣 神陰鄉 先塋 아래에 공을 장사지냈다. 나는 부친의 명으로 장례에 참여할 수 있었다. 또 공의 官次·世系·行實·事業을 엮어 墓誌를 만들었고, 또 銘을 붙였다.

熙寧二年八月丙申에 公之從兄司農이 葬公於河南府伊陽縣神陰鄉先塋之次라 顥以父命으로 得預役事라 又掇公之官世行業而爲之誌하고 旣又繫之以銘하니

銘은 다음과 같다.

어버이를 봉양하는 데 삼갔고
임금을 섬기는 데 근면했네
자신을 수립하는 데 단정하여
옛 사람에게 부끄러움 없었네
공이 묻힌 산은 평평해질 것이고
그 골짜기는 메워질 것이나
이 墓誌는 사라지지 않으리

曰 謹於奉親하고 勤於事君이라 端於立身하여 無愧乎古人이라 山可夷요 谷可堙이나 斯言不泯이리라

13) 司農 : 程顥·程頤 형제의 부친인 程珦이다. 司農少卿을 지냈다.

李 寺丞의 묘지명 李寺丞墓誌銘

나의 벗 李君 仲通은 휘가 敏之이다. 대대로 北燕에서 살았는데 高祖가 난을 피해 남쪽으로 이주하여 지금은 濮 땅 사람이 되었다. 丞相 文定公 李迪이 곧 그의 伯父이다. 증조부 李令珣과 조부 李護는 모두 丞相의 공적으로 太師尙書令에 추증되었다. 부친 李遜은 아들이 현달함으로써 吏部尙書에 추증되었다.

予友李君仲通은 諱敏之라 世居北燕한대 高祖避亂南徙하여 今爲濮人이라 丞相文定公迪이 乃其世父也라 曾祖令珣과 祖護는 皆以丞相故로 贈太師尙書令이라 考遜은 用子貴로 贈吏部尙書라

중통은 태어나면서부터 어진 자질이 있었고, 단정하고 도탑고 어질고 너그러움이 어린 시절에도 드러났다. 거동하는 것이 단정하고 함부로 말하거나 웃지 않았으며, 하루 종일 편안하게 지내되 담박하여 게으른 모습이 없었으니, 그를 바라보는 사람들은 모두 그가 군자다운 사람임을 알았다. 남들과 말할 적에는 감정을 숨김이 없었으나, 오직 남의 허물을 들었을 때에는 다시 입 밖에 낸 적이 없었다. 마음이 안정되고 욕심이 적어 가난하게 살면서도 검소함을 지켜 여유로운 듯하였다. 옛것을 좋아하고 학문에 힘써 여러 서적을 널리 보았는데 ≪春秋≫·≪詩經≫·≪周易≫에 더욱 정밀하였다. 그 뒤 터득한 바가 매우 고원하고 심오하였다. 한창 용맹하게 학문을 힘써 스스로 진보하였는데 불행히도 단명하였으니, 그가 도달한 경지를 보지 못한 것이 애석하도다! 세상을 떠난 나이는 겨우 서른이었다.

仲通은 生而有賢資하고 端厚仁恕가 見於孩提之時라 擧動齊整하고 不妄言笑하며 燕居終日호되 泊然而無惰容하니 望之者는 皆知其君子人矣라 與人言에 無隱情이나 惟聞人之過엔 則未嘗復出於口라 安靖寡欲하여 居貧守約하여 裕如也라 好古力學하여 博觀群書한대 尤精於春秋詩易이라 其後所得이 殊爲高深이라 方勇勵自進이어늘 不幸短命하니 惜夫未見其止也라 死之年은 纔三十矣라

중통의 덕은 대개 타고난 것을 완전히 한 것이었고, 효성스럽고 우애 있는 성품은 더욱 남들보다 뛰어났다. 太夫人의 병을 간호하며 여러 달 동안 의복을 벗지 않았고,

상을 치를 적에는 지나치게 슬퍼하여 몸을 상한 것이 심하였다. 안팎으로 수백 명이 윗사람은 그를 사랑하고 아랫사람은 그를 신뢰하여 헐뜯는 말을 하는 사람이 없었다. 여러 종형제가 모여 살아 노비와 심부름꾼이 많았는데, 비록 그들을 부리는 것이 지나치게 엄격할지라도 그들이 잘못을 저지르지 않게 할 수 없었다. 오직 우연히 중통에게 꾸지람을 들으면 그 사람은 반드시 며칠 동안 부끄러워하고 슬퍼하며 통렬히 스스로 삼가고 힘썼다. 중통이 세상을 떠나자 濮 땅 사람들은 賢·不肖를 가리지 않고 모두 목 놓아 통곡하며 애통해하였고, 혹 눈물을 흘리기도 하였다. 그의 지극한 정성이 남에게 미치지 않았다면 어찌 이런 일이 있을 수 있겠는가.

仲通之德은 蓋完於天成이요 孝友之性은 尤爲絶異라 侍太夫人疾할새 衣不解帶者累月이요 及居喪하얀 哀毁過甚이라 中外數百口가 上愛下信하여 人無間言이라 群從聚居하여 臧獲使令者衆한대 雖馭之過嚴이나 不能使之無犯이라 惟偶爲仲通所責이면 則其人必慚悵累日하며 痛自飭勵라 及仲通之亡하얀 濮之人은 無賢不肖하고 皆失聲痛惜하고 或爲隕涕라 非至誠及物이면 其能有是乎아

중통은 겉으로 매우 온화하고 화평하여 남을 만나면 상처를 줄까 염려하는 듯하였고, 집안사람들조차 그가 기뻐하거나 노여워하는 모습을 애초에 보지 못하였다. 그가 말을 하거나 일을 할 적에는 장엄하고 과감하여 義가 아닌 것으로 회유하거나 굴복시킬 수 없었다. 처음 蔭補로 郊社齋郎이 되었고, 虔州 瑞金縣主簿에 임용되었다. 마침 흉악한 도적 戴小八이 여러 고을을 공격하여 해치니 朝廷에서 그 일을 근심하여 御史에게 명하여 살펴보게 하였다. 중통이 이때 빈 縣尉 자리를 이어받아 縣令과 함께 도모하여 말하기를 "劉右鶻과 石門의 羅姓을 가진 자는 모두 강한 도적으로, 조서를 내려 체포하려 한 지가 몇 년째입니다. 대소팔이 이 두 도적과 연합할 수 없어 스스로 위세를 드러내는 것이니, 저는 그가 성공할 수 없음을 알겠습니다. 마땅히 달래어 자수하게 하면 적은 격파할 대상도 안 될 것입니다."라고 하였다.

이에 사람을 보내 두 도적을 타이르자, 모두 말하기를 "우리는 李君의 어짊과 믿음에 감복한 지 오래되었으니, 그를 위해 죽기를 원합니다. 그러나 우리를 부르는 데에는 또한 信標로 삼을 것이 있어야 합니다."라고 하여, 중통이 즉시 그의 직인을 찍은 공문을 그들에게 주었다. 또 그들과 약속하기를 "某日에 마땅히 甲士 2백 명을 데리고

와서 읍성 안에서 우리와 만나야 한다."라고 하였다. 고을 사람들이 모두 두려워하자, 중통이 말하기를 "저들이 악행을 저지르고자 하면 비록 우리가 부르지 않더라도 장차 쳐들어올 것이다. 또한 나는 고을 사람들을 믿고, 저들도 나의 사람들이니 무엇을 두려워하랴."라고 하였다. 이에 두 도적을 거느리고 그들과 함께 주선하여 마침내 사력을 다해 싸워 드디어 대소팔을 참수하고 그 일당을 모두 평정하였다.

조정에서 그를 가상히 여겨 衛尉寺丞으로 옮기고 한 등급 승진시켰다. 御史가 이간하는 자의 말을 듣고 장차 劉·羅 두 무리를 주벌하고자 하자, 중통이 신의를 잃는 것은 의리가 아니라고 여겨 매우 힘써 항변하였는데 한참 뒤에 비로소 그의 말을 들어주었다. 중통은 또 조정에 아뢰어 그들이 공을 세웠으니 冗職[14]에 임명하면 후환을 끊을 수 있을 것이라고 청하였다. 글을 올려 아뢰었으나 답이 없었다. 그들 중 羅姓을 가진 자는 과연 다시 해를 끼쳤다.

仲通은 外甚和易(이)하여 遇物如恐傷之하고 雖家人이라도 未始見其喜怒라 及其出辭氣하고 當事爲하얀 則莊厲果斷하여 不可以非義回屈이라 始用蔭補郊社齋郎하고 調虔州瑞金縣主簿라 會劇賊戴小八이 攻害數邑하니 朝廷患之하여 命御史督視라 仲通이 時承尉乏하여 與其令謀曰 劉右鵲石門羅姓者는 皆健賊으로 詔捕之累年矣라 小八이 不能連二盜하여 以自張하니 吾知其無能爲也라 當說(세)使自效면 則賊爲不足破矣라 乃遣人諭二盜하니 皆曰 我服李君仁信이 久矣니 願爲之死라 然이나 召我엔 亦有以爲信乎혼저하여 仲通이 卽以其符誥與之라 且約曰 某日에 當以甲二百으로 來見我於邑中이라 衆皆恐懼하니 仲通曰 彼欲爲惡이면 雖不召將至라 且吾信於邑人하고 彼亦吾人也니 何憚乎아 乃將二盜하고 與之周旋하여 卒得其死力하여 遂斬小八하고 盡平其黨이라 朝廷嘉之하여 遷衛尉寺丞하고 仍升一任이라 御史用間者言하여 將誅劉羅二黨이어늘 仲通以爲失信不義하여 抗論甚力한대 久始見從이라 仲通이 又自言於朝하여 請因其立功하여 縻以冗職이면 可絶後患이라 書奏호되 不報라 其羅姓者는 果復爲害라

중통이 江寧 上元의 수령이 되었는데 옛날 循吏의 풍도가 있었다. 고을의 예전 田稅는 균등하지 않아 가난하고 힘없는 백성이 그 폐해를 받았는데, 중통이 법을 만들어 공평하게 하였다. 교활한 토호들은 그가 자신들에게 해를 끼치는 것을 미워하여 함께 비방하는 말을 하면서 상관의 위세를 빌려 그 일을 흔들었다. 사람들은 모두 중통이

---

14) 冗職 : 권한이 별로 없는 한산한 하위직을 말한다.

위태로울 것이라고 여겼으나, 중통은 굳건히 처리하여 바꾸지 않으니, 1년이 못 되어 균등해진 것이 1만 7천 호에 이르렀다. 사업은 비록 백분의 일도 펼치지 못했으나, 이 두 가지 일을 미루어보면 고원하고 명확한 식견과 굳세고 용감한 기개가 일에 드러난 것을 또한 알 수 있다.

仲通宰江寧之上元한대 有古循吏之風이라 邑之舊田稅不均하여 貧弱受其弊러니 仲通爲法以平之라 豪猾惡(오)其害己하여 共爲謗語하여 借勢於上官하여 以搖其事라 人皆爲仲通危나 仲通堅處不變하니 未滿歲而所均者萬七①千室이라 事業은 雖百未一施나 概是二節이면 則高明之見과 剛勇之氣가 發於事者를 亦可知已라

①〈'七'은〉 어떤 판본에는 '二'로 되어 있다.
一作二.

아! 사람은 古今의 다름이 있지 않으니, 단지 가까이 있는 이를 소홀히 여기고 먼 고인을 사모하는 것을 걱정할 뿐이다. 우리 중통과 같은 아름다운 자질이 옛날에만 많았다고 할 수 있겠는가. 만약 하늘이 수명을 더해 주어 그가 배우는 것을 성취하게 하였다면 마땅히 옛 사람에게 부끄러움이 없었을 것이다. 하물며 그로 하여금 옛 사람과 같이 태어나 聖人의 시대에 직접 가르침을 받을 수 있게 하였다면 나는 그가 과연 曾參·閔損[15]의 반열에 뒤지지 않았을 것임을 안다.

嗚呼라 人非有古今之殊니 特患夫忽近而慕遠耳라 如吾仲通之材之美가 古獨可以多乎哉아 向若天假之年하여 成就其所學이면 自當無媿於古人이라 況使得與古之人竝하여 而親炙於聖人之時乎면 則吾知其果不後曾閔之列矣라

중통은 治平 3년(1066) 5월에 집에서 세상을 떠났고, 熙寧 7년(1074) 2월 庚寅日에 濮州 鄄城縣 遺直鄉의 先塋에 장사지냈다. 부인 王氏도 합장하였다. 부인은 太子中舍 杲의 따님으로, 어질고 지혜롭고 편안하고 정숙하였으며 단아하여 법도가 있었다. 과부로 지낼 적에는 더욱 자신을 숨기고 신중하여 종신토록 소복을 입고 한 끼 식사만 하였는데, 대개 중통보다 6년 뒤에 세상을 떠났다. 중통은 일찍이 두 딸을 낳았는

15) 曾參·閔損 : 孔子 제자 가운데 효행으로 이름난 이들이다.

데, 모두 요절하였다. 끝내 아들이 없어 형의 아들인 孝和로 후사를 삼았다.

仲通은 以治平三年五月로 終於家하고 熙寧七年二月庚寅에 葬於濮州鄄城縣遺直鄉之先塋이라 夫人王氏附焉이라 夫人은 太子中舍杲(고)之女로 賢慧靖淑하고 雅有法度라 及寡居하야 益自晦重하여 素衣一食以終身焉한대 蓋後仲通六年而亡이라 仲通嘗生二女한대 皆夭라 卒無子하여 以兄之子孝和爲嗣라

중통이 평생 깊이 안 사람으로는 나만 한 사람이 없다. 그러므로 장사지내려 할 적에 그의 집안에서 찾아와 墓誌文을 부탁하니, 어찌 사양할 수 있겠는가.

仲通平生相知之深者는 莫如予라 故로 將葬할새 其家以誌文來屬(촉)하니 其可辭乎아

銘은 다음과 같다.

陰陽이 번갈아 운행하고
五行이 순응하여 베풀어지네
강건함과 유약함이 뒤섞여
아름답고 추악함이 고르지 않네
생명을 품부 받은 부류는
치우치고 뒤섞임이 마땅하네
순수하고 아름다운 기운 모았으니
元氣를 모으는 시기가 도래했네
聖人은 비록 배울 수 있지만
귀하게 여길 것은 자질이라네
약삭빠르고 교만한 자들은
道와의 거리가 멀어지네
진실하구나 仲通이여
타고난 자질이 유독 기이했네
학문 진보에 매우 용맹하였으니
그의 조예를 알 수가 있네

덕은 얼마나 완전하였던가
그런데 명은 어찌 그리 짧았나
꽃이 피었으나 열매를 맺지 못함은
성인께서도 슬퍼할 바이네[16)]
어찌 내게 묘지명을 짓게 하는가
내가 한 말에 부끄러움 없도다
후세에 공을 알고자 하는 이는
이 銘詩를 살펴보시게

銘曰 二氣交運兮여 五行順施로다 剛柔雜揉兮여 美惡不齊로다 稟生之類兮여 偏駁其宜로다 有鍾粹美①兮여 會元之期로다 聖雖可學②兮나 所貴者資로다 便儇(현)皎厲兮여 去道遠而로다 展矣仲通兮여 賦材特奇로다 進復甚勇兮여 其造可知로다 德何完兮여 命何虧오 秀而不實은 聖所悲로다 孰能使我런고 無愧辭로다 後欲有考인댄 觀銘詩하라

①〈'粹美'는〉 어떤 판본에는 '純粹'로 되어 있다.
一作純粹.
②〈'可學'은〉 어떤 판본에는 '學作'으로 되어 있다.
一作學作.

程 郎中[17)]의 묘지 程郎中墓誌

공의 휘는 璠, 자는 仲韞, 성은 程氏로, 대대로 中山의 博野에서 살았다. 宋나라가 건국되자 선조 少師가 공훈과 덕행으로 현달하고 추중되어 京師에 집을 하사받아 비로소 開封 사람이 되었다. 少師의 휘는 羽이고, 그 부인은 淸河太君 張氏와 襄陵太君 賈氏인데, 이분이 虞部府君 휘 希振을 낳았다. 희진은 博陵 崔氏에게 장가들었는데 최씨는 高密縣君에 봉해졌다. 이분이 尙書府君 휘 遹을 낳았다. 공은 尙書의 둘째 아들이다. 모친은 孝感太君과 長安太君으로 모두 張氏이다.

16) 꽃이……바이네 : ≪論語≫ 〈子罕〉에 "싹이 나고서도 꽃을 피우지 못하는 것도 있고, 꽃을 피우고서도 열매를 맺지 못하는 것도 있다.〔苗而不秀者有矣夫 秀而不實者有矣夫〕"라고 하였다.
17) 程 郎中 : 程顥・程頤 형제의 숙부인 程璠이다. 刑部郎中을 지냈다.

公諱璠이요 字仲韞이요 姓程氏로 世居中山之博野라 宋興에 先少師以勳德顯重하여 賜第京師하여 始爲開封人이라 少師諱羽요 其媲曰淸河太君張氏와 襄陵太君賈氏로 是生虞部府君諱希振이라 娶博陵崔氏한대 封高密縣君이라 是生尙書府君諱遹이라 公卽尙書之仲子라 母曰孝感太君과 長安太君으로 皆張氏라

공은 태어난 지 몇 해 만에 고아가 되어 伯兄[18]에게 가르침과 보살핌을 받았다. 16세에 족형 廣平郡公 文簡公(程琳)의 蔭補로 試將作監主簿가 되었다. 비로소 약관의 나이에 常州戶曹掾이 되었다. 당시 조정에서 사신을 보내 二浙[19]을 按撫하게 하였는데, 사신이 공의 재주를 드러내 아뢰어 곧 明州司法에 제수되었다. 포악한 수령에게 힘써 항변하여 의심스러운 옥사를 조사하여 여러 사람을 살렸다.

公生數歲而孤하여 教養於伯兄이라 十六에 以族兄廣平文簡公蔭으로 試將作監主簿라 始冠에 爲常州戶曹掾이라 時朝廷遣使하여 安撫二浙할새 表言公才하여 就除明州司法이라 力抗暴守하고 數活疑獄이라

요직에 있는 사람들이 번갈아 공을 천거하여 드디어 京官으로 바뀌어 知壽州安豐이 되었다. 安豐은 고을이 부유하였는데 힘세고 교활한 자가 많아서 백성들이 그들의 침탈에 괴로워하니, 수령이 된 자들은 항상 그들을 억제하기 어려운 것을 고심하였다. 공이 부임한 지 얼마 지나지 않아 모두 공손해져 감히 법을 어기지 않았고, 도적들도 경계를 넘어 다른 지역으로 달아났다. 芍陂[20]를 증설하여 수리시설을 넓히자 사람들이 그의 은혜에 힘입어 길에서 노래하며 칭송하여 京師에까지 알려졌다.

대부호 陳順이 그의 모친을 쫓아내려고 도모하여 취했다고 속이고 옆방에서 묵은 뒤 改嫁한다고 무고하고 그의 무리를 시켜 증명하게 하였다. 공이 그 사정을 살펴보고 곧바로 잡아들일 것을 명하였는데, 이미 달아나버렸다. 그의 권세가 監司로 하여금 그 獄事를 이관하게 할 수 있을 정도였는데, 공은 거절하여 허락하지 않고 발본색원하기를 더욱 급히 하였다. 진순이 이에 돈을 가지고 심문하는 관원과 서리에게 청

18) 伯兄 : 程顥·程頤 형제의 부친인 程珦이다.
19) 二浙 : 宋代에 浙江의 東路와 西路를 아울러 일컫는 말이다.
20) 芍陂 : 淮水 유역의 저수지이다.

탁하여 공을 좇아내고 그 옥사를 늦추기를 도모하였다. 서리가 곧바로 허위 보고를 하여 공을 興元府 西縣으로 옮기게 하였다. 공은 그가 뇌물을 쓴 정황을 모두 알았다. 사람들이 혹 조정에서 변론할 것을 공에게 권하니, 공이 말하기를 "내 어찌 서리와 논변하겠는가."라고 하였다. 서리가 거짓으로 아뢴 것을 자백하여, 공은 洪州 豐城의 수령으로 바뀌었다.

豐城은 강물이 범람하여 읍성을 에워싼 적이 있어서 사람들이 크게 굶주렸다. 고을의 부호 吳氏는 재물로 관직을 얻었는데, 곡식을 비축하고서 사람들이 사들이는 것을 금지하였다. 공이 그를 불러 타일렀지만 따르지 않자, 그에게 말하기를 "백성들이 굶주려 죽을 지경이니 현령도 녹봉과 지위를 감히 보존할 수 없게 되었다. 그대에게 杖刑을 내려 곡식을 취할 것이다."라고 하니, 오씨가 크게 두려워하며 목숨을 보전하게 해달라고 애원하였다. 이에 부유한 사람들이 앞다투어 곡식을 내어 백성들의 식량난이 이로써 구제되었다.

當途者가 交薦之하여 遂改京官하여 知壽州安豐이라 邑富로되 多彊猾하여 小民困於侵漁하니 爲令者는 常苦其難制라 公至未幾에 皆斂手하여 莫敢犯하고 盜賊도 亦越逸他境이라 增治芍陂하여 以廣灌漑하니 人賴其賜하여 道路謠頌하여 聞於京師라 大豪陳順이 謀去其母하여 紿(태)之醉하여 宿旁舍하고 因誣以爲嫁하고 使其黨證之라 公察其情하여 卽命捕置한대 果已亡去라 權至能使監司移其獄한대 公拒弗與하고 根索益急이라 順乃持金謂審官吏하여 謀去公以緩其事라 吏卽爲謾奏하여 移公興元府西縣이라 公具得行賂狀이라 人或勸公辨之朝하니 公曰 吾豈與吏辨者乎아 曹吏以謬誤自陳하여 得改洪州之豐城이라 江水嘗環城하여 人大饑라 邑豪吳氏는 以貲得官한대 藏粟閉糴(적)이라 公召諭之나 不從이어늘 謂曰 民餓且死하니 令亦不敢自保祿位라 當杖爾以取之라하니 吳氏大懼하여 哀祈請命이라 於是에 富人爭出粟하여 民用以濟라

선조의 묘소를 개장하려고 하여 知河南伊闕縣이 되기를 청하였다. 임기가 차서 簽書河東節度判官公事가 되었다. 모친 長安太君의 상을 당했고, 상이 끝나자 知永安縣兼 陵臺令이 되었다. 陵寢을 奉審하는 일은 모두 현달한 궁중의 환관이 했는데, 전임 수령이 대부분 고식적으로 처리하여 환관이 종종 고을 사람들을 침탈하고 학대하였다. 공이 그들을 대할 적에 방도가 있자, 모두 공손한 태도로 법도에 맞게 하였다. 韓贄가 洛邑의 수령이 되었는데 공의 정직함을 미워하여 억지로 죄를 만들어 공을 무고

하였다. 낙읍 사람들이 그 사실을 바르게 알지 못하고 길에서 떠들썩하게 소문을 내었으나, 공은 끝내 자신을 변호하지 않았다. 조정에 돌아와 和州通判이 되었다.

以謀葬其先世로 求知河南伊闕縣이라 秩滿하여 簽書河東節度判官公事라 丁長安太君憂하고 服除하여 知永安縣兼陵臺令이라 奉陵寢은 皆中貴人이러니 前令多務姑息하여 往往侵暴邑人이라 公待之有方하니 皆斂戢就法度內라 韓贊守洛이어늘 醜公正直하여 誣以非罪라 洛人이 不直其事하고 讙聞道路로되 而公卒不自辨이라 還朝하여 通判和州라

이에 앞서 蔡州의 요사한 비구니 惠普가 邪道로써 대중을 미혹시켜 몇 년 사이에 사방 사람들이 메아리처럼 호응하여 분주히 받들어 섬기면서 오직 지극하지 못할까를 염려하였다. 그 뒤 간악한 행적이 드러났는데 담당관이 오히려 그 죄를 가볍게 벌하여 단지 등에 곤장을 치는 형벌로 판결해 歷陽에 구금하였다. 당시 조정에서 사면이 있자, 혜보가 즉시 병을 사칭하고 사면을 기다려 끝내 杖刑을 면하였다. 사람들이 모두 그녀를 신처럼 여기면서 '과연 형벌을 내릴 수 없었다.'라고 하였다. 그녀가 和州에 머문 지 오래지 않아 떠받드는 자들이 점점 멀리서부터 찾아오니, 고을 수령이 그녀를 예우하는 것이 매우 조심스러웠다.

공이 처음 화주에 이르렀을 때 마침 수령이 귀양가서 고을의 정사를 임시로 맡았다. 어느 날 그녀를 잡아 관청 뜰로 데려와 앞에 刑具를 펼쳐놓고서 사람들을 속인 정상을 모두 말하게 하였다. 그러므로 그녀의 간사한 꾀와 속이는 말이 모두 환히 드러나니, 이에 그 죄를 바로잡아 형벌에 처했다. 식견이 있는 士人들은 공의 결단이 아니었다면 천하 사람들의 의혹을 풀 수 없었을 것이라고 말하였다.

李洞元이라는 자가 신비하고 괴이한 말을 하며, '昭陵[21]에게 인정을 받아 일찍이 金字書를 하사받았다.'고 망언을 하였다. 長江과 淮水 사이에 그를 추종하는 자들이 마치 시장으로 몰려가듯 많았는데, 공이 또한 법에 따라 처벌하였다. 이로 인해 원근의 사람들이 두려워하며 복종하였다.

다시 隰州通判이 되었다. 크게 기근이 들어 공이 힘써 진휼하니, 목숨을 보존한 사람이 매우 많았다. 熙寧 乙卯年(1075) 여름 4월에 교대하여 돌아왔다. 甲申日에 河南에서 병으로 세상을 떠났으니 향년 57세이다.

---

21) 昭陵 : 宋 仁宗의 陵인 永昭陵을 가리키는 듯하다.

先是에 蔡州妖尼惠普가 以左道惑衆하여 數年之間에 四方響動하여 奔走奉事하여 唯恐不至라 其後奸跡暴露한대 有司猶薄其罪하여 但坐杖背하여 羈置歷陽이라 時朝廷當有赦하니 惠普卽詐疾以俟하여 卒得免杖이라 人皆神之하고 謂果不可得而刑也라 居和未久에 崇奉者가 稍稍自遠而至하니 郡守禮之甚謹이라 公始戾止에 會守以謫去하여 權領郡事라 一日捽至庭下하여 布獄械於前하고 使具道所以罔人之狀이라 故로 其奸謀詭說이 皆掀揭呈露하니 乃正其罪而刑之라 有識之士는 以謂微公之斷이면 不能解天下之惑이라 有李洞元者가 爲神怪之說하고 妄言受知昭陵하여 嘗以金字書賜之라 江淮之間에 從者如市한대 公亦按置於法이라 由是로 遠近悚服이라 復通判隰州라 歲大饑에 力爲賑助하니 所存活者가 甚衆이라 熙寧乙卯夏四月에 代還이라 甲申에 以疾終于河南하니 享年五十七이라

공은 자질이 아름답고 씩씩하며, 밝게 분변하고 굳세게 결단하며, 남을 대할 적에는 진실하고 도타우며, 거동할 적에는 은혜를 베풀려는 생각이 있으며, 재물을 가벼이 여기고 義를 좋아하며, 마음속에 품은 생각은 막힘없이 탁 트였다. 재주는 백성을 다스리는 데 장점이 있어 엄하면서도 사랑함이 있고 민첩하면서도 가혹하지 않으며, 번거로운 일을 구분하고 힘든 일을 처리하는 데 항상 여유가 있었다. 공이 獄事를 판결한 것은 사람들이 억울하지 않다고 여겼다. 그러므로 이전에 부임하였다가 떠난 곳에서는 오랫동안 사람들이 공을 그리워하였다. 식견과 능력이 고원하고 시원하여 남들보다 크게 뛰어난 점이 있었다. 무릇 山川·道路와 人物·名氏는 눈으로 한 번 보고 귀로 잠시 들으면 세월이 많이 지나더라도 다시는 잊어버리지 않았다. 豐城은 큰 고을인데 공이 다스린 지 3년 만에 그곳 주민을 아는 것이 거의 절반이나 되었으니, 그 나머지 정사의 조리는 이로써 알 수 있다.

公資質瑰壯하며 明辨剛決하며 接人誠厚하며 動有恩意하며 輕財好義하며 中懷豁如라 材長於治民하여 嚴而有愛하고 敏而不苛하며 區繁剸劇에 常有餘裕라 其所斷獄은 人自以爲不冤이라 故로 前所涖去엔 久而人思之라 識用高爽하여 有大過人者라 凡是山川道途와 人物名氏는 目所一見하고 耳所暫聞이면 閱年雖多라도 不復忘廢라 豐城大邑이로되 公爲之三年에 識其民且半하니 其餘政事條理는 從可知矣라

관직은 衛尉丞[22]으로부터 아홉 번 바뀌어 比部[23] 郎中이 되었는데, 근무 연수와 공

적으로 五品服을 하사받았다. 처음에 倪氏에게 장가들었는데, 그녀가 시어머니를 섬길 적에 공손하지 않아 공이 의리로써 내치고 돌려보냈다. 재취 曹氏는 魏襄悼公 曹利用의 손녀로, 仁壽縣君에 봉해졌다. 두 아들을 두었는데 顧와 頢은 모두 太廟齋郎이다. 네 딸을 두었는데 장녀는 國子博士 張昭立에게 시집갔고, 차녀는 일찍 죽었고, 나머지 둘은 아직 시집가지 않았다. 공은 평생 세상에 떠도는 간사하고 망령된 말에 미혹되지 않아 항상 말하기를 "내가 죽거든 삼가 佛家의 장례·제례를 행하지 말고 陰陽家의 기피하는 술수를 쓰지 말거라."라고 하였다. 공이 세상을 떠나자 집안사람들이 그 말을 받들어 장사지냈다.

熙寧 10년(1077) 仲秋(음력 8월) 丙申日에 공의 형인 司農[24]이 河南府 伊陽縣 神陰鄉에 공을 장사지내 先塋에 합장하였다. 또 나에게 명하여 공의 官次·世系·才能·行實을 논하여 그 墓誌를 쓰게 하였다.

官自衛尉丞하여 九遷爲比部郎中한대 以年勞로 賜五品服이라 始娶倪氏한대 事姑不謹하여 公以義罷遣이라 繼以曹氏는 魏襄悼公利用之孫으로 封仁壽縣君이라 二子한대 曰顧와 曰頢(괄)은 皆太廟齋郎이라 四女한대 長適國子博士張昭立하고 次早亡하고 其二未嫁라 公平生不惑流俗邪妄之說하여 常曰 吾死커든 愼勿爲浮圖事及用陰陽拘忌之術하라하니 公歿에 家人奉以從事라 熙寧十年仲秋丙申에 公兄司農이 葬公河南府伊陽縣神陰鄉하여 祔於先塋이라 且命顥하여 論公之官世才行하여 以誌其墓라

澶娘의 묘지　澶娘墓誌

澶娘은 廣平 사람 程顥의 어린 딸이다. 그의 아비가 澶淵軍[25]을 보좌할 적에 태어났기 때문에 '澶'이라 이름 하였다. 이 아이는 문중 같은 항렬 중 마흔 일곱 번째로 태어났다. 熙寧 4년(1071) 季秋(음력 9월) 丁未日에 태어나서 10년(1077) 季夏(음력 6월) 壬午日에 죽었다. 이 아이의 자질은 단정하면서도 도타웠고, 기상은 온화하면서도 선

22) 衛尉丞 : 儀物·器械 등을 관장하는 衛尉寺의 丞을 말한다.
23) 比部 : 刑部를 가리킨다.
24) 司農 : 程珦이다.
25) 澶淵軍 : 현 湖北省 濮陽縣 서북쪽 지역에 설치한 군사행정조직이다. 程顥는 1071년 澶州 曹村의 黃河 제방이 터진 일을 잘 수습하여 공을 세웠다.

량했으며, 거동하고 생각하는 것은 편안하고 고요하고 차분하고 고원하여 거의 노성한 사람 같았으니, 사람들이 모두 이 아이가 복을 누리고 장수할 것이라 생각하였다. 그런데 일은 본디 헤아릴 수 없는 점이 있으니, 천명이로구나!

처음에 천연두를 앓았는데, 약을 조제하는 사람이 약재를 과도하게 썼다. 용한 의원이 설명하기를 "천연두를 앓는 초기에 진실로 이롭게 하려고 한 것입니다. 그러나 마땅히 환자의 기운의 강약을 살펴보고 약재가 적합한지 아닌지를 정해야 하고, 질병의 경중을 살펴보고 조제량의 많고 적음을 정해야 합니다. 지금 무턱대고 많은 약재를 썼으니, 죽는 것이 당연합니다."라고 하였다. 아! 이 또한 천명이로구나. 사람의 도리가 지극하지 못했는데 내가 어찌 하늘에 이 아이의 단명을 책망하랴. 이 사실을 말하여 세상의 경계로 삼을 뿐이다. 슬프도다.

전랑이 죽은 지 75일이 지나 河南 伊陽縣 神陰鄉 先塋 동쪽에 장사지냈으니, 그의 언니 嬌兒와 같은 무덤이다.

澶娘은 廣平程顥之幼女也라 其父佐澶淵軍而生이라 故로 命之曰澶이요 其第四十七이라 生於熙寧四年季秋之丁未하여 死於十年季夏之壬午라 其質은 端而厚하고 其氣는 溫而良하고 其擧動知思는 安靜沈遠하여 殆如老成하니 衆皆意其福且壽라 事固有莫可計者니 命矣夫인저 始病痘瘡한대 工藥之過劑①라 善醫者가 論之曰 痘瘡之初에 誠欲利者也라 然이나 當視其氣之彊弱하고 爲藥之可否요 疾之重輕하고 爲劑之大小라 今概以大藥下之니 宜其死也라 噫라 是亦命歟인저 人理之未至어늘 吾容當責命於天이리오 言之以爲世戒云耳라 悲夫로다 澶娘既死七十五日하여 而葬於河南伊陽縣神陰鄉先塋之東하니 與其姊嬌兒同兆②라

①〈'劑'는〉 어떤 판본에는 '劇'으로 되어 있다.
一作劇.
②〈'兆'는〉 어떤 판본에는 '穴'로 되어 있다.
一作穴.

銘은 다음과 같다.

陰陽이 합하여 태어났으니 온 것도 아니고
음양이 다하여 죽었으니 간 것도 아니네

그러나 精氣는 하늘에 근본하고
形魄은 땅으로 돌아가니
간다고 말할 수도 있겠네

銘曰 合而生이니 非來요 盡而死니 非往이라 然而精氣本於天하고 形魄歸於地하니 謂之往도 亦可矣라

邵堯夫[26] 先生의 묘지명 邵堯夫先生墓誌銘

熙寧 丁巳年(1077) 孟秋(음력 7월) 癸丑日에 堯夫先生이 질병으로 집에서 돌아가셨다. 조문하고 곡하는 洛陽 사람들이 길에 서로 이어졌으며, 선생과 더욱 친하여 오래 알고 지낸 사람들은 또한 모여서 장례를 치를 방법을 의논하였다. 선생의 아들이 울면서 고하기를 "예전에 선친께서 말씀하시길 '墓誌를 짓는 일은 반드시 우리 伯淳에게 부탁하라.'고 하셨습니다."라고 하였다. 아! 선생은 나를 알아주신 분으로 이 일을 나에게 명했으니, 내가 어찌 거절할 수 있으랴.

熙寧丁巳孟秋癸丑에 堯夫先生이 疾終于家라 洛之人弔哭者가 相屬於塗하고 其尤親且舊者는 又聚謀其所以葬이라 先生之子가 泣以告曰 昔先人有言호되 誌於墓者는 必以屬吾伯淳이라 噫라 先生知我者로 以是命我하니 我何可辭리오

삼가 살펴보건대, 邵姓은 본래 姬姓으로 계보가 召公[27]에서 나왔으므로 대대로 燕 땅 사람이었다. 증조부 邵令進이 軍職으로 藝祖[28]를 섬기게 되어 비로소 衡漳[29]에서 살게 되었다. 조부 邵德新과 부친 邵古는 모두 덕을 숨기고 벼슬하지 않았다. 모친은 李氏이고 계모는 楊氏이다. 선생이 어릴 적에 부친을 따라 共城[30]으로 이주하였고,

26) 邵堯夫 : 邵雍(1011~1077)이다. 堯夫는 그의 자이며, 호는 安樂, 시호는 康節로, 范陽 사람이다. 象數學에 능통하였고, 先天學을 확립하였다. 평생 벼슬에 나아가지 않고 洛陽에서 은거하였다.

27) 召公 : 文王의 아들이자 武王의 아우인 姬奭이다. 武王과 周公 旦을 도와 商나라를 멸망시키고 周나라를 건국하는 데 큰 공을 세웠다. 燕 땅을 하사받아 戰國時代 燕나라의 시조가 되었다.

28) 藝祖 : 宋 太祖 趙匡胤을 가리킨다.

29) 衡漳 : 현 河北省 邯鄲市 지역이다.

만년에 河南으로 옮겼으며, 伊川 가에 어버이를 장사지내 드디어 河南 사람이 되었다. 선생은 祥符 辛亥年(1011)에 태어나 지금에 이르렀으니, 대략 향년 67세이다. 雍은 선생의 이름이고, 堯夫는 선생의 자이다. 王氏에게 장가들었고 伯溫과 仲良이 선생의 두 아들이다.

謹按컨대 邵本姬姓으로 系出召公이라 故로 世爲燕人이라 大王父令進이 以軍職으로 逮事藝祖하여 始家衡漳이라 祖德新과 父古는 皆隱德不仕라 母는 李氏요 其繼는 楊氏라 先生之幼에 從父徙共城하고 晩遷河南하며 葬其親於伊川하여 遂爲河南人이라 先生은 生於祥符辛亥하여 至是하니 蓋六十七年矣라 雍은 先生之名이요 而堯夫는 其字也라 娶王氏하고 伯溫仲良이 其二子也라

선생의 관직은 처음 遺逸로 천거되어 試將作監主簿를 지냈고, 나중에 또 潁州團練推官이 되었으나 병을 핑계로 사양하고 나아가지 않았다.

선생이 百原山[31]에서 처음 학문을 할 적에 가혹할 정도로 엄격하게 부지런히 공부하여 겨울에는 화롯불을 피우지 않고, 여름에는 부채질을 하지 않고, 밤에는 잠자리에 들지 않은 것이 여러 해가 되자, 衛 땅[32] 사람들이 어질다고 여겼다. 선생이 탄식하며 말하기를 "예전 사람들은 오히려 千古의 옛사람을 벗하였는데 나는 아직 四方의 사람들도 만난 적이 없으니 어찌 이 일을 그만둘 수 있겠는가."라고 하였다. 이에 吳·楚 지역을 주유하고, 齊·魯 지역에 들르고, 梁·晉 지역을 떠돌았다. 오랜 뒤에 돌아와서 말하기를 "道가 바로 여기에 있구나."라고 하였으니, 비로소 머물러 지낼 생각을 한 것이다.

先生之官은 初擧遺逸하여 試將作監主簿하고 後又以爲潁州團練推官이나 辭疾不赴라 先生始學於百原할새 勤苦刻厲하여 冬不爐하고 夏不扇하고 夜不就席者가 數年하니 衛人賢之라 先生嘆曰 昔人尙友於古어늘 而吾未嘗及四方이니 遽可已乎아 於是에 走吳適楚하고 過①齊魯하고 客梁晉이라 久之而歸하여 曰道其在是矣라하니 蓋始有定居之意라

① 〈'過'는〉 어떤 판본에는 '寓'로 되어 있다.
一作寓.

---

30) 共城 : 현 河南省 輝縣이다.
31) 百原山 : 현 河南省 輝縣 서북쪽에 있다. 百源山이라고도 한다.
32) 衛 땅 : 百原山이 있는 河南省 輝縣은 옛날 衛나라 지역이었으므로 그렇게 말한 것이다.

선생은 젊을 적에 자신의 재주를 자부하여 강개한 마음으로 큰 지향을 지녔다. 학문을 한 뒤에는 고원함을 힘써 사모하여 先王의 일은 반드시 이룩할 수 있다고 생각하였다. 선생의 학문이 더욱 노숙해지고 덕이 더욱 아름다워지자 고명한 데에 마음을 두어 天地의 운행과 조화, 陰陽의 소멸과 생장을 관찰하여 만물의 변화에 통달하였다. 그런 뒤에 이치에 화순하게 순응하고 성대하게 귀일되었다.

洛陽에서 지낸 지 거의 30여 년이 되었을 때 풀과 나뭇가지로 담장을 두른 허름한 선생의 집에 처음 가 보았는데, 집은 비바람을 가리지 못하고 몸소 음식을 만들어 부모를 봉양하였으나 거처하는 것이 여유로웠다. 집에서 강학하여 일찍이 남들에게 강요하여 말한 적이 없었으나 찾아와 묻는 사람들이 날로 많아졌다. 향리가 교화되고 원근의 사람들이 존경하여 낙양을 지나가는 士人들 중에는 관청으로 가지 않고 반드시 선생의 집으로 찾아가는 이들이 있었다.

先生少時에 自雄其材하여 慷慨有大志라 既學에 力慕高遠하여 謂先王之事는 爲可必致라 及其學益老德益邵하얀 玩心高明하여 觀於天地之運化와 陰陽之消長하여 以達乎萬物之變이라 然後에 頹然其順하고 浩然其歸라 在洛幾三十年에 始至蓬蓽環堵(도)한대 不蔽風雨하고 躬爨(찬)以養其父母나 居之裕如라 講學於家하여 未嘗强以語人이나 而就問者日衆이라 鄕里化之하고 遠近尊之하여 士人之道洛者에 有不之公府而必之先生之廬라

선생은 덕스러운 기운이 순수하여 선생을 바라보면 그 어진 덕을 알 수 있었다. 그러나 겉으로 드러내는 것을 일삼지 않고 경계를 두지 않았으며, 정직하되 작은 信義만을 고집하지 않고 통달하되 우활하지 않았으며, 청명하고 평탄하며 안팎으로 환히 통달하였다. 남들을 대할 적에는 貴賤·親疏의 차별이 없었고, 여럿이 모여 잔치를 벌이고 술을 마실 적에는 종일토록 웃으며 이야기하였는데 남들과 크게 다르기를 취하지 않고 내가 즐거워하는 바가 어떠한지 돌아볼 뿐이었다.

병으로 추위와 더위를 꺼려 항상 봄·가을에는 성 안으로 가서 노닐었는데, 사대부의 집에서는 선생의 수레 소리를 들으면 신을 거꾸로 신고 달려 나와 맞이하였으니, 어린아이와 종들조차도 모두 기뻐하고 존경할 줄 알았다. 선생이 남과 말할 적에는 반드시 孝悌忠信에 의거하였고, 남의 선한 점을 즐겨 말하고 남의 악한 점을 언급한 적이 없었

다. 그러므로 어진 이들은 선생의 덕에 기뻐하였고, 어질지 못한 이들은 선생의 교화에 감복하였다. 풍속을 두터이 하고 인재를 육성한 것은 선생의 공이 많았다.

先生은 德氣粹然하여 望之하면 可知其賢이라 然이나 不事表襮(박)하고 不設防畛하며 正而不諒하고 通而不汙하며 淸明坦夷하고 洞徹中外라 接人에 無貴賤親疎之間하고 群居燕飮할새 笑語終日이로되 不取甚異於人하고 顧吾所樂何如耳라 病畏寒暑하여 常以春秋時로 行遊城中한대 士大夫家는 聽其車音이어든 倒屣迎致하니 雖兒童奴隷라도 皆知懽喜尊奉이라 其與人言에 必依於孝弟忠信하고 樂道人之善이요 而未嘗及其惡이라 故로 賢者는 悅其德하고 不賢者는 服其化라 所以厚風俗成人材者는 先生之功①多矣라

① 어떤 판본에는 〈'功' 뒤에〉 '爲'자가 있다.
一有爲字.

옛날 70인의 제자들이 仲尼에게 배웠으나, 그 전함을 알 수 있는 것은 오직 曾子가 子思에게 일러주고 자사가 孟子에게 전수한 것일 뿐이다. 그 나머지 門人들은 각자 자기 자질에 마땅한 바를 따라 학문을 하였으니, 비록 함께 聖人을 존숭하였지만 자질에 따라 입학한 경우는 門戶가 많았다. 하물며 그 뒤 1천여 년 뒤에는 師道가 확립되지 않아 학자들은 그 유래를 알지 못하였다.

오직 선생의 학문은 전수받은 바가 있었다. 선생은 李挺之[33]에게서 얻고, 이정지는 穆伯長[34]에게서 얻었으니, 그 원류를 미루어보면 멀리 단서가 있다. 지금 목백장・이정지의 언론과 行事는 대략 알 수 있는데, 선생은 순일하여 잡되지 않으며 한없이 높고 크니 스스로 터득한 바가 많았던 것이다. 그런데 선생의 학문을 일컫는 자들은 어찌하여 '門戶가 많아 각각 자질에 따라 입학한 바가 있다.'고 말한단 말인가. 成德을 말하는 경우 옛날에도 자처함을 어려워했지만, 선생의 道와 같은 경우는 도달한 경지에 나아가 논하자면 안정되고 완성되었다고 하겠다.

昔에 七十子學於仲尼로되 其傳可見者는 惟曾子所以告子思요 而子思所以授孟子者耳라 其

---

33) 李挺之 : 李之才(?~1045)이다. 挺之는 그의 자이며, 靑州 北海 사람이다. 1030년 進士가 되어 大理寺丞과 澤州簽書判官 등을 역임하고, 殿中丞까지 올랐다. 穆修의 문하에서 수학하며 易學을 배웠고, 邵雍에게 전해주었다.

34) 穆伯長 : 穆修(979~1032)이다. 伯長은 그의 자이며, 鄆州 汶陽 사람이다. 1009년 進士가 되어 泰州司理參軍・潁州文學參軍 등을 지냈다. 种放에게 수학하였고, 古文을 창도하였다.

餘門人은 各以其材之所宜①爲學하니 雖同尊聖人이나 所因而入者는 門戶則衆矣라 況後此千餘歲엔 師道不立하여 學者는 莫知其從來라 獨先生之學은 爲有傳也라 先生得之於李挺之하고 挺之得之於穆伯長하니 推其源流하면 遠有端緖라 今穆李之言及其行事는 槪可見矣로되 而先生은 淳一不雜하고 汪洋浩大하니 乃其所自得者가 多矣라 然而名其學者는 豈所謂門戶之衆하여 各有所因而入者歟아 語成德者는 昔難其居어니와 若先生之道는 就所至而論之면 可謂安且成矣로다

① 어떤 판본에는 〈'宜' 뒤에〉 '者'자가 있다.
一有者字.

선생은 저서 62권이 있으니 ≪皇極經世≫라 명명하였고, 古詩・律詩 2천 편은 ≪擊壤集≫이라 하였다. 선생의 장례는 先塋에 지냈으니 실로 돌아가신 해의 孟冬(음력 10월) 丁酉日이다.

先生有書六十二卷하니 命曰皇極經世요 古律詩二千篇은 題曰擊壤集이라 先生之葬은 附於先塋하니 實其終之年孟冬丁酉也라

銘은 다음과 같다.

아 선생이시여
지향은 호방하고 노력은 웅대했네
힘찬 걸음으로 먼 길을 달리고
높이 솟아올라 허공에 이르렀네
그윽하고 은미한 것을 탐색하여
모든 이치에 두루 통달하였네
옛날에도 혹 어렵게 여긴 것을
선생은 조용히 사색해 깨달았네
의문을 갖고 이치를 관찰하여
깨달음이 넉넉하고 풍요로웠네
하늘은 선생을 남겨두지 않아

哲人이 그만 돌아가셨도다
남쪽에는 鳴皐山[35]이 있고
동쪽에는 伊川이 흐르는 곳에
편안한 한 幽宮이 있으니
선생이 잠들어 계신 묘소라네

銘曰 鳴呼先生이여 志豪力雄이라 濶步長趨하고 凌高厲空이라 探幽索隱하여 曲暢旁通이라 在古或難을 先生從容이라 有問有觀하여 以飫(어)以豐이라 天不憖(은)遺하여 哲人之凶이라 鳴皐在南이요 伊流在東에 有寧一宮하니 先生所終이라

華陰 侯先生의 묘지명 華陰侯先生墓誌銘

선생의 姓은 侯氏이고, 이름은 可, 자는 無可이다. 선조는 太原 사람으로 사방에서 벼슬살이를 하고 학문을 하다가 華陰[36]으로 이주하여 살았다. 선생은 젊을 적에 호방하여 禮俗에 얽매이지 않고 의기와 절개로써 자부하였다. 장성해서는 이전에 좋아했던 것을 모두 바꾸어 심지를 독실히 하여 학문을 하였다. 큰 추위나 심한 더위에도 학업을 폐지한 적이 없었고, 여러 서적을 널리 읽어 명성이 사방에 알려지자 배우고자 하는 이들이 날로 많아졌다. 변경이나 먼 지방에 사는 사람일지라도 모두 가르침 받기를 원하였다. 諸侯들이 서로 편지와 폐백을 보내 맞이하였는데, 초빙하는 禮節과 벼슬에 임명하는 命數를 잘하는 사람이 있으면 또한 때로 가서 응대하였다. 그러므로 陝縣[37]으로부터 서쪽은 선생의 학문을 종주로 삼은 곳이 많았다.

先生姓侯氏요 名可요 字無可라 其先은 太原人으로 宦學四方이라가 因徙家華陰이라 少時에 倜(척)儻不羈하고 以氣節自喜라 既壯에 盡易前好하여 篤志爲學이라 祈寒酷暑에도 未嘗廢業하고 博極群書하여 聲聞四馳하니 就學者가 日衆이라 雖邊隅遠人이라도 皆願受業이라 諸侯交以書幣迎致한대 有善其禮命者면 亦時往應之라 故로 自陝而西로 多宗先生之學이라

---

35) 鳴皐山 : 河南省 嵩縣 동북쪽에 있는 산이다.
36) 華陰 : 현 陝西省 華陰市이다.
37) 陝縣 : 현 河南省 三門峽市 陝州區이다.

元昊[38]가 변경을 침략하였는데 당시 名卿·賢儒들이 西夏에 사신으로 오고 가며 선생의 명성에 감복하여 만나보기를 원하지 않는 사람이 없었다. 어버이가 연로하고 집이 더욱 가난해져 녹봉을 받아 봉양하고자 생각하여 힘써 과거 공부를 하였다. 禮部試를 두 번 보았지만 끝내 합격하지 못하였다. 그러자 크게 한숨을 쉬며 말하기를 "장부의 일이 여기에서 그치는가."라고 하였다. 마침 오랑캐 추장 儂智高가 廣東과 廣西를 공격하여 함락하였다. 孫 威敏公[39]이 칙명을 받들어 정벌에 나섰는데 선생의 현명함을 익히 듣고서 군대의 일을 주관할 것을 청하였다. 선생은 벌떡 일어나 그를 따라가서 위세를 떨치고 개선하여 功을 아뢰었다.

元昊盜邊한대 時名卿賢儒가 結轍西使하며 服先生之名하여 莫不願見이라 親老而家益貧하여 思得祿養하여 勉就科擧라 再試春官이나 卒無所遇라 因喟然太息曰 丈夫之事가 止於是乎아 會蠻酋儂智高攻陷二廣이라 孫威敏公이 奉命出征한대 習先生之賢하여 請干其軍事라 先生이 奮然從之하여 振旅奏功이라

처음에 무관의 벼슬에 임명되었는데, 정사를 간언하는 사람이 마땅하지 않다고 말하여 드디어 문관직으로 바뀌어 知巴州化成縣에 임명되었다. 巴州의 풍속은 귀신을 숭상하여 의술을 쓰지 않고서 오직 무당의 말만 들어, 비록 부모가 병이 들어도 모두 버리고 돌보지 않았다. 선생이 의리로써 가르치고 무속을 금하는 경계를 엄격히 하였으며, 혹 병자가 있는 집에 직접 가서 의약을 살피기도 하니, 살아난 사람들이 많았고 사람들도 이치를 알고 교화되었다.

파주 사람들은 아내를 맞이할 적에 반드시 여자의 집에 재물을 요구하여 가난한 사람 중에는 늙어서도 시집가지 못한 사람들이 있었다. 선생이 그들을 위해 제도를 확립하여 집안의 재산 유무에 알맞게 하고, 그들과 약속하기를 "이 한도를 넘긴 자는 처벌하겠다."라고 하였다. 1년이 지나지 않아 고을에는 혼인할 시기를 넘긴 여자가 없었으니, 드디어 그 풍속을 변화시킨 것이다.

38) 元昊 : 西夏를 건국한 景宗 李元昊이다.
39) 孫 威敏公 : 孫沔(996~1066)이다. 字는 元規로, 越州 會稽 사람이다. 威敏은 그의 시호이다. 1019년에 진사가 되어 趙州司理參軍이 되었다. 宋 仁宗 때 監察御史·陝西轉運使를 지냈고, 皇祐 연간에 湖南·江西路安撫使와 廣南東·西路安撫使가 되었는데, 狄青을 도와 儂智高를 평정한 공으로 樞密副使가 되었다. 英宗 때 資政殿學士·知河中府·知慶州를 지냈고, 1066년 觀文殿學士·知延州가 되었으나 부임 중에 죽었다. 兵部尙書에 추증되었다.

巴山은 땅이 척박하여 백성이 가난하였는데 명주와 비단을 세금으로 납부하는 것은 도리어 다른 곳의 두 배나 되어 날마다 더욱 피폐해졌다. 선생이 計司[40]에 항의하고 수십 차례 다투어 마침내 균등하게 할 수 있었다.

옆 고을과의 경계에 호랑이로 인한 피해가 많아 농부들은 감히 아침·저녁으로 경작할 수 없고, 상인들은 인원이 많아진 뒤에야 길을 나섰다. 선생이 밤낮으로 도구를 만들고 사람들을 동원하여 직접 활과 화살을 잡고 그들과 함께 호랑이를 잡았다. 호랑이의 자취를 좇아 멀리는 수백 리를 따라가서 죽인 것을 이루 다 셀 수가 없었다. 나중에는 호랑이가 모두 사람을 피해 멀리 달아나 더 이상 해를 입히지 않았다.

初命武爵한대 言事者가 以爲非宜하여 遂改文資하여 調知巴州化成縣이라 巴俗은 尙鬼而廢醫하여 惟巫言是用하고 雖父母之疾이라도 皆棄去弗視라 先生이 誨以義理하고 嚴其禁戒하여 或親至病家하여 爲視醫藥하니 所活旣衆하고 人亦知化라 巴人娶婦할새 必責財於女氏하여 貧人은 至有老不得嫁者라 先生이 爲立制度하여 稱其家之有無하고 與之約曰 踰是者는 有誅라하니라 未閱歲에 邑無過時之女하니 遂變其俗이라 巴山은 土薄民貧한대 絲帛之賦는 反倍他所하여 日益凋弊라 先生이 抗(義)〔議〕[41]計司하고 爭之數十하여 卒得均之라 旁郡境에 多虎暴하여 農者는 不敢朝暮耕하고 商旅는 俟衆而後行이라 先生이 日夜治器械하고 發徒衆하여 親執弓矢하고 與之從事라 迹而追之하여 遠或數百里하여 所殺不可勝數라 後皆避人遠去하여 不復爲害라

다시 耀州華原主簿에 임명되었다. 어떤 부자가 토지대장을 빼앗지는 않고 오직 이익으로써 가난한 백성을 꾀어 그들의 토지문건을 저당 잡은 것이 많게는 1만 이랑에 이르렀으며, 해마다 그 歲貢을 요구하였다. 선생이 새벽에 그의 집으로 달려가 궤짝을 열고 토지문건을 꺼내 원래 주인을 불러 돌려주니, 생업을 잃었던 사람들이 다시 그들의 생업에 안정되었다.

고을의 서리 趙至誠은 탐욕스럽고 교활하고 흉악하고 난폭하여 고을 서리들의 약점을 쥐고 이익을 요구하였다. 그동안 수령들이 그를 쫓아낼 수 없어 온 고을 사람들이 그 점을 근심하였다. 선생이 그의 죄를 폭로하고 차꼬를 채워 옥에 가두었다. 수령 이하의 사람들이 禍가 생길까 두려워하여 번갈아 그를 위해 청하였으나 선생은 돌아보

40) 計司 : 국가의 재정과 세금 등을 관장하는 관청을 가리키는 말이다.
41) (義)〔議〕: 저본에는 '義'로 되어 있으나, 四庫全書本에 의거하여 '議'로 바로잡았다.

지 않고 끝내 帥府에 보고하여 그를 처벌하니, 그 소식을 들은 사람들이 기뻐하며 탄복하였다.

再調耀州華原主簿라 有富人이 不占地籍하고 惟以利誘貧民하여 而質其田券이 多至萬畝요 歲責其入이라 先生이 晨馳至其家하여 發櫝出券하고 召其主而歸之하니 失業者가 復安其生이라 郡(壻)〔胥〕[42]趙至誠은 貪狡凶暴하여 持郡吏短長而爲奸利라 前後爲守者가 莫能去하여 一郡患之라 先生이 暴(폭)其罪하고 荷校置于獄이라 自守而下가 畏恐生禍하여 交爲之請이나 先生不顧하고 卒言於帥府而誅之하니 聞者快服이라

천거를 받아 監慶州折博務가 되었다. 임기를 채우고 儀州軍事判官에 제수되었다. 計省[43]에서 折博[44] 중에 으뜸으로 평가하여 곧 大理評事[45]로 바뀌었다. 部使者가 더 머물기를 청하여 드디어 簽書本官事[46]로 복귀하였다.

韓 忠獻公[47]이 長安을 진무할 적에 선생을 천거하여 知涇陽縣이 되었다. 선생은 부임하자마자 小鄭泉을 파서 수리시설을 넓히고, 鄭白[48]의 옛 수리시설을 회복할 것을 논의하였다. 얼마 뒤 소명을 받아 대궐에 이르러 便殿에서 入對할 수 있었다. 비로소 공사를 계획하여 役事를 일으킬 것을 명하여 곧 다시 그 일을 전적으로 총괄하게 되었다. 공적을 가로채고 능력 있는 사람을 해치는 자들이 자신이 그 일을 맡지 못한 것을 시기하였다. 수로를 내는 일에 실마리를 열었는데 참소하고 헐뜯는 말이 번갈아 이르고, 미세한 법률과 사소한 일로써 선생의 죄를 삼아 드디어 그 일을 중지시켰다. 아름다운 이로움을 끝내 볼 수 없게 되니, 의논하는 자들이 애석해 하였다.

---

42) (壻)〔胥〕: 저본에는 '壻'로 되어 있으나, 四庫全書本에 의거하여 '胥'로 바로잡았다.
43) 計省 : 국가 재정을 담당하던 鹽鐵·度支·戶部 三司의 별칭이다.
44) 折博 : 金銀을 실물로 바꾸거나 물건과 물건을 서로 바꾸는 것을 말한다. 여기서는 그 일을 담당한 관리를 가리킨다.
45) 大理評事 : 형벌과 옥사를 관장하던 大理寺의 評事를 말한다.
46) 簽書本官事 : 儀州軍事判官을 가리킨다. 簽書는 軍事文件을 관장하는 것이며, 本官事는 儀州軍事判官의 일을 말한다.
47) 韓 忠獻公 : 韓琦(1008~1075)이다. 자는 稚圭, 호는 贛叟, 시호는 忠獻이며, 安陽 사람이다. 약관에 진사가 되어 知州按撫使로서 四川 지방의 飢民 190만 명을 구제하였고, 范仲淹과 함께 西夏의 침입을 격퇴하여 변경을 방비하였다. 30살에 이미 文武로 명성을 떨쳐 樞密副使가 되었다. 慶曆新政이 실패한 뒤 한동안 지방관을 역임하였다. 1056년 三司使가 되었고, 1058년에는 재상에 올라 약 10년간 국정을 다스렸다. 神宗 때 王安石의 靑苗法을 비난하고 거란의 영토할양 요구에 반대하는 등 왕안석과 대립하다가 관직에서 물러났다.
48) 鄭白 : 전국시대 鄭國이 준설한 鄭渠와 漢 武帝 때 白公이 준설한 白渠를 가리킨다.

元豐 己未年(1079) 季夏(음력 6월)에 선생이 병으로 집에서 세상을 떠났으니, 향년 73세이다.

用薦者로 監慶州折博務라 歲滿하여 授儀州軍事判官이라 計省第折博之最하여 就改大理評事라 部使者丐(개)留하여 遂復簽書本官事라 韓忠獻公이 鎭長安할새 薦知涇陽縣이라 至則鑿小鄭①泉하여 以廣灌漑하고 議復鄭白舊利라 未幾에 召至闕下하여 得對便殿이라 始命計工興役하여 旋復專總其事라 邀功害能之人이 疾其不自己出이라 渠功有緒而讒毁交至하고 以微文細故로 爲先生罪하여 遂罷其役이라 美利不究하니 論者惜之라 元豐己未季夏에 先生이 以疾終於家하니 享年七十有三이라

①〈'鄭'은〉 어떤 판본에는 '鄚'으로 되어 있다.
一作鄚.

선생은 순수하고 진실하고 효성스럽고 우애하였으며, 강건하고 정직하고 명확하고 결단력이 있었다. 義理가 아니면 털끝만큼도 남에게 굴복하지 않았고, 탐욕스럽고 사특하고 간사하고 아첨하는 사람 보기를 마치 도적이나 원수처럼 여겨 공개적으로 꾸짖고 면전에서 책망하여 그 사람이 잘못을 고쳤다고 생각한 뒤에야 그만두었다. 매우 존귀하고 권세 있는 사람일지라도 대수롭지 않게 여겼다. 남의 선한 점을 보면 벗을 삼고 도와주어 그가 성취하기를 바랐는데, 자신에게 그 선이 있는 것처럼 여길 뿐만이 아니었다. 온갖 사물을 잘 기억하고 온갖 분야를 두루 섭렵하여 禮의 制度, 음악의 形體와 聲音, 詩의 比・興,[49] 易의 象數,[50] 天文・地理, 陰陽・氣運, 醫藥・算數의 학문 같은 것은 그 연원을 궁구하지 않은 것이 없었다.

선생은 굳세고 씩씩하며 어떤 일을 할 적에 용맹하였으나 평이하고 너그러우며 속마음이 명료하였다. 재물을 가벼이 여기고 義를 기뻐하며, 가난함을 편안히 여기고 검약함을 지키며, 남이 급하게 여기는 것을 급하게 여기고, 남이 근심하는 것을 근심하며, 道를 도모하고 자신의 이익을 도모하지 않으며, 임금에게 충성하고 자신을 돌아보지 않는 점에 대해서는 옛사람도 능히 하기 어려운 것인데, 선생은 편안히 그것

49) 比・興 : 詩의 六義 중 이 사물로 저 사물을 비유하는 비유법인 比와 먼저 다른 사물을 말하고서 자신이 노래하고자 하는 시상을 불러일으키는 수사법인 興을 말한다.

50) 象數 : ≪周易≫의 天・地・山・澤과 같은 象과 六爻의 初・二・三・四・五・上 및 陽을 九로 陰을 六으로 표기하는 數를 가리킨다.

을 행하였으니, 대개 타고난 것으로서 노력하여 미칠 수 있는 것이 아니다.

先生은 純誠孝友하고 剛正明決이라 非其義면 一毫도 不以屈於人하고 視貪邪奸佞을 若寇賊仇怨하여 顯攻面數하여 意其人改而後已라 雖甚貴勢라도 視之藐然이라 遇人之善이면 友之助之하여 欲其成達호되 不啻(시)如在己也라 博物强記하고 貫涉萬類하여 若禮之制度와 樂之形聲과 詩之比興과 易之象數와 天文地理와 陰陽氣運과 醫藥算數之學은 無不究其淵源이라 先生은 發强壯厲하고 勇於有爲로되 而平易(이)仁恕하고 中懷洞然이라 至於輕財樂義하며 安貧守約하며 急人之急하고 憂人之憂하며 謀其道하고 不謀其利하며 忠於君하고 不顧其身하얀 古人所難能者로되 先生安而行之하니 蓋出於自然이요 非勉强所及이라

젊었을 때 申顔과 벗이 되었는데 옷을 바꾸어 입고서 번갈아 외출하고 먹을 것을 구하여 서로 부양하니 두 집안이 마치 한 집 같았다. 신안이 병들자, 선생이 천 리를 걸어가 그를 위해 의원을 구했다. 선생이 돌아오는 중에 신안이 죽었는데, 눈을 감지 못하였다. 사람들이 말하기를 "侯君을 기다리는 것이다."라고 하였다. 염하기 전에 선생이 이르러 그를 어루만지자 눈을 감았다.

신안은 그의 선조를 장사지내려 하였으나 할 수 없었고, 신안도 자식 없이 죽어 또한 장사지낼 수 없었다. 선생이 부지런히 백방으로 도모하여 부족한 것은 의복을 팔아서 도와 마침내 그의 장례를 치렀다. 당시 한창 날씨가 추웠는데 선생과 그의 아들은 홑옷으로 지냈다. 마침 白金을 보낸 사람이 있었는데, 선생은 신안의 홀로 남은 누이를 돌아보며 근심하여 자신을 돌볼 겨를이 없었으며 드디어 백금으로 그녀를 시집보냈다. 근세에 朋友의 도리가 야박해져 환난을 만났을 때 그 힘을 아끼지 않는 이가 드문데, 선생의 풍도를 들으면 잔잔해지는 물결을 격동시키고 불치병에 걸린 사람을 일으킬 수 있을 것이다.

少與申顔爲友하여 易衣互出하고 而謀食以養하니 二家如一이라 顔病에 先生이 徒步千里하여 爲之求醫라 歸而顔死矣어늘 其目不瞑이라 人曰 其待侯君乎인저 未斂而先生至하여 撫之而瞑이라 顔謀葬其先世而未能하고 顔死無子하여 又不克葬이라 先生이 辛勤百圖하고 不足則賣衣以益之하여 卒襄其事라 時方天寒한대 先生與其子는 單服以居라 適有饋白金者어늘 先生은 顧顔之孤妹爲憂하여 未遑卹己하고 遂以嫁之라 近世朋友道薄하여 臨患難에 鮮不愛其力이어늘 聞先生之風이면 可以激頹波而起廢疾이리라

선생은 집안에 한 섬의 곡식도 저장한 것이 없었지만 살 길이 없는 사람들은 반드시 선생을 의지하였다. 이는 노력하여 할 수 있는 일이 아니고 참으로 저절로 그렇게 된 것이다. 어느 날 먼 곳에서 돌아오니, 집안사람이 막 곤궁한 형편을 고하는데 벗 郭行이 문 앞에 이르러 말하기를 "나의 부친께서 병이 위중한데 의원은 수백 냥이 있어야 치료를 해 준다네. 나의 집을 내놓았으나 팔리지가 않네."라고 하였다. 선생이 가엽게 여겨 주머니 속에 든 것을 헤아려 보니 마침 그 액수가 있어 모두 그에게 주었다.

일찍이 計吏[51]를 따라 京師에 갈 적에 마을에서 돈을 내어 노자로 주었다. 선생이 돌아와서 남은 돈을 모두 나누어주며 말하기를 "이 돈은 향리에서 詔命을 받고 가는 사람의 노자로 준 것이니 다른 이익으로 삼아서는 안 되고, 마땅히 함께 간 사람들과 공유해야 한다."라고 하였다.

또 길을 가다가 고을 사람 중에 여관에서 병든 사람이 있다는 말을 듣고서 선생이 "내가 가면 그는 죽을 것이다."라고 말하고는 드디어 그곳에 머물며 떠나지 않았다. 환자의 병이 나았으나 가난하여 타고 갈 수레가 없었다. 선생이 말하기를 "그대가 걸어가는 것은 불가능하고, 이곳에 머물면 곤궁해질 것이다."라고 하고서 자신의 말을 양보하여 그에게 주고 빠른 걸음으로 돌아갔다. 선생이 자신의 사욕을 자제하고 남을 구제한 것이 이와 같은 경우가 많았다.

先生은 家無甔(담)石之儲나 而人有不得其所者는 必以先生爲歸라 非力能也요 誠使然也라 一日에 自遠歸하니 家人이 方以窶(구)告할새 友人郭行者가 詣門曰 吾父病亟이어늘 醫須百千이라야 乃爲治라 賣吾廬而不售(수)라 先生憫然하여 計囊中裝하니 適當其數하여 盡以與之라 嘗隨計詣京師할새 里中出金贐(신)行이라 比還하여 悉散其所餘曰 此金은 鄕里所以資應詔也니 不可以爲他利요 當與同學者로 共之라 且行에 聞鄕人有病於逆旅者하여 先生曰 吾歸則彼死矣라하고 遂留不去라 病者瘉로되 貧無以爲車乘이라 先生曰 子行則未能이요 留則將困이라하고 因推其馬與之하고 躧步而歸라 其克己濟物이 若是者多矣라

선생은 젊을 때 司馬穰苴와 孫武의 학문[52]을 좋아하여 兵家의 일은 통달하지 않은

51) 計吏 : 郡·縣에서는 해마다 회계장부를 중앙에 보고하였는데, 이것을 전달하는 관리를 計吏라 한다. 군·현의 장관이 인재를 선발하여 수도로 보낼 적에도 계리와 함께 보냈다.

52) 司馬穰苴와 孫武의 학문 : 兵家의 학문을 말한다. 司馬穰苴는 춘추시대 齊나라 장수로 본명은 田穰苴인데 大司馬를 지냈기 때문에 사마양저라고 하였다. 孫武는 춘추시대 齊나라 사람으로

것이 없었다. 西北 지방의 형세에 더욱 상세하여 山川·道路와 郡縣·部族을 담론할 적에 자세하게 모두 갖추어 이야기 하여 듣는 사람들은 눈앞에 보이는 것처럼 생생하게 여겼다. 熙河[53]가 아직 만들어지지 않았을 때 韓 忠獻公(韓琦)이 선생에게 渭源[54] 땅을 도모할 것을 청하였다. 선생이 달려가 국경에 이르러서 酋豪[55] 6백 명을 불러 朝廷의 恩德으로 타이르고 利害 관계를 명확히 일러주니 모두 감격하고 기뻐하였다. 다음 날 그들이 軍門에 이르러 사졸을 보내 명을 받들고 藩籬가 되기를 원하였다. 먼지 한 점 일으키지 않고 토지 8천 頃을 개척하였고, 그로 인하여 熟羊[56]에 성을 쌓고 진무하였다. 충헌공이 그 공로를 아뢰자 조정에서 포상으로 근무 성적을 考課하는 年數를 줄여 주었다.

治平[57] 연간에 오랑캐가 변방을 침략하여 主將이 출병하여 맞서 싸웠는데, 轉運使는 主將이 함부로 거병한 것이라고 여겨 조정에 번갈아 아뢰었다. 이때 오랑캐가 달아나 멀리가지 못했는데 선생을 보내 그 자취를 살펴보게 하였다. 선생이 명을 받고 즉시 떠나니 사람들이 모두 한심하게 여겼다. 선생이 수십 명의 騎兵을 이끌고 오랑캐의 변경으로 달려갔는데, 저물녘에 갑자기 오랑캐와 마주쳤다. 이에 기병을 서너 무리로 나누고 명령하기를 "너희들의 깃발을 높이 들고 산을 돌며 천천히 행군하라." 라고 하니, 오랑캐가 따라 돌며 간간이 깃발을 보고서 많은 군대가 자신들을 유인하는 것이라고 의심하여 끝내 감히 공격하지 못했다.

秦州는 蕃酋[58]가 배반하는 일로 예전부터 고통을 받았다. 그래서 그들이 사랑하는 가족들을 잡아서 인질로 삼은 것이 많을 경우에는 7백 명에 이르렀고, 오래된 사람은 이미 수십 년이나 되었다. 국가의 비용은 헤아릴 수 없이 많았고, 여러 오랑캐들은 이반하고 원망함이 더욱 심하였다. 그 뒤 인질로 잡았던 자들을 석방하여 돌려보내자 戎人들이 감복하였으니, 곧 선생이 그 계책을 낸 것이었다.

少喜穰苴孫武之學하여 兵家事는 無所不通이라 尤詳於西北形勢하여 談其山川道路와 郡縣

吳王 闔廬의 장수가 되어 합려를 霸者가 되게 한 인물이다.
53) 熙河 : 宋 神宗 때 북방의 유목 민족을 막기 위해 설치한 軍鎭으로, 甘肅省 隴西縣 지역이다.
54) 渭源 : 현 甘肅省 定西市 渭源縣이다.
55) 酋豪 : 土豪를 말한다.
56) 熟羊 : 현 甘肅省 隴西縣 서북쪽이다. '首陽'이 와전된 것이라고도 한다.
57) 治平 : 宋나라의 제5대 황제 英宗 때의 연호로, 1064년부터 1067년까지 사용하였다.
58) 蕃酋 : 변방 부족의 추장을 말한다.

部族할새 纖細備具하여 聽之者는 宛如在目前①이라 熙河未開之時②에 韓忠獻公이 請先生謀渭源之地라 先生이 馳至境上하여 召其酋豪六百人하여 諭以朝廷恩德하고 爲明利害하니 皆感悟喜躍이라 翌日에 詣軍門하여 輸土納③命하고 願爲藩籬라 一塵不驚하고 而開地八千頃하고 因城熟羊以撫之라 忠獻公이 上其功하니 朝廷賞以減考績之年이라 治平中에 虜嘗寇邊하여 主將出兵禦戰한대 轉運使以爲妄擧하여 互言於朝라 時虜去未遠한대 遣先生하여 按視其迹이라 受命卽行하니 人皆爲之寒心이라 先生이 以數十騎로 馳涉虜境한대 日暮에 猝與虜遇라 乃分其騎爲三四하고 令之曰 高爾旗幟하고 旋山徐行하라하니 虜循環間見하고 疑以爲大兵誘己하여 終不敢擊이라 秦州는 舊苦蕃酋反覆이라 縶(칩)其親愛而質之가 多至七百人이요 久者는 已數十歲라 公家之費不貲(자)하고 雜羌離怨益甚이라 其後釋其縻而歸之하니 戎人感④服하니 乃先生發其謀也라

① 어떤 판본에는 이 '前'자가 없다.
　一無此字.
② 〈'時'는〉 어떤 판본에는 '前'으로 되어 있다.
　一作前.
③ 〈'納'은〉 어떤 판본에는 '聽'으로 되어 있다.
　一作聽.
④ 〈'感'은〉 어떤 판본에는 '悅'로 되어 있다.
　一作悅.

선생은 평생 배움을 권면하고 백성을 새롭게 하는 것을 자신의 소임으로 삼았다. 華陰의 학교 교육을 주관한 것이 거의 20년이었다. 관리로서 부임한 곳에는 반드시 주민을 위해 學舍를 만들고 絃誦[59]을 일으켰으니, 선생이 그들의 자질과 덕을 성취시킨 것을 이루 다 말할 수 있겠는가. 선생의 문장은 詩에 더욱 뛰어났으나, 만년에는 天人·性命[60]의 학문에 더욱 잠심하여 스스로 즐거워한 것이 깊었다. 병이 위중해지자 아들에게 명하기를 "내가 죽거든 삼가 佛家의 장례·제례를 행하지 말거라. 紙幣를 사르면서 복을 구하고 이익을 바라는 것은 나의 뜻이 아니니다."라고 하였다. 아! 죽으면서도 正道를 잊지 않았으니, 지극한 분이라 하겠다.

---

59) 絃誦 : 거문고와 비파 등을 연주하며 노래하는 것과 음악 없이 글을 낭독하는 것을 말한다. 후대에는 학생을 가르치는 교육을 뜻하는 말로 쓰였다.
60) 天人·性命 : 天人은 天道와 人道를 말하고, 性命은 天이 부여하고 생명체가 품부받은 본성을 말한다.

平生以勸學新民爲己任이라 主華學之教育者가 幾二十年이라 官之所至엔 必爲之治學舍하고 興絃誦하니 其所以成就材德을 可勝道哉리오 先生之文은 尤長於詩로되 晩益玩心於天人性命之學하여 其自樂者가 深矣라 病革(극)하여 命其子曰 吾死커든 愼勿爲浮屠事하라 焚楮貨하여 徼福覬(기)利는 非吾志也라 嗚呼라 死而不忘於正하니 可謂至矣라

선생의 증조부 휘 元과 조부 휘 冨는 五代[61]의 혼란한 때를 당하여 모두 덕을 숨기고 드러내지 않았다. 부친 휘 道濟는 潤州丹徒令을 지냈고 尙書比部員外郞에 추증되었다. 모친 刁氏는 福昌縣太君에 추봉되었다. 아내 劉氏는 일찍 세상을 떠났고 延長縣君에 봉해졌다. 아내의 여동생을 재취로 맞이하였는데 永壽縣君에 봉해졌다. 두 아들은 孚와 淳이고, 세 손자는 아직 어리다. 선생의 관직은 評事로 시작해서 네 차례 바뀌어 殿中丞이 되었고, 품계는 宣奉郞이고, 勳爵은 騎都尉이고, 五品服을 하사받았다. 선생이 돌아가신 다음 해 仲春(음력 2월) 8일에 華陰縣 保德鄕 先塋 아래에 장사지냈는데, 전부인과 합장하였다.

大王父諱元과 王父諱冨는 當五代之亂하여 皆隱德弗耀라 父諱道濟는 潤州丹徒令이요 贈尙書比部員外郞이라 母刁(조)氏는 追封福昌縣太君이라 妻①劉氏는 早卒하고 封延長縣君이라 繼以其妹하니 封永壽縣君이라 二子는 曰孚와 曰淳이라 三孫은 尙幼라 先生之官은 自評事로 四遷爲殿中丞하고 階宣奉郞이요 勳騎都尉요 服錫五品이라 旣終之明年仲春八日에 葬於華陰縣保德鄕先塋之次한대 擧前夫人祔焉이라

①〈'妻'는〉 어떤 판본에는 '其媲'로 되어 있다.
一作其媲(비).

나는 선생의 누나의 아들로, 선생의 道를 아는 것이 상세하였다. 그러므로 아름다웠던 행실과 정사를 논하여 기록해 후세 사람들에게 알릴 수 있었다.

顥는 先生女兄之子也로 知先生之道爲詳이라 故로 得論載行治之美하여 以詔後人이라

61) 五代 : 唐나라 말기부터 宋나라 초기에 이르는 약 50년 동안 後梁·後唐·後晉·後漢·後周 등 5개국이 번갈아 일어난 시대를 말한다.

銘은 다음과 같다.

높고 높은 저 남산이여
그 아래가 선생의 幽宮이네
생각건대 선생의 맑은 풍모는
저 남산과 함께 무궁하리라

銘曰 南山崇崇이여 其下也先生之宮이라 惟其淸風은 與山無窮하리라

二程全書 卷58

明道先生文 五

明 後學 嘉興 徐必達 校正

南廟試[1)]에서 지은 〈佚道使民[2)]賦〉 南廟試佚道使民賦[①]

① 백성은 마지막에 편안할 수 있으면 수고롭더라도 참으로 원망함이 없다.
民得終佚, 勞固無怨.

사람의 심정은 이로움을 즐거워하지 않음이 없고 聖人의 정사는 능히 백성을 부리는 일을 하니, 백성을 편안하게 해주는 방도로써 백성을 감독하고 훈계하여 당시 사람들이 복종하여 따르게 한 것입니다. 교화는 농사를 근본으로 삼으니 백성이 비록 수고로운 일을 지극히 하더라도 나중에 功을 거두어 절로 원망하는 까닭이 없게 됩니다.

생각건대 백성들이 각기 일정한 직업이 있어서 수고롭더라도 먹고살 수 있으면 그들의 일을 즐겁게 할 것이며, 부지런히 일해도 이익이 없으면 그들의 노력을 무겁고 번거롭게 여길 것입니다. 생각건대 임금은 삼가 政令으로써 백성들을 농사일에 종사하게 해야 합니다. 그런데 또한 살아가는 근본은 마땅히 그들을 가르쳐 선량하고 근면하게 해야 하니, 그러면 백성이 윗사람의 정령을 따르는 것이 쉬워 아마도 풍요로움을 절로 얻을 것입니다.

어리숙한 농촌의 풍속이 교화에 훈도되면 수고로운 일은 자신이 행할 줄 알고 이로움은 마지막에 살피기를 도모하여 힘써 정령을 따르고 여유롭게 功을 권면하지 않는 이가 없을 것입니다. 임금의 지향이 사람들을 편안하게 하는 데 있으면 밭두둑에서

---

1) 南廟試 : 南廟는 南省(尙書省)의 별칭이다. 宋나라 때 中書省・門下省・尙書省을 三省이라 하였는데, 중서성・문하성은 北省이라 칭하였고 상서성은 南省이라 칭하였다. 南廟試는 상서성에서 주관하는 시험을 말한다. 상서성에 國子監이 소속되어 있어서 국자감이 시험을 실제로 주관하였기 때문에 國子監試라고도 일컫는다. 이 시험에 합격해야 殿試에 나아갈 수 있었다.

2) 佚道使民 : ≪孟子≫ 〈盡心 上〉에 孟子가 말하기를 "편안하게 해주는 방법으로 백성을 부리면 백성들이 비록 수고로우나 원망하지 않으며, 살려주는 방법으로 백성을 죽이면 백성들이 비록 죽더라도 죽이는 자를 원망하지 않는다.〔以佚道使民 雖勞 不怨 以生道殺民 雖死 不怨殺者〕"라고 하였다.

농사짓는 일에 힘써 때때로 힘을 다하더라도 한 해 농사가 풍성한 것을 즐거워할 것입니다. 비록 거듭 敎令이 철마다 반포되고 條例가 날마다 내려와 형벌을 엄히 하여 혹 게으른 자를 감독하고 부역을 더하여 한결같지 않는 자를 경계하더라도 세상 사람들은 즐겁게 따르고 권면하여 때로 원망하고 괴로워함이 없을 것입니다. 힘쓸 만한 일을 가려 힘쓰게 하니, 어찌 감히 처음부터 부지런하기를 꺼리겠습니까. 이로운 바를 인하여 그들을 이롭게 하니, 스스로 온전히 하여 끝내 편안할 것입니다.

대저 풍속을 잘 다스리는 자는 풍속을 따라 근본을 도탑게 하고, 백성을 잘 부리는 자는 민심에 순응하여 수고롭지 않게 하니, 그 방도는 모두 백성을 넉넉하고 편안하게 하는 데서 나와 번잡하고 소란스러운 것에 힘씀이 없게 하는 것입니다. 농사짓는 시기를 빼앗지 않고 삶을 넉넉하게 하는 이로움으로써 인도하여 장차 그들이 바라는 것을 구한다면 어찌 힘써 농사짓는 일을 도피한다는 말이 들리겠습니까. 백성은 어리석어 아는 것이 없다고 말해서는 안 되며, 농사일이 수고로워 힘쓰지 않는다고 말해서도 안 됩니다. 그들의 이익을 따르면 비록 수고롭더라도 즐거워할 것이며, 그들의 일을 해치면 아무리 어리석더라도 두려워할 것입니다.

백성의 풍요로움을 취하는 데 뜻을 두고 백성의 삶을 안정시키는 일을 추진하면 저 농사짓는 이들로 하여금 농토를 개간하고 곡식을 심는 일에 매우 힘들게 하더라도 나라에서 인력을 동원하여 부역시키는 것과는 달라서 스스로 여유롭게 받아들일 것입니다. 이것이 백성을 풍요롭게 하는 길로 인도하고 편안히 살게 하는 길로 교화하는 것이 어찌 아니겠습니까. 그러면 노역에 종사하면서 비록 지극히 힘들더라도 유감으로 여기는 바가 없을 것입니다.

≪周易≫ 兌卦 〈彖傳〉의 '백성을 기쁘게 하는 뜻'[3]을 체득하면 아랫사람은 그 교령을 편안히 여길 것이고, ≪詩經≫에서 일을 경계한 것[4]과 같이하면 대중이 즐거워하며 교령을 따를 것입니다. 기이합니다. 비록 윗사람이 행하는 것이지만 또한 백성이

3) 周易……뜻 : ≪周易≫ 兌卦 〈彖傳〉에 "兌는 기뻐함이니, 剛이 中에 있고 柔가 밖에 있어 기뻐하고 貞함을 이롭게 여긴다. 이 때문에 하늘에 순하고 사람에 응하여 기뻐하는 도리로써 백성에게 솔선하면 백성들이 수고로움을 잊고, 기뻐하는 도리로써 환난에 대처하면 백성들이 죽음을 잊으니, 기뻐함이 커서 백성들이 권면된다.〔兌說也 剛中而柔外 說以利貞 是以順乎天而應乎人 說以先民 民忘其勞 說以犯難 民忘其死 說之大 民勸矣哉〕"라고 하였다.

4) 詩經에서……것 : 원문의 '周詩'는 ≪詩經≫을 가리키며, '戒事'는 임금이 백성에게 農事를 훈계한 것을 가리키는 듯하다. ≪詩經≫ 〈豳風 七月〉은 成王이 농사의 어려움을 모르기 때문에 周公이 선조인 后稷과 公劉가 백성들에게 농사를 가르친 것을 진술한 시이다.

원하는 바이기도 합니다. 임금이 혹 몸소 농사일을 하여 솔선하기도 하고 혹 이름난 관리를 보내 거듭 권면하기도 합니다. 이는 모두 백성들로 하여금 즐겁고 편안한 방도를 갖게 하는 것이니, 그들이 수고롭더라도 어찌 원망하겠습니까.

人情은 莫不樂利하고 聖政은 爲能使民하니 以佚道而敦勑하여 俾當時之服循이니이다 教本於農하니 雖極勤勞之事나 功收於後하여 自無怨讟(독)之因이니이다 厥惟生民이 各有常職하여 勞而獲養이면 則樂服其事하고 勤而無利면 則重煩其力이니이다 惟王은 謹以政令으로 驅之稼穡이니이다 且爲生之本은 宜教使以良勤이니 則從上也輕하여 蓋豐餘之自得이니이다 蠢(준)爾農俗이 陶乎教風하면 知所勞者爲乎己하고 圖所利者存乎終하여 莫不勉勉以從令하고 于于而勸功이니이다 志在便人이면 役以農疇之務하여 時雖畢力이라도 樂於歲事之豐이니이다 雖復教令時頒하고 科條日出하여 嚴刑以董其或惰하고 加賦以戒其不一이라도 然而俗樂趨勸하여 時無怨疾이니이다 擇可勞而勞也니 敢憚初勤이리잇가 因所利而利焉이니 自全終佚이니이다 大抵善治俗者는 率俗以敦本하고 善使民者는 順民而不勞하니 道皆出於優佚하여 令無勤於繹騷니이다 不奪其時하고 導以厚生之利하여 將求其欲이면 豈聞力穡之逃리잇가 勿謂民之冥而無知요 勿謂農之勞而不務니이다 趨其利면 則雖勞而樂요 害其事면 則雖冥而懼니이다 志取豐盈이요 業其安固면 使爾農으로 於墾殖에 縱極勤劬(구)라도 異有國之力征하여 自膺饒裕니이다 得非納於豐富之道요 教以便安之途잇가 在服勞而雖至나 顧有憾以曾無니이다 體兌象之悅民이면 下安其教요 同周詩之戒事면 衆樂而趨니이다 異夫라 雖上之行이나 抑民所願이니이다 或躬籍(자)以爲率하고 或名官而申勸하니이다 是皆俾民有樂佚之道焉이니 雖勞나 何怨이리잇가

南廟試에서 지은 〈九敍[5]惟歌論〉 南廟試九敍惟歌論

논하여 아뢰옵니다.

---

5) 九敍 : ≪書經≫ 〈虞書 大禹謨〉에 禹가 말씀하기를 "아! 황제여 생각하소서. 덕은 정사를 선하게 하고 정사는 백성을 먹여 살리는 데 있으니, 水·火·金·木·土와 곡식이 잘 베풀어지며, 正德과 利用과 厚生이 조화로워, 아홉 가지 功이 순리대로 이루어져서 아홉 가지 공이 이루어진 것을 노래하여 읊거든 경계하여 아름답게 여기며 독책하여 두려워하며 권면하되 九德之歌로써 하시어 무너지지 않게 하소서.〔於帝 念哉 德惟善政 政在養民 水火金木土穀 惟修 正德利用厚生 惟和 九功惟敍 九敍惟歌 戒之用休 董之用威 勸之以九歌 俾勿壞〕"라고 하였다. 九敍는 水·火·金·木·土·穀과 正德·利用·厚生의 아홉 가지 공덕을 말하며, 이 구서가 순조롭게 잘 이루어진 것을 노래한 것이 九德之家이다.

백성은 天地의 中正한 기운을 받아 태어난 사람들입니다. 水・火・金・木・土・穀은 백성이 의지하여 살아가는 것이고, 그들의 임금을 세운 것은 그들이 의지하는 바를 잘 다스려 백성을 먹여 살리게 한 것입니다. 다스리는 데에 방도가 있고 시행하는 데에 절차가 있어야 위로는 하늘이 순응하고 아래로는 백성이 즐거워합니다. 임금이 덕을 바르게 하고 器用을 이롭게 하고 삶을 넉넉하게 하는 것이 곧 統率權을 잡고 正道를 지키며 천하의 命을 절제하는 방법입니다. ≪書經≫ 〈大禹謨〉에 "아홉 가지 功이 순리대로 이루어져 아홉 가지 공이 이루어진 것을 노래한다.〔九功惟敍 九敍惟歌〕"라고 하였으니, 그것이 바로 이를 가리켜 말한 것입니다. 舜임금과 禹가 그 道를 밝혔으니, 성스러움은 후세 사람들이 미칠 수 없고 功은 만세토록 이롭게 여기는 바입니다. 그 일이 차례대로 펼쳐짐이 있어야 백성들이 그것을 노래하고 즐거워합니다.

論曰 民은 受天地之中而生者也니이다 水火金木土穀은 民所賴而生者也요 樹之君은 使修擧其所賴而養之者也니이다 修之有道하고 行之有節이라야 上焉天順之하고 下焉民樂之니이다 正德焉하고 利用焉하고 厚生焉이 此其所以秉統持正而制天下之命者也니이다 在書禹之謨曰 九功惟敍하여 九敍惟歌라하니 其指言乎是也인저 舜禹가 明其道하니 聖也는 後世不及焉이요 功也는 萬世所利焉이니이다 宜其事有次敍라야 而民歌樂之也니이다

아! 舜이 임금이고 禹가 신하일 때 그들을 노래한 백성들은 날마다 그들의 道를 들었고 날마다 그들의 은택을 입어 눈으로 보고서 알았으니, 말하거나 노래하는 것이 가능했습니다. 지금은 聖人과의 거리가 한참 멀어 수천 년이 지났으나 다시 그 도를 시행할 수 있는 것은 어째서일까요? 도에 마음을 전일하게 하기 때문이 아니겠습니까. 도의 큰 근원이 經에 있어 經이 道가 되니, 天地의 비밀을 드러내어 밝히는 것과 聖人의 마음을 형용하는 것은 한가지입니다. 그러나 근본을 미루어 헤아려야 합니다. 그 차례를 밝히고 그 자취를 드러낸 것은 그 말이 洪範九章에 있으니, 첫 번째는 五行[6]이고, 다음 두 번째는 五事[7]이며, 大中[8]으로써 통괄하고, 五福・六極[9]으로써 끝

6) 五行 : 물질을 구성하는 다섯 가지 원소인 水・火・金・木・土를 말한다.
7) 五事 : 五行에 따라 人事가 발현하는 다섯 가지 언어 지각 능력인 貌・言・視・聽・思를 말한다.
8) 大中 : 洪範九疇의 다섯 번째 '建用皇極'의 '皇極'을 가리킨다. 孔安國이 '皇'을 '大'로 '極'을 '中'으로 풀이하였다.
9) 五福・六極 : 五福은 壽・富・康寧・攸好德・考終命을 말하고, 六極은 凶短折・疾・憂・貧・惡・弱을 말한다.

마쳤습니다.[10] 성인의 도가 여기에 드러나 있습니다.

噫라 舜之君이요 禹之臣일새 其歌之之民은 日聞其道하고 日被其澤하여 其見而知之니 或言或歌가 可矣니이다 今去聖久遠하여 踰數千祀로되 然可覆而擧之者는 何也오 得非一於道乎인저 道之大原이 在於經하여 經爲道하니 其發明天地之祕와 形容聖人之心은 一也니이다 然이나 當推本이니이다 夫明其次著其跡者는 言之在洪範之九章하니 一曰五行이요 次二曰五事요 統之以大中하고 終之以福極이니이다 聖人之道가 其見於是乎인저

대개 五行은 하늘의 道이고, 五事는 사람의 도입니다. 사람의 일을 닦아서 하늘의 도를 극진히 하는 것, 이것이 王者가 천하를 다스리는 방법입니다. 五事가 닦여지고 五行이 펼쳐지면 五材[11]를 낳은 것이 아름답고 풍부하여 백성이 그 가운데 살면서 그 이로움을 누리고 편안할 것이니, 어찌 皇極의 道를 써서 이룩한 것이 아니겠습니까. 五材를 낳는 것은 하늘이지 사람이 아니며, 五事를 닦는 것은 사람이지 하늘이 아닙니다. 그렇지만 五事가 바르게 되면 五材가 자연히 그 본성을 얻습니다. 이는 하늘의 도이자 또한 王者가 하는 일입니다. 王者가 五事를 닦고 五材를 이룩한 뒤에 또 덕을 바르게 하는 교화를 거행하여 백성을 통솔하고, 器用을 이롭게 하는 근원을 밝혀 백성을 풍요롭게 하고, 삶을 넉넉하게 하는 방도를 열어 백성을 먹여 살리면 五行이 위에서 조화롭고, 六府[12]가 아래에서 이롭고, 三事[13]가 중간에서 거행될 것입니다. 〈六府가〉 잘 닦이면 그 功이 펴지고 〈三事가〉 조화로우면 그 德이 행해집니다. 이와 같이 하면 백성들의 삶이 성대하고 여유로워 아래에서 기뻐하면서 그 정사를 노래하고 칭송할 것입니다.

---

10) 洪範九章에……끝마쳤습니다 : 洪範九章은 洪範九疇를 가리킨다. ≪書經≫ 〈周書 洪範〉에 "첫 번째는 五行이고, 다음 두 번째는 공경하되 五事로써 함이요, 다음 세 번째는 농사에 八政을 씀이요, 다음 네 번째는 합함을 五紀로써 함이요, 다음 다섯 번째는 세움을 皇極으로써 함이요, 다음 여섯 번째는 다스림을 三德으로써 함이요, 다음 일곱 번째는 밝힘을 稽疑로써 함이요, 다음 여덟 번째는 상고함을 庶徵으로써 함이요, 다음 아홉 번째는 향함을 五福으로써 하고 위엄을 보임을 六極으로써 하는 것이다.〔初一曰五行 次二曰敬用五事 次三曰農用八政 次四曰協用五紀 次五曰建用皇極 次六曰乂用三德 次七曰明用稽疑 次八曰念用庶徵 次九曰嚮用五福 威用六極〕"라고 하였다.

11) 五材 : 水·火·金·木·土의 다섯 가지 소재를 가리킨다.

12) 六府 : 水·火·金·木·土·穀을 가리킨다.

13) 三事 : 正德·利用·厚生을 가리킨다.

蓋五行者는 天之道也요 五事者는 人之道也니이다 修人事而致天道가 此王者所以治也니이다 五事修하고 五行敍면 則其生材也美焉阜焉하여 民居其中하여 享其利而安焉이니 豈非皇極之道用而致乎리잇가 五材之生은 天也요 非人也며 五事之修는 人也요 非天也니이다 雖然이나 五事正이면 則五材自然得其性矣니이다 是則天之道요 亦王者之所爲也니이다 王者가 旣修五事而致五材어든 則又擧正德之教而率之하고 明利用之源而阜之하고 開厚生之道而養之면 五行恊於上하고 六府利於下하고 三事擧於中이니이다 修焉이면 其功之敍也요 和焉이면 其德之行也니이다 如是면 則民浩浩然于于然하여 驩娛於下而歌頌其政矣니이다

혹시 “그대가 五行을 말한 것은 그럴 듯하다. 그러나 六府에 穀을 겸한 것은 어째서인가?”라고 한다면, 저는 다음과 같이 답할 것입니다.

“五行은 氣이고, 五材는 形입니다. 임금이 이룩하는 것은 氣이고, 백성이 쓰는 것은 形입니다. 五氣가 펴지면 五材가 풍요로워 백성들이 함께 그것을 씁니다. 그러나 곡식〔穀〕은 백성이 생존하는 것이니 하루라도 없어서는 안 됩니다. 이것이 六府에 곡식을 겸하여 말한 까닭입니다. 그렇지만 그 근본을 찾아보면 五氣가 생겨나는 것일 따름이니, 무슨 의혹이 있겠습니까.”

或曰 子之言五行은 然矣라 然이나 六府之兼乎穀은 何也오하면 答曰 五行은 氣也요 五材는 形也라 君之所致者는 氣也요 民之所用者는 形也라 五氣旣敍면 五材旣豐하여 民竝用焉이라 然이나 穀者는 民之所生也니 不可一日無之라 此六府所以兼穀也라 要其本이면 則五氣之生而已니 夫何惑焉이리오

삼가 ≪春秋≫의 글에 근원하여 聖人의 뜻을 궁구해보면 재해〔災〕를 기록한 것이 11건이고,[14] 큰물이 진 것〔大水〕을 기록한 것이 7건이고,[15] 비가 오지 않은 것〔不雨〕을 기록한 것이 9건이고,[16] 크게 가뭄이 든 것〔大旱〕을 기록한 것이 2건이고,[17] 수확할

14) 재해〔災〕를……11건이고 : 桓公 14년, 莊公 20년, 僖公 20년, 成公 3년, 襄公 9년, 襄公 30년, 昭公 9년, 昭公 18년, 定公 2년, 哀公 3년, 哀公 4년에 보인다.

15) 큰물이……7건이고 : 桓公 원년, 桓公 13년, 莊公 7년, 莊公 11년, 莊公 24년, 莊公 25년, 宣公 10년, 成公 5년, 襄公 24년에 보이니, 모두 9건이다. 아마도 不雨를 기록한 것과 혼동한 듯하다.

16) 비가……9건이고 : 莊公 31년, 僖公 2년, 僖公 3년(正月・四月), 文公 2년, 文公 10년, 文公 13년에 보이니, 모두 7건이다. 아마도 大水를 기록한 것과 혼동한 듯하다.

보리가 없는 것〔無麥苗〕과 보리와 벼의 큰 흉작〔大無麥禾〕을 기록한 것이 각각 1건이니,[18] 대개 五行이 그 차서를 잃으면 六府가 그 마땅함을 잃음을 말한 것입니다. 物이 그 마땅함을 잃으면 오히려 무슨 차서가 있겠으며, 백성이 살 곳을 잃으면 오히려 무슨 노래하고 읊조림이 있겠습니까. 여기에서 성인의 마음이 때에 맞게 이루어지는 정사를 중하게 여기고 백성의 일을 삼가서 이와 같이 부지런했음을 볼 수 있습니다.

竊原春秋之文하여 求聖人之志면 災之書者十一이요 大水之書者七이요 不雨之書者九요 大旱之書者二요 無麥苗大無麥禾之書者各一이니 蓋言五行失其序면 則六府失其宜니이다 物失其宜면 則尙何次敍之有乎며 民失其所면 則尙何歌詠之有乎리잇가 可以見聖人之心이 重時政而謹民事하여 勤勤乎如是也니이다

이를 통해 말해보면 舜임금의 덕이 지극합니다.[19] 地道가 균평해지고 天道가 이루어져 만세토록 영원히 힘입으니, 백성들이 그의 교화에 훈도되어 그들의 삶을 이룩하여 아홉 가지 功德을 모두 노래한 것입니다. '경계하여 아름답게 여기며, 독책하여 두려워하며, 권면하되 九德之歌로써 하여 무너지지 않게 하소서.'라고 한 것이 그것을 끝맺는 道이니, 도는 이러할 따름입니다.

由是言之면 則舜之德其至也니이다 地平天成矣하여 萬世永賴矣니 其民陶其敎하여 遂其生하여 九功之德을 皆歌之矣니이다 戒之用休하며 董之用威하며 勸之以九歌하여 俾勿壞가 其終之之道也니 道是而已矣니이다

혹시 "후대에 이 道를 행할 사람은 어찌해야 하는가?"라고 한다면, 저는 다음과 같이 답할 것입니다.

"五事는 근본이니 삼가서 밝히고, 六府는 외적인 것이니 때에 맞게 다스려야 합니다. 德으로써 백성을 교화하고 정사로써 백성을 절제해야 합니다. 옛날 五正[20]은 각

17) 크게……2건이고 : 僖公 21년, 宣公 7년에 보인다.
18) 수확할……1건이니 : 수확할 보리가 없는 것은 莊公 7년에 보이고, 보리와 벼의 큰 흉작은 莊公 28년에 보인다.
19) 舜임금의 덕이 지극합니다 : 洪範九疇는 箕子가 周 武王에게 진언한 것으로, 舜임금 때 하늘이 禹에게 내려준 것이기 때문에 그렇게 말한 것이다. 또한 이 글이 순임금 때 우가 순임금에게 아뢴 말 중에 '九敍九歌'를 소재로 하여 쓴 글이기 때문에 순임금의 덕을 칭송한 것이다.
20) 五正 : 五官의 長을 가리킨다. 五官은 木正・火正・金正・水正・土正을 말하는데, 그 長은 句

기 그 방면을 맡았으니 다시 시행할 만하며, 周나라의 六官[21]은 각기 맡은 일을 주관하였으니 쓸 수 있습니다. 이는 그 대략이니, 그 道는 經에 갖추어져 있습니다. 그 도를 미루어 밝히고 부지런히 마련하면 이 또한 순임금의 정사일 것이니, 그 도가 어찌 멀리 있겠습니까. 다만 힘써 행하는 것이 어떠한가에 달렸을 뿐입니다."

삼가 위와 같이 논합니다.

或問호되 行於後者는 當如何오하면 曰 五事는 本也니 謹而明之하고 六府는 外也니 時而治之라 教之以德하고 節之以政이라 古之五正은 各司其方하니 可復(복)也요 周之六官은 各主其事니 可用也라 此其略也니 其道則具於經矣라 推而明之하고 勤而修之면 是亦舜之政也니 夫何遠哉리오 顧力行何如爾라 謹論①하노이다

① 이 편의 "經이 道가 된다.〔經爲道〕"와 "道는 이러할 따름이다.〔道是而已矣〕"라는 두 곳은 빠지거나 잘못된 글자가 있는 듯하다.
此篇 "經爲道"·"道是而已矣"兩處, 疑有脫誤.

南廟試에서 지은 다섯 가지 對策 南廟試策五道

제1도 第一道[22]

묻노라.

≪禮記≫에 이르기를 "무릇 노인을 봉양할 적에 五帝는 〈노인의 덕을〉 본받았고, 三王은 〈선한〉 말을 청하였다."[23]라고 하였으니, 인륜의 의리를 두터이 한 것이다. 이로 인해 鰥·寡·孤·獨[24]이 모두 봉양을 받음이 있었다. 후세에는 그렇지 않았으니, 교화가 밝지 않고 衣食이 부족하여 백성은 늙어도 봉양을 받지 못하고 굶주리고 추위에 떨며 전전하다 구렁에서 죽어가는 자들이 종종 있었다. 이제 옛날 노인을 봉양하는 禮를 고찰하여 행하려 하는데 帝堯 위로는 들을 수 없으니, 虞나라·夏나라·商나

芒·祝融·蓐收·玄冥·后土이다.

21) 六官 : 周나라 때의 官制로, 天官·地官·春官·夏官·秋官·冬官을 가리킨다.

22) 第一道 : 進士試의 時務策 五道 가운데 첫 번째 대책. '道'는 제목이나 문서 등에 쓰는 量詞이다.

23) 무릇……청하였다 : ≪禮記≫ 〈內則〉에 보인다.

24) 鰥·寡·孤·獨 : 각각 늙어서 아내가 없는 자, 늙어서 남편이 없는 자, 어려서 부모가 없는 자, 늙어서 자식이 없는 자를 가리킨다.

라・周나라 때에 봉양한 대상은 어떤 노인이었으며, 봉양한 처소는 어떤 학교였으며, 입은 옷은 어떤 복장이었으며, 대접하는 음식은 어떤 禮였으며, 한 해 동안 모두 몇 번을 행하였는가? 마땅히 들은 바를 떠올려 글에 모두 드러내어라.

問하노라 禮曰 凡養老에 五帝憲하고 三王有乞言이라하니 厚人倫之義也라 是以로 鰥(환)寡孤獨이 皆有養이라 後世則不然하니 教化之不明하고 衣食之不足하여 黎民老而不得其養하고 饑寒轉死於溝壑者가 往往而是라 今將考古養老之禮而行之어늘 惟帝堯而上은 不可聞已니 虞夏商周之時에 其所養何老며 所處何學이며 所衣何服이며 所食何禮며 一歲凡幾行之아 宜誦所聞하여 悉著於篇하라

다음과 같이 아룁니다.

王者가 심원하고 청정한 사당[25] 위에 높이 앉아 두 손을 맞잡고 가만히 있어도 교화가 裨海[26] 밖까지 행해졌으니, 어찌 인위적으로 가다듬고 수식해서 이룩한 것이겠습니까. 순수한 왕의 마음으로 순수한 왕의 정사를 행했을 뿐입니다. 순수한 왕의 마음과 순수한 왕의 정사는 '우리 집 노인을 존경하고서 남의 집 노인을 존경하는 데 미치며, 우리 집 어린이를 사랑하고서 남의 집 어린이를 사랑하는 데 미치는 것'[27]이 순수한 왕의 마음이고, 노인이 봉양을 받게 하고 어린이가 보호를 받게 하는 것이 순수한 왕의 정사입니다. 그런데도 오히려 그 미진함을 염려하였으니, 또 나라의 원로를 존숭하여 몸소 그들을 섬기고, 일반 노인을 우대하여 때에 맞게 그들을 봉양하였습니다. 바람이 바닷물을 흐르게 하듯 백성들이 그 교화에 훈도되었으니, 어찌 어버이를 소홀히 하고 어른을 업신여기는 자가 있었겠습니까.

虞나라・夏나라・商나라・周나라의 전성기 때 임금은 이 道를 말미암았습니다. 인륜이 이로써 바르게 되고 풍속이 이로써 돈후해져 鰥・寡・孤・獨 중에 봉양을 받지

---

25) 심원하고 청정한 사당 : 원문의 '穆淸'은 ≪詩經≫ 〈周頌 淸廟〉의 '於穆淸廟'에서 나온 말이다. 이 시는 周公이 洛邑을 완성하고 諸侯들에게 조회를 받은 뒤, 제후들을 거느리고 文王에게 제사한 일을 노래한 시이다.

26) 裨海 : 九州 밖의 작은 바다를 가리킨다.

27) 우리……것 : ≪孟子≫ 〈梁惠王 上〉에 "우리 집 노인을 존경하고서 남의 집 노인을 존경하는 데 미치며, 우리 집 어린이를 사랑하고서 남의 집 어린이를 사랑하는 데 미치면 천하를 다스리는 것은 손바닥에 놓고 움직일 수 있는 것처럼 쉬울 것이다.〔老吾老 以及人之老 幼吾幼 以及人之幼 天下可運於掌〕"라고 하였다.

못하는 이가 없었습니다. 후세에는 禮가 폐지되고 법도가 무너져 교화가 밝지 않아 자기 집 노인을 버리며 굶주리고 추위에 떨며 전전하다 죽는 자들이 종종 있었습니다. 아! 이를 따라 행하면서 王道를 이룩하고자 하는 것은 뒷걸음질 치면서 앞으로 나아가기를 구하는 것과 같습니다. 아니 그보다 더 심한 점이 있습니다.

오늘날 조정은 맑고 밝아 정치 교화가 잘 거행되어 바야흐로 실추된 법도를 상고하고 강구하여 천하 사람들을 風化하려 합니다. 밝은 執事가 성상의 마음을 밝아지게 하려 하기 때문에 諸生에게 옛날의 道를 물어 그 설을 강구하게 하니, 어찌 감히 제가 들은 바를 말씀드려 한두 가지 도움이 되게 하지 않을 수 있겠습니까.

對하노이다 王者가 高拱於穆淸之上이라도 而化行於裨海之外니 何修何飾而致哉리잇가 以純王之心으로 行純王之政爾니이다 純王之心과 純王之政①은 老吾老以及人之老하고 幼吾幼以及人之幼가 此純王之心也요 使老者得其養하고 幼者得其所가 此純王之政也니이다 尙慮其未也하니 則又尊國老而躬事之하고 優庶老而時養之니이다 風行海流하여 民陶其化하니 孰有怠於親而慢於長者哉리잇가 虞夏商周之盛王은 由是道也니이다 人倫以正하고 風俗以厚하여 鰥寡孤獨이 無不得其養焉이니이다 後世엔 禮廢法壞하여 敎化不明하여 播棄其老하며 饑寒轉死者가 往往而是니이다 嗚呼라 率是而行而欲王道之成은 猶却行而求及前이니이다 抑有甚焉爾니이다 今朝廷淸明하여 政敎修擧하여 方欲稽講墜典하여 以風天下니이다 明執事欲將明上意라 故로 訪諸生以古之道하여 俾講求其說하니 敢不道其所聞하여 以裨一二哉리잇가

① 여기에 글자가 빠진 듯하다.
此疑缺字.

대개 옛날에는 三公[28] 중에 나이가 많고 덕이 있는 사람을 가려 天子가 아버지처럼 섬겨 그를 三老라 하였고, 孤卿[29] 중에 나이가 많고 덕이 있는 사람을 〈가려〉 天子가 형처럼 섬겨 그를 五更이라 하였는데, 모두 한 사람일 뿐입니다. 大夫·士 중에 연로하여 致仕한 사람은 또한 모두 그들이 사는 鄕里의 庠·序에서 봉양하였습니다.

노인을 봉양하는 처소는 有虞氏 때에는 나라의 원로는 上庠에서 봉양하고 일반 노인은 下庠에서 봉양하였으며, 夏后氏 때에는 나라의 원로는 東序에서 봉양하고 일반

28) 三公 : 周나라 때의 太師·太傅·太保를 가리킨다.
29) 孤卿 : 周나라 때 三公의 다음 가는 관직으로, 즉 三孤인 少師·少傅·少保를 가리킨다.

노인은 西序에서 봉양하였으며, 商나라 때 사람들은 나라의 원로는 右學에서 봉양하고 일반 노인은 左學에서 봉양하였으며, 周나라 때 사람들은 나라의 원로는 東膠[30]에서 봉양하고 일반 노인은 虞庠[31]에서 봉양한 것이 이것입니다.[32]

입은 옷은 深衣·燕衣·縞衣·玄衣였으니 四代[33]에 입던 복장입니다.[34] 대접한 음식은 饗禮·燕禮·食禮가 三代[35]의 제도이고, 周나라 때 사람들은 그것을 수정하여 겸하여 썼습니다.[36] 한 해 동안 행하는 禮數로는 《禮記》에 이른바 "봄에 孤子에게 연향을 베풀고 가을에 耆老에게 음식을 대접한다."[37]라는 것과 釋菜[38]·釋奠[39]의 禮가 또한 그 시절에 맞게 한 禮입니다.

이것이 옛 제도의 대략입니다. 그것을 윤색하는 일은 그 때에 알맞게 하는 데에 달려 있습니다.

삼가 위와 같이 아룁니다.

蓋古者엔 擇三公之有年德者하여 天子가 以父事之하여 謂之三老요 孤卿之有年德者하여 天子가 以兄事之하여 謂之五更이로되 皆一人爾이니이다 大夫士之以年致仕者는 亦皆養之於其鄉里之庠序焉이니이다 所處는 則有虞氏는 國老養於上庠하고 庶老養於下庠하며 夏后氏는 國老養於東序하고 庶老養於西序하며 商人은 國老養於右學하고 庶老養於左學하며 周人은 國老養於東膠하고 庶老養於虞庠이 是也니이다 所服은 則深燕縞玄之衣니 四代所服也니이다 所食은 則饗

30) 東膠 : 周나라 때 太學을 가리킨다.
31) 虞庠 : 周나라 때 지방의 소학교를 가리킨다.
32) 노인을……이것입니다 : 《禮記》〈王制〉·〈內則〉에 보인다.
33) 四代 : 虞나라·夏나라·殷나라·周나라 네 왕조를 말한다.
34) 입은……복장입니다 : 《禮記》〈王制〉·〈內則〉에 "有虞氏 때에는 皇冠을 쓰고 제사지내고 深衣를 입고 노인을 봉양하였으며, 夏后氏 때에는 收冠을 쓰고 제사지내고 燕衣를 입고 노인을 봉양하였으며, 殷나라 때 사람들은 冔冠을 쓰고 제사지내고 縞衣를 입고 노인을 봉양하였으며, 周나라 때 사람들은 冕冠을 쓰고 제사지내며 玄衣를 입고 노인을 봉양하였다.〔有虞氏皇而祭 深衣而養老 夏后氏收而祭 燕衣而養老 殷人冔而祭 縞衣而養老 周人冕而祭 玄衣而養老〕"라고 하였다.
35) 三代 : 虞나라·夏나라·殷나라를 가리킨다.
36) 대접한……썼습니다 : 《禮記》〈王制〉·〈內則〉에 "무릇 노인을 봉양하는 것은 有虞氏 때에는 燕禮로써 하고, 夏后氏 때에는 饗禮로써 하고, 殷나라 때 사람들은 食禮로써 하고, 周나라 때 사람들은 그것을 수정하여 겸하여 썼다.〔凡養老 有虞氏以燕禮 夏后氏以饗禮 殷人以食禮 周人修而兼用之〕"라고 하였다.
37) 봄에……대접한다 : 《禮記》〈郊特牲〉에 보인다.
38) 釋菜 : 고대에 入學할 때 先聖·先師에게 지내는 제사 의례이다.
39) 釋奠 : 고대 학교에서 술과 음식을 마련하여 先聖·先師에게 지내는 제사 의례이다.

燕食之禮가 三代之制也요 周人은 修而兼用之니이다 一歲所行之數는 則禮所謂春饗孤子秋饗耆老와 與夫釋菜釋奠之禮가 亦其時乎인저 此古之略也니이다 若夫潤飾之는 則在乎時矣리이다 謹對하노이다

제2도 第二道

묻노라.

옛날 孔子가 당시의 왕이 제대로 된 정사를 펼치지 않는 것에 상심하여 ≪春秋≫를 지었으니, 善을 포상하고 惡을 폄하하여 후세 왕들의 법도가 되게 한 것이다. 聖人과의 거리가 멀어진 뒤로 여러 儒者들이 의론을 달리하여 성인의 법도는 터득한 자가 적었다. 唐나라에 이르러서는 陸質[40]이 啖助[41]・趙匡[42]에게 배워 ≪춘추≫에 통달한 자라고 불렸는데, 그가 남긴 저서로 ≪春秋集傳纂例≫・≪春秋微旨≫・≪春秋義統≫이 있어 오늘날 학자들 중에 보지 않은 이가 없다. 여러 유자들의 잘못과 陸氏가 터득한 바에 대해서는 배우는 자들이 반드시 취사선택하는 바가 있어야 하니, 시험삼아 그 큰 요점을 조목별로 나누어 그 옳고 그름을 質正하길 바란다.

問하노라 昔者에 孔子傷時王之無政하여 而作春秋하니 所以褒善貶惡하여 爲後王法也라 自去聖旣遠으로 諸儒異論하여 聖人之法은 得之者寡라 至唐하야 陸質學於啖趙하여 號爲達者러니 其存書有纂例微旨義統하여 今之學者가 莫不觀焉이라 若夫諸儒之所失과 與陸氏之所得은 學者가 必有所取舍也니 試爲條其大要하여 庶以質其是非하라

---

40) 陸質 : ?~806. 唐나라 때 학자이다. 초명은 陸淳인데 憲宗의 이름을 피해 質로 바꾸었다. 자는 伯沖, 시호는 文通이며, 吳郡 사람이다. 啖助와 趙匡을 스승으로 섬겨 春秋學을 전수받았으며, 그들의 학설을 종합하여 ≪春秋集傳纂例≫・≪春秋集傳微旨≫・≪春秋集傳辨疑≫ 등을 저술하였다.

41) 啖助 : 724~770. 唐나라 때 학자이다. 자는 叔佐이며, 趙州 사람으로 나중에 關中으로 옮겨 살았다. 天寶(742~756) 말에 臨海尉・丹陽主簿를 지냈다. 經學에 널리 통달하였고 특히 春秋學에 정통하여 先儒와는 다른 의론이 많았다. 저술로 ≪春秋集傳≫・≪春秋統例≫가 있다.

42) 趙匡 : ?~? 唐나라 때 학자이다. 자는 伯循이며, 河東 사람이다. 洋州刺史를 지냈다. 啖助에게 春秋學을 전수받았으며, 담조가 지은 ≪春秋集傳≫・≪春秋統例≫를 補訂하였다. 저술로 ≪春秋闡微纂類義統≫이 있었는데 지금은 전하지 않는다.

다음과 같이 아룁니다.

≪春秋≫는 무엇 때문에 지은 것일까요? 王道가 행해지지 않았기 때문에 지은 것입니다. 孟子가 "≪춘추≫는 天子의 일이다."[43]라고 한 말이 이를 말한 것입니다. 聖人과의 거리가 멀어질수록 여러 儒者들의 설이 분분하여 학자마다 다른 의론을 내세우고 사람마다 다른 설을 주장하여 서로 비판하는 것이 원수보다 심했습니다. 開元[44] 연간에 祕書省[45]에는 ≪춘추≫를 해설하는 자가 대략 7백여 명이나 되었습니다. 그러나 성인의 법은 터득한 자가 지극히 적어 經을 버리고 傳에 의지하거나 符圖・讖緯와 뒤섞어 해석하여 굳게 고집하며 소통하지 않는 지경에 이르렀으니, 성인의 마음이 꽉 막혀 드러나지 않게 하였습니다. 아! 애통해할 만합니다.

오직 唐나라 때 陸淳(陸質)은 啖先生(啖助)과 趙夫子(趙匡)를 만나서 그들을 스승으로 삼고 그 학문을 강론하고 연구하여 30년을 온축한 뒤에 비로소 크게 빛을 발해 여러 학자들보다 아주 뛰어났습니다. 비록 성인이 ≪춘추≫를 지은 온축된 뜻을 다 알지는 못했으나 異端을 물리치고 正道를 열었으니 功이 또한 큽니다. 애석합니다. 그 책의 순수한 점은 ≪春秋集傳≫에 들어있었는데 세상에 전하지 않습니다. 지금 남아있는 것 중에서 청컨대 한두 가지를 대략 말해보면 또한 그의 道가 이른 경지를 볼 수 있을 것입니다.

對하노이다 春秋는 何爲而作哉리잇가 其王道之不行乎일새니이다 孟子有言曰春秋天子之事가 是也니이다 去聖愈遠에 諸儒紛紜하여 家執異論하고 人爲殊說하여 互相彈射가 甚於仇讐니이다 開元祕書言春秋者가 蓋七百餘家矣니이다 然이나 聖人之法은 得者至寡하여 至於棄經任傳하고 雜以符緯하여 膠固不通하니 使聖人之心으로 鬱而不顯이니이다 吁라 可痛也니이다 獨唐陸淳은 得啖先生趙夫子而師之하고 講求其學하여 積三十年에 始大光瑩하여 絶出於諸家外니이다 雖未能盡聖作之蘊이나 然其攘異端開正途하니 功亦大矣니이다 惜夫라 其書之粹者는 在乎集傳이어늘 而世微其傳矣니이다 今所存者에 請槪言其一二면 亦可以觀其道之所(扣)〔至〕[46]焉이니이다

≪春秋≫의 필법 중에 중대한 것은 침범하고〔侵〕 토벌하고〔伐〕 싸우고〔戰〕 취하는

43) 춘추는 天子의 일이다 : ≪孟子≫ 〈滕文公 下〉에 보인다.
44) 開元 : 唐 玄宗 때의 연호로, 713년에서 741년까지이다
45) 祕書省 : 經籍・圖書・著作 등을 관장하던 기관이다.
46) (扣)〔至〕: 저본에는 '扣'로 되어 있으나, 四庫全書本에 의거하여 '至'로 바로잡았다.

〔取〕 것과 포위하고〔圍〕 침입하고〔入〕 사로잡고〔執〕 죽이는〔殺〕 것과 맹서하고〔盟〕 회합하고〔會〕 가고〔如〕 빙문하는〔聘〕 것과 禘祭·郊祭·蒸祭·嘗祭와 귀국하고〔歸〕 되돌아가고〔復〕 들어가고〔入〕 받아들이는〔納〕 것과 재해〔災〕·이변〔異〕·세금〔賦〕·부역〔役〕에 있습니다. 그러나 여러 학자들의 의론은 앞뒤로 모순이 있어 능히 일치되는 것을 보지 못하였습니다.

≪춘추≫에 기록된 시기에 침범〔侵〕을 기록한 것이 57건, 토벌〔伐〕을 기록한 것이 213건, 포위〔圍〕를 기록한 것이 44건, 침입〔入〕을 기록한 것이 27건입니다. 聖人의 의도는 그 상세하고 갖추어진 것이 이와 같습니다. 어찌 구차하게 지은 것이겠습니까. 이는 대개 禍亂의 道를 주벌한 것입니다. 후대 학자들에게 어찌 이런 견해가 있겠습니까. 先儒들은 단지 사건에 따라 해설하였을 뿐입니다. ≪춘추≫의 三傳[47]에는 종종 사건에 따라 찬미한 것은 있으나, 한 마디도 성인이 그들을 주벌한 마음을 드러내어 밝힌 것이 없습니다.

오직 陸君만은 啖氏의 설을 인용해 말하기를 "≪춘추≫에서 군대〔師〕에 대해 기록한 것에 어찌하여 옳고 그름을 따지는 말이 없는가? 〈그 죄를〉 같다고 여긴 것이다. 그 죄가 같다고 여기지 않으면 禍亂의 문이 열린다. 이를테면 조금 선한 자와 악이 심한 자도 그 글에 남겨두었다."[48]라고 하였으니, 이것이 바로 성인의 惡을 근절하는 근원과 실정을 따지는 법도를 드러낸 것입니다. 이것이 表裏의 의론입니다. 그밖에 맹서와 회합 같은 것도 그 필법이 모두 이를 따랐습니다.

春秋之法에 大者는 在乎侵伐戰取와 圍入執殺과 盟會如聘과 禘(체)郊蒸嘗과 歸復入納과 災異賦役焉이니이다 然이나 諸家之論은 前矛後盾하여 未見其能一也니이다 其間에 書侵者五十七이요 伐者二百一十三이요 書圍者四十四요 入者二十七이니이다 聖人之意는 其詳其備也가 如

47) 춘추의 三傳 : ≪春秋左氏傳≫·≪春秋公羊傳≫·≪春秋穀梁傳≫을 가리킨다.

48) 춘추에서……남겨두었다 : ≪春秋集傳纂例≫ 권5 〈用兵例〉에 "趙子가 말하기를 '≪春秋≫에서 군대에 대해 기록할 적에 어찌하여 옳고 그름을 따지는 말이 없는가.〔春秋紀兵 曷無曲直之辭與〕' 라고 하여, 내(陸質)가 말하기를 "군대는 잔혹하게 죽이는 방도이고 멸망하는 원인입니다. 그러므로 王者가 그것을 억제한 것입니다. 왕도정치가 쇠퇴하자 제후들이 전횡하였습니다. 이에 원수가 되어 전쟁을 일으켰습니다. 그것을 이롭게 여기거나 원한으로 여겼으니, 이에 왕도의 법도가 없어졌습니다. 그러므로 ≪춘추≫에서 군대에 대해 기록한 것에 옳고 그름의 차이가 없으니, 그 죄를 같다고 여긴 것입니다. 그 죄를 같다고 여기지 않으면 禍亂의 문이 열립니다. 조금 선한 자와 악이 심한 자도 그 글에 남겨두었습니다.〔兵者 殘殺之道滅亡之由也 故王者制之 王政既替 諸侯專恣 於是 仇黨構而戰爭興矣 爲利爲怨 王度滅矣 故春秋紀師 無曲直之異 一其非也 不一之則禍亂之門 闢矣 其差者甚者 則存乎其文矣〕'라고 하였다."라고 하였다.

是니이다 豈苟然哉리잇가 蓋誅其禍亂之道耳니이다 彼豈有是哉리잇가 先儒徒隨事而傳之니이다 三傳은 往往從而美之者는 有矣나 未有一言發明聖人誅之之心者也니이다 獨陸君은 用啖氏之說하여 曰 春秋紀師에 何無曲直之辭오 曰一之也라 不一이면 則禍亂之門이 闢矣라 若夫其差者甚者도 則在乎其文矣라하니 此則見聖人絶惡之源原情之法이니이다 此表裏之論也니이다 其餘若盟若會도 其法이 皆用是也니이다

禘祭・郊祭[49]의 뜻은 괴이하고 허망하여 實狀과 다릅니다. ≪春秋左氏傳≫의 글은 간략하여 이해되지 않고, ≪春秋公羊傳≫과 ≪春秋穀梁傳≫의 의론은 천착하여 진실을 잃었고,[50] 何休・杜預[51]의 유파는 그 사이에서 범범합니다. 陸氏의 학문이 유독

---

49) 禘祭・郊祭 : 禘祭는 天子가 始祖의 사당에서 그 윗대의 선조에게 지내는 제사이고, 郊祭는 天子가 교외에서 天地의 神에게 지내는 제사이다. 禘祭는 고대 帝王이 지내던 大祭의 이름으로 여러 가지가 있다. ≪禮記≫ 〈王制〉에 '夏曰禘'라 한 것은 時祭의 하나이고, ≪禮記≫ 〈祭法〉의 '有虞氏禘黃帝'는 天神에게 지내는 제사이고, ≪論語≫ 〈八佾〉의 '禘自旣灌而往者'는 시조의 사당에서 시조의 선조에게 지내는 제사이고, ≪春秋左氏傳≫ 襄公 16년의 '以寡君之未禘祀'는 삼년상을 끝낸 뒤에 지내는 吉祭이다.

50) 春秋左氏傳의……잃었고 : 일례로 ≪春秋≫ 僖公 31년에 "여름 4월에 네 차례 郊祭를 점쳤는데 점괘가 길하지 않아서 이에 희생을 놓아주고, 오히려 세 곳에 望祭를 지냈다.〔夏四月 四卜郊 不從 乃免牲 猶三望〕"라고 하였는데, ≪春秋左氏傳≫에는 "'여름 4월에 네 차례 郊祭를 점쳤는데 점괘가 길하지 않아서 이에 희생을 놓아준 것'은 禮가 아니다. '오히려 세 곳에 望祭를 지냈다.'는 것도 禮가 아니다. 禮는 해마다 지내는 제사는 점을 치지 않고 희생과 날짜만을 점치며, 날짜를 점친 뒤에는 소〔牛〕를 희생〔牲〕이라 칭한다. 희생이 이미 정해졌는데 郊祭를 점치는 것은 윗사람이 게을리한 것이다. 望은 郊祭의 일부분이니, 郊祭를 지내지 않았으면 望祭도 지내지 않는 것이 옳다.〔夏四月 四卜郊 不從 乃免牲 非禮也 猶三望 亦非禮也 禮不卜常祀 而卜其牲日 牛卜日曰牲 牲成而卜郊 上怠慢也 望 郊之細也 不郊 亦無望可也〕"라고 하였고, ≪春秋公羊傳≫에는 "어찌하여 혹 세 차례 점친다고 말하고 혹 네 차례 점친다고 말했는가? 세 차례 점치는 것이 禮이며, 네 차례 점치는 것은 禮가 아니다. 세 차례 점치는 것은 무엇 때문에 禮라 하고 네 차례 점치는 것은 무엇 때문에 禮가 아니라고 하는가? 吉을 구하는 방도는 세 차례만 하기 때문이다. 禘祭와 嘗祭는 점을 치지 않는데, 郊祭는 무엇 때문에 점을 치는가? 郊祭를 점치는 것은 禮가 아니다. 郊祭를 점치는 것은 무엇 때문에 禮가 아닌가? 魯나라가 郊祭를 지내는 것이 禮가 아니기 때문이다. 魯나라가 郊祭를 지내는 것이 禮가 아닌 것은 어째서인가? 天子만이 하늘에 제사를 지내고, 諸侯는 땅에 제사를 지내기 때문이다. 천자는 사방을 조망하는 일이 있어서 어느 곳인들 통하지 않음이 없지만, 제후의 山川에 지내는 제사는 자기 封地 내에 있는 산천이 아니면 제사를 지내지 않는다.〔曷爲或言三卜 或言四卜 三卜禮也 四卜非禮也 三卜何以禮 四卜何以非禮 求吉之道三 禘嘗不卜 郊何以卜 卜郊非禮也 卜郊何以非禮 魯郊非禮也 魯郊何以非禮 天子祭天 諸侯祭土 天子有方望之事 無所不通 諸侯山川 有不在其封內者則不祭也〕"라고 하였고, ≪春秋穀梁傳≫에는 "'여름 4월'이라고 한 것은 제철이 아님을 말한 것이다. 네 차례 점을 치는 것은 禮가 아니다. '희생을 놓아주다.'라는 것은 緇衣와 熏裳을 만들어 담당 관원이 玄端服을 입고 받들고 가서 南郊에 이르러 희생을 놓아주는 것이다. 소를 놓아줄 적에도 그렇게 한다.

능히 先鄭[52]의 잘못을 지적하고, 諸侯의 참람함을 밝히고, 禘祭는 王者의 제사임을 말하고,[53] 魯나라가 郊祭를 지내는 것은 周公의 뜻이 아님을 밝혔으니,[54] 모두 그 보존한 바가 넓고 커서 聖師(孔子)께서 禍亂을 구제하고 上下의 위계를 밝힌 마음을 터득한 것을 충분히 볼 수 있습니다.

禘郊之義는 詭譎殊狀하니이다 左氏之文은 略而不解요 公穀之論은 泥而失眞이요 何杜之流는 汎汎其間耳니이다 陸氏之學이 獨能斥先鄭之失하고 明諸侯之僭하여 謂禘爲王者之祭하고 明郊非周公之志하니 皆足以見其所存之博大하여 得聖師救亂明上下之心也니이다

그 외에 "鄭伯이 段을 鄢에서 이겼다.[55]〔鄭伯克段于鄢〕"라고 기록한 것에 대해서는 "'克'자를 쓴 글은 君臣의 의리를 밝힌 것이다."[56]라고 여겼으니, 이른바 "두 임금이 교전한 것과 같다."[57]라고 하거나 "능히 죽인 것이다."[58]라고 한 자질구레한 의론과는

'이에〔乃〕'는 賢人이 없다는 말이다. '오히려〔猶〕'는 그만둘 수 있다는 말이다.〔夏四月 不時也 四卜非禮也 免牲者 爲之緇衣熏裳 有司玄端奉送 至於南郊 免牛亦然 乃者 亡乎人之辭也 猶者 可以已之辭也〕"라고 하였다.

51) 何休・杜預 : 何休(129~182)는 後漢 때 春秋學에 정통했던 학자이고, 杜預(222~284)는 晉나라 때 春秋學에 정통했던 학자이다.

52) 先鄭 : 鄭衆을 가리킨다. 後漢 때 사람으로, 大司農을 지내 鄭司農이라고도 한다. 鄭玄보다 전대 사람이므로 정중을 先鄭이라 하고 정현을 後鄭이라 한다.

53) 禘祭는……말하고 : 陸質의 ≪春秋集傳纂例≫ 권2 〈辨禘義〉에 趙子(趙匡)가 말하기를 "내가 생각하기에 禘祭・郊祭는 祖宗을 함께 차례대로 배열하고서 영원히 추모하며 제사하여 폐하거나 끊어짐이 없게 한 것이다. 禘祭는 제왕이 시조의 사당을 세우고서도 오히려 먼 조상을 추모하고 선조를 존숭하는 뜻이 미진하다고 생각하기 때문에 또 시조를 낳은 선대 제왕을 추존하여 추급해 제사하는 것이다. 시조를 그곳에 배향하는 것은 시조의 사당에서 제사하면서 시조를 배향해 제사하는 것을 말한다.〔予以爲禘郊 祖宗竝叙 永世追祀而不廢絶者也 禘者 帝王立始祖之廟 猶謂未盡其追遠尊先之義 故又推尊始祖所出之帝 而追祀之 以其祖配之者 謂於始祖 廟祭之 而便以始祖配祭也〕"라고 하였다.

54) 魯나라가……밝혔으니 : 陸質의 ≪春秋集傳纂例≫ 권2 〈郊廟雩社例 免牲〉에 趙子가 말하기를 "郊祭는 天子가 上帝를 섬기는 것인데, 魯나라가 어찌하여 그 제사를 지냈는가? 周公 때문이다. 成王이 周公의 덕을 존숭하였기 때문에 천자의 禮를 하사한 것이다.〔郊者 天子所以事上帝也 魯曷爲之 周公故也 成王尊周公之德 故錫天子之禮焉〕"라고 하였다.

55) 鄭伯이……이겼다 : ≪春秋≫ 隱公 원년 夏五月 조에 보인다.

56) 克자를……것이다 : 陸質의 ≪春秋集傳纂例≫ 권5 〈用兵例 興兵雜事〉에 "'隱公 원년 여름 5월에 鄭伯이 段을 鄢에서 이겼다.'라는 것에 대해 啖子가 말하였다. '克은 임금이 신하를 이기는 것을 일컬은 것이다.'〔隱元年 夏五月 鄭伯克段于鄢 啖子曰 克者 君勝臣之稱也〕"라고 하였고, 권9 〈諱義例〉에 "임금이 신하의 군대를 패배시키는 것을 克이라 한다.〔君敗臣師則曰克〕"라고 하였다.

57) 두……같다 : ≪春秋左氏傳≫ 隱公 원년에 "'鄭伯이 段을 鄢에서 이겼다.'라고 기록했으니, 段이 아우답지 못했기 때문에 아우라고 말하지 않은 것이다. 두 임금이 교전한 것과 같기 때문에

다릅니다.

"魯나라 군대가 郎에 주둔하였다.[59]〔師次于郎〕"라고 기록한 것에 대해서는 "기다리는 바가 있어서 주둔한 것이 아니며, 그 의도는 장차 스스로 적을 방어하기 위한 것이었을 뿐이니, 兵亂의 근원을 막은 것이다."[60]라고 하였으니, 이른바 '過信'·'次止'[61]라고 하는 구차한 담론과는 다릅니다.

'侵'을 말하고 '伐'을 말하는 例를 드러낼 적에는 명분 없이 군대를 움직이는 것과 죄를 성토하여 토벌하는 차이를 말했으니,[62] 엉성한 말이나 이치를 해치는 말과는 거리가 멉니다.

또 〈外取邑〉 조에서는 "힘써 얻는 것이지, 제멋대로 빼앗은 것이 아니다."[63]라고 하

'克'이라 한 것이다.〔書曰 鄭伯克段于鄢 段不弟 故不言弟 如二君 故曰克〕"라고 하였다.

58) 능히 죽인 것이다 : ≪春秋穀梁傳≫ 隱公 원년에 "여름 5월 鄭伯이 段을 鄢에서 이겼다. '克'이란 무엇인가? 능한 것이다. 무엇에 능하다는 것인가. 능히 죽인 것이다. 어찌하여 '殺'이라 말하지 않는가? 段에게 무리가 있었음을 드러낸 것이다.〔夏五月 鄭伯克段於鄢 克者何 能也 何能也 能殺也 何以不言殺 見段之有徒衆也〕"라고 하였다.

59) 魯나라……주둔하였다 : ≪春秋≫ 莊公 8년에 보인다.

60) 기다리는……것이다 : 陸質의 ≪春秋集傳纂例≫ 권5 〈用兵例 次〉에 趙子가 말하기를 "무릇 군대가 주둔하는 것을 '次'라고 하니, 군대를 일으킨 것을 미워한 것이다. 兵亂은 亂 중에 큰 것이다. 주둔하는 것도 오히려 불가한데 하물며 侵伐하는 것이야 말할 것이 있겠는가. 오직 莊公 8년에 '魯나라 군대가 郎에 주둔하여 陳人·蔡人을 기다렸다.'라고 한 것은 적을 기다려서 그 비난을 면한 것이다. 곧 적이 없는데도 주둔하였으니 이는 스스로 적을 방어하고자 한 것임을 밝힌 것이다. 그런데 모두 이를 비난하였다. 左氏는 말하기를 '무릇 군대가 하루 묵는 것을 「舍」라 하고, 이틀 묵는 것을 「信」이라 하고, 이틀 이상 묵는 것을 「次」라 한다.'라고 하였다. 經을 살펴보건대 「信」·「舍」라는 글자가 없으니, 이 例는 또한 망령된 것이다. ≪春秋公羊傳≫과 ≪春秋穀梁傳≫에서는 「次」를 해석하면서 모두 '두려워함이 있었다.'라고 하였으니, 옳지 않다. 夫子의 의도는 그가 王命을 무시하고 군대를 일으킨 것을 꾸짖는 데 있었다. 그 일을 기록하여 亂을 징계한 것이니, 어찌 그의 나약하고 두려워한 것을 꾸짖은 것이겠는가. 만약 그의 나약하고 두려워한 것을 꾸짖은 것이라면 마땅히 용맹한 경우도 칭찬해야 한다. 그러면 ≪春秋≫는 도리어 亂을 부추기는 글이 되니, 결코 그런 이치는 없다.〔凡師駐曰次 惡興師也 兵者 亂之大者也 次猶不可 況侵伐乎 唯莊八年 次于郎 以俟陳人蔡人 俟寇以免其譏耳 卽明無寇而次 是欲自爲寇也 皆譏之也 左氏云 凡師 一宿爲舍 再宿爲信 過信爲次 按經無信舍之文 此例亦妄也 公穀解次 悉云有畏 非也 夫子意在刺其無王命而興師 書之以懲亂耳 豈譏其懦怯哉 若譏其懦怯 則當褒其勇者 春秋乃鼓亂之書也 決無是理〕"라고 하였다.

61) 過信·次止 : ≪春秋左氏傳≫에 "이틀 이상 묵는 것을 '次'라고 한다.〔過信爲次〕"라고 하였고, ≪春秋穀梁傳≫에 "'次'는 멈추는 것이고, '俟'는 기다리는 것이다.〔次止也 俟待也〕"라고 하였다.

62) 侵을……말했으니 : 陸質의 ≪春秋集傳纂例≫ 권5 〈用兵例〉에 "무릇 군대가 죄를 성토하여 토벌하는 것을 '伐'이라 하고, 명분 없이 군대를 움직이는 것을 '侵'이라 한다.〔凡師稱罪致討曰伐 無名行師曰侵〕"라고 하였다.

63) 힘써……아니다 : 陸質의 ≪春秋集傳纂例≫ 권5 〈用兵例 外取邑〉에 趙子가 말하기를 "무릇 힘

였으니, "군대를 사용하지 않는 것이다."[64]라고 하거나 "의당 취하지 말아야 하는데 취한 것이다."라고 한 얕은 견해와는 다릅니다.

그 외 '將'을 일컫고 '師'를 일컬은 것[65]과 '名'을 기록하고 '氏'를 기록한 것[66] 또한 모두 여러 학자들의 설보다 매우 뛰어납니다.

餘若書鄭伯之克엔 謂克下之辭는 明君臣之義라하니 異乎所謂如二君與能殺者屑屑之論矣니이다 書次於郎엔 則言非有俟而次요 則意將爲賊爾니 防兵亂之源이라하니 殊乎所謂過信次止者區區之談矣니이다 發言侵言伐之例엔 則曰無名行師與稱罪致討之異하니 遠乎濶略之言賊害之語矣니이다 且取邑之條엔 則云力得之요 不是其專奪이라하니 異乎不用師徒不宜取之淺矣니이다 其餘稱將稱師紀名紀氏之類도 亦皆度越於諸家遠甚하니이다

旨義[67]가 많아서 일일이 셀 수 없습니다만, 그 귀결점을 찾아보면 聖人의 道는 공정하여 자신이 터득한 다른 견해로 異說을 주장해서는 안 된다는 것입니다. 그러므로 그 조예가 원대하고 터득한 바가 심원합니다. 아! 聖門의 학문은 제가 볼 수 없었지만 다행히 그 기미를 볼 수 있었으니, 子厚가 그 문 앞을 쓸기를 바란 것[68]이 당연합니다. 질문에 대한 답을 상세히 말할 수 없기 때문에 그 대략을 올립니다.

삼가 위와 같이 아룁니다.

旨義之衆하여 莫可歷數나 要其歸이면 以聖人之道公하여 不以己得他見而立異니이다 故로 其

써 얻는 것을 '取'라고 하니, 취해야 할 바가 아니기 때문이다. 제멋대로 빼앗은 것이 아니라 비록 본래의 고을을 다시 취한 것이지만 또한 다른 표현이 없다.〔凡力得之曰取 不當取也 不是其專奪 雖復取本邑 亦無異辭〕"라고 하였다.

64) 군대를……것이다 : ≪春秋左氏傳≫ 昭公 4년에 "무릇 邑을 점령할 적에 군대를 사용하지 않는 것을 '取'라 한다.〔凡克邑 不用師徒曰取〕"라고 하였다.

65) 將을……것 : 예컨대 '將尊師衆' 혹은 '將尊師少'라고 칭한 경우에 대해 설명한 것으로, 陸質의 ≪春秋集傳纂例≫ 권5 〈用兵例〉에 보인다.

66) 名을……것 : 陸質의 ≪春秋集傳纂例≫ 권8 〈姓氏名字爵謚義例〉에 보인다.

67) 旨義 : 經文의 本旨를 드러낸 해석을 말한다.

68) 子厚가……것 : 子厚는 張載의 字로, 張載가 陸淳의 春秋學을 배우길 원했다는 말이다. 원문의 '掃其門'은 존귀한 사람을 만나 뵙는 것을 말한다. 前漢의 魏勃은 젊었을 때 齊나라 재상인 曹參을 뵙고자 하였으나 집안이 가난하여 만날 길이 없었다. 이에 늘 혼자서 아침저녁으로 조참의 舍人의 문 앞을 쓸었다. 사인이 괴이하게 여겨 누구인가 엿보아 위발을 발견하였다. 위발이 말하기를 "재상을 뵙고자 하나 방법이 없어 그대를 위해 문 앞을 쓸어 재상을 뵐 수 있는 기회를 구하려 하였습니다."라고 하였다. 이에 사인이 위발을 조참과 만나게 해주었다. 그 뒤 위발은 제나라 悼惠王의 신임을 얻어 제나라의 재상에 중용되었다.(≪史記≫ 권52 〈悼惠王世家〉)

所造也遠而所得也深이니이다 噫라 聖門之學은 吾不得而見焉이나 幸得見其幾者矣니 則子厚之願掃其門이 宜乎니이다 對問之下에 不能詳悉이라 故로 獻其略이니이다 謹對하노이다

제3도 第三道

묻노라.

관원에게 屬官이 있는 것은 신체에 팔이 있고 팔에 손가락이 있는 것과 같다. 관직을 설치한 이래로 속관이 없었던 적이 없다. 오늘날의 관원을 거론해보면 작은 일을 다스리는 데는 속관이 있고 큰일을 다스리는 데는 속관이 없다. 밖으로는 郡·縣과 안으로는 여러 有司가 작은 일을 다스리는 자들이며, 안으로는 公府와 밖으로는 刺部가 큰일을 다스리는 자들이다. 작은 일을 다스리는 데는 또한 속관이 있으나 큰일을 다스리는 데는 도리어 속관이 없으니, 어찌하여 일의 가볍고 무거움 및 노고와 안일이 같지 않은 것인가? 어찌 옛 常道를 따르면서 태평하게 아무 조처도 행하지 않는 것인가? 아니면 어떤 조처를 행하였으나 그 이로움을 보지 못한 것인가?

刺部의 속관은 이전에 증원한 적이 있지만 단지 그 長官과 동등할 뿐이니 이른바 속관은 아니다. 公府의 속관은 오늘날 혹 있기도 하지만 단지 다른 관원일 따름이니 이른바 속관은 아니다. 청컨대 前古에 큰일을 다스릴 적에 속관을 두었던 법도 중에 오늘날 시행할 수 있는 것은 모두 어떤 명칭이었으며, 어떻게 선발하였으며, 어떤 직무였으며, 옛날에는 무슨 까닭으로 두었는데 지금은 무슨 이유로 없앴으며, 옛날에는 어찌하여 가능했는데 지금은 어찌하여 불가한지 다 진술하라. 상세하게 설명하여 오늘날 편리하게 할 바를 궁구하라.

問하노라 官之有屬은 猶身之有臂하고 臂之有指也라 自建官以來로 未有無屬焉者也라 擧今之官이면 則治其小者는 有屬하고 治其大者는 無屬이라 外郡縣과 內群有司가 此治其小者요 內公府와 外刺部가 此治其大者라 治其小엔 且有屬이로되 治其大엔 乃無屬하니 何其輕重勞佚之不侔(모)哉아 豈因其故常而恬莫之擧歟아 抑擧之未見其益歟아 刺部之屬은 向嘗增之나 直與其長等爾니 非所謂屬也라 公府之屬은 今或存之나 直他官而已니 非所謂屬也라 請悉陳前古治大有屬之法에 可施於今者는 皆何名이요 何選이요 何職이며 古何以有而今何以無며 古何以可而今何以不可하노라 詳之於說하여 以究當今之便하라

다음과 같이 아룁니다.

삼가 살펴보건대 천하를 다스리는 방도는 집을 짓는 것과 같으니, 중대한 것은 마룻대와 들보입니다. 그러나 마룻대와 들보가 어찌 단독으로 설 수 있겠습니까. 그것을 보조하여 들어 올리는 것은 서까래입니다. 관원을 설치하는 것 또한 이와 같습니다. 옛날 三公의 公府와 諸侯의 郡·國에는 각각 속관을 두어 그 정사를 이룩하였는데, 후세에는 바뀌어 일정하지 않습니다. 오늘날은 밖으로 한 郡과 한 邑, 안으로 한 관청과 한 부서〔局〕에는 각각 속관이 있지만, 公府의 번거로운 機務와 外臺[69]의 중대한 刺擧[70]에 이르러서는 도리어 속관이 없습니다. 이는 진실로 大小·重輕이 뒤바뀐 것이니, 유익함이 없어서 시행하지 않는다고 굳이 말할 것이 아니고 단지 옛것을 그대로 따르기만 하고 바꾸지 않은 것입니다.

예전에 漕運의 회계를 담당하는 有司는 일찍이 그를 위해 副官을 두었으니, 副官은 진실로 그 長官에 버금가는 자입니다. 그 아래에 또 일찍이 賓從이라는 관명을 만들었으니 이 또한 그 속관인데, 다만 곧바로 없애버렸습니다. 근세에는 宰相의 관원이 門下省의 長을 겸하니, 公府는 이 때문에 그 속관을 줄였습니다. 지금 三公의 속관은 곧 인원을 줄인 관원이니 丞相의 속관이 아닙니다.

對하노이다 竊觀治天下之道는 如構室焉하니 其大者는 棟也樑也니이다 棟樑이 豈能獨立哉리잇가 其所與相助而承上者는 榱(최)桷也니이다 置官도 亦如是矣니이다 古之三公之府와 諸侯郡國은 各有其屬하여 以成其政이어늘 後世엔 改易不常이니이다 今則外之一郡一邑과 內之一官一局에 各有屬焉이나 至於公府機務之煩과 外臺刺擧之重하얀 則反無之니이다 此誠小大重輕之貿焉이니 非必謂無益而莫之爲也요 直因循故常未之更爾니이다 嚮者에 漕計之司는 嘗爲之置副矣니 副則誠亞其長者也니이다 其下亦嘗創賓從之名者矣하니 是亦其屬也로되 第旋去之耳니이다 近世에 宰相之官이 兼門下之目하니 則府以其省(생)名矣니이다 今其屬者는 乃省官爾니 非丞相之屬이라

대책을 아룁니다. 옛날 큰일을 다스리는 데 속관을 둔 법 중에 오늘날 시행할 수 있는 것은 다음과 같습니다. 周나라 冢宰의 職에 小宰가 있고 小宰의 아래는 모두 그 속

69) 外臺 : 外官職으로 관원을 규찰하고 탄핵하는 일을 맡은 臺官을 일컫는다.
70) 刺擧 : 刺擧는 불법을 규찰하고 거론하는 일을 가리키는데, 여기서는 刺史 또는 制擧와 같은 관직을 말한다.

관이었으며, 그 나머지 五官[71] 또한 각각 속관이 있었습니다. 그러나 그 爵位에는 尊·卑의 차등이 있었습니다. 밖으로 牧伯의 나라[72]는 지금의 刺擧의 직임이니, 그 속관은 그의 신하였습니다. 漢나라 때 三公은 公府에 長史·司直이 있었으며 거기에는 東曹·西曹의 서리가 있었습니다. 안으로 御史와 밖으로 刺部에도 또한 각자 그 관리를 임용하여 서리나 속관으로 삼았습니다. 그들을 선발하는 방도는 주나라 때 六官 이하는 속관이 모두 天子에게 명을 받았고, 牧伯의 신하는 卿 이하는 그 나라 임금이 그 나라에서 선발하였습니다. 한나라 때 三公은 公府를 열어서 관리를 불러들였고, 唐나라 때 藩鎭도 자체적으로 천거하여 맞이하였습니다. 그 지위와 직분은 그 長官이 임명하여 나누어 다스리게 하는 데 달려 있었습니다.

策謂하노이다 前古治大有屬之法에 可施於今者는 則周冢宰之職에 有小宰焉하고 小宰之下는 皆其屬也요 其餘五官도 亦各有屬焉이로되 然其爵位有尊卑之差矣니이다 外則牧伯之國은 今刺擧之任也니 其屬則其臣爾니이다 漢之三公은 府則有長史司直焉하며 東曹西曹之掾焉이니이다 內則御史와 外則刺部도 亦各自用其吏爲掾屬이니이다 其選之之道는 則周六官以下는 其屬皆命於天子하고 牧伯之臣은 則其卿而下는 其君選於其國爾니이다 漢之三公은 開府辟召하고 唐之藩鎭도 亦自薦延이니이다 其位其職은 則繫其長之所任而分治之耳니이다

오늘날의 公府에 작은 일을 맡은 자가 없지는 않으나, 다만 그 일을 함께 할 三公의 孤[73]와 六卿의 丞[74]과 같은 관직이 없습니다. 문서를 작성하고 노역을 관장하는 자는 갖추어져 있으나 그 관직 또한 얼마 안 됩니다. 만일 그들의 선발을 신중히 하고 그 부류를 맑게 하고자 하신다면 그 관명을 바꾸는 것이 좋을 것입니다. 만약 정사를 미리 듣고자 하신다면 현명한 보좌관이 廟堂 위에서 도모할 것이니, 또한 어찌 細吏가 끼어들겠습니까. 刺擧의 속관과 같은 것은 선발하여 임용하는 것에 달려 있을 뿐입니다.

삼가 위와 같이 아룁니다.

今公府에 任其小事者가 非無也나 直無若三公之孤와 六卿之丞하여 共其事者爾니이다 其治文書掌勞役者는 備矣로되 其職亦幾矣니이다 苟欲愼其選하고 淸其流면 而易其官之名이 則可

71) 五官 : 地官 司徒, 春官 宗伯, 夏官 司馬, 秋官 司寇, 冬官 司空을 말한다.
72) 牧伯의 나라 : 方伯이 다스리는 지방의 제후국을 가리킨다.
73) 孤 : 三公 밑에 두었던 孤卿의 관직으로 少師·少傅·少保를 가리킨다.
74) 丞 : 六卿 밑에 두었던 副長官을 가리킨다.

矣니이다 若欲夫預聞政事면 則賢明之佐가 謨謀於廟堂之上이리니 又何細吏之間焉이리잇가 若夫刺擧之屬은 則在選任之爾니이다 謹對하노이다

제4도 第四道

묻노라.

오늘날 천하는 소비는 더욱 많아지고 재용은 더욱 모자라며, 먹기만 하는 자는 한층 남아돌고 농사짓는 자는 한층 곤궁하며, 재화는 갈수록 은닉되고 법조문은 갈수록 조밀해지는데 가뭄과 홍수는 해마다 일어나지 않은 적이 없다. 또 일찍이 근원을 맑게 하고 근본을 바르게 하는 방법을 터득하여 그 폐단을 조금이라도 늦춘 적이 없다. 비록 지혜로운 자가 있더라도 혹 그의 책무가 아닌 일을 맡기면 입을 다물고 한 마디도 하지 않는다. 아! 백성이 피폐해지는 것을 차마 볼 수 있겠는가. 이제 재용은 모자람이 없고, 농사짓는 자는 곤궁함이 없고, 법조문은 조밀함이 없게 하여 이 피폐해진 백성을 구제하려 한다. 감히 묻노니, 어떤 대책을 급선무로 삼아야 하며, 어떻게 제도를 정비한 뒤에 가능하겠는가? 간략하고 범범하게 말하지 말고 논할 바를 직언하라.

問하노라 今天下는 費益廣하고 財益匱하며 食加冗하고 農加困하며 貨愈籠하고 文愈密이로되 而旱乾水溢은 無歲無之라 又未嘗得淸源端本之術하여 少紓其弊라 雖有智者라도 或任非其責이면 噤不出一語라 嗚呼라 忍而視斯民之殘也아 今欲使財無匱하고 農無困하고 文無密하여 以拯斯民之殘하노라 敢問하노니 何策之爲先하며 何修而後可런고 勿疏勿泛하고 以直所論하라

다음과 같이 아뢰옵니다.

천하라는 큰 그릇에서 수많은 생명이 소중하게 길러지는데, 오직 임금만이 그들을 제어하고 길러줍니다. 오늘날 광대한 토지와 많은 인민은 가까운 시대와 비교해보면 매우 성대한 것은 아닙니다. 그러나 근세에 소비는 더욱 많아지고 재용은 더욱 모자라며, 먹기만 하는 자는 한층 남아돌고 농사짓는 자는 한층 곤궁하며, 재화는 갈수록 은닉되고 법조문은 갈수록 조밀해지는 것은 어째서일까요? 아마도 기본이 확립되지 않은 바가 있는 듯하고 법도가 거행되지 않는 바가 있는 듯합니다. 三代의 제도는 오

늘날 단시간에 功을 거둘 수 없으니, 몸소 힘써야 할 일에 절실하고 가까운 것을 취하여 말해보겠습니다.

對하노이다 天下大器에 群生重畜(휵)한대 惟君上所制養焉이니이다 今土地之廣과 人民之衆은 較之近代면 未爲甚盛也니이다 然이나 近歲에 費益廣하고 財益匱하며 食加冗하고 農加困하며 貨愈籠하고 文愈密者는 何也리잇가 殆基本似有所未立하고 法度似有所未擧爾니이다 三代之制는 今不能收功於旦夕也니 試取其切近於體務者하여 言之하리이다

지금 재용이 모자라고 먹기만 하는 자가 남아돌고 농사짓는 자가 곤궁하고 재화가 갈수록 은닉되고 법조문이 갈수록 조밀해지는 것은 폐단이 비록 번다하나 그 근원은 하나일 따름입니다. 그 시초는 소비가 더욱 많아지는 데 있습니다. 소비가 더욱 많아지면 백성에게서 취하는 것이 많아지고 창고를 채우는 것이 적어지니, 재용이 모자라지 않을 수 없고 농사짓는 자가 곤궁하지 않을 수 없습니다. 저 먹기만 하는 자가 남아도는 것 또한 소비의 한 단서일 뿐입니다. 소비가 이미 많아지고 재용이 이미 모자라고 농사짓는 자가 이미 곤궁해지면 재화가 은닉되지 않을 수 없습니다. 재화가 은닉되면 법조문이 조밀해지지 않을 수 없습니다.

이른바 소비가 더욱 많아진다는 것은 먹여주기를 기다리는 병사가 많으며, 夷狄에게 보내주는 것이 과중하며, 놀고먹는 무리가 번다하며, 쓸모없는 공물이 후하다는 말이 아니겠습니까. 오늘날을 위한 계책으로는 많은 병사를 어찌 갑자기 없앨 수 있겠습니까. 쓸모없는 인원을 걸러내고 정예병을 가리는 데 달려 있습니다. 夷狄에게 보내는 것을 어찌 갑자기 끊을 수 있겠습니까. 우리나라에서 대비하여 그 뒷일을 도모하는 데 달려 있습니다. 놀고먹는 무리가 번다한 것은 말단적인 상업을 금지하여 그들을 농사일에 종사하게 하는 데 달려 있습니다. 쓸모없는 공물이 후한 것은 그 근원을 끊어서 그 수를 줄이는 데 달려 있습니다. 그러나 그것을 다스리는 데에는 그 방도가 있습니다.

今財之匱하고 食之冗하고 農之困하고 貨愈籠하고 文愈密者는 弊雖煩나 而其原一而已니이다 其始在費益廣也니이다 費益廣이면 則取於民者衆하고 實於府者鮮하니 財不得不匱하고 農不得不困矣니이다 彼食冗者도 亦費之一端爾이니다 費旣廣하고 財旣匱하고 農旣困이면 則貨不得不籠이니이다 貨之籠이면 則文不得不密矣니이다 所謂費益廣者는 不曰待哺之兵衆乎며 夷狄之遺

重乎며 游食之徒煩乎며 無用之供厚乎잇가 爲今之計론 兵之衆을 豈能遽去之哉리잇가 在汰其冗而擇其精이니이다 夷狄之遺를 豈能遽絶之哉리잇가 在備於我而圖其後니이다 游食之徒煩은 則在禁其末而驅之農이니이다 無用之供厚는 則在絶其源而損其數니이다 然이나 其所以制之者는 有其道也니이다

水利를 일으키고 屯田을 제도화하고 府兵制[75]를 회복하고 義倉을 설치하는 것은 모두 시대를 구제하는 큰 이로움입니다. 이는 단지 縉紳(公卿)이 익숙하게 논의해야 할 바이니, 고리타분한 舊說이라고 여겨 소홀히 여기지 않으신다면 재용이 풍부해지고 식량이 풍족해지며 재화와 이익이 넉넉해질 수 있고 법조문을 줄일 수 있을 것입니다. 비록 가뭄이나 홍수의 변고일지라도 변치 않는 한 해의 운수에 관계된 것은 또한 우리가 그것을 대비함이 있어야 합니다.

삼가 위와 같이 아룁니다.

夫水利之興과 屯田之制와 府兵之復(복)과 義倉之設은 皆濟時之大利이니이다 顧縉紳議之熟矣니 惟不以爲舊說之迂而忽之면 則財以豐하고 食以足하며 貨利可寬하고 文法可損矣니이다 雖旱乾水溢之變이라도 繫乎歲數之常은 亦吾有備焉爾니이다 謹對하노이다

제5도 第五道

묻노라.

孔子가 말하기를 "만일 나를 등용하는 자가 있다면 3년이면 성취함이 있을 것이다."[76]라고 하였으니, 어찌 그 공효가 빠른 것인가? 공자가 또 말하기를 "善人이 백년 동안 나라를 다스리면 또한 잔악한 사람을 교화시키고 死刑을 없앨 수 있다."[77]라

---

75) 府兵制 : 唐나라 때 정비된 兵農一致의 군사제도로 20세 이상의 농민 가운데 兵丁을 뽑아 各府의 府兵으로 편성하고 평상시에는 농사를 짓고 농한기에 훈련을 하여 일정기간 防衛를 하게 하고 조세를 면제해주던 제도이다.

76) 만일……것이다 : ≪論語≫ 〈子路〉에 孔子가 말하기를 "만일 나를 등용하는 자가 있다면 1년만 하더라도 괜찮아질 것이니, 3년이면 성취함이 있을 것이다.〔苟有用我者 朞月而已 可也 三年 有成〕"라고 하였다.

77) 善人이……있다 : ≪論語≫ 〈子路〉에 孔子가 말하기를 "'善人이 나라를 백 년 동안 다스리면 또

고 하였으니, 어찌 그 공효가 더딘 것인가? 공자가 또 말하기를 "만일 王者가 있더라도 반드시 한 세대가 지난 뒤에야 사람들이 仁해질 것이다."[78]라고 하였으니, '반드시 한 세대가 지나야'라고 말한 것은 '선인이 백 년 동안 나라를 다스린 것'에 비교하면 너무 빠르고, 聖人(孔子)이 '나를 등용하는 자가 있다면 3년이면 성취함이 있을 것이다.'라고 한 것에 비교해보면 너무 더디다. 세 경우의 공효가 균일하지 않다. 그렇다면 성인은 어떤 방법을 써서 공효가 빠른 것이며, 선인은 어떤 방도를 써서 공효가 더딘 것이며, 왕자는 어떤 일을 하여 반드시 한 세대가 걸린다는 것인가? 바라건대 前代의 이미 드러난 자취로써 이 세 가지 질문에 답하라.

問하노라 子曰 苟有用我者면 三年이면 有成이리라하니 何其效之疾歟아 又曰 善人爲邦百年이면 亦可以勝殘去殺矣라하니 何其效之遲歟아 又曰 如有王者라도 必世而後仁이라하니 必世云者는 較諸善人則已疾이요 合諸聖人則已遲라 三者之效가 不能齊一이라 然則聖何道而疾이며 善何術而遲며 王何務而必世아 願以前代已然之迹으로 質於此三者하라

다음과 같이 아뢥니다.

聖人의 道는 구차한 바가 없을 따름입니다. 성인의 재주로써 천하에 도를 시행하는 것은 쉬우나, 오히려 굳이 '3년이면 성취함이 있을 것이다.'라고 말한 것입니다. 그러나 善人의 공효에 견주어보면 성인의 다스림은 훨씬 더 빠릅니다.

仲尼가 말하기를 "선인이 백 년 동안 나라를 다스리면 또한 잔악한 사람을 교화시키고 死刑을 없앨 수 있다."라고 하였으니, 이 선인은 이른바 '前人의 나쁜 자취를 따르지는 않으나 또한 성인의 경지에 들어가지 못하는'[79] 자입니다. 선인은 이미 前人의 폐단을 따라 그것을 지키지도 않고, 또한 성인의 도를 터득하여 그것을 행하지도 못하니, 느리고 오래 걸리는 것이 당연합니다. 그런 선인이 있어 서로 이어나가면 백 년 뒤에야 다스림을 지극히 할 수 있습니다.

이른바 "王者는 반드시 한 세대가 지난 뒤에야 사람들이 仁해질 것이다."라는 것은

한 잔악한 사람을 교화시키고 死刑을 없앨 수 있다.'라고 하니, 참으로 옳구나, 이 말이여!〔善人爲邦百年 亦可以勝殘去殺矣 誠哉 是言也〕"라고 하였다.

78) 만일……것이다 : ≪論語≫ 〈子路〉에 孔子가 말하기를 "만일 王者가 있더라도 반드시 한 세대가 지난 뒤에야 사람들이 仁해질 것이다.〔如有王者 必世而後仁〕"라고 하였다.

79) 前人의……못하는 : 子張이 善人의 道를 묻자, 孔子가 "前人의 나쁜 자취를 따르지는 않으나, 또한 聖人의 경지에는 들어가지 못한다.〔不踐迹 亦不入於室〕"라고 하였다.(≪論語≫ 〈先進〉)

저의 생각으로는 禮樂을 일으키는 시간을 말한 것입니다. 백성의 심정은 갑작스럽게 부릴 수 없고 급하게 변화시킬 수 없습니다. '3년이면 성취함이 있을 것이다.'라는 말은 큰 법도가 정해지는 것입니다. 백성들이 仁에 스며들고 義를 갈고 닦아 피부에 젖어들고 골수에 스며든 뒤에야 예악을 일으킬 수 있습니다. 대개 예악은 윗사람이 백성을 교화하는 방법입니다. 그러나 그 근원은 백성에게 근본하여 윗사람에게서 이루어지니, 성인의 공효가 그 때문에 빠르고 선인의 공효가 그 때문에 더딘 것입니다.

對하노이다 聖人之道는 無所苟而已矣니이다 以聖人之才로 施於天下는 其易(이)矣나 猶必曰 三年而有成也니이다 然이나 方之善人之效면 則聖人之治는 其疾也遠矣니이다 仲尼曰 善人爲邦百年이면 亦可以勝殘去殺矣라하니 夫善人者는 所謂不踐迹亦不入於室者也니이다 旣不循前人之弊而守之하며 又不得聖人之道而行之하니 宜其緩且久也니이다 有人焉하여 相繼而往이면 則百年而後에야 可至治矣니이다 所謂王者必世而後仁은 則蒙謂作禮樂之時爾니이다 夫民之情은 不可暴(폭)而使也요 不可猝而化也니 三年而成은 大法定矣니이다 漸之仁하고 摩之義하여 浹於肌膚하고 淪於骨髓然後에 禮樂을 可得而興也니이다 蓋禮樂者는 雖上所以教民也나 然其原은 則本於民而成於上爾니 則聖人之效所以疾이요 善人之效所以遲與이니이다

王者의 仁은 그 道를 볼 수 있으니, 다시 前代에 이미 드러난 자취로써 밝혀보겠습니다. 맹자가 말하기를 "小國은 7년, 大國은 5년이면 천하에서 정사를 펼칠 수 있다."[80]라고 하였으니, 이는 聖人의 공효입니다. 仲由가 "3년 만에 그들로 하여금 義理로 향할 줄을 알게 하겠습니다."[81]라고 한 것과 伯禽이 3년 만에 정사를 보고한 것[82]과 같은 경우는 성인의 도가 순수하고 구비된 것과 같을 수는 없으나 또한 聖師(孔子)의 가르침을 계승하고 周公의 정사를 받든 것이니, 그 다음이 될 수 있습니다.

---

80) 小國은……있다 : ≪孟子≫ 〈離婁 上〉에 "文王을 본받으면 大國은 5년, 小國은 7년이면 반드시 천하에서 정사를 펼칠 것이다.〔師文王 大國五年 小國七年 必爲政於天下矣〕"라고 하였다.

81) 3년……하겠습니다 : 孔子가 제자들에게 각자의 포부를 물었을 때 子路가 답하기를 "千乘의 제후국이 大國의 사이에서 속박을 받아 군사들이 쳐들어오고 기근이 겹쳐졌을 때 제가 그 나라를 다스린다면 3년 만에 백성들을 용맹하게 할 수 있고 또 義理로 향할 줄을 알게 할 수 있습니다.〔千乘之國 攝乎大國之間 加之以師旅 因之以饑饉 由也爲之 比及三年 可使有勇 且知方也〕"라고 하였다.(≪論語≫ 〈先進〉)

82) 伯禽이……것 : 伯禽은 周公의 아들이다. 伯禽이 처음 魯나라를 封地로 받고 3년 뒤에 周公에게 정사를 보고하였다. 주공이 "왜 늦었느냐?"라고 묻자, 백금이 말하기를 "풍속을 변화시키고 예법을 개혁하였으며 삼년상을 치르느라 늦었습니다."라고 하였다.(≪史記≫ 권33 〈魯周公世家〉)

漢나라의 王業은 高祖 때 시작되어 呂后·惠帝 때에는 그대로 따랐고, 文帝는 순박하고 검소함으로써 왕업을 지켰고, 孝景帝는 공경하고 묵묵함으로써 왕업을 이었습니다. 당시 漢나라가 건국된 지 거의 백 년이 되었는데 그 풍속이 관대하고 후덕하여 거의 형벌을 쓰지 않게 되었으니, 또한 잔악한 사람을 교화시키고 死刑을 없앤 공효입니다.

周나라는 文王의 왕업을 계승하고 武王의 치세를 거쳐 成王의 세대에 이르러 周公이 禮樂을 일으켰으니, 이것이 반드시 한 세대가 지난 뒤에야 仁해진 공효입니다.

삼가 위와 같이 아룁니다.

夫王者之仁은 其道를 可見矣니 復請以前代已然之迹而明之하노이다 孟子曰 小國은 七年에 大國은 五年에 可爲政於天下라하니 此聖人之效也니이다 若仲由謂三年使知方과 伯禽之三年報政은 雖不能若聖人之道醇且具也나 然亦承聖師之教요 奉周公之政이니 其庶乎其次也니이다 若漢之業은 創乎高祖하여 因循乎呂惠하고 文帝는 守之以淳儉하고 孝景은 紹之以恭默이니이다 當時漢之興이 幾百年矣로되 其風俗寬厚하여 幾致措刑하니 亦勝殘去殺之效乎니이다 周는 承文王之業하고 歷武王之治하여 至成王之世하여 而周公作禮樂焉하니 此必世後仁之效乎인저 謹對하노이다

二程全書 卷59

伊川先生文 一

明 後學 嘉興 徐必達 校正

상서 上書

仁宗皇帝에게 올린 글　上仁宗皇帝書①

① 皇祐 2년(1050).
皇祐二年.

초야의 미천한 신 程頤가 삼가 죽음을 무릅쓰고 再拜하고서 황제의 闕下에 글을 올립니다. 신이 엎드려 보건대 옛날 聖明한 군주는 直諫 듣는 것을 좋아하여 꼴 베고 나무하는 사람에게서도 널리 의견을 채집하지 않음이 없었기 때문에 보는 것이 더욱 밝아지고 듣는 것이 더욱 총명해져 紀綱이 바로 서고 천하가 잘 다스려졌으며, 昏亂한 군주는 잘못에 대해 듣는 것을 싫어하여 바른 말을 소홀히 하고 폐기하지 않음이 없었기 때문에 보는 것이 더욱 가려지고 듣는 것이 더욱 막혀 기강이 무너지고 천하가 혼란스러워졌으니, 천하가 잘 다스려지고 혼란스러워지는 원인은 이를 말미암지 않음이 없습니다.

엎드려 생각건대 폐하께서는 덕이 天地와 같고 밝음이 日月과 나란하여 너그럽고 자애롭고 인자하고 성스러움이 예로부터 비교할 바가 없으시니, 어찌 한 사람이라도 忠臣을 해치며 한 사람이라도 正士를 죽인 적이 있었습니까. 여러 신하들 중에 비록 정사를 아뢰다가 죄를 얻은 자들이 있지만 곧 다시 발탁되어 그 분수에 넘치기도 하니, 이는 천년에 한 번 만날 수 있는 정사를 아뢸 시기입니다.

桀·紂는 포악하고 어지러워 忠良한 이들을 잔인하게 해쳤으나 의로운 士人들은 죽음을 돌아보지 않고 그 절개를 바쳤습니다. 밝으신 성상께서 윗자리에 계셔 그 어짊이 하늘과 같으니 布衣之士로서 비록 言責을 담당하는 자리에 있지 않으나 진실로 성상의 정치를 도울 수 있다면 어찌 차마 묵묵히 있으면서 아뢰지 않을 수 있겠습니까.

이제 신은 저의 어리석은 충성을 다하고자 하니, 처벌에 대한 우려는 있지 아니합니다. 신이 염려하는 점은 진언하는 내용이 지극히 많으니 어찌 다 채택되겠으며, 지향만 크고 실정에 어리석은 말이 반드시 많을 것이니 폐하께서 미천한 士人의 말에 쓸 만한 것이 없다고 여기실까 하는 것입니다. 신이 비록 心腹을 열어 보이고 肝膽을 쏟아내더라도 살펴보시지 않아 단지 헛된 일이 되는 것, 이것이 신이 두려워하는 바입니다. 만약 폐하께서 조금이라도 유념해주신다면 신의 다행일 뿐만 아니라, 실로 천하 사람들의 다행일 것입니다. 신은 청컨대 배운 바를 먼저 아뢴 뒤에 신의 학술로써 천하의 일을 논해보겠습니다.

草莽賤臣程頤가 謹昧死再拜하고 上書皇帝闕下하노이다 臣伏觀컨대 前古에 聖明之主는 無不好聞直諫하여 博采芻蕘라 故로 視益明而聽益聰하여 紀綱正而天下治요 昏亂之主는 無不惡(오)聞過失하여 忽棄正言이라 故로 視益蔽而聽益塞(색)하여 紀綱廢而天下亂하니 治亂之因은 未有不由是也니이다 伏惟컨대 陛下는 德侔(모)天地요 明竝日月하여 寬慈仁聖이 自古無比하시니 曷嘗害一忠臣하고 戮一正士리잇가 群臣에 雖有以言事得罪者나 旋復拔擢하여 過其分際하니 此千載一遇言事之秋也니이다 桀紂暴亂하여 殘賊忠良이나 然而義士는 不顧死以盡其節이니이다 明聖在上하여 其仁如天하니 布衣之士로 雖非當言責也나 苟有可以裨聖治면 何忍默默而不言哉리잇가 今臣竭其愚忠하니 非有斧鉞之虞也니이다 所慮는 進言者至衆하니 豈盡有取며 狂愚必多하니 而陛下因謂賤士之言無適用者니이다 臣雖披心腹하고 瀝肝膽이라도 不見省覽하여 秪成徒爲가 此臣之所懼也니이다 儻或陛下少留聖慮면 則非臣之幸이요 實天下之幸이니이다 臣請自陳所學하고 然後에 以臣之學으로 議天下之事하노이다

신이 배운 바는 天下가 크게 中正하는 道[1)]입니다. 聖人은 그 도를 본성대로 하여 성인이 되었고, 賢者는 그 도를 말미암아 현자가 되었고, 堯·舜은 그 도를 써서 요·순이 되었고, 仲尼는 그 도를 傳述하여 중니가 되었습니다. 그 도는 지극히 크고 그 도를 행함은 지극히 평이하니, 三代 이전에는 그 도를 말미암지 않음이 없었습니다. 秦나라 이후로는 그 도가 쇠퇴하여 떨치지 못했으니, 魏나라·晉나라 때에는 그 도와

1) 크게 中正하는 道 : ≪周易≫ 大有卦 〈彖傳〉에 "大有는 柔가 임금의 자리를 얻고 크게 中正하며 上下가 호응하기 때문에 大有라고 한다.〔大有 柔得尊位 大中而上下應之 曰大有〕"라고 하였다. '大中'은 過와 不及이 없이 크게 中正한 것을 말한다.

매우 멀어졌고, 漢나라・唐나라의 小康한 때에는 그 도가 행해졌으나 순수하지 않았습니다. 예로부터 그 도를 배운 자는 많았으나 그 도를 터득한 자를 헤아려 보면 아마 적을 것입니다.

道는 반드시 자신에게 확충한 뒤에 베풀어서 남에게 미치는 것이니, 이런 까닭에 도가 크게 완성된 경우가 아니면 쓰여지기를 구하지 않습니다. 그러나 또한 그 몸을 사사로이 여기지 않고 시대에 응하여 일어나는 경우도 있으니, 이런 경우 出處는 일정함이 없고 오직 義가 있는 바를 따를 뿐입니다.[2)]

이른바 '道가 크게 완성된 경우가 아니면 쓰여지기를 구하지 않는다.'라는 것은 顏回・曾參의 무리가 이런 경우입니다. 하늘의 큰 命이 夫子(孔子)에게 있었기 때문에 그들이 그 자신을 스스로 善하게 할 수 있었으니, 聖人의 경지에 이르지 아니하면 나아가지 않습니다. 평안한 세상에서 살면서 쓰이는 바가 없는 자도 그러합니다.

이른바 '그 몸을 사사로이 여기지 않고 시대에 응하여 일어난다.'라는 것은 諸葛亮과 신이 이런 경우입니다. 제갈량은 先主(劉備)가 삼고초려한 의리에 감동하고 生民이 도탄에 빠져 괴로워하는 것을 근심하여 천하를 三代처럼 만들 것을 생각하였으니 의리상 자신만 편안할 수 없어 일어난 것입니다. 신과 같은 경우는 살면서 聖明한 군주를 만났으나 천하에 危亂의 우환이 있으니, 의리상 어찌 제 몸만을 구차히 善하게 하여 한 마디 말로써 폐하를 깨우치지 않을 수 있겠습니까. 그러므로 '출처는 일정함이 없고 오직 義가 있는 바를 따를 뿐이다.'라고 말한 것입니다.

臣所學者는 天下大中之道也니이다 聖人은 性之爲聖人이요 賢者는 由之爲賢者요 堯舜은 用之爲堯舜이요 仲尼는 述之爲仲尼이니이다 其爲道也는 至大하고 其行之也는 至易(이)하니 三代以上은 莫不由之니이다 自秦而下로는 衰而不振하니 魏晉之屬은 去之遠甚하고 漢唐小康엔 行之不醇하니이다 自古로 學之者는 衆矣로되 而考其得者면 蓋寡焉이니이다 道必充於己하고 而後施以及人이니 是故로 道非大成이면 不苟於用이니이다 然이나 亦有不私其身하고 應時而作者也니 出處無常이요 惟義所在니이다 所謂道非大成이면 不苟於用은 顏回曾參之徒가 是也니이다 天之大命이 在夫子矣라 故로 彼得自善其身이니 非至聖人이면 則不出也니이다 在於平世하여 無所用者도 亦然이니이다 所謂不私其身하고 應時而作者는 諸葛亮及臣이 是也니이다 亮感先主三顧之義하고

2) 오직……뿐입니다 : ≪孟子≫ 〈離婁 下〉에 孟子가 말하기를 "大人은 말은 믿음을 기필하지 않으며, 행동은 과단성을 기필하지 않고, 오직 義가 있는 바에 따른다.〔大人者 言不必信 行不必果 惟義所在〕"라고 하였다.

閔生民塗炭之苦하여 思致天下於三代하니 義不得自安而作也니이다 如臣者는 生逢明聖之主나 而天下有危亂之虞하니 義豈可苟善其身하여 而不以一言悟陛下哉리잇가 故曰出處無常이요 惟義所在라하니이다

신은 청컨대 천하의 일을 논의해보겠습니다. 잘 모르겠습니다만, 폐하께서는 오늘날 천하가 편안하다고 생각하십니까? 위태롭다고 생각하십니까? 잘 다스려진다고 생각하십니까? 혼란스럽다고 생각하십니까? 어찌 위태롭고 혼란한 줄 알면서도 그것을 구제할 방법을 생각하지 않을 수 있습니까. 만약 편안하고 잘 다스려진다고 생각하신다면 신은 청컨대 그렇지 않음을 밝혀보겠습니다.

바야흐로 오늘날의 형세는 참으로 불씨를 가져다 쌓아놓은 섶 아래에 두고 그 위에서 잠을 자면서 불이 섶에 붙지 않은지라 편안하다고 여기는 것과 무엇이 다르겠습니까. ≪書經≫에 이르기를 "백성은 나라의 근본이니, 근본이 견고해야 나라가 편안하다."[3]라고 하였습니다. 삼가 생각건대 근본을 견고하게 하는 방법은 백성을 편안하게 하는 데 있고, 백성을 편안하게 하는 방법은 衣食을 풍족하게 하는 데 있습니다. 오늘날의 천하는 백성의 힘이 고갈되고 衣食이 부족합니다. 봄에 밭 갈고 씨 뿌리고서 연명하면서 기다리다가 한 해 농사가 흉년이 들면 바로 살 곳을 잃고 떠돌아다니게 됩니다. 이로써 말하자면 근본이 아직 견고하지 않은 것입니다.

신이 헤아려 보건대 폐하께서는 어질고 자애로워 백성을 자식처럼 사랑하시니, 반드시 차마 그들을 곤궁하고 괴롭게 하여 한결같이 이런 지경에 이르게 하지는 않을 것입니다. 신이 의심컨대 左右前後에서 모시는 사람들이 폐하의 聰明을 막고 가려서 폐하로 하여금 알지 못하게 하는 것입니다.

오늘날 국가의 財用은 항상 부족한 경우가 많으니, 부족하면 三司[4]를 꾸짖고, 三司는 諸路의 轉運使[5]를 꾸짖습니다. 轉運使는 어디에서 재물을 마련하겠습니까? 백성에게서 수탈하는 것입니다. 혹 사방에 일이 있으면 대부분 비상시의 세율로 세금을 거두니 백성에게 해독을 끼치는 것이 더욱 심각합니다. 급히 명령을 내려 세금을 거

3) 백성은……편안하다 : ≪書經≫ 〈夏書 五子之歌〉에 보인다.
4) 三司 : 宋나라 때 국가 재정을 담당하던 鹽鐵司·度支司·戶部司를 가리킨다.
5) 轉運使 : 宋나라 때 지방의 행정조직인 諸路의 관직으로, 변경을 지키고 도적을 방지하며 형벌과 獄訟을 다스리고 錢穀을 거두어 수송하는 일을 관장하였다.

두어 백성의 고혈을 고갈시키니, 백성들이 종종 파산하여 생업이 없어지고 부모형제가 뿔뿔이 흩어집니다. 일반 사람들이 보아도 오히려 애통해할 만한데, 폐하께서는 백성의 부모이시니 어찌 가엽게 여기지 않으시겠습니까.

臣請議天下之事하노이다 不識커이다 陛下는 以今天下로 爲安乎잇가 危乎잇가 治乎잇가 亂乎잇가 烏可知危亂而不思救之之道리잇가 如曰安且治矣면 則臣請明其未然하리이다 方今之勢는 誠何異於抱火厝之積薪之下하고 而寢其上호되 火未及然이라 因謂之安者乎잇가 書曰 民惟邦本이니 本固라야 邦寧이라하니이다 竊惟컨대 固本之道는 在於安民이요 安民之道는 在於足衣食이니이다 今天下는 民力匱竭하고 衣食不足하니이다 春耕而播하고 延息以待라가 一歲失望이어든 便須流亡하니이다 以此而言하면 本未得爲固也니이다 臣料컨대 陛下仁慈하여 愛民如子하시니 必不忍使之困苦하여 一至於是니이다 臣竊疑컨대 左右前後가 壅蔽陛下聰明하여 使陛下不得而知니이다 今國家財用은 常多不足하니 不足則責於三司하고 三司責諸路轉運이니이다 轉運何所出이니잇가 誅剝於民爾니이다 或四方有事면 則多非時配率(율)이니 毒害尤深이니이다 急令誅求하여 竭民膏血하니 往往破産亡業하고 骨肉離散하니이다 衆人觀之라도 猶可傷痛이온 陛下爲民父母시니 豈不惻哉리잇가

백성들은 비축한 것이 없고 관아의 창고도 비었습니다. 신이 살펴보건대 京師 주변에서 천하에 이르기까지 대개 2년 동안 먹을 양식도 비축함이 없습니다. 끝내 해마다 凶災가 있어 明道[6] 연간과 같아진다면 국가가 어떻게 대처할지 모르겠습니다. 놀고 먹는 병졸은 헤아려 보면 백만이 넘는데 이미 그들에게 들어가는 비용을 마련할 길은 없고, 장차 백성들에게 과중하게 거두려 하나 백성들은 이미 흩어져버렸습니다. 强敵이 외부에서 틈을 타고 姦雄이 내부에서 딴 마음을 먹는다면, 나라가 붕괴되는 형세가 나타날 것을 깊이 우려할 만합니다.

크게 편안한 세상에서도 聖人은 오히려 대비를 잊지 않아 반드시 9년 동안 먹을 양식을 비축해 두어 흉년에 대비하였습니다.[7] 그런데 하물며 오늘날은 백성들이 곤궁

6) 明道 : 宋 仁宗의 두 번째 연호로, 1032년부터 1033년까지이다. 이 시기에 江淮 사이에 큰 가뭄이 들어 식량 부족으로 많은 사람이 죽었다.

7) 크게……대비하였습니다 : ≪禮記≫ 〈王制〉에 周나라의 국가 財用에 대해 논하면서 "나라에 9년 동안의 비축이 없으면 부족하다고 하고, 6년 동안의 비축이 없으면 급하다고 하고, 3년 동안의 비축이 없으면 그 나라는 나라가 아니다.〔國無九年之蓄 曰不足 無六年之蓄 曰急 無三年之蓄 曰國非其國也〕"라고 하였다.

하고 괴로워서 근심하고 원망하는 기세가 위로 하늘을 찌르니, 재앙과 흉년은 이러한 백성들의 근심과 원망이 부르는 것입니다. 폐하께서는 재앙과 흉년이 반드시 없을 것이라 어찌 보장하실 수 있겠습니까. 일반인의 집에 十金의 적은 재산이 있더라도 자손이 능히 지키지 못하면 사람들은 모두 효성스럽지 않다고 말합니다. 폐하께서 祖宗의 基業을 계승하였는데 앞에 나라가 붕괴되는 형세가 있다면 두려워하지 않을 수 있겠습니까.

民無儲備하고 官廩復空하니이다 臣觀컨대 京師緣邊으로 以至天下히 率無二年之備니이다 卒有連歲凶災하여 如明道中이면 不知國家何以待之니이다 坐食之卒은 計逾百萬이어늘 既無以供費하고 將重斂於民이나 而民已散矣니이다 强敵乘隙於外하고 姦雄生心於內하면 則土崩瓦解之勢를 深可虞也니이다 太寧之世에도 聖人은 猶不忘爲備하여 必有九年之蓄하여 以待凶歲하니이다 況今百姓困苦하여 愁怨之氣가 上衝于天하니 災沴(려)凶荒은 是所召也니이다 陛下는 能保其必無乎리잇가 中民之家에 有十金之産이라도 子孫不能守면 則人皆謂之不孝니이다 陛下承祖宗基業이어늘 而前有土崩瓦解之勢면 可不懼哉리잇가

戎狄의 강성함은 예로부터 비교할 바가 없습니다. 다행히도 현재는 오히려 맹서를 지키지만 과연 금과 비단으로 그들의 욕심을 만족시킬 수 있겠습니까? 반드시 항상 오늘날의 계책대로 될 것이라고 생각할 수 있겠습니까? 그러니 국경에 어찌 대비가 없어서야 되겠습니까. 병력을 늘리면 재용이 부족해지고 戍卒을 줄이면 병력이 버티지 못하니 모두 장구한 계책이 아닙니다.

이전에 昊賊[8]이 반역을 일으켜 서쪽 지방에 군대를 보내 몇 년 사이에 천하가 매우 곤궁해졌습니다. 대개 나라 안팎을 다스리는 것은 그 마땅함을 크게 잃었고, 陝西의 백성들은 괴로움이 더욱 심했습니다. 대부분 도망하여 흩어지자 거듭 軍法으로 금지해서 인심이 크게 원망하여 모두 외적을 그리워한다는 말을 하는 데 이르렀습니다. 悖逆이 심하여 감히 성상께 아뢸 수 없으나 폐하께서도 자못 아실 듯합니다.

그러므로 "恒産이 없더라도 恒心이 있는 것은 오직 士만이 가능하다."[9]라고 하였으니, 저 일반 백성들은 굶주리고 추위에 떠는 것이 이미 안으로 절실하여 父子가 서로

8) 昊賊 : 李元昊(1003~1048)를 가리킨다. 1038년 西夏를 건국한 뒤 송나라와 대립하며 여러 차례 전쟁을 하였고, 1044년 화의하여 신하의 예를 갖추는 대신 매해 歲幣를 받았다.
9) 恒産이……가능하다 : ≪孟子≫ 〈梁惠王 上〉에 보인다.

보호하지 못하는데 오히려 忠義를 돌아볼 수 있겠습니까. 백성들이 선량하지 않은 것이 아니라, 政事가 그렇게 만든 것입니다.

당시 秦 땅에서 도적들이 여러 차례 일어났으니 박멸할 것을 계획하였다면 반드시 도적들에게 메아리처럼 호응하는 자들이 많았을 것입니다. 다행스럽게도 얼마 뒤에 적을 모조리 무찌를 수 있었으니, 또한 社稷의 福을 받은 것입니다. 서쪽 오랑캐도 지쳐서 멀리 도모할 수 없음을 알고서 드디어 거짓말로 순종한다고 칭하였습니다. 이전에 만약 서로 견제하여 병란을 그치지 않았다면 내부의 혼란이 일어났을 것이니 그 일을 말하자면 놀라울 만합니다.

오늘날 천하 사람들의 수고롭고 피폐함은 景祐[10] 연간 이전에 비할 바가 아닙니다. 다시 이전의 부역을 가하는 일이 있으면 신의 어리석고 간절한 생각으로는 그들이 감당할 수 없을 듯합니다. 하물며 우환으로 여길 것이 어찌 단지 西戎의 일 뿐이겠습니까. 신이 매양 이 점을 생각하면 혼비백산할 듯합니다. 朝廷에서 의론하는 이들은 어찌 생각하는지 모르겠습니다. 또한 일찍이 이를 염두에 두고 있는 것입니까? 아니면 통제할 방법이 없다고 생각하는 것입니까?

戎狄强盛은 自古無比니이다 幸而目前尙守盟誓나 果能以金帛厭其欲乎잇가 能必料其常爲今日之計乎잇가 則夫沿邊에 豈宜無備리잇가 益以兵則用不足이요 省(생)其戍則力弗支니 皆非長久之策也니이다 前者에 昊賊叛逆하여 西垂用兵하여 數年之間에 天下太困하니이다 蓋內外經制는 多失其宜요 陝西之民은 苦毒尤甚하니이다 及多逃散하얀 重以軍法禁之하여 以至人心大怨하여 皆有思寇之言이니이다 悖逆之深하여 不敢以聞聖聽이나 顧恐陛下도 亦頗知之하리이다 故曰 無恒產而有恒心者는 惟士爲能라하니 彼庶民者는 飢寒旣切於內하여 父子不相保로되 尙能顧忠義哉리잇가 非民無良이요 政使然也니이다 當時秦中에 寇盜屢起하니 儻稽撲滅이면 必多響應이니이다 幸而尋時盡能誅剪하니 尙賴社稷之福이니이다 西虜亦疲하여 彼知未可遠圖하여 遂且詭辭稱順이니이다 向若更相牽制하여 未得休兵이면 內釁(흔)將生이리니 言之可駭니이다 今天下勞弊는 不比景祐以前이니이다 復有加曩時之役이면 臣愚切恐不能堪矣니이다 況爲患者가 豈止西戎이리잇가 臣每思之하면 神魂飛越하니이다 不知케이다 朝廷議者以爲如何잇가 亦嘗置之慮乎잇가 其謂制之無術乎잇가

10) 景祐 : 宋 仁宗의 세 번째 연호로, 1034년부터 1038년까지이다.

신이 삼가 생각건대 오늘날 천하는 오히려 아무 일도 없고 人命은 아직 매우 위태롭지는 않으니, 폐하께서는 의당 미리 마음속으로 경계하고 두려워하여 王道를 행할 것을 생각하십시오. 그렇게 하지 않으면 신은 세월이 빨리 흘러 구습을 그대로 따르며 王道를 생각하지 않을까 염려됩니다. 事勢로 살펴보건대 이치는 일정함이 없습니다.

비록 우리 太祖께서 천하를 소유하여 五代의 혼란함을 구제하셨으나 한 사람도 함부로 죽이지 않았습니다. 예로부터 이런 일이 없어 漢나라와 唐나라는 비할 바가 아니니, 趙氏(宋나라 황실)의 제사를 泰山에 모셔야 할 이유를 참으로 알겠습니다. 그런데도 폐하의 聖明을 손상시키고 백성을 고통 속에 빠뜨리는 것은 매우 통탄할 만합니다. 신이 헤아려 보건대 여러 신하 중에 필시 폐하를 위해 王道를 아뢴 자가 있지 않았을 것이니, 폐하의 聖明으로 보아 王道를 아뢰었는데도 행하지 않으심이 어찌 있겠습니까.

臣竊謂컨대 今天下猶無事하고 人命未甚危니 陛下는 宜早警惕(척)于衷하여 思行王道하소서 不然이면 臣恐歲月易(이)失하여 因循不思니이다 事勢觀之컨대 理無常爾니이다 雖我太祖之有天下하여 救五代之亂호되 不戮一人하니이다 自古無之하여 非漢唐可比니 固知趙氏之祀安於泰山이니이다 然而損陛下之聖明하고 陷斯民於荼(도)毒은 深可痛也니이다 臣料컨대 群臣에 必未嘗有爲陛下陳王道者니 以陛下聖明으로 豈有言而不行者乎잇가

삼가 생각건대 王道의 근본은 仁입니다. 신이 보건대 폐하의 仁은 堯·舜의 仁입니다. 그런데도 천하가 아직 잘 다스려지지 않은 것은 진실로 仁心은 있으나 仁政이 없기 때문입니다. 그러므로 孟子가 말하기를 "지금 仁心과 仁聞이 있으면서도 백성들이 그 은택을 입지 못하여 후세에 법이 될 수 없는 것은 先王의 道를 행하지 않기 때문이다."[11]라고 한 것입니다.

폐하께서는 여러 정사에 마음을 정밀하게 하여 항상 한 사람이라도 제자리를 얻지 못할까 두려워하시고, 일찍이 한때의 기쁨과 노여움으로써 한 사람이라도 무고한 사람을 죽인 적이 없으십니다. 관리 중에 백성의 죄를 과도하게 단죄한 자가 있으면 종신토록 그를 버리시니, 이는 폐하께서 인민을 깊이 사랑하시는 것입니다. 그런데도 흉년이 들어 굶주리는 해에는 노약자가 전전하다 구렁에서 죽고 건장한 자는 흩어져

---

11) 지금……때문이다 : ≪孟子≫ 〈離婁 上〉에 보인다.

사방으로 가서 도적이 되어 刑戮을 범하는 자가 거의 천만 명이나 되니, 이 어찌 폐하께서 인민을 사랑하는 마음이겠습니까. 반드시 '한 해의 농사가 그렇게 만든 것이지 정사를 잘못한 죄가 아니다.'라고 여긴다면 이는 사람을 찔러 죽이고서 '내가 죽인 것이 아니라 무기가 그런 것이다.'라고 말하는 것과 무엇이 다르겠습니까.[12] 三代의 백성은 이런 병통이 없었으니, 어찌 三代의 정사를 오늘날 행할 수 없겠습니까.

州・縣의 관리 중에 백성을 죄에 빠뜨리는 자가 있으면 폐하께서는 반드시 그를 매우 미워하실 것입니다. 그런데도 백성들이 義를 알지 못하여 다시 곤궁한 처지에 몰리거나 방탕하고 편벽되고 간사하고 사치하여 죄에 빠지는 것은 폐하께서 빠뜨리는 것이 아니겠습니까. 반드시 '그가 스스로 그런 것이다.'라고 생각한다면 敎化는 聖人의 망령된 말일 것입니다.

竊惟컨대 王道之本은 仁也니이다 臣觀컨대 陛下之仁은 堯舜之仁也니이다 然而天下未治者는 誠由有仁心而無仁政爾니이다 故로 孟子曰 今有仁心仁聞이로되 而民不被其澤하여 不可法於後世者는 不行先王之道也일새라하니이다 陛下는 精心庶政하여 常懼一夫不獲其所하시고 未嘗以一喜怒殺一無辜하니이다 官吏有犯入人罪者면 則終身棄之하시니 是陛下愛人之深也니이다 然而凶年飢歲엔 老弱轉死於溝壑하고 壯者散而之四方하여 爲盜賊하여 犯刑戮者가 幾千萬人矣니 豈陛下愛人之心哉리잇가 必謂歲使之然이니 非政之罪歟면 則何異於刺(척)人而殺之曰 非我也요 兵也니잇가 三代之民은 無是病也니 豈三代之政을 不可行於今邪잇가 州縣之吏에 有陷人於辟者면 陛下必深惡(오)之니이다 然而民不知義하여 復迫困窮이어나 放辟邪侈而入於罪者는 非陛下陷之乎잇가 必謂其自然이면 則敎化는 聖人之妄言邪인저

천하가 잘 다스려지는 것은 어진 이를 얻는 것을 말미암고, 천하가 잘 다스려지지 않는 것은 어진 이를 잃는 것을 말미암습니다. 세상에 어진 이가 부족한 것은 아니니 어진 이를 구하는 방도가 어떠한가를 돌아볼 따름입니다. 오늘날 어진 이를 구하는 것은 본래 잘 다스리기 위해서입니다. 천하를 다스리는 방도는 五帝・三王・周公・孔

12) 반드시……다르겠습니까 : 孟子가 梁惠王에게 말하기를 "개와 돼지가 사람이 먹을 양식을 먹는데도 단속할 줄 모르며, 길에 굶어 죽은 시체가 있어도 창고를 열 줄 모르고, 사람들이 굶어 죽으면 '내가 죽인 것이 아니라 흉년이 들어서이다.'라고 하니, 이는 사람을 찔러 죽이고서 '내가 죽인 것이 아니라 무기가 그런 것이다.'라고 말하는 것과 무엇이 다르겠습니까.〔狗彘食人食而不知檢 塗有餓莩而不知發 人死則曰 非我也 歲也 是何異於刺人而殺之曰 非我也 兵也〕"라고 하였다.(≪孟子≫ 〈梁惠王 上〉)

子가 천하를 다스린 방도 아닌 것이 없으니, 五帝·三王·周公·孔子가 천하를 다스린 방도에 밝은 자를 구하여 각각 그가 터득한 바의 크고 작음으로써 등용하는 것입니다. 宰相의 사업이 있는 자는 재상이 되게 하고, 卿·大夫의 사업이 있는 자는 卿·大夫가 되게 하고, 郡을 다스릴 방도가 있는 자는 刺史가 되게 하고, 縣을 다스릴 정사가 있는 자는 縣令이 되게 하여 각각 마땅한 임무를 맡으면 거행되지 않는 직분이 없을 것이니, 그러고서도 천하가 다스려지지 않는 경우는 없습니다.

天下之治는 由得賢也요 天下不治는 由失賢也니이다 世不乏賢이니 顧求之之道如何爾니이다 今夫求賢은 本爲治也니이다 治天下之道는 莫非五帝三王周公孔子治天下之道也니 求乎明於五帝三王周公孔子治天下之道者하여 各以其所得大小而用之니이다 有宰相事業者는 使爲宰相하고 有卿大夫事業者는 使爲卿大夫하고 有爲郡之術者는 使爲刺史하고 有治縣之政者는 使爲縣令하여 各得其任이면 則無職不擧니 然而天下弗治者는 未之有也니이다

국가에서 士를 선발할 적에 비록 여러 科目으로써 선발하지만 賢良方正科는 1년에 한두 사람에 그칠 뿐이고, 또 얻은 사람도 식견이 넓고 기억을 잘하는 士에 불과합니다. 明經科로 뽑힌 사람은 오로지 암송만 잘할 뿐 義理에는 밝지 않아 더욱 쓸모가 없습니다. 가장 귀중하고 성대하게 여기는 것이 바로 進士科인데 詞賦와 聲律로 빼어남을 가리니, 詞賦 가운데에는 천하를 다스릴 방도가 있지 않습니다. 사람들이 그런 것을 배워 과거에 급제해서 세월이 한참 지난 뒤에는 卿과 宰相에 이르니, 帝王의 도리와 敎化의 근본을 어찌 일찍이 알겠습니까. 그 지위에 있으면서 그 사업을 책임지게 하면 일찍이 그런 것을 배운 적이 없으니, 비유하자면 북방의 胡人이 배를 조종하고 越나라 나그네가 말을 모는 것과 같아 잘 하기를 바라지만 또한 어렵지 않겠습니까.

지난번에 丁度[13]가 아뢰기를 "祖宗 이래로 인재를 얻은 것이 적지 않습니다."[14]라고

---

13) 丁度 : 990~1053. 자는 公雅이며, 시호는 文簡으로, 開封 祥符 사람이다. 1011년 服勤詞學科 진사에 급제하여 大理評事·通州通判을 지냈고, 이후 여러 관직을 거쳐 樞密副使·參知政事 등을 지냈다.

14) 祖宗……않습니다 : 宋 仁宗 慶曆 8년(1048) 夏四月에 "詔書를 내려 '科場의 舊條는 모두 先代 조정에서 정한 것이니 일체 바꾸지 말아야 한다.'라고 하였다. 당시 禮部 貢院에서 아뢰기를 '祖宗 이래 인재를 얻은 것이 적지 않습니다. 文藝를 비교하는 것은 참으로 규정이 있으니 변경하여 부박한 풍조를 조장할 필요가 없습니다. 청컨대 아울러 옛 제도를 더하소서.'라고 하였기 때문에 이런 조서를 내린 것이다.〔詔科場舊條 皆先朝所定 宜一切無易 時禮部貢院言 祖宗以來 得人不少 考較文藝 固有規程 不須變更 以長浮薄 請竝加舊制 故降是詔〕"라고 하였다.(≪宋史全文≫ 권8下 宋仁宗 四)

하였으니, 어리석고 사리에 어두운 것이 심하여 의론하는 자들이 지금도 이를 갑니다. 墨家로 하여금 묵가를 논하게 하는 것은 참으로 묵가를 선하게 여기는 것입니다.

國家取士에 雖以數科나 然而賢良方正은 歲止一二人而已요 又所得不過博聞强記之士爾니이다 明經之屬은 唯專念誦하여 不曉義理하여 尤無用者也니이다 最貴盛者는 唯進士科로되 以詞賦聲律爲工하니 詞賦之中엔 非有治天下之道也니이다 人學之以取科第하여 積日累久하여 至於卿相하니 帝王之道와 敎化之本을 豈嘗知之리잇가 居其位하여 責其事業이면 則未嘗學之니 譬如胡人操舟하고 越客爲御하여 求其善也나 不亦難乎리잇가 往者에 丁度建言호되 祖宗以來로 得人不少라하니 愚瞽(고)之甚하여 議者至今切齒하니이다 使墨論墨은 固以墨爲善矣니이다

오늘날 천하가 아직 잘 다스려지지 않은 것은 진실로 훌륭한 임금은 있으나 훌륭한 신하가 없기 때문입니다. 어찌 세상에 인재가 없겠습니까마는 인재를 구할 적에 그 도리를 잃었을 뿐입니다. 만일 士를 선발하여 반드시 인재를 얻고자 한다면 어찌 방법이 없겠습니까. 王道가 행해지지 않은 지 2천 년이 되었는데 후세의 어리석은 자들은 모두 '시대가 다르고 事勢가 변하여 다시 행할 수 없다.'고 말하니, 이는 매우 무지한 것입니다. 그러나 人主는 종종 그런 말에 미혹됩니다.

지금 어떤 사람이 길에서 물건을 주워 玉工에게 보이니 옥이라 하고 대중에게 보이니 돌이라 한다면 옥공의 말을 옳다고 여겨야 할까요? 대중의 말을 맞다고 여겨야 할까요? 반드시 옥공의 말을 옳다고 여겨야 할 것입니다. 어째서이겠습니까? 옥공은 제대로 알고 대중은 제대로 알지 못하기 때문입니다.

聖人이 가르침을 남겨 후세를 잘 다스리기를 생각하였는데 어리석은 자들은 오늘날에 행할 수 없다고 말하니, 장차 성인의 도를 지키려는 것입니까? 대중의 말을 따르려는 것입니까? 대중에게 王道를 행할 수 있다고 말하는 것은 장님에게 五色의 선명함을 묻고 귀머거리에게 八音의 아름다움을 묻는 것과 같으니, 그들이 행할 수 없다고 말하는 것이 당연합니다. 저들이 五色을 미워하고 八音을 싫어하는 것이 아니고 聞見이 국한되었기 때문입니다.

今天下未治는 誠由有君而無臣也니이다 豈世無人이리오마는 求之失其道爾니이다 苟欲取士必得이면 豈無術哉리잇가 王道之不行이 二千年矣로되 後之愚者는 皆云時異事變하여 不可復行이라하니 此則無知之深也니이다 然而人主往往惑於其言하니이다 今有人得物於道하여 示玉

工하니 曰玉也요 示衆人하니 曰石也라하면 則當以玉工爲是乎잇가 以衆人爲然乎잇가 必以玉工爲是矣니이다 何則고 識與不識也일새니이다 聖人垂教하여 思以治後世어늘 而愚者謂不可行於今하니 則將守聖人之道乎잇가 從衆人之言乎잇가 謂衆人以王道可行은 其猶詰瞽者以五色之鮮이요 詢聾者以八音之美니 其曰不然이 宜也니이다 彼非憎五色而惡(오)八音이요 聞見限也일새니이다

신이 살펴보건대 폐하의 마음은 천하를 우려하지 않는 것은 아니니, 폐하께서 천하를 우려하는 마음으로 王道를 행하는 것이 어찌 어렵겠습니까. 孟子가 말하기를 "齊나라로써 왕도정치를 행하는 것은 손을 뒤집는 것과 같이 쉽다."[15]라고 하였고, 또 말하기를 "文王을 본받으면 大國은 5년, 소국은 7년이면 반드시 천하에서 정사를 펼칠 것이다."[16]라고 하였으니, 제후의 지위와 한 제후국의 영토로도 5년이면 天下에서 왕도정치를 할 수 있습니다. 하물며 폐하는 天子라는 존귀한 지위에 있어 명령이 四海에 행해지는 것이 바람이 움직이는 것처럼 빠르니, 만일 왕도정치를 행하신다면 어찌 손을 뒤집는 것처럼 쉬울 뿐이겠습니까.

옛날 위대한 禹임금이 물을 다스릴 적에 8년을 외지에 있으면서 세 번이나 자기 집 문 앞을 지나면서도 들어가지 않았으니, 천하를 이롭게 할 것을 생각하여 비록 수고롭고 힘들더라도 피하지 않은 것입니다. 지금 폐하께서 왕도정치를 행하시는 것은 신체를 힘들게 하고 사려를 피로하게 하는 어려움이 있지 않으니, 무엇을 꺼려서 행하지 않겠습니까.

≪孝經≫에 이르기를 "立身하여 道를 행해서 후세에 이름을 드날려 부모를 드러내는 것이 孝의 마침이다."[17]라고 하였습니다. 匹夫도 오히려 도를 행하여 부모를 드러내는데, 하물며 폐하께서는 존귀하기로는 天子가 되셨으니 어찌 발분하여 治道를 구해 堯·舜과 같아지기를 생각하며, 백성을 仁하고 장수하게 하며, 위로 조상을 빛내어 무궁한 아름다움을 드리우지 않겠습니까. 무릇 孝라는 것은 이보다 더 큰 것이 없습니다.

臣觀컨대 陛下之心은 非不憂慮天下也니 以陛下憂慮天下之心으로 行王道가 豈難乎哉리잇가 孟子曰 以齊로 王이 猶反手也라하고 又曰 師文王이면 大國은 五年이요 小國은 七年에 必爲政於

15) 齊나라로써……쉽다 : ≪孟子≫ 〈公孫丑 上〉에 보인다.
16) 文王을……것이다 : ≪孟子≫ 〈離婁 上〉에 보인다.
17) 立身하여……마침이다 : ≪孝經≫ 〈開宗明義〉에 보인다.

天下矣리라하니 以諸侯之位와 一國之地로도 五年이면 可以王天下니이다 況陛下는 居天子之尊하여 令行四海가 如風之動하니 苟行王政이면 奚啻(시)反手之易(이)哉리잇가 昔者에 大禹治水할새 八年於外하여 三過其門而不入하니 思以利天下하여 雖勞苦라도 不避也니이다 今陛下行王政은 非有苦身體勞思慮之難也니 何憚而不爲哉리잇가 孝經曰 立身行道하여 揚名於後世하여 以顯父母가 孝之終也라하니이다 匹夫도 猶當行道하여 以顯父母이온 況陛下는 貴爲天子시니 豈不發憤求治하여 思齊堯舜하며 納民仁壽하며 上光祖考하여 垂休無窮이리잇가 凡所謂孝는 無大於此者也니이다

신이 생각건대 오늘날의 천하를 다스리는 것은 헝클어진 실을 푸는 것과 같으니, 그 끝을 잡고 한 가닥씩 풀지 않으면 다스릴 수 없습니다. 그러므로 신이 앞에서 아뢴 바에는 정치의 闕失을 낱낱이 지적하지 않고, 단지 危亂의 우려가 있으니 그것을 구제하려면 마땅히 王道로써 해야 함을 밝혔을 뿐입니다. 그러나 王道를 행하는 방도는 한두 가지로써 말할 수 있는 것이 아니니, 天顔을 한번 뵙고서 배운 바를 모두 아뢰기를 원합니다. 만약 취할 점이 있다면 폐하께서 신을 좌우에 두어 정성을 다하게 하시고, 만일 실로 쓸 만하다고 여기시면 폐하께서 크게 채용하십시오. 만약 王道를 행하고도 공효가 없다면 신은 마땅히 성상을 기망한 죄를 받을 것이며, 또한 폐하의 爵祿을 헛되이 받지 않을 것입니다.

臣以謂컨대 治今天下는 猶理亂絲하니 非持其端하고 條而擧之면 不可得而治也니이다 故로 臣前所陳엔 不及歷指政治之闕하고 但明有危亂之虞하니 救之當以王道也니이다 然而行王之道는 非可一二而言이니 願得一面天顔하여 罄(경)陳所學하니이다 如或有取면 陛下其置之左右하여 使盡其誠하고 苟實可用이면 陛下其大用之하소서 若行而不效면 當服罔上之誅요 亦不虛受陛下爵祿也니이다

폐하께서 여러 신하에게 물으시면 여러 신하들은 반드시 '한미한 士人은 성상의 곁에 가까이 둘 수 없다.'고 말할 것입니다만, 신의 입장에서 생각해보면 그렇지 않다고 생각합니다. 신의 고조부 羽는 太祖의 조정에서 60여 세의 나이로 縣令이 되었고, 한 마디 말로써 신임을 받아 聖祖가 특별히 발탁하였으며, 太宗에게 신임을 얻어 兵部侍郎으로 끝마쳤습니다. 돌아보고 알아주신 두터움은 여러 신하들이 비할 바가 아니니,

행적이 家牒에 갖추어져 있어 감히 번거로이 진술하지 않겠습니다. 신의 증조부 希振은 부친의 음덕으로 관직에 부임하였고,[18] 나중에 조부 遹도 다시 推恩을 입었습니다.[19] 국가가 先世의 勳臣을 기록할 적에 부친 珦 또한 延賞[20]을 입어 지금 國子博士가 되었습니다.

미미한 공로도 있지 않으나 임금의 녹을 4代 동안 먹은 지 1백 년이 되었습니다. 신이 생각건대 천하에서 두터운 國恩을 받은 곳은 신의 집안만 한 곳이 없습니다. 신이 이 사실을 안 뒤 국가를 위해 목숨을 바칠 것을 생각하였으나 그 길을 찾지 못했습니다. 만약 신이 나아가 알현한다면 그런 의심이 없어질 것입니다. 혹자는 재차 억지스러운 말을 하여 신을 등용하는 것이 불가함을 말하니, 이는 곧 스스로 몰래 사사로운 짓을 하여 잘못을 들추어낼까 두려워서 막는 것입니다.

陛下問群臣하시면 群臣은 必謂寒賤之士는 未可使近上側이로되 自臣思之면 以爲不然하니이다 臣高祖羽는 太祖朝에 年六十餘로 爲縣令하고 一言遭遇하여 聖祖特加拔擢하며 攀(반)附太宗하여 終於兵部侍郎이니이다 顧遇之厚는 群臣無比니 備存家牒하여 不敢繁述하노이다 臣曾祖希振은 旣以父任하고 後祖遹(휼)도 復被推恩하니이다 國家錄先世之勳臣할새 父珦도 又蒙延賞하여 今爲國子博士니이다 非有橫草之功이나 食君祿四世하여 一百年矣니이다 臣料컨대 天下受國恩之厚는 無如臣家者니이다 臣自識事以來로 思爲國家盡死나 未得其路爾니이다 則臣進見(현)이면 宜無疑也니이다 或者는 更爲强詞하여 言其不可하니 此乃自負陰私하여 懼防詆訐(알)者也니이다

엎드려 바라건대 폐하께서는 聖心으로 결단하여 衆言을 따르지 마시며, 王道를 마음에 두고 生民을 생각하시며, 세속의 논의를 물리치고 비상한 功을 기약하십시오. 옛날 漢 武帝는 齊 宣王이 孟子의 설을 행하지 않아 스스로 王道를 행하지 못한 것을 비웃었지만 董仲舒[21]의 대책을 쓰지 않았고, 隋 文帝는 한 무제가 동중서의 대책을 쓰지 않아 道에 이르지 못한 것을 비웃었지만 王通[22]의 말을 듣지 않았습니다. 이 두

18) 신의……부임하였고 : 程頤의 증조부 程希振은 蔭補로 尙書虞部員外郞을 지냈다.
19) 조부……입었습니다 : 程頤의 조부 程遹은 開府儀同三司 吏部尙書에 추증되었다. 推恩은 父祖나 子孫의 공로로 인해 官爵을 제수하거나 더 높여주던 일을 가리킨다.
20) 延賞 : 부친의 공이 아들에게 미치는 것을 가리킨다.
21) 董仲舒 : B.C.179~B.C.104. 漢 景帝 때 博士가 되었고, 漢 武帝 때 賢良對策을 올려 百家를 몰아내고 儒術만을 존중할 것을 주장하였다. 젊을 때부터 ≪春秋≫를 전공하여 일을 논할 적에 ≪춘추≫에 근거하여 의론한 것이 많았다. 저술로 ≪董子文集≫과 ≪春秋繁露≫ 등이 있다.
22) 王通 : 584~617. 隋나라 때의 학자로, 자는 仲淹, 시호는 文中子이다. 조정에 〈太平十二策〉을

임금의 혼매함을 폐하 또한 비웃은 적이 있을 것으로 사료됩니다. 신은 비록 감히 세 사람[23)]의 현명함을 바랄 수 없으나, 신이 배운 바는 세 사람의 道입니다. 폐하께서 후세 사람들이 지금을 바라보는 것을 지금 사람들이 과거를 돌아보는 것과 같게 하지 않으신다면[24)] 천하를 위해 더할 나위 없는 다행일 것입니다. 바라건대 폐하께서는 다만 이 점을 유념하십시오. 어리석은 신은 분수에 넘게 狂者·狷者[25)]와 같은 말을 하여 지극히 두려운 마음을 감당할 수 없습니다. 신 頤는 죽음을 무릅쓰고 머리를 조아려 삼가 아룁니다.

伏望컨대 陛下는 出於聖斷하여 勿狥衆言하시며 以王道爲心하고 以生民爲念하시며 黜世俗之論하고 期非常之功하소서 昔漢武는 笑齊宣不行孟子之說하여 自致不王이나 而不用仲舒之策이요 隋文은 笑漢武不用仲舒之策하여 不至於道나 而不聽王通之言이니이다 二主之昏을 料陛下亦嘗笑之矣리이다 臣雖不敢望三子之賢이나 然臣之所學은 三子之道也니이다 陛下勿使後之視今을 猶今之視昔이면 則天下不勝幸甚이리이다 望陛下特留意焉하소서 臣愚無任踰越狂狷恐懼之極하노이다 臣頤昧死頓首謹言하노이다

彭思永[26)]을 대신하여 英宗皇帝께 올린 濮王[27)]의 典禮를 논하는 상소 代彭思永上英宗皇帝論濮王典禮疏①

① 治平 2년(1065) 4월.
治平二年四月.

올렸으나 쓰이지 않자 물러나 河水와 汾水 사이에서 살며 후학을 양성하였다. 房玄齡·杜如晦·魏徵·李靖 등이 모두 그의 문하에서 나왔다. 저술로 ≪中說≫이 있다.

23) 세 사람 : 孟子·董仲舒·王通을 가리킨다.

24) 후세……않으신다면 : 지금 사람들이 漢 武帝나 隋 文帝의 어리석음을 비웃듯이 후세 사람들이 宋 仁宗을 어리석었다고 비웃게 하지 말라는 의미이다.

25) 狂者·狷者 : ≪論語≫ 〈子路〉에 孔子가 말하기를 "中道의 인재를 얻어서 함께 할 수 없다면 반드시 狂者나 狷者와 함께 할 것이다. 狂者는 진취적이고, 狷者는 하지 않는 바가 있다.〔不得中行而與之 必也狂狷乎 狂者進取 狷者有所不爲也〕"라고 하였다.

26) 彭思永 : 1000~1070. 자는 季長으로, 廬陵 사람이다. 1027년에 진사에 급제하여 南康軍判官에 제수되었다. 戶部侍郎으로 致仕하였다. 程顥의 장인이다.

27) 濮王 : 宋 英宗의 生父인 濮安懿王 趙允讓을 가리킨다.

신 思永이 아룁니다.

엎드려 보건대 근래에 濮王을 '親'이라 칭하는 일로 언사를 담당하는 신하들은 奏章을 번갈아 올리고 안팎에서는 의론이 시끌벅적합니다. 이는 대개 執政大臣이 典禮를 위반하여 어지럽히고 좌우의 신하들이 도리를 능히 개진하지 않아 폐하의 聖心이 의혹하고 大義가 밝혀지지 못한 소치입니다. 신은 憲府의 직임을 맡고 있어서 폐하를 위해 그 일을 명백히 분별하지 않을 수 없습니다.

삼가 생각건대 濮王은 폐하를 낳았지만 仁宗皇帝는 폐하를 후사로 삼아 祖宗의 大統을 잇게 하였으니, 仁廟는 폐하의 皇考이고 폐하는 仁廟의 適子이며, 濮王은 폐하를 낳은 부친으로서 친속으로는 伯父가 되고 폐하는 濮王의 出繼한 아들로서 친속으로는 조카가 됩니다. 이것이 天地의 大義이고 살아있는 사람의 大倫이니, 마치 乾・坤이 지위를 정한 것처럼 바꿀 수 없는 것입니다. 이는 참으로 사람의 의도로 바꿀 수 있는 것이 아니니, 만일 大倫을 어지럽히면 사람의 도리가 없어질 것입니다. 폐하께서는 仁廟의 아들이시니 '父'라 하고 '考'라 하고 '親'이라 할 대상은 바로 仁廟입니다. 만약 호칭을 바꾸어서 濮王을 '親'이라 하면 이는 두 분의 親이 있는 것이니, 옳고 그름의 이치가 환하게 자명하여 변론을 기다린 뒤에 알 수 있는 것이 아닙니다.

臣思永이 言하노이다 伏見컨대 近日以濮王稱親事로 言事之臣은 奏章交上하고 中外는 論議沸騰하니이다 此蓋執政大臣이 違亂典禮하고 左右之臣이 不能開陳理道하여 而致陛下聖心疑惑하고 大義未明이니이다 臣待罪憲府하여 不得不爲陛下하여 明辨其事하노이다 竊以濮王之生陛下로되 而仁宗皇帝는 以陛下爲嗣하여 承祖宗大統하니 則仁廟는 陛下之皇考요 陛下는 仁廟之適子며 濮王은 陛下所生之父로 於屬爲伯이요 陛下는 濮王出繼之子로 於屬爲姪이니이다 此天地大義요 生人大倫이니 如乾坤定位하여 不可得而變易者也니이다 固非人意所能推移니 苟亂大倫이면 人理滅矣니이다 陛下는 仁廟之子니 則曰父요 曰考요 曰親은 乃仁廟也니이다 若更稱濮王爲親이면 是有二親이니 則是非之理가 昭然自明하여 不待辨論而後見也니이다

그러나 폐하의 의중에 굳이 '親'이라 칭하고 싶은 것은 폐하의 크게 효성스런 마음이 의리상으로는 비록 출계했지만 인정상으로는 本宗을 두터이 여겨 濮王이 실로 폐하를 낳았기 때문에 '伯'이라 하는 것은 諸父와 다를 것이 없고 '王'이라 칭하면 신하의 반열과 다르지 않으니 존대하여 같은 반열의 친속들과 크게 다르게 하려고 생각한 것

이 어찌 아니겠습니까. 이와 같을 따름이니, 이것이 어찌 폐하의 사사로운 마음이겠습니까.

대개 大義의 마땅한 바와 典禮의 바름은 천하의 公論인데, 집정대신은 폐하의 크게 효성스런 마음을 따르려 하지 못하고 존숭하는 방도를 알지 못하여 禮에 어긋나고 바르지 않은 칭호를 올려 濮王에게 누를 끼치고, 폐하를 과실이 있는 곳으로 인도하여 천하 사람들의 마음을 잃고 인륜을 어지럽히는 허물을 끼쳤습니다. 그리고 언사를 담당한 신하들 또한 典禮에 상세히 의거하여 大義를 열어 밝히지 못하고, '親'이라고 칭하는 것이 옳지 않다는 것은 알았으나 폐하를 위해 낳아주신 지극한 은혜를 받들어 존숭하는 바른 禮를 밝히는 것을 알지 못해, 濮王과 諸父를 동등하게 하여 구별이 없게 하였습니다. 이것이 바로 폐하의 마음이 편안하기 어려워 거듭 어긋난 까닭입니다.

然而聖意必欲稱之者는 豈非陛下大孝之心이 義雖出繼나 情厚本宗하여 以濮王寔(식)生聖躬이라 曰伯則無以異於諸父하고 稱王則不殊於臣列하니 思有以尊大하여 使絶其等倫이리잇가 如此而已니 此豈陛下之私心哉리잇가 蓋大義所當과 典禮之正은 天下之公論이어늘 而執政大臣은 不能將順陛下大孝之心하고 不知尊崇之道하여 乃以非禮不正之號上하여 累濮王하고 致陛下於有過之地하여 失天下之心하고 貽亂倫之咎하니이다 言事之臣은 又不能詳據典禮하여 開明大義하고 雖知稱親之非나 而不知爲陛下推所生之至恩하여 明尊崇之正禮하여 使濮王與諸父夷等하여 無有殊別하니이다 此陛下之心이 所以難安而重違也니이다

신이 생각건대 낳아준 의리는 지극히 높고 지극히 큽니다. 비록 正統에 마음을 전일하게 해야 하지만, 어찌 私恩을 다 끊을 수 있겠습니까. 그러므로 대를 이은 부모에 대해서는 大義를 위주로 하고, 낳아준 부모에 대해서는 至情을 보존합니다. 至誠으로 마음을 전일하게 하여 父子의 道를 극진히 하는 것이 大義이고, 本宗을 잊지 않고 그 恩義를 극진히 하는 것이 至情입니다. 先王이 禮를 만들 적에 본디 人情을 따랐으니, 이미 大義를 밝혀 統緖를 바르게 하고, 다시 至情을 보존하여 人心을 극진히 하였습니다. 이런 까닭에 喪服에 있어서도 恩義로 낳아준 부모를 구별했으니, 대개 恩義가 지극히 중대하여 伯父·叔父와는 같지 않음을 밝힌 것입니다. 이것이 곧 人情의 순리이고 義理의 바름이니, 부모의 앞에서 행하더라도 또한 혐의나 간극이 없을 것입니다. 그러나 명칭의 경우는 統緖가 달린 바이니, 만약 구별이 없으면 이에 大倫을 어지럽힙니다.

臣以爲컨대 所生之義는 至尊至大하니이다 雖當專意於正統이나 豈得盡絶於私恩이리잇가 故로 所繼는 主於大義하고 所生은 存乎至情하니이다 至誠一心하여 盡父子之道가 大義也요 不忘本宗하여 盡其恩義가 至情也니이다 先王制禮할새 本緣人情하니 既明大義하여 以正統緖하고 復存至情하여 以盡人心하니이다 是故로 在喪服에 恩義로 別其所生하니 蓋明至重與伯叔不同也니이다 此乃人情之順이요 義理之正이니 行於父母之前이라도 亦無嫌間이니이다 至於名稱하얀 統緖所繫니 若其無別이면 斯亂大倫이니이다

지금 濮王은 폐하를 낳아준 분으로서 의리가 지극히 높고 무거워 다시 더할 바가 없으나, '親'으로 칭하는 것은 손해만 있고 이익이 없습니다. 어째서이겠습니까? '親'은 '父'와 같으나 '父'라고 칭하지 않는 까닭은 폐하께서 몸소 大統을 계승하여 仁廟가 '父'이기 때문입니다. 人倫에 있어 두 분의 아버지는 있을 수 없습니다. 그러므로 '父'를 피하여 '親'이라 칭한 것이니, 이는 폐하께서도 '父'라고 칭하는 것은 결코 불가하다는 것을 명백히 아신 것입니다. 이미 '父'를 피하여 '親'이라 칭한다면 이는 '親'과 '父'가 다른 것이니, 이것이 바로 간사한 사람들이 사특한 설로 폐하를 의혹시킨 것입니다.

'親'의 의미를 말하자면 한 가지가 아니니 아버지〔父〕를 일컫는 데 그치지 않습니다. 신이 생각건대, '親'에 아버지〔父〕라는 의미를 취하면 '父'라고 칭하는 것과 바로 동일해지니 결코 불가하며, 아버지라는 의미를 취하지 않으면 그 명칭이 매우 가벼워집니다. 지금 宗室 중에 관계가 소원하고 지위가 낮고 나이가 어린 사람도 모두 '皇親'이라고 칭하니, 낳아준 분에게 올리는 칭호로는 매우 합당하지 않은 듯합니다.

孝는 誠을 근본으로 삼으니 모호하여 바르게 정해지지 않은 명칭으로 존숭해야 할 분을 더럽히는 것은 체통상으로는 불경함에 속하며, 의리상으로는 큰 해로움이 있습니다. 濮王을 '親'이라 칭하면 仁廟에 대해 두 마음을 품는다는 혐의가 있게 되지만 '親'이라 칭하지 않아도 濮王에 대해 낳아준 분의 중한 恩義를 손상시키지 않으니, 〈'親'이라는 호칭은〉 조금의 이익도 전혀 없고 한갓 大倫을 어지럽힐 뿐입니다.

今濮王은 陛下之所生으로 義極尊重하여 無以復加나 以親爲稱은 有損無益하니이다 何哉리잇가 親與父同이나 而所以不稱父者는 陛下以身繼大統하여 仁廟父也니이다 在於人倫에 不可有貳라 故로 避父而稱親이면 則是陛下明知稱父爲決不可也니이다 既避父而稱親이면 則是親與父異니이다 此乃姦人以邪說惑陛下니이다 言親義면 非一하니 不止謂父니이다 臣以謂컨대 取父

義면 則與稱父正同하니 決然不可하며 不取父義면 則其稱甚輕하니이다 今宗室疎遠卑幼도 悉稱皇親이니 加於所生으론 深恐非當하니이다 孝者는 以誠爲本하니 乃以疑似無正定之名으로 黷(독)於所尊은 體屬不恭이요 義有大害니이다 稱之어든 於仁廟에 乃有嚮背之嫌이나 去之라도 於濮王에 不損所生之重이니 絶無小益하고 徒亂大倫이니이다

신이 헤아려 보건대, 폐하의 생각은 반드시 '親'이라 칭하고자 한 것이 아니라, 단지 다른 명칭을 더하지 않으면 신하의 반열과 구별할 방법이 없다고 여기신 것입니다. 신은 그렇지 않다고 생각합니다. 낳아준 분의 恩義를 받들면 신하가 아님이 절로 분명하고, 공경하는 禮를 극진히 하면 존숭함을 알 수 있습니다. 하물며 事體를 헤아려 다른 명칭을 별도로 세울 적에는 요점이 존숭함을 극진히 하고 禮典을 어기지 않는 데에 있습니다.

이 일을 말하는 자들은 모두 높은 관직과 큰 나라를 濮王에게 더하려 하니, 이는 禮를 아는 사람의 말이 전혀 아닙니다. 先王의 조정에서 봉한 것을 어찌 폐하께서 감히 바꿀 수 있으며, 先王의 조정에서 爵位와 品秩을 명한 것을 어찌 폐하께서 감히 더할 수 있겠습니까. 신이 생각건대 마땅히 濮王의 아들로 하여금 爵位를 이어 제사를 받들게 하고 濮王을 존칭하여 濮國太王이라 해야 합니다. 이렇게 하면 확연히 칭호를 달리하여 같은 반열의 친속들과 전혀 다르게 되고, 온갖 禮數는 반드시 모두 실정에 알맞게 될 것이니, 청컨대 하나의 禮를 거행하여 표준으로 삼으십시오.

가령 이미 후사를 세웠다면 반드시 제사를 지내며 고할 적에 마땅히 "조카인 嗣皇帝 某가 감히 皇伯父 濮國太王에게 밝게 고합니다.〔姪嗣皇帝名敢昭告于皇伯父濮國太王〕"라고 해야 합니다. 그러면 자연히 濮國太王에게도 존숭하는 도리를 극진히 하고 仁宗皇帝에게도 두 아버지를 섬긴다는 혐의를 받는 잘못이 없어 天理와 人心이 진실로 합치될 것이니, 오늘의 일을 바로잡는 것일 뿐만 아니라 만세의 모범이 될 수 있습니다. 또한 의론하는 자들이 '太'자를 의심할 듯하지만, 이는 그렇지 않습니다. 대개 '濮國'의 아래에 '太'자를 쓰니 자연히 大統에는 혐의가 없습니다.

臣料컨대 陛下之意는 不必須要稱親이요 止謂不加殊名이면 無以別於臣列이니이다 臣以爲不然하니이다 推所生之義면 則不臣自明이요 盡致恭之禮면 則其尊可見이니이다 況當揆量事體하여 別立殊稱하얀 要在得盡尊崇하고 不愆禮典니이다 言者는 皆欲以高官大國으로 加於濮王하니 此

甚非知禮之言也니이다 先朝之封을 豈陛下之敢易하며 爵秩之命을 豈陛下之敢加리잇가 臣以爲當以濮王之子로 襲爵奉祀하고 尊稱濮王하여 爲濮國太王하니이다 如此則敻(형)然殊號하여 絶異等倫이요 凡百禮數가 必皆稱情하리니 請擧一以爲率하소서 借如旣置嗣襲이면 必伸祭告에 當曰姪嗣皇帝名敢昭告於皇伯父濮國太王이니이다 自然在濮國에 極尊崇之道하고 於仁皇에 無嫌貳之失하여 天理人心이 誠爲允合하리니 不獨正今日之事요 可以爲萬世之法이니이다 復恐議者以太字爲疑나 此則不然하니이다 蓋繫於濮國下니 自於大統無嫌이니이다

지금 '親'이라는 명칭은 大義에 있어 온당하지 않으니, 사안을 아뢰는 자들이 끊임없이 論列하여 앞사람이 가고 나면 뒷사람이 다시 그렇게 합니다. 비록 臺臣들이 말하지 않더라도 벼슬자리에 있는 百官이 또한 반드시 계속 아뢸 것이니, 이치를 빼앗을 수 없고 형세를 막을 수 없습니다. 事體가 이와 같으니 끝내 굳게 버티기가 어렵습니다.

仁宗皇帝께서 제위에 오래 계셔서 四海 안의 억조창생이 仁恩을 흠뻑 입었습니다. 폐하께서 제위를 이어받은 초기에 功德이 아직 천하에 미치지 않았는데도 천하 사람들이 마음을 기울여 사랑하고 떠받든 것은 폐하께서 仁廟의 아들이기 때문입니다. 지금 濮王을 '親'이라 칭하는 것을 다시 들으면 살아있는 사람들은 모두 분개하고 마음 아파할 것입니다. 대개 천하 사람들은 폐하께서 仁宗皇帝를 효성스럽게 섬기는 마음이 天地에 이르고 濮王을 존경하고 사랑하는 마음이 不義를 더하려 하지 않는 것을 알지 못합니다. 그들은 단지 명칭을 잘못 붙인 것만 보고 그 때문에 의심과 염려를 깊게 품고서 '濮王을 다시 「親」이라 칭하니 仁廟와는 말하지 않아도 스스로 단절한 것이다.'라고 여겨 뭇사람의 마음이 혼란스럽고 두려워하며 다른 논의가 떠들썩한 것입니다.

今親之稱은 大義未安하니 言事者가 論列不已하여 前者旣去면 後者復然하니이다 雖使臺臣不言이라도 百官在位가 亦必繼進하리니 理不可奪하고 勢不可遏이니이다 事體如此하니 終難固持니이다 仁宗皇帝는 在位日久하여 海宇億兆가 涵被仁恩하니이다 陛下嗣位之初에 功德未及天下로되 而天下傾心愛戴者는 以陛下仁廟之子也일새니이다 今復聞以濮王爲親이면 含生之類는 發憤痛心하리이다 蓋天下는 不知陛下孝事仁皇之心이 格於天地하고 尊愛濮王之意가 非肯以不義加之니이다 但見誤致名稱하고 所以深懷疑慮하여 謂濮王旣復稱親이니 則仁廟不言自絶이라하여 群情洶懼하고 異論喧囂(훤효)하니이다

王者의 孝는 천하 사람들의 환심을 얻는 데 있으니, 어찌 바르지 못하고 유익함이 없는 명칭 때문에 억조창생으로 하여금 지적하고 비방하게 하여 濮王의 영령을 하늘에서 편안하지 못하게 하겠습니까. 신이 헤아려 보건대 폐하께서는 어질고 효성스러우시니 어찌 차마 이와 같이 하시겠습니까. 모두 좌우의 신하들이 폐하를 위해 이 이치를 드러내 밝히지 못했기 때문입니다. 신령의 도리로 보아도 人情과 멀지 않습니다. 그러므로 先聖께서 "갓 돌아가신 분을 섬길 적에는 살아있는 사람을 섬기듯이 하며, 돌아가신 이를 섬길 때에는 생존한 이를 섬기듯이 한다."[28]라고 한 것입니다.

가령 仁宗皇帝께서 제위에 계시고 濮王이 藩國에 있고 폐하께서 이미 후사가 되었을 적에 濮王을 '親'이라 칭한다면 仁宗皇帝께서 어찌 진노하지 않겠으며, 濮王이 어찌 엎드려 두려워하지 않겠습니까. 이는 君臣・兄弟 사이에 분란을 초래하는 것이니, 그분들이 폐하를 보는 것이 어떠하겠습니까. 신령이 있다면 또한 어찌 그렇게 여기지 않겠습니까. 이로써 살펴보건대 폐하께서 그런 명칭을 더하더라도 濮王이 어찌 기꺼이 받으려 하겠습니까.

夫王者之孝는 在乎得四海之歡心이니 胡爲以不正無益之稱으로 使億兆之口로 指斥謗讟(독)하여 致濮王之靈不安於上이리잇가 臣料컨대 陛下仁孝하시니 豈忍如斯리잇가 皆由左右之臣이 不能爲陛下하여 開明此理니이다 在於神道도 不遠人情이니이다 故로 先聖謂事死如事生하며 事亡如事存하니이다 設如仁皇在位하고 濮王居藩하며 陛下旣爲冢嗣에 復以親稱濮王이면 則仁皇豈不震怒며 濮王豈不惻懼하리잇가 是則君臣兄弟가 立致釁(흔)隙이니 其視陛下當如何也리잇가 神靈如在면 亦豈不然이리잇가 以此觀之컨대 陛下雖加名稱이라도 濮王安肯當受리잇가

엎드려 바라건대 폐하께서는 이 이치를 깊이 생각하여 '親'이라 칭한 글을 없애 천하에 명백히 보이신다면 祖宗과 濮王의 영령이 위에서 서로 기뻐하여 모두 폐하께 복을 내려 무궁히 복을 누릴 것이며, 온 백성의 마음이 화합하듯 위로받고 기뻐할 것이

28) 갓……한다 : ≪中庸≫에 〈孔子가 말씀하시기를〉 "先王의 자리에 올라 그 禮를 행하며, 그 음악을 연주하며, 그분이 존경하던 사람을 공경하며, 그분이 친애하던 사람을 친애하며, 갓 돌아가신 분을 섬길 적에는 살아있는 사람을 섬기듯이 하며, 돌아가신 이를 섬길 때에는 생존한 이를 섬기듯이 하는 것이 효도의 지극함이다.〔踐其位 行其禮 奏其樂 敬其所尊 愛其所親 事死如事生 事亡如事存 孝之至也〕"라고 하였다.

며, 천하 사람들이 덕에 감화되어 人倫이 절로 바르게 되어 大孝라는 이름이 만대에 빛날 것입니다.

저 간사한 사람들은 은혜를 바라고 총애를 견고히 하며 자신을 위해 일을 도모하여 義를 해치고 孝를 손상시켜 폐하를 함정에 빠뜨립니다. 지금 이미 公論이 이와 같은데도 분주히 도모하는 자가 없지 않아서 온갖 계책을 찾고 교묘하게 수식하기를 힘써, 성상의 귀를 속이고 간언하는 사람들과 맞서며 자신들의 주장이 받아들여지기를 바라면서 오히려 스스로 편안하기를 도모하니, 폐하께서 바른 말을 아직 살피지 않으셨는데 교묘한 논변이 이미 이르러 폐하의 마음으로 하여금 깨달을 길이 없게 합니다.

엎드려 바라건대 신의 이 글을 여러 차례 살펴보시고 마음속으로 재단하시어 간사한 사람으로 하여금 의론에 끼어들지 못하게 하십시오. 딴마음을 품고 의도적으로 남의 말을 배척하며 자취를 숨기고 형체를 감추고서 몰래 폐하에게 고하는 자들은 모두 간사한 사람입니다. 바라건대 폐하께서 그들을 살피고 변별하여 그들의 설을 쓰지 않으신다면 자연히 성상의 마음이 깨닫게 되고 지극한 이치가 명백해질 것이니, 그렇게 되면 천하 사람들은 크게 바라는 마음을 금치 못할 것입니다.

伏願컨대 陛下深思此理하여 去稱親之文하여 以明示天下하시면 則祖宗濮王之靈이 交歡於上하여 皆當垂祐陛下하여 享福無窮하며 率土之心이 翕然慰悅하며 天下化德하여 人倫自正하여 大孝之名이 光於萬世矣리이다 夫姦邪之人은 希恩固寵하며 自爲身謀하여 害義傷孝하여 以陷陛下하나이다 今旣公論如此로되 不無徊徨하여 百計搜求하고 務爲巧飾하여 欺罔聖聽하고 枝梧言者하며 徼(요)冀得己하여 尙圖自安하니 正言未省이어늘 而巧辯已至하여 使陛下之心으로 無由而悟하나이다 伏乞컨대 將臣此章을 省覽數遍하여 裁自宸衷하여 無使姦人與議하소서 其措心用意하여 排拒人言하며 隱迹藏形하여 陰贊陛下者는 皆姦人也니이다 幸陛下察而辨之하여 勿用其說이면 則自然聖心開悟하고 至理明白하리니 天下不勝大願하리이다

家君을 위해 詔命에 응하여 英宗皇帝께 올리는 글
爲家君應詔上英宗皇帝書①

① 治平 2년(1065).
治平二年.

신 程珦이 아룁니다. 엎드려 보건대 8월 8일 내리신 詔勅은 근년 이래로 홍수가 재변이 되었기 때문입니다. 8월 경인일(3일)에 큰 비가 내리자 안팎의 신료들에게 實封[29]을 올려 時政의 잘못 및 當世의 이로움과 해로움을 말하도록 모두 허락하셨습니다.[30] 이는 대개 황제 폐하께서 祖宗의 大業을 이어받아 天命을 엄숙히 공경하여 삼가고 경외하고 경계하고 두려워하시는 마음이 깊기 때문입니다. 천하의 士・民이 德音을 공경히 들었으니, 만일 지혜와 식견이 있는 자라면 누군들 충심을 토로하고 간절함을 쏟아내어 위로 성상의 귀에 이르기를 바라지 않겠습니까. 신은 비록 지극히 어리석지만 관질은 省郎[31]이고 직분은 郡守이니 어찌 감히 구구한 정성을 다하여 밝은 詔命에 응하지 않을 수 있겠습니까. 바라건대 폐하께서 거칠고 경솔하게 진언하는 저의 죄를 너그러이 용서하시어 살펴봐 주신다면 천하를 위해 매우 다행일 것입니다.

臣珦이 言하노이다 伏覩컨대 八月八日詔勅은 以比年以來로 水潦爲沴이니이다 八月庚寅에 大雨하니 應中外臣僚하여 竝許上實封하여 言時政闕失及當世利病이니이다 此蓋皇帝陛下가 承祖宗大業하여 嚴恭天命하여 祗畏警懼之深也일새니이다 天下士民이 欽聞德音하니 苟有知見이면 孰不願披忠瀝懇하여 上達天聽이리잇가 臣雖至愚나 官爲省郎이요 職分郡寄니 敢不竭其區區之誠하여 以應明詔리잇가 惟陛下寬其狂易(이)之誅하여 賜之省覽이시면 則天下幸甚이로소이다

신이 듣건대 홍수와 가뭄의 재앙은 陰・陽이 조화롭지 않기 때문이며, 음・양이 조화롭지 않은 것은 政事의 소치에 관계된 것입니다. 이 때문에 예로부터 밝은 임금은 혹 災變을 만나면 반드시 경계하고 두려워하여 자신의 허물을 살피고 정사의 잘못을 생각하여 여러 사람의 의론을 널리 받아들여 天心에 합당하고 和氣를 이룩할 방법을 구하였습니다. 그러므로 異變을 사라지게 하고 태평함을 길이 보전할 수 있었습니다. 옛날 商나라 임금 中宗 때 桑穀의 변고[32]가 있었고 高宗 때 雊雉의 이변[33]이 있었는

29) 實封 : 신하가 임금에게 아뢸 때 다른 사람이 보지 못하도록 밀봉한 것을 가리킨다.

30) 8월……허락하셨습니다 : 英宗 治平 2년(1065) 8월에 "경인일(3일)에 京師에 큰 비가 내려 홍수가 났다. 계사일(6일)에 수해를 입은 諸軍에 쌀을 내리고, 관리를 보내 물에 빠져 죽은 軍民 1580인을 살펴보고, 그 집안에 緡錢을 내려 상주가 없는 자를 장사지내고 제사지내게 하였다. 을미일(8일)에 홍수로 인한 재해로 詔命을 내려 자신을 질책하고 직언을 구하였다.〔庚寅 京師大雨 水 癸巳 賜被水諸軍米 遣官視軍民水死者千五百八十人 賜其家緡錢 葬祭其無主者 乙未 以雨災 詔責躬乞言〕"라고 하였다.(≪宋史≫ 권13 〈英宗本紀〉)

31) 省郎 : 宋代 中書省・門下省・尙書省의 郎官을 말한다. 北宋 때에는 從五品下 朝奉郎부터 從九品下 將仕郎까지 郎官의 品階였다.

데, 두 임금은 두렵게 여기고서 정사를 돌보고 德을 행하여 드디어 王道를 부흥시켜서 모두 商宗[34]이 되었고 백세 뒤에도 그 聖明을 찬송하였습니다.

지금 폐하께서 제위를 이어받은 초기에 해마다 물난리가 나니, 성상의 마음이 경계하고 두려워하여 밝은 조서를 내려 정사의 잘못을 求言한 것은 진실로 옛날 聖明한 임금이 행한 일입니다. 그러나 신이 보건대 近古 이래로 자책하는 詔書와 자신을 새롭게 하겠다는 말은 또한 대대로 있었습니다. 만약 임금이 至誠을 말미암지 않아 천하 사람들이 한갓 헛된 말로 여긴다면 商나라의 두 임금이 쇠퇴해진 시대에 王道를 다시 일으킨 것과 같은 일이 어찌 다시 있겠습니까.

신은 바라건대 폐하께서 이 하늘의 경계를 인하여 선한 정치를 떨쳐 일으켜서 商宗의 아름답고 진실함을 생각하시고 후대의 虛飾을 거울로 삼으신다면 오늘날에는 재변을 사라지게 하여 평상을 회복할 뿐만 아니라, 장차 무궁한 후세에까지 大業을 영원히 보전할 것입니다.

臣聞컨대 水旱之沴(려)는 由陰陽之不和며 陰陽不和는 繫政事之所致니이다 是以로 自昔明王은 或遇災變이면 則必警懼하여 以省躬之過하고 思政之闕하여 廣延衆論하여 求所以當天心致和氣니이다 故로 能消弭變異하고 長保隆平이니이다 昔在商王中宗之時에 有桑穀之祥하고 高宗之時에 有雊雉之異어늘 二王以爲懼하여 而修政行德하여 遂致王道復興하여 皆爲商宗하고 百世之下에도 頌其聖明이니이다 今陛下嗣位之初에 比年陰沴하니 聖心警畏하여 下明詔하여 以求政之闕은 誠聖明之爲也니이다 然이나 臣觀컨대 近古以來로 引咎之詔와 自新之言은 亦世有之니이다 其如人君不由於至誠하여 天下徒以爲虛語면 豈復有如商之二宗興王道於旣衰者乎리잇가 臣願컨대 陛下因此天戒하여 奮興善治하여 思商宗之休實하고 鑑後代之虛飾하시면 不獨消復災沴於今日이요 將永保丕基於無窮하리이다

---

32) 桑穀의 변고 : 殷 中宗이 즉위한 뒤 조정에 요상한 뽕나무와 닥나무가 함께 자라나 하룻저녁에 한 아름이 넘게 자라는 일이 있었다. 중종이 두려워하여 재상 伊陟에게 묻자, 이척이 "신이 듣건대 요사스러움은 덕을 이길 수 없다고 하니, 임금의 정사에 잘못된 점이 있어서일 것입니다. 임금께서는 덕을 닦으십시오.〔臣聞 妖不勝德 帝之政 其有闕與 帝其修德〕"라고 하였다. 중종이 그 말을 따르자 요상한 뽕나무가 말라서 죽었다.(≪史記≫ 권3 〈殷本紀〉)

33) 雊雉의 이변 : 殷 高宗이 成湯에게 제사를 지낸 다음날 꿩이 날아와 鼎의 손잡이에 앉아서 우는 일이 있었다. 고종이 두려워하자 祖己가 말하기를 "왕께서는 근심하지 마시고 먼저 정사를 돌보십시오.〔王勿憂 先修政事〕"라고 하였다. 고종이 정사를 돌보고 덕을 행하자 천하 사람들이 모두 기뻐하고 은나라의 국운이 다시 흥성하였다.(≪史記≫ 권3 〈殷本紀〉)

34) 商宗 : 商나라 때 太甲·沃丁·太康 등 대부분의 임금은 廟號가 없었는데, 功이 있는 임금은 祖로 칭하고 德이 있는 임금은 宗으로 칭하여 그 廟를 모두 헐지 않았다. 商宗은 商나라 中宗과 高宗을 宗으로 칭하였다는 말이다.

엎드려 보건대 詔旨에 "時政의 잘못 및 當世의 이로움과 해로움으로서 백성들을 도울 수 있는 것은 마음을 다해 진술하여 꺼리는 마음을 갖지 말라."라고 하였습니다. 신이 삼가 천하의 형세를 생각건대, 매우 급박한 것은 安危와 治亂의 機務에 있습니다. 만약 한 가지 정사의 잘못을 지적하고 한 가지 사안의 이로움과 해로움을 진술한다면 단지 작은 보탬이 될 뿐, 당세의 폐단을 구제하여 폐하께서 부지런히 구언하시는 의중에 부응할 수 없을 것입니다. 이른바 安危와 治亂의 機務에 대해서는 신이 청컨대 그 大端을 조목별로 아뢰겠습니다.

伏觀컨대 詔旨에 時政闕失과 當世利病으로 可以佐元元者는 悉心以陳하여 毋有所諱하라하니이다 臣竊惟天下之勢컨대 所甚急者는 在安危治亂之機니이다 若夫指一政之闕失하고 陳一事之利病이면 徒爲小補요 不足以救當世之弊하여 而副陛下勤求之意也니이다 所謂安危治亂之機는 臣請條其大端하노이다

이른바 나라가 안정되고 잘 다스려진다는 것은 다음과 같습니다.

〈첫째〉 朝廷이 紀綱과 권력을 갖고 모든 직임과 여러 업무를 총괄하여 천하가 잘 다스려지는 것이 마치 그물에 벼리가 있고 갖옷에 옷깃이 있는 것 같아 거행하면 조리가 있고 맡기면 문란해지지 않는 것입니다.

〈둘째〉 郡·縣의 관원은 적임자를 얻어 직무가 잘 다스려지고 백성에게 은혜를 베풀고 먹여 살리는 데에 방도가 있어 조정의 정사와 교화가 下民에게 널리 이르는 것입니다.

〈셋째〉 백성들이 생업에 편안하여 衣食이 풍족해 恒心을 갖고 孝·悌·忠·信의 가르침을 알아서 그들을 인도하면 쉽게 따르고 그들을 수고롭게 하여도 원망하지 않으며, 마음이 윗사람과 부합하여 굳건해서 흔들 수 없는 것입니다.

〈넷째〉 교화가 행해지고 정사가 엄숙하여 간악한 자와 도적의 환란이 없게 하는 것입니다. 설령 환란이 있더라도 우려할 것이 못 되니, 그것은 섬멸할 준비가 되어 있고 백성들이 호응할 우려가 없기 때문입니다.

〈다섯째〉 민심이 화합하고 陰陽이 순조로워 홍수·가뭄·해충의 재해가 없게 하는 것입니다. 비록 그런 재해가 있더라도 피해가 될 수 없으니, 그것은 倉廩이 가득하고

府庫가 채워져서 위로는 관청의 재용이 넉넉하고 아래로는 백성들의 식량이 풍족하기 때문입니다.

〈여섯째〉 武備가 잘 정비되어 威靈이 떨쳐져 蠻夷・戎狄이 감히 복종하지 않음이 없게 하는 것입니다. 비록 夷狄이 복종하지 않더라도 우환이 될 수 없으니, 그것은 甲兵이 날래고 저장된 軍備가 풍족하며 장수가 잘 도모하고 사졸이 평소 훈련되었기 때문입니다.

所謂安且治者는 朝廷有綱紀權持하고 總攝百職庶務하여 天下之治가 如網之有綱하고 裘之有領하여 擧之而有條하고 委之而不紊(문)也니이다 郡縣之官은 得人而職修하고 惠養有道하여 朝廷政化가 宣達于下也니이다 百姓安業하여 衣食足而有恒心하며 知孝悌忠信之教하여 率之易(이)從하고 勞之不怨하며 心附於上하여 固而不可搖也니이다 化行政肅하여 無姦宄(궤)盜賊之患이니이다 設有之라도 不足爲慮니 蓋有殲滅之備하고 而無響應之虞也일새니이다 民心和而陰陽順하여 無水旱蟲螟之災니이다 雖有之라도 不能爲害니 蓋倉廩實而府庫充하여 官用給於上하고 民食足於下也일새니이다 武備修而威靈振하여 蠻夷戎狄이 無敢不服이니이다 雖有之라도 不足爲憂니 蓋甲兵利而儲備豐하며 將善謀而士素練也일새니이다

이 여섯 가지가 이른바 나라가 안정되고 잘 다스려진다는 것입니다. 오늘날의 일은 한결같이 모두 이와 상반됩니다.

〈첫째〉 조정의 기강은 느슨하고 풀어져 여러 직무를 총괄하여 다스릴 수 없습니다. 本原이 이와 같으니 잘 다스리는 일이 장차 어디에서 나오겠습니까.

〈둘째〉 郡・縣의 관원은 선발할 적에 정당한 방도로 하지 않아 자주 바뀝니다. 비록 당시 재능이 있다고 일컬어지던 자도 오히려 그 직분에 걸맞지 못한데, 하물며 평범한 자들이야 말할 것이 있겠습니까. 일상의 규정이나 따르며 안일함에 빠져 그런 데에 익숙하여 풍속을 이루었으니, 온 세상 사람들이 그것을 당연하다고 여깁니다. 정치는 무너져서 어지럽고 백성은 곤궁하고 괴로우니, 조정에서 혜택을 내리더라도 어찌 능히 교화를 펴서 下民에게 이를 수 있겠습니까. 조정과 함께 백성을 다스리는 지방관이 이와 같으니, 천하를 다스리는 것에 대해서도 알 수 있습니다.

〈셋째〉 백성들의 곤궁함이 날로 더욱 심해지는데도 세금을 무겁게 하고 부역을 빈번하게 하여 수탈이 그치지 않으니, 천하의 戶口가 비록 많으나 자족하는 자는 더욱

적습니다. 목민관은 자기 일만 다스릴 뿐, 백성을 가르치고 보호하는 일이 없습니다. 백성들의 善·惡과 부지런하고 게으른 것에 대해서는 이로움을 따르고 해로움을 피하여 혹 우매하여 도리에 반대로 하면 한결같이 그들이 스스로 그렇게 한 것이라 여기니, 백성을 곤궁하게 하고 도탄에 빠뜨리는 길이 또한 한 가지가 아닙니다. 인재가 목민관으로 임용되어도 어찌할 수 없어 구차하게 세월만 보내니, 백성을 다스리는 쪽으로 인도하면 바로잡기가 어렵고, 싫어하는 쪽으로 이끌면 동요하기가 쉽습니다. 백성은 오직 나라의 근본인데 근본이 이와 같으니 나라가 어떻게 되겠습니까.

〈넷째〉 백성은 생업이 없어 극도로 곤궁해지면 살 길을 생각합니다. 선을 따라야 한다는 교화를 받지 않아 이익을 고려하여 뜻이 움직이니, 틈을 타면 간악한 마음을 싹틔우고 추위와 배고픔에 시달리면 도적이 됩니다. 지금은 다행히 큰일이 없어 오히려 일시적으로 편안하지만, 설령 큰 흉년을 만나거나 큰 勞役이 있게 되면 奸雄이 한 번 외침에 곳곳에서 반드시 호응할 것입니다. 지금 아무 일이 없을 때에도 오히려 힘으로 그들을 제압할 수 없을까 우려되는데, 하물며 백성이 많은 일에 고달파 동요될 때야 말할 것이 있겠습니까. 천하의 安危가 실로 여기에 달려 있습니다.

〈다섯째〉 백성을 보호하는 방도는 식량을 근본으로 삼습니다. 지금 京師로부터 천하에 이르기까지 평상시의 재용을 계산하면 대략 3년의 비축도 없으며, 민간에 식량이 텅 빈 것은 또한 이보다 심합니다. 萬室의 고을로써 살펴보면, 넉넉히 식량을 비축한 집은 100戶에 2~3戶도 안 되고 衣食이 부족한 집은 10戶에 6~7戶를 차지하니, 통틀어 따져보면 천하의 식량이 고갈된 것을 알 수 있습니다. 풍년이 들어 넉넉할 때에도 굶주리고 추위에 떠는 자가 도로에 보이고, 한 가지 곡식만 제대로 여물지 않아도 곧 백성들이 떠돌아다니는데, 마침내 사방 수천 리에 몇 년 간 홍수와 가뭄이 있게 되면 어떻게 대처해야 할지 모르겠습니다.

〈여섯째〉 간악한 도적이 안에서 벌떼처럼 일어나고 夷狄이 밖에서 틈을 타서 침범하면 비록 대처하고자 하더라도 어찌할 방도가 없습니다. 夷狄의 강성함은 예전에 이런 일이 없었으니, 해마다 금과 비단을 보내 우호를 맺지만 우호를 믿을 수 없으며, 천하의 병력을 다해 병사를 기르지만 병력은 쓰기에 부족합니다. 오히려 다행히 두 오랑캐(蠻夷·戎狄)가 지략이 없어 작은 욕심에 만족하고 큰 이익을 잊었기 때문에 우리가 당장의 위급함을 늦출 수 있는 것입니다. 만약 그들이 연합하여 쳐들어오면 반드시 수십만의 군대를 일으켜 변경에 주둔해야 할 것이니, 군량을 보급하지 못하고 재용이 충분하지 않은데 장차 어떻게 성공하겠습니까.

교만하고 나태한 병사들은 비록 흩어져 달아나는 근심은 없지만, 헛되이 세월만 보내며 오래 지속되면 마침내 궁극적인 근심이 있을 것입니다. 더구나 세금을 마구 거두어들이면 백성들이 떠돌아다니다 죽게 되고, 기근이 들어 백성이 괴로워하고 원망하면 姦雄이 다투어 일어납니다. 일이 이런 지경에 이르면 흥망성쇠를 알 수 있습니다.

이로써 살펴보건대 천하의 형세가 안정되었다고 생각하십니까? 위태롭다고 생각하십니까?

此六者가 所謂安且治者니이다 今之事는 一皆反是니이다 朝廷紀綱은 汗漫離散하여 莫可摠攝이니이다 本原如此하니 治將安出이리잇가 郡縣之官은 選不以道하여 更易之數(삭)이니이다 雖時謂才者라도 尙莫能稱其職이온 況庸常者乎잇가 循常苟安하여 狃(뉴)以成俗하니 擧世以爲當然이니이다 政治廢亂하고 生民困苦하니 朝廷雖有惠澤이나 孰能宣布하여 以達于下리잇가 所與共理者가 如此하니 天下를 斯可知矣리이다 百姓窮蹙이 日以加甚이어늘 而重斂繁賦하여 消削之不息하니 天下戶口雖衆이나 而自足者益寡니이다 司牧者는 治其事爾요 非有師保左右之也니이다 其善惡勤惰는 趨利避害하여 或昧而反之어든 一從其自然하니 而困之陷之之道가 又非一塗니이다 人用無聊하여 苟度歲月하니 驅之於治則難格이요 率之於惡(오)則易(이)搖니이다 民惟邦本이어늘 本根如是하니 邦國奈何리잇가 民無生業하여 極困則慮生이니이다 不漸善敎하여 思利而志動하니 乘間隙則萌姦宄하고 逼凍殍則爲盜賊이니이다 今玆幸無大故하여 尙爾苟安이나 設或遇大饑饉하고 有大勞役이어든 奸雄一呼에 所在必應하리이다 以今無事之時로도 尙恐力不能制어늘 況勞擾多事之際乎잇가 天下安危가 寔(식)繫於此니이다 保民之道는 以食爲本이니이다 今自京師로 至于天下히 計平時之用이면 率無三年之蓄이며 民間空匱는 則又甚焉이니이다 以萬室之邑으로 觀之컨대 有厚蓄者는 百無二三이요 困衣食者는 十居六七이니 統而較之면 天下虛竭을 可知矣리이다 豐年樂歲에도 飢寒見於道路하고 一穀不稔이어든 便致流轉이어늘 卒有方數千里連數年之水旱이면 不知何以待之니이다 姦盜蜂起於內하고 夷狄乘隙於外하면 雖欲爲之라도 末如何矣니이다 夷狄强盛은 古未有此니 歲輸金帛以修好나 而好不可恃요 窮天下之力以養兵이나 而兵不足用이니이다 尙幸二虜無謀하여 厭小欲而忘大利라 故로 我得以紓朝夕之急이니이다 若其連衡(횡)而來면 則必興數十萬之衆하여 宿於邊境하리니 饋餉不繼하고 財用不充이어늘 將何以濟乎잇가 驕惰之兵은 縱無奔潰之患이나 曠日持久면 終有窮極之虞리이다 又況征斂興發하면 而民人轉亡하고 饑饉愁怨하면 而姦雄競起하리이다 事至於此면 興衰可知니이다 以此觀之컨대 天下之勢가 安乎잇가 危乎잇가

무릇 이 몇 가지 단서는 모두 危亡의 우려가 있는 것인데 아직 이런 지경에 이르지 않은 것은 모르겠습니다만 조정의 조처가 능히 그렇게 한 것입니까? 아니면 천만다행으로 우연히 그렇게 된 것입니까? 천만다행으로 그렇게 되는 일이 영원할 수 있겠습니까? 先皇帝의 지극한 어짊이 天地를 감동시켜 나라를 보전하고 유지하여 오늘날에 이르렀는데, 시간이 흐른 것이 이미 오래되었고 말하는 자들이 이미 많아져서 조정에서는 드디어 '과연 근심할 것이 못 되니 영원히 그러할 수 있다.'고 여겨 잠시 유지할 따름이며, 비록 지극히 심각하고 지극히 간절한 말을 듣더라도 마음을 움직이지 않습니다.

아! 천하의 환난을 끼치는 것은 필시 이를 말미암을 것입니다. 오늘날 천하는 오히려 아무 일도 없지만 조정에서는 마땅히 시대를 구제할 방도를 급히 생각해야 합니다. 그렇지 않으면 인순고식하며 세월만 보내다가 앞서 아뢴 것 중에 한 가지 일이라도 닥치면 늦을까 신은 염려됩니다. 일반인의 집에 百金의 재산이 있더라도 자손들이 보전하고 지킬 것을 감히 생각하지 않을 수 없는데, 폐하께서는 祖宗의 大業을 계승하셨으니 두려워하지 않을 수 있겠습니까.

凡此數端은 皆有危亡之虞로되 而未至於是者는 不識케이다 朝廷制置가 能使之然邪잇가 抑亦天幸而偶然邪잇가 幸然之事가 其可常乎잇가 先皇帝至仁이 格天地하여 保持之하여 以至於今이어늘 歷時既已久하고 言者既已多하여 朝廷遂以爲果不足憂也니 可以常然이라하여 姑維持之而已요 雖聞至深至切之言이라도 不爲動也니이다 嗚呼라 貽天下之患은 必由於是乎인저 今天下尙無事나 朝廷宜急思所以救時之道니이다 不然이면 臣恐因循歲月이라가 前之所陳者에 一事至면 則爲之晚矣니이다 中人之家에 有百金之産이라도 子孫保守를 不敢不念이어늘 陛下承祖宗大業하시니 可不懼乎잇가

지금 當世에 해야 할 일을 아뢰는 자는 반드시 '먼저 해야 할 것은 賦役을 느슨하게 하고, 農桑을 권면하고, 倉廩을 채우고, 災害를 대비하고, 武備를 정비하고, 敎化를 밝히는 일이다.'라고 합니다. 이는 진실로 중요한 일이지만 오히려 아직 그 근본을 알지 못하는 것입니다. 신은 더욱 우선해야 할 것으로 세 가지가 있다고 생각하니, 청컨대 폐하를 위해 그것을 아뢰고자 합니다. 첫 번째는 지향을 확립하는 것〔立志〕이고, 두 번째는 임무를 맡기는 것〔責任〕이고, 세 번째는 賢者를 구하는 것〔求賢〕입니다.

지금 비록 아름다운 의론을 받아들여 좋은 계책을 아뢰더라도 임금의 지향이 먼저

확립되지 않으면 의론을 받아들여 쓸 수 있겠습니까? 임금이 의론을 쓰고자 하나 재상에게 임무를 맡기지 않으면 누가 그것을 받들어 행하겠습니까? 임금과 재상이 마음을 합하더라도 賢者가 직책을 맡지 않으면 천하에 시행할 수 있겠습니까? 세 가지는 本이고, 일을 절제하는 것은 用입니다. 그 本이 있으면 그 用이 없음을 근심하지 않습니다.

今言當世之務者는 必曰 所先者는 寬賦役也요 勸農桑也요 實倉廩也요 備災害也요 修武備也요 明教化也라하니 此誠要務나 然猶未知其本也니이다 臣以爲所尤先者有三焉이니 請爲陛下陳之하노이다 一曰立志요 二曰責任이요 三曰求賢이니이다 今雖納嘉謀하여 陳善算이라도 非君志先立이면 其能聽而用之乎잇가 君欲用之나 非責任宰輔면 其孰承而行之乎잇가 君相協心이나 非賢者任職이면 其能施於天下乎잇가 三者는 本也요 制於事者는 用也니이다 有其本이면 不患無其用이니이다

이 세 가지 중에서 다시 지향을 확립하는 것을 근본으로 삼으니, 임금의 지향이 확립되면 천하가 잘 다스려집니다. 이른바 '지향을 확립한다〔立志〕'라는 것은 至誠으로 마음을 전일하게 하고 道를 자신의 임무로 여기며, 聖人의 가르침을 반드시 믿을 수 있다고 여기고 先王의 정치를 반드시 행할 수 있다고 여기며, 근래의 규례에 구애되지 않고 여러 사람의 말에 미혹되지 않아서, 반드시 천하를 三代의 세상과 같이 만들고자 하는 것이 이를 말하는 것입니다.

한 필부의 몸으로도 지향을 확립한 것이 독실하지 않으면 자신을 닦을 수 없는데, 하물며 광대한 천하는 天道의 강건함을 체득하지 않으면 어찌 다스릴 수 있겠습니까. 예로부터 임금은 누군들 천하를 잘 다스리고자 하지 않았겠습니까마는 혹 잘 다스리고자 하면서도 조처할 바를 알지 못하거나, 혹 처음에는 치밀하게 하였으나 끝맺음을 잘하지 못하거나, 혹 오래 누적된 병폐를 편안히 여겨 능히 개혁하지 못하거나, 혹 많은 사람의 의론에 미혹되어 적용할 줄을 몰랐습니다. 이는 모두 임금의 지향이 확립되지 못했기 때문입니다.

三者之中에 復以立志爲本이니 君志立而天下治矣니이다 所謂立志者는 至誠一心하고 以道自任하며 以聖人之訓으로 爲可必信하고 先王之治로 爲可必行하며 不狃滯於近規하고 不遷惑於衆口하여 必期致天下如三代之世가 此之謂也니이다 夫以一夫之身로도 立志不篤이면 則不能自

修어늘 況天下之大는 非體乾剛健이면 其能治乎잇가 自昔人君이 孰不欲天下之治리오마는 然而或欲爲而不知所措하고 或始銳而不克其終하고 或安於積久之弊而不能改爲하고 或惑於衆多之論而莫知適用하니이다 此皆上志不立故也니이다

신이 살펴보건대 조정에는 매양 善政이 있으나 능히 굳게 지키는 경우가 드물어 혹 행하지만 천하 사람들이 따르지 않으니, 청컨대 근년의 한두 가지 일을 들어 밝혀보겠습니다.

조정에서는 오늘날 관리를 임용하는 방법이 적임자를 선발한 적이 없고 오로지 薦擧의 定式을 쓰기 때문에 천거된 자들 중에서 적임자를 얻지 못하는 것을 근심합니다. 그러므로 詔命을 내려 신칙한 것이 간곡하지 않은 것은 아니나, 그 임무를 담당한 자들은 듣지 못한 듯이 합니다. 폐하께서 詔命을 내려 신칙한 뒤로 천거된 자들 중에 과연 적임자를 얻었다고 생각하십니까? 예전과 조금이라도 달라졌다고 생각하십니까?

또한 守令이 자주 교체되는 것이 정사에 방해가 되기 때문에 廉察하는 관원에게 詔命을 내려 善政이 있는 자를 천거하여 再任하게 하였으나 지금까지 詔命에 부응하는 자가 있다는 말을 듣지 못했습니다. 어찌 천하의 수령 중에 善政을 펴는 자가 한 사람도 없겠습니까. 진실로 그런 자가 없다면 조정에서 백성을 저버린 것이 너무 심하지 않습니까. 또한 선정을 베푼 수령을 재임하게 하는 것이 좋다고 여겨서 시행하였다면 어찌 천하 사람들로 하여금 그 명을 받들어 그 공효를 드러내게 하지 않으십니까. 만약 '반드시 시행하고자 하지 않는 것은 아니나, 천하 사람들이 따르지 않는 것을 어찌하겠는가.'라고 하신다면, 이와 같은 경우는 政令이 행해지지 않는 것이니 장차 천하를 어찌 다스리겠습니까. 이 또한 폐하께 달려 있을 따름입니다.

臣觀컨대 朝廷每有善政이나 鮮克堅守하여 或行之而天下不從하니 請擧近年一二事하여 以明之하노이다 朝廷은 以今之任人이 未嘗選擇하고 一用薦擧之定式으로 患所擧不得其人也니이다 故로 詔以飭之가 非不丁寧이나 然而當其任者는 如弗聞也니이다 陛下以爲自後所擧果得其人乎잇가 曾少異於舊乎잇가 又以守令數(삭)易之害治也로 詔廉察之官하여 擧其有善政者하여 俾之再任이로되 于今未聞有應詔者니이다 豈天下守令에 無一人有善政邪잇가 苟誠無之면 朝廷負生民이 不已甚乎아 且以爲善而行之면 何不使天下奉承하여 以見其效잇가 若曰 非不欲必行也나 奈天下不從何오하시면 如此則是政令不行矣니 將如天下何잇가 此亦在陛下而已니이다

만일 폐하의 지향이 먼저 확립되어 그 영명한 결단을 떨쳐 반드시 실행하신다면 비록 강대한 제후가 藩鎭에서 발호하더라도 장차 두려워 떨며 감히 명을 어기는 자가 없을 것인데, 하물며 郡・縣의 관리야 말할 것이 있겠습니까. 그러므로 신은 바라건대 폐하께서는 지향을 확립하는 것을 급선무로 여겨 신이 앞에서 아뢴 바와 같이 하여 先王의 정치를 본받고 經典의 가르침을 상고하여 독실하게 믿고 힘써 행하시며, 천하의 깊고 굳은 병폐를 구제하여 백성이 오래도록 편안하게 살 계책을 만드시며, 옛것을 바꾸는 것을 어렵다 여기지 말고 여러 사람의 말에 미혹되지 않으신다면 三代의 정치를 오늘날에 바랄 수 있을 것입니다.

만약 '임금이 행하는 바는 바꿀 수 없으니, 바꾸었다가 혹 잘못되면 그 해로움이 크다.'고 여기신다면, 신은 그렇지 않다고 생각합니다. 옛일을 상고하여 행하는 것은 바꾸는 것이 아닙니다. 이전의 역사를 두루 살펴보건대 예로부터 先王을 본받고 訓典을 상고하여 장차 크게 일을 도모하였는데도 敗亂에 이른 경우가 어찌 있었습니까. 오직 항상 옛사람을 본받지 않고 일시적인 편안함에 빠져 폐단을 인습하다가 끝내 위태롭고 패망하는 지경에 이른 경우는 많습니다. 일은 명백한 것에 의거해야 의심할 바가 없습니다. 바라건대 폐하께서 신이 소원하고 미천하다는 이유로 신의 말을 가벼이 여기지 않으신다면 천하를 위해 매우 다행일 것입니다.

苟陛下之志先立하여 奮其英斷하여 以必行之하시면 雖彊大諸侯가 跋扈藩鎭이라도 亦將震慴하여 莫敢違也온 況郡縣之吏乎잇가 故로 臣願컨대 陛下以立志爲先하여 如臣前所陳하여 法先王之治하고 稽經典之訓하여 篤信而力行之하시며 救天下深沈固結之弊하여 爲生民長久治安之計하시며 勿以變舊爲難하고 勿以衆口爲惑하시면 則三代之治를 可望於今日也니이다 若曰人君所爲는 不可以易이니 易而或失이면 其害則大라하시면 臣以爲不然이니이다 稽古而行은 非爲易也니이다 歷觀前史컨대 自古以來로 豈有法先王稽訓典하여 將大有爲而致敗亂者乎잇가 惟動不師古하고 苟安襲弊라가 卒至危亡者는 則多矣니이다 事據昭然이라야 無可疑也니이다 願陛下不以臣之疎賤而易(이)其言하시면 則天下幸甚이로소이다

이른바 '임무를 맡긴다〔責任〕'라는 것은 四海 안의 넓은 국토와 億兆의 많은 백성은 한 사람이 홀로 다스릴 수 없어 반드시 보필하는 賢者에게 의지한 뒤에야 천하의 일을

성공할 수 있기 때문입니다. 예로부터 聖王은 재상의 임무를 맡을 사람을 구하는 것으로 급선무를 삼지 않은 이가 없었습니다. 商나라 임금 高宗은 즉위 초에 적임자를 얻지 못하면 공경하며 묵묵히 말을 하지 않았으니, 이는 이보다 먼저 해야 할 일이 없었기 때문입니다. 高宗은 傳說을 얻고서 그에게 명하기를 "만약 시내를 건넌다면 너를 배와 노로 삼을 것이며, 가뭄이 든 해라면 너를 장맛비로 삼을 것이며,[35] 간을 맞춘 국을 만들면 네가 소금과 매실이 되어야 한다.[36]"라고 하였으니, 그들이 서로 필요로 하고 의지하는 것이 이와 같았습니다. 이것이 聖人이 재상에게 맡기는 방도입니다.

賢者에게 임무를 맡기는 일을 도모하는 방도는 신중하게 선택하는 것을 근본으로 삼습니다. 선택하는 것이 신중하기 때문에 알아보는 것이 밝고, 알아보는 것이 밝기 때문에 믿는 것이 독실하고, 믿는 것이 독실하기 때문에 맡기는 것이 전일하고, 맡기는 것이 전일하기 때문에 예우하는 것이 후하고 책임 지우는 것이 무겁습니다. 선택하는 것이 신중하면 반드시 賢者를 얻고, 알아보는 것이 밝으면 성공을 바라면서 의혹하지 않고, 믿는 것이 독실하면 그 사람이 자신의 정성을 바치고, 맡기는 것이 전일하면 그의 재주를 다할 수 있고, 예우하는 것이 후하면 體貌가 높아져서 권세가 위중해지고, 책임 지우는 것이 무거우면 그가 자임하는 것이 간절하여 공을 이룩함이 있게 될 것입니다.

이런 까닭에 정성을 미루어 그를 임용하여 師傅의 禮로써 대우하고 앉아서 道를 논하여 천하가 잘 다스려지고 陰陽이 조화로워지는 일을 책임지웁니다. 그러므로 재상을 맡은 자가 예우하는 것이 높고 맡긴 것이 전일하며 책임 지우는 것이 깊고 권세가 위중한 줄 스스로 알게 되면 홀로 우뚝 서서 천하를 자신의 임무로 삼기 때문에 그 직무에 걸맞을 수 있습니다. 비록 간사하게 아첨하고 교묘한 언변이 있는 자가 있더라도 재상과 임금의 사귐이 깊어 이간할 수 없고 권세가 위중하여 흔들 수 없음을 알아,

---

35) 만약……것이며 : ≪書經≫ 〈商書 說命 上〉에 高宗이 傳說에게 명하기를 "아침저녁으로 가르침을 바쳐 나의 德을 도우라. 만약 쇠라면 너를 숫돌로 삼을 것이며, 만약 큰 시내를 건넌다면 너를 배와 노로 삼을 것이며, 만약 큰 가뭄이 든 해라면 너를 장맛비로 삼을 것이다.〔朝夕納誨以輔台德 若金 用汝作礪 若濟巨川 用汝作舟楫 若歲大旱 用汝作霖雨〕"라고 하였다.

36) 간을……한다 : ≪書經≫ 〈商書 說命 下〉에 高宗이 傳說에게 말하기를 "너는 朕의 뜻을 가르쳐서 만약 술과 단술을 만들면 네가 누룩과 엿기름이 되며, 만약 간을 맞춘 국을 만들면 네가 소금과 매실이 되어야 한다. 너는 여러 가지로 나를 닦아주어 나를 버리지 말라. 내가 능히 너의 가르침을 행하리라.〔爾惟訓于朕志 若作酒醴 爾惟麴糵 若作和羹 爾惟鹽梅 爾交修予 罔予棄 予惟克邁乃訓〕"라고 하였다.

또한 사특한 모의를 그치고 正道에 귀부하게 됩니다.

所謂責任者는 夫以海宇之廣과 億兆之衆은 一人이 不可以獨治하여 必賴輔弼之賢然後에 能成天下之務일새니이다 自古로 聖王은 未有不以求任輔相爲先者也니이다 在商王高宗之初에 未得其人이면 則恭默不言하니 蓋事無當先者也일새니이다 及其得說(열)而命之하여 則曰 濟川이어든 作舟楫하고 歲旱이어든 作霖雨하며 和羹(갱)이어든 惟鹽梅라하니 其相須倚賴之如是니이다 此聖人任輔相之道也니이다 夫圖任之道는 以愼擇爲本이니이다 擇之愼이라 故로 知之明하고 知之明이라 故로 信之篤하고 信之篤이라 故로 任之專하고 任之專이라 故로 禮之厚而責之重하니이다 擇之愼이면 則必得其賢하고 知之明이면 則仰成而不疑하고 信之篤이면 則人致其誠하고 任之專이면 則得盡其才하고 禮之厚면 則體貌尊而其勢重하고 責之重이면 則其自任切而功有成이니이다 是故로 推誠任之하여 待以師傅之禮하고 坐而論道하여 責之以天下治陰陽和하니이다 故로 當之者가 自知禮尊而任專하고 責深而勢重이면 則挺然以天下爲己任이라 故로 能稱其職也니이다 雖有姦諛巧佞이라도 知其交深而不可間하고 勢重而不可搖하여 亦將息其邪謀하고 歸附於正矣리이다

후세에 재상에게 맡기는 것은 이와 달라 처음에 신중히 선택하지 않습니다. 선택하는 것이 신중하지 않기 때문에 알아보는 것이 밝지 않고, 알아보는 것이 밝지 않기 때문에 믿는 것이 독실하지 않고, 믿는 것이 독실하지 않기 때문에 맡기는 것이 전일하지 않고, 맡기는 것이 전일하지 않기 때문에 예우하는 것이 후하지 않고 책임 지우는 것 또한 무겁지 않습니다.

선택하는 것이 신중하지 않으면 적임자를 얻지 못하고, 알아보는 것이 밝지 못하면 등용하는 것을 망설이게 되고, 믿는 것이 독실하지 않으면 사람들이 의심과 우려를 품고, 맡기는 것이 전일하지 않으면 그의 능력을 다할 수 없고, 예우하는 것이 후하지 않으면 그 권세가 가벼워 흔들리기 쉽고, 책임 지우는 것이 무겁지 않으면 그 직분에 걸맞지 않게 됩니다.

이런 까닭에 그에게 맡길 적에 그 정성을 극진히 하지 않고 대우할 적에 제대로 예우하지 않으니, 바쁘게 종종걸음 치며 서리나 사관처럼 문서 작성에 분주하여 몸을 낮춰 실무자의 일을 행합니다.

재상을 맡은 자가 임금과의 교제가 깊지 않아 그 권세가 가벼운 줄 스스로 알게 되면 항상 돌아보고 염려하는 마음을 품어 스스로 극진히 하려 하지 않아 위로는 임금의 마음이 의심할까 두려워하고 아래로는 여러 사람의 의론으로 자리를 빼앗길까 근

심합니다. 그러므로 위축되어 감히 큰일을 도모하지 못하고 구차하게 상례를 따르며 자신의 안위를 도모할 뿐이니, 君子는 그런 자리에 있기를 바라지 않습니다. 간사한 사람 또한 그를 쉽게 흔들 수 있음을 알아 날마다 틈을 엿볼 것이니, 이와 같다면 그가 천하의 무거운 임무를 자임할 수 있겠습니까.

後之任相者는 異於是하여 其始也에 不愼擇하니이다 擇之不愼이라 故로 知之不明하고 知之不明이라 故로 信之不篤하고 信之不篤이라 故로 任之不專하고 任之不專이라 故로 禮之不厚하고 而責之亦不重矣니이다 擇不愼이면 則不得其人하고 知不明이면 則用之猶豫하고 信不篤이면 則人懷疑慮하고 任不專이면 則不得盡其能하고 禮不厚면 則其勢輕而易(이)搖하고 責不重이면 則不稱其職이니이다 是故로 任之不盡其誠하고 待之不以其禮하니 僕僕趨走하여 若吏史然하여 文案紛冗하여 下行有司之事니이다 當之者가 自知交不深而其勢輕이면 動懷顧慮하여 不肯自盡하여 上懼君心之疑하고 下虞群議之奪이라 故로 蓄縮不敢有爲하고 苟循常以圖自安爾니 君子弗願處也니이다 姦邪之人도 亦知其易(이)搖하여 日伺間隙하리니 如是면 其能自任以天下之重乎잇가

만약 '임무를 맡기는 것이 어려운 것이 아니라 賢者임을 알아보는 것이 오직 어려우니, 또한 어찌 그의 어짊을 알고서 맡기겠는가? 혹 적임자를 잘못 알면 治亂이 달린 일이다.'라고 말씀하신다면, 이것이 바로 人君이 그 일을 어렵게 여기는 이유입니다. 신은 '인재를 알아보는 것은 진실로 어려우나, 또한 그를 선발하는 방도가 어떠한가에 달려 있다.'고 생각합니다. 皐陶가 帝舜을 위해 도모하여 아뢰기를 "사람을 알아보는 데 달려 있습니다."라고 하자 禹가 탄식하며 그것을 어렵게 여겼고,[37] 고요가 九德의 구체적인 일을 진술하자 "〈너의 말이 실행되면〉 공적을 이룰 것이다."라고 하였으니,[38] 대개 행실을 살피고 실상을 고찰하면 사람이 어찌 숨길 수 있겠습니까.

---

37) 皐陶가……여겼고 : 皐陶가 말하기를 "훌륭합니다! 사람을 알아보는 데 달려 있으며 백성을 편안히 하는 데 달려 있습니다.〔都 在知人 在安民〕"라고 하자, 禹가 말하기를 "아! 그대의 말이 옳으나 이와 같이 하는 것은 帝堯도 어렵게 여기셨으니, 사람을 알면 명철하여 훌륭한 사람을 벼슬시키며, 백성을 편안히 하면 은혜로워 모든 백성이 그리워할 것이다.〔吁 咸若時 惟帝 其難之 知人則哲 能官人 安民則惠 黎民懷之〕"라고 하였다.(≪書經≫ 〈虞書 皐陶謨〉)

38) 고요가……하였으니 : 皐陶가 말하기를 "훌륭합니다! 행실에 드러난 덕을 총괄하여 말하자면 아홉 가지 德이 있으니, 그 사람이 소유한 덕을 총괄하여 말할 경우에는 아무 일과 아무 일을 행했다고 하는 것입니다.〔都 亦行有九德 亦言其人有德 乃言曰載采采〕"라고 한 뒤 그 구체적인 내용을 말하자, 禹가 말하기를 "너의 말이 실행되면 공적을 이룰 것이다.〔乃言 底可績〕"라고 하였다.(≪書經≫ 〈虞書 皐陶謨〉)

이전의 역사를 두루 살펴보건대, 예로부터 道를 실천하는 士가 효행은 집안에 알려지고, 행실은 고을에서 드러나며, 덕은 조정에서 추중 받고, 절의는 일을 하는 데서 드러나며, 그의 말은 聖人의 道에 부합하고, 그가 시행하는 것은 經典의 가르침을 따르는데, 조정에 그를 등용한 뒤에 도리어 敗亂에 이른 경우가 어찌 있었습니까. 이로써 현자를 구한다면 어찌 어긋남이 있겠습니까.

임금이 어질다고 여겨 등용하였다가 끝내 그 일을 그르친 경우는 예전에도 많았습니다. 그 연유를 상고하여 추적해보면 대개 그를 선발할 적에 제대로 된 방도로 하지 않았기 때문입니다. 대개 일을 말하는 것이 자신의 마음에 합치되면 그를 재주 있다고 여겨 등용하여, 앞에서 말씀드린 것과 같이 本末을 차근차근 따지고 명성과 실상을 자세히 살펴보지 않았으니, 총명을 상하게 하고 정사를 해치는 것이 또한 당연하지 않겠습니까. 광대한 四海 안에는 애초 賢者가 부족하지 않으니, 진실로 총명을 넓혀서 미천한 사람도 등용하여 至誠으로 몸을 낮춰 예우하고 道로써 현자를 구하면 비록 皐陶·夔·伊尹·周公에 비견될 인재도 반드시 있을 수 있으니, 道를 지향하는 어질고 덕스러운 士를 모두 등용할 수 있을 것입니다.

若曰 非任之艱이요 知之惟艱이니 且何以知其賢而任之아 或失其人이면 治亂所繫라하시면 此人君所以難之也니이다 臣以爲知人誠難이나 亦繫取之之道如何爾니이다 皐陶爲帝舜謨曰 在知人이라하니 禹吁而難之하고 及其陳九德載采采하얀 則曰底可績이라하니 蓋詢行考實이면 人焉廋哉리잇가 歷觀前史컨대 自古以來로 豈有履道之士가 孝聞於家하고 行著於鄕하며 德推於朝廷하고 節見於事爲하며 其言合聖人之道하고 其施蹈經典之訓이어늘 及用之於朝하야 反致敗亂者乎잇가 用是而求면 其有差乎잇가 若乃人君以爲賢而用之라가 卒敗厥事者는 古亦多矣니이다 稽迹其由컨대 蓋取之不以其道也일새니이다 大率以言事合於己心이면 則謂之才而用之하여 曾不循核本末하고 稽考名實하여 如前之云하니 傷明害政이 不亦宜乎아 四海之大에 未始乏賢하니 誠能廣聰明하여 揚側陋하여 至誠降禮하여 求之以道면 雖皐夔伊周之比라도 亦可必有리니 賢德志道之士를 皆可得而用也니이다

바라건대 폐하께서 신이 앞서 아뢴 바와 같이 하여 至治를 구하려는 의지를 견고히 하신다면 재상에게 임무를 맡기는 것을 급선무로 삼아 대우할 적에 禮를 극진히 하고, 임명할 적에 정성을 극진히 하고, 책임 지울 적에 그 직임을 극진히 하십시오. 그

가 하지 않을 것을 근심하지 말고 그가 능히 하지 못할 것을 근심하며, 그가 능히 하지 못할 것을 근심하지 말고 그가 할 수 없을 것을 근심하십시오. 대개 하지 않을 경우는 책망하여 반드시 하게 할 수 있으며, 능히 하지 못할 경우는 면려하고 요구하여 능히 하게 할 수 있으나, 오직 할 수 없는 경우는 어찌할 수 없기 때문입니다. 이른바 할 수 없다고 하는 것은 君臣의 지향이 통하지 않아 그가 돌아보고 염려하는 마음을 품어 스스로 극진히 하려 하지 않는 것이니, 이는 대우하고 임명하는 방법이 잘못되었기 때문입니다.

지금의 執政大臣은 모두 이전 조정에서 선발된 사람들이니, 천하 사람들의 중망이 폐하께서 그들에게 임무를 맡기는 데 달려 있을 따름입니다. 신은 바라건대 폐하께서 재상과 집정대신을 불러들여 다음과 같이 조용히 물어보십시오. "오늘날 천하의 일은 안정되었는가, 위태로운가? 잘 다스려지는가, 혼란스러운가? 현상을 유지하면서 세월을 보내야 하는가, 일을 도모하여 그 폐단을 구제해야 하는가?"

만일 그들이 "마땅히 일을 도모해야 합니다."라고 말하면, 바라건대 그들에게 반드시 도모해야 한다는 의지를 보이시고 행해야 할 정사를 물으시어 자세히 사려하고 힘써 행하십시오. 시일은 미룰 수 없고, 일은 늦출 수 없습니다.

만일 그들이 "하지 않는 것은 아니나 능히 하지 못함을 근심합니다."라고 말하면, 광대한 천하에 禮를 물어볼 수 있는 어진 덕을 가진 사람이 어찌 없겠으며, 조정에 이 일을 토론할 수 있는 빼어난 인재가 어찌 없겠습니까. 先王의 정사가 있어 살펴볼 수 있고 經典의 가르침이 있어 취할 수 있으니, 道가 어찌 멀리 있겠습니까. 찾지 않는 것이 문제일 뿐입니다. 이는 임금과 재상이 마음을 합하여 부지런히 道를 찾아 힘써 행하는 데 달려 있을 따름입니다.

만일 그들이 "함부로 도모할 수 없으니, 우선 평상시의 일을 따를 뿐입니다."라고 말하면, 폐하께서 깊이 사려하고 밝게 분변하시는 데 달려 있습니다. 唐 文宗 때 大權이 점점 침탈되어 천하가 장차 어지러워지려 하는데도 牛僧孺는 임금을 기만하여 잘 다스려지고 있다고 하였습니다.[39] 역사책에 기록되어 있으니 밝은 거울로 삼을 만합

---

39) 唐……하였습니다 : 唐 文宗이 延英殿에서 말하기를 "천하는 어느 때 태평한 것인가? 경들은 또한 여기에 대해 생각한 바가 있는가?〔天下何時當太平 卿等亦有意於此乎〕"라고 묻자, 牛僧孺가 대답하기를 "태평함은 일정한 형상이 없습니다. 지금 사방의 오랑캐가 서로 침범하는 지경에 이르지 않고 백성들이 떠돌아다니는 지경에 이르지 않았으니, 비록 지극히 잘 다스려진 것은 아니나 또한 조금 안정되었다고 할 것입니다. 폐하께서 만약 별도로 태평함을 구하신다면 신

니다. 지금은 폐하께서 聖明하시고 집정대신은 忠良하니 이런 일이 없을 것입니다. 바라건대 폐하께서 신이 소원하고 미천하다는 이유로 신의 말을 가벼이 여기지 않으신다면 천하를 위해 매우 다행일 것입니다.

願陛下如臣前所陳하여 既堅求治之志하시면 則以責任宰輔爲先하여 待之盡其禮하고 任之盡其誠하고 責之盡其職하소서 不患其不爲하고 患其不能爲하시며 不患其不能爲하고 患其不得爲하소서 蓋不爲者는 可責之必爲요 不能者는 可勉求而能이나 惟不得爲則已矣일새니이다 所謂不得爲者는 君臣之志不通하여 懷顧慮而不肯自盡이니 此由失待任之道也일새니이다 今執政大臣은 皆先朝之選이니 天下重望이 在陛下責任之而已니이다 臣願컨대 陛下召延宰執하여 從容訪問호되 今天下之事는 爲安爲危아 爲治爲亂가 當維持以度歲月乎아 當有爲以救其弊乎아하소서 如曰當爲라하면 則願示之以必爲之意하고 詢之以所爲之政하여 審慮之하고 力行之하소서 時不可後요 事不可緩也니이다 如曰非不爲也나 患不能也라하면 則天下之廣에 豈無賢德可以禮問이며 朝廷之上에 豈無英髦(모)可以討論이릿가 有先王之政하여 可以考觀하고 有經典之訓하여 可以取니 則道豈遠哉리잇가 病不求爾니 在君相協心勤求力爲之而已니이다 如曰無妄爲也니 姑守常而已라하면 則在陛下深思而明辨之니이다 唐文宗之時에 大權漸奪하여 天下將亂이어늘 而牛僧孺欺以爲治矣니이다 史冊書之니 可爲明鑑이니이다 今陛下聖明하고 執政忠良하니 無是事也니이다 願컨대 陛下不以臣之疎賤而易(이)其言하시면 則天下幸甚이로소이다

이른바 '賢者를 구한다〔求賢〕'라는 것은 옛 聖王이 천하의 至治를 능히 이룩한 방법이니, 이는 다른 책략이 없고 조정에서 천하에 이르기까지 公·卿·大夫와 모든 관직의 여러 관료를 모두 그 직임에 걸맞게 하는 것일 따름입니다. 어떻게 그 직임에 걸맞게 할 수 있겠습니까? 현자가 높은 지위에 있고 유능한 자가 그 관직에 있게 할 따름입니다. 어떻게 현자와 유능한 자를 얻어 그들에게 맡길 수 있겠습니까? 그들을 구하는 데 방도가 있을 따름입니다.

천하 사람들이 항상 쓰는 얻기 쉬운 물건일지라도 구하지 않고서 얻는 경우는 없습니다. 금은 산에서 나고 나무는 숲에서 자라지만, 장인이 금을 캐내고 나무를 자르지 않으면 쓰이질 못합니다. 그런데 하물며 어질고 유능한 士는 무리에서 걸출하니 山林

들이 미칠 바가 아닙니다.〔太平無象 今四夷不至交侵 百姓不至流散 雖非至理 亦謂小康 陛下若別求太平 非臣等所及〕"라고 하였다.(≪資治通鑑≫ 권244 唐紀 文宗 太和 6년) 이때의 정세는 牛僧孺·李德裕의 당쟁과 환관들의 권력 쟁탈로 인해 혼란하였다.

에서 널리 자라 다함이 없는 물질과는 같지 않습니다. 임금이 그들을 찾아서 선택하는 데 방도가 있지 않으면 어찌 그들을 얻어서 등용할 수 있겠습니까. 예로부터 나라에서 관청을 설치하고 관리를 둘 적에 士를 선발하지 않은 적이 없으니, 그들을 선발하는 방도가 어떠한가를 돌아볼 뿐입니다.

所謂求賢者는 夫古之聖王所以能致天下之治니 無他術也요 朝廷으로 至於天下히 公卿大夫와 百職群僚를 皆稱其任而已니이다 何以得稱其任이리잇가 賢者在位하고 能者在職而已니이다 何以得賢能而任之리잇가 求之有道而已니이다 雖天下常用易(이)得之物이라도 未有不求而得者也니이다 金生於山하고 木生於林하나 非匠者採伐이면 不登於用이니이다 況賢能之士는 傑出群類하니 非若山林之物廣生而無極也니이다 非人君搜擇之有道면 其可得而用乎잇가 自昔으로 邦家張官置吏에 未嘗不取士也니 顧取之之道如何爾니이다

오늘날 士를 선발하는 폐단에 대해서는 의론하는 자들이 또한 많습니다. 신은 조목조목 분석할 겨를이 없어 대강을 아뢰겠습니다. 名帖을 보내 자신을 천거하는 것과 經典을 암송하고 詩文의 聲律을 맞추는 시험은 賢者를 구하는 방법이 아닙니다. 구할 적에 제대로 된 방법을 쓰지 않으면 얻어도 제대로 된 현자가 아니며, 간혹 재주 있는 이를 얻더라도 다만 우연과 요행으로 얻은 것이지 그의 재주를 알아보고서 선발한 것이 아닙니다. 조정에서 인재를 선발하고 임명하는 것이 모두 그런 시험을 통해 뽑으니, 어질고 뛰어난 사람을 아래에 버려두는 것을 근심하지 않은 것입니다.

과연 천하에 버려진 현자가 없겠습니까? 버려진 현자가 있겠지만 우리가 윗자리에서 짐짓 법도만을 지키면서 신경을 쓸 필요가 없다고 여기는 것입니까? 과거 시험을 통해 얻은 현자로도 이미 다스리기에 충분하여 부족함이 없는 것입니까? 신은 천하를 다스리는 데 있어 오늘날의 병폐는 대개 이 때문이라고 생각합니다. 오늘날 인재를 선발하는 科目으로 오늘날 인재를 뽑아 임명하는 법도를 쓰면서도 천하의 현자를 얻고 천하의 至治를 일으키려 하는 것은 북쪽으로 수레를 몰면서 남쪽 越나라로 가는 것과 같으니, 또한 실정과 동떨어진 것이 아니겠습니까.

今取士之弊는 議者亦多矣니이다 臣不暇條析하여 而言大概하노이다 投名自薦과 記誦聲律은 非求賢之道爾니이다 求不以道면 則得非其賢이며 間或得才라도 適由偶幸이요 非知其才而取之也니이다 朝廷選任이 盡自其中하니 曾不虞賢俊之棄遺於下也니이다 果天下無遺賢邪잇가 抑雖

有之나 吾姑守法於上하여 不足以爲意邪잇가 將科擧所得之賢으로 已足治而不乏邪잇가 臣以爲治天下今日之弊는 蓋由此也니이다 以今選擧之科로 用今進任之法이로되 而欲得天下之賢하고 興天下之治는 其猶北轅適越이니 不亦遠乎잇가

신은 바라건대 폐하께서 신이 앞서 아뢴 바와 같이 하여 이미 至治를 구하려는 의지를 확립하고 또 임무를 맡길 방도를 생각하셨다면 賢者를 구하는 것을 급선무로 삼으십시오. 만일 현자를 얻는 것을 급선무로 삼지 않으면 비록 폐하께서 노심초사하시더라도 장차 어떻게 시행하시겠습니까. 진실로 천하의 현자를 얻어 조정에 두면 임금이 단정히 팔짱을 끼고 앉아 아무 일을 하지 않더라도 천하가 잘 다스려질 것입니다. 이것이 이른바 "현자를 구하는 데 힘을 쓰고, 인재를 얻는 데서 편안해진다."[40)]라는 것입니다.

이전의 역사를 두루 살펴보건대, 예로부터 至治로 칭송받는 임금 중에 현자를 구하는 것을 일삼지 않는 경우가 있었습니까? 자질구레하게 평소의 법도를 지키면서 그에 따라 사람을 임명하면서도 능히 大治를 이룩한 경우가 있었습니까? 국가의 흥성함이 인재를 얻는 것을 말미암지 않은 경우가 있었습니까? 이를 통해 말씀드리면 현자를 등용한 징험이 매우 명백하지 않습니까.

만약 '賢者를 바라지 않는 것은 아니나, 현자를 구하는 것이 어려움을 병통으로 여긴다.'고 하신다면, 신은 그렇지 않다고 생각합니다. 임금의 권세로 마음이 향하는 곳은 바람에 풀이 휩쓸리고 그림자가 따르는 것처럼 천하 사람들이 추향합니다. 가령 진귀한 새, 기이한 짐승, 귀한 보배, 신기한 장난감 등이 비록 먼 지방 다른 지역에 있는 것이거나 깊은 산 큰 바다에서 나는 것일지라도 임금이 갖고자 마음먹은 것은 가져올 수 없는 것이 없습니다. 이는 성상의 마음이 좋아하는 것은 천하 사람들의 힘으로써 바치기 때문입니다. 만약 현자를 좋아하는 마음을 보존하기를 이와 같이 하신다면 어찌 깊숙한 巖穴에서 구할 수 없겠으며, 어찌 깊은 山林에서 불러올 수 없겠습니까. 현자를 좋아하는 마음이 독실하지 않음을 근심할 뿐입니다.

臣願컨대 陛下如臣前所陳하여 既立求治之志하고 又思責任之道면 則以求賢爲先하소서 苟

40) 현자를……편안해진다 : 漢나라 王褒의 〈聖主得賢臣頌〉에 "임금은 현자를 구하는 데 힘을 쓰고, 인재를 얻는 데서 편안해진다.〔君人者 勤於求賢 而逸於得人〕"라고 하였다.

不先得賢이면 雖陛下焦心勞思라도 將安所施리잇가 誠得天下之賢하여 置之朝廷이면 則端拱無爲而天下治矣리이다 此所謂勞於求賢이요 逸於得人也니이다 歷觀前史컨대 自古以來로 稱治之君에 有不以求賢爲事者乎잇가 有規規守常하여 以資任人호되 而能致大治者乎잇가 有國家之興이 不由得人者乎잇가 由此言之면 用賢之驗이 不其甚明잇가 若曰 非不欲賢也나 病求之之難也라하시면 臣以爲不然이니이다 夫以人主之勢로 心之所嚮은 天下風靡景(영)從이니이다 設若珍禽異獸(環)〔瓌〕[41]寶奇翫之物도 雖遐方殊域之所有와 深山大海之所生이라도 志所欲者는 無不可致니 蓋上心所好는 奉之以天下之力也니이다 若使存好賢之心如是면 則何巖穴之幽不可求며 何山林之深不可致리잇가 所患好之不篤爾니이다

임금이 賢者를 등용하는 것은 또한 公卿大臣이 발탁하고 천거하는 노력에 의지합니다. 오늘날 조정에서는 현자를 구한 적이 없고, 공경대신도 현자를 구하고 士를 선발하는 것을 생각하지 않습니다. 재상이 同類를 이끌고 현자를 윗자리에 천거했다는 말을 세상 사람들은 듣기 어렵고, 道가 있는 사람을 찾아 스승을 구하는 것을 현달한 귀인들은 부끄럽게 여깁니다. 그들은 대개 '나에게 맡기는 것이 옳으니 士가 장차 어떻게 至治를 도울 것이며, 지금 세상에는 현자가 없으니 구한들 무엇이 이롭겠는가.'라고 생각합니다.

聖人인 周公은 자임해도 충분했지만 오히려 현자를 구하여 자신을 돕게 하기를 급급히 하였습니다.[42] 성스럽고 현자를 좋아하며 인재를 알아보는 것이 밝기 때문에 의당 천하의 현자가 모두 그에게 등용되어 버려진 이가 없었을 것인데도 오히려 날마다 겨를이 없어 천하의 士를 잃을까 두려워하였습니다. 후세 사람들은 그 재주가 주공에 미치지 못하는데도 스스로 재능이 충분하다고 여겨 현자를 구하여 자신을 돕게 하지 않습니다. 현자를 구하지도 않고 또 인재를 알아보는 것이 밝지 않기 때문에 의당 낮은 곳에 있는 현자가 많을 것인데도 이에 '천하에 현자가 없다.'고 말합니다. 아! 어찌

41) (環)〔瓌〕: 저본에는 '環'으로 되어 있으나, 四庫全書本에 의거하여 '瓌'로 바로잡았다.
42) 聖人인……하였습니다 : 周公이 아들 伯禽을 魯나라에 봉하면서 주의시키기를 "나는 文王의 아들이고 武王의 아우이며 成王의 숙부이니, 나도 천하에서 비천한 사람은 아니다. 그러나 한 번 목욕하면서 세 차례나 머리카락을 움켜쥐었고 밥 한 그릇을 먹으면서도 세 차례나 입 안의 밥을 뱉고 나와 찾아온 손님을 만났다. 그러면서도 오히려 천하의 어진 이를 놓칠까 염려하였으니, 너도 노나라에 가거든 임금이라 하여 남에게 교만하지 말라.〔我文王之子 武王之弟 成王之叔父 我於天下亦不賤矣 然我一沐三握髮 一飯三吐哺 起以待士 猶恐失天下之賢人 子之魯 愼無以國驕人〕"라고 하였다.(≪史記≫ 권33 〈魯周公世家〉)

그리도 생각하는 바가 주공과 다르단 말입니까. 그러니 황제의 밝은 지혜를 돕고 가려져 은폐된 점을 밝게 비추고자 하여도 할 수가 없는 것입니다.

夫人君用賢은 亦賴公卿大臣推援薦達之力이니이다 今朝廷은 未嘗求賢하고 公卿大臣도 亦不以求賢取士爲意니이다 相先引彙를 世所罕聞하고 訪道求師를 貴達所恥니이다 大率以爲任己可也니 士將安補며 今世無賢이니 求之何益이리오하니이다 夫以周公之聖으로 其自任足矣어늘 尙汲汲求賢以自輔也니이다 以其聖且好賢과 知人之明으로 宜天下之賢皆爲之用하여 莫有遺也어늘 尙乃日不暇給하여 恐失天下之士니이다 後之人은 其才不及周公이로되 而自謂足矣하여 不求賢以自輔也니이다 以其不求하고 且知之不明으로 宜賢者在下之多也로되 乃曰天下無賢矣라하니이다 噫라 何其用意與周公異也잇가 欲其助皇明燭幽隱이나 不可得也니이다

그러나 이 또한 성상께서 하시는 바에 달려 있을 따름입니다. 폐하께서 진실로 능히 마음을 전일하게 하고 심지를 지극하게 하여 부지런히 힘써 게을리 하지 않으며, 현자를 구하는 것을 일삼아 항상 천하에 버려진 인재가 있을까 염려하며, 조정에서는 현자를 추천하고 유능한 자를 선발하는 신하를 중용하며 현자를 은폐하고 어짊을 자임하는 신하를 멀리하시면 자연히 천하 사람들이 동화될 것이니, 아랫자리에 있는 신하로부터 윗자리에 있는 신하에 이르기까지 누군들 서로 현자를 자기보다 윗자리에 추천하는 것을 善行으로 여기고 인재를 천거하는 것을 급선무로 삼지 않겠습니까. 현자를 찾아 선발하는 것이 넓어지게 되면 비록 작은 재주와 조그만 선행일지라도 감추는 바가 없을 것입니다. 이와 같이 하면 士는 더욱 자신을 공경하여 지키는 것이 더욱 견고해질 것이며, 廉恥가 바르게 되어 風敎가 두터워질 것이니, 천하의 현자를 버려둠이 있겠습니까. 이미 천하의 현자를 얻었다면 천하를 다스리는 것은 말할 것도 없습니다.

然이나 亦繫上之所爲而已니이다 陛下誠能專心致志하여 孜孜不倦하며 以求賢爲事하여 常恐天下有遺棄之才하며 朝廷之上에 推賢援能者를 登進之하고 蔽賢自任者를 疎遠之하시면 自然天下嚮風하리니 自下及上히 孰不以相先爲善行하고 薦達爲急務리잇가 搜拔旣廣이면 雖小才片善이라도 無所隱晦니이다 如此則士益貴而守益堅하고 廉恥格而風敎厚矣리니 天下之賢을 其有遺乎잇가 旣得天下之賢이면 則天下之治는 不足道也니이다

지금 세상은 人情이 淺近하여 오랫동안 익숙해져 풍속을 이루었고, 조정에서 사람을 등용하는 것은 구차하게 평상시의 법도를 따르니, 수천 수백 명에서 선발하고 同列에서 발탁해 등용하여 용렬하고 간악한 자가 뒤섞여 있더라도 잘못되었다고 여기지 않습니다. 설령 한 사람의 賢者를 발탁하거나 한 사람의 善人을 등용하여 품계의 차례를 뛰어넘어 진출시키면 사소한 허물을 찾아서 여러 사람의 의론이 떠들썩합니다. 예컨대 眞宗이 种放[43]을 발탁한 것과 先朝(仁宗)에서 范仲淹[44]을 등용한 것이 이런 경우입니다. 만약 임금의 마음이 그를 독실하게 믿지 않으면 어찌 의혹을 면하겠습니까. 도리어 스스로 분수에 넘친다고 생각할 것이니, 이것이 비상한 조처가 오랫동안 행해지지 않은 까닭입니다.

엎드려 보건대 근래 폐하께서는 신하의 천거를 통하지 않고 范純仁을 발탁하여 言路에 두셨으니,[45] 오늘날 세상에서는 비상한 조처가 됩니다. 범순인은 名臣(范仲淹)의 아들로 재주와 명망이 있어 벼슬자리에 있는 신하들이 그의 유능함을 많이 아뢰었으니, 폐하께서 발탁하시는 것이 마땅합니다. 그러나 신은 바라건대 폐하께서는 자신을 믿고 의심하지 마십시오. 범순인은 과연 현명하니 폐하께서 인재를 알아보신 것이 밝습니다.

만일 인재를 등용하였으나 뚜렷한 공효가 없다면 또한 '내가 노심초사 하여 인재를 임명하였으니 비록 그 공효를 얻지는 못했으나 또한 천하에 부끄러움이 없다.'라고 생각하십시오. 설령 그가 직분을 크게 잘못했다면 또한 '내가 인재를 알아본 것이 잘못되었으니 마땅히 선택하는 일에 더욱 힘써 인재 얻기를 기약해야겠다.'라고 생각하십시오. 대개 열 사람을 발탁하여 다섯 사람만 얻어도 재주를 이루 다 쓸 수 없으니, 현

43) 种放 : 955~1015. 자는 明逸, 호는 雲溪이며, 洛陽 사람이다. 終南山에 은거하며 학문에 전념하였다. 宋 太宗이 불렀으나 모친 봉양을 이유로 나아가지 않았다. 모친이 별세한 뒤 眞宗의 부름을 세 차례 받은 뒤에야 출사하여 左司諫에 제수되었고, 工部侍郎을 지냈다.

44) 范仲淹 : 989~1052. 자는 希文, 시호는 文正이며, 蘇州 吳縣 사람이다. 1015년 진사가 되었고, 仁宗의 부름을 받아 諫官이 되었다. 재상 呂夷簡과 대립하다가 지방관으로 쫓겨났으며, 歐陽脩・韓琦 등과 스스로 군자의 붕당이라 칭하여 慶曆黨議를 불러일으켰다. 陝西經略安撫招討副使가 되어 西夏의 침입을 막았고, 그 공으로 樞密副使가 되었다. 參知政事로 승진하여 내정개혁에 힘썼다.

45) 范純仁을……두셨으니 : 1027~1101. 자는 堯夫, 시호는 忠宣이며, 蘇州 吳縣 사람이다. 范仲淹의 둘째 아들로, 1049년 진사가 되어 侍御史・同知諫院・給事中・同知樞密院事 등을 지냈고, 나중에 재상에 올랐다. 王安石의 新法에 대해 격렬하게 비판하다가 좌천되기도 하였다. 家學을 이어받았고, 胡瑗・孫復의 학문을 계승하였다. 治平 연간(1064~1067)에 江東轉運判官으로 발탁되었고, 부름을 받아 殿中侍御史가 되었다가 侍御史로 옮겼다.

자를 구하다가 실패하더라도 오히려 구하지 않는 것보다는 낫습니다. 진실로 이 마음을 유지한다면 어찌 현자를 얻지 못하는 것을 근심하겠습니까.

바야흐로 폐하께서 범순인을 등용하신 것을 식자들이 모두 기뻐하지만, 신이 홀로 근심하는 것은 어째서이겠습니까? 폐하께서 처음 英斷을 떨쳐 한 사람을 발탁하셨는데, 진실로 혹여 실수가 있을까 두려워하여 드디어 聖心을 억누르고서 '오로지 常規를 지키면 허물이 없을 수 있다.'고 생각하여 더이상 인재를 뽑아 발탁하기를 생각하지 않으신다면 천하에 장차 무슨 희망이 있겠습니까. 이는 폐하께서 자신을 믿고 의심하지 않는 데 달려 있을 따름입니다. 바라건대 폐하께서 신이 소원하고 미천하다는 이유로 신의 말을 가벼이 여기지 않으신다면 천하를 위해 매우 다행일 것입니다.

今世엔 人情淺近하여 積慣成俗하고 朝廷進人은 苟循常法하니 則雖千百而取하고 群伍而用하여 庸惡混雜이라도 曾不以爲非니이다 設或拔一賢하고 進一善하여 出於不次면 則求摭(척)小差하여 衆議囂(효)沸니이다 如眞廟擢种放과 先朝用范仲淹이 是也니이다 設非君心篤信이면 寧免疑惑이리오 反自以爲過니 此所以非常之擧가 曠久不行也니이다 伏見컨대 近日陛下不由言薦하여 擢范純仁하여 置之言路하시니 在今世엔 爲非常之擧니이다 純仁은 名臣之子로 有才名하여 在位多言其能하니 陛下擢之가 當也니이다 然이나 臣願컨대 陛下自信勿疑하소서 純仁果賢하니 則陛下知人之明也니이다 如用之而無顯效면 則亦曰 吾勞心任人하니 雖未得其效나 亦無愧於天下矣라하소서 設或大敗厥職이면 則亦曰 吾知之失也니 當益務選擇하여 期於得人爾라하소서 蓋拔十得五라도 才不可勝用이니 求賢而失이라도 尙愈於不求니이다 誠持是心이면 何患不得賢也리잇가 方陛下用純仁을 識者皆喜나 臣獨憂之는 何者오 陛下始奮英斷拔一人한대 誠恐或有差失하여 遂抑聖心하여 以爲專守常規면 可以無過라하여 不復以簡擢爲意하시면 則天下將何望焉이리잇가 此在陛下自信勿疑而已니이다 願컨대 陛下不以臣之疎賤而易(이)其言하시면 則天下幸甚이로소이다

신이 앞에서 아뢴 세 가지는 천하를 다스리는 근본입니다. 신은 이익을 일으키고 해악을 제거하는 방법, 나라를 안정시키고 백성을 기르는 방법, 변경을 방비하는 계책, 교화의 근본에 대한 의론이 있음을 모르지 않으니, 폐하를 위해 아뢸 수 있습니다. 다만 이 세 가지를 먼저 하지 않으면 헛된 말이 될 뿐입니다. 이 세 가지가 행해지면 그것을 행할 방법이 없음을 근심하지 않아도 됩니다. 바라건대 폐하께서 社稷을 위해 마음을 쓰고 백성을 위해 염려하시며, 구차하게 안주하는 폐단을 거울로 삼고

영원히 유지할 계책을 생각하시어, 신이 아뢴 바를 보시고 그 깊은 정성을 살펴주셔서 만에 하나라도 聖朝에 털끝만큼의 보탬이 있다면 신은 망언을 한 죄를 받더라도 후회하는 바가 없을 것입니다.

옛날 賈誼[46]가 漢 文帝를 위해 治亂을 아뢰었는데 한 문제가 능히 채용하지 않아 백세 뒤에까지 비난을 받았습니다. 바라건대 폐하께서 후세 사람들이 지금을 바라보는 것을 지금 사람들이 과거를 돌아보는 것과 같게 하지 않으신다면 천하를 위해 더할 나위 없는 다행일 것입니다. 지향만 크고 실정에 어두운 신의 말을 聖明께서 너그러이 여겨 주십시오. 성상을 번거롭게 하였으니, 신은 두려워서 땀이 나며 간절하고 황공한 마음이 지극함을 감당하지 못하겠습니다.

臣前所陳三者는 治天下之本也니이다 臣은 非不知有興利除害之方과 安國養民之術과 邊境備禦之策과 教化根本之論이니 可以爲陛下陳之니이다 顧三者不先이면 徒虛言爾니이다 三者既行이면 不患爲之無術也니이다 願컨대 陛下以社稷爲心하고 以生民爲念하며 鑑苟安之弊하고 思永世之策하여 賜之省覽하여 察其深誠하시어 萬一有毫髮之補於聖朝면 臣雖被妄言之誅라도 無所悔恨이리이다 昔賈誼爲漢文言治亂한대 漢文不能用하여 百世之下爲譏니이다 願컨대 陛下勿使後之視今을 猶今之視昔이면 則天下不勝幸甚이로소이다 狂瞽之言을 惟聖明裁恕하소서 干冒宸嚴하니 臣無任兢惶戰汗激切屏營之至니이다

家君을 위해 神宗皇帝께 올린 薄葬[47]을 논하는 글
爲家君上神宗皇帝論薄葬書①

① 治平 4년(1067).
治平四年.

具位[48] 신 程頤은 황공하게도 죽음을 무릅쓰고 再拜하며 황제 폐하께 글을 올립니

46) 賈誼 : 前漢 때의 학자로, 河南 洛陽 사람이다. 漢 文帝의 총애를 받아 약관의 나이로 최연소 박사가 되었다. 1년 뒤 太中大夫가 되어 秦나라 때부터 내려온 律令과 官制, 禮樂 등의 제도를 개정하였다. 시기를 받아 長沙王의 太傅로 좌천되었다가 4년 뒤 복귀하였다. 문제의 막내아들 梁懷王의 태부가 되었지만 왕이 급서하자 애도한 나머지 33세의 나이로 세상을 떠났다.
47) 薄葬 : 장례를 간소하게 치르는 것을 가리킨다.

다. 신이 듣건대 孝는 어버이를 편안하게 하는 것보다 더 큰 것이 없고 忠은 군주를 사랑하는 것보다 더 먼저 할 것이 없다고 하니, 人倫의 근본은 여기에서 벗어나지 않습니다. 사람은 지혜롭거나 어리석거나를 막론하고 忠·孝가 아름다운 줄 모르는 이가 없으나, 그 방도를 알지 못하면 도리어 그 의리를 해칩니다. 그러므로 예로부터 임금이 된 사람은 자기 어버이에게 효도하려 하지 않은 이가 없으나 대부분 불효하다는 비난을 받고, 신하가 된 사람은 자기 임금에게 충성하려 하지 않은 이가 없으나 항상 불충하다는 죄를 지고 있습니다. 어째서이겠습니까. 효도하고 충성하려는 마음이 있지만 행할 적에 그 방도를 알지 못하기 때문입니다.

엎드려 생각건대 폐하께서는 至德으로써 大業을 계승하고 大孝로써 先帝를 받드시니, 聖心의 간절하고 지극함을 천하 사람들이 모두 알고 있습니다. 그러나 신은 소원하고 미천한 몸으로 감히 구구하게 죽음을 무릅쓰고 다시 그 설을 올리니, 바라건대 폐하께서 지극히 효성스러운 마음으로써 지극히 효성스러운 道를 극진히 하시고, 前古의 잘못을 거울삼아 두루 살펴 先帝를 위해 깊이 사려하신다면 천하 사람들과 신하들의 마음에 위안이 되지 않음이 없을 것입니다.

具位臣程珦은 皇恐昧死하고 再拜上書皇帝陛下하노이다 臣聞컨대 孝莫大於安親이요 忠莫先於愛主라하니 人倫之本은 無越於斯니이다 人無知愚하고 靡不知忠孝之爲美也나 然而不得其道면 則反害之라 故로 自古爲君者는 莫不欲孝其親이로되 而多獲不孝之譏하고 爲臣者는 莫不欲忠其君이로되 而常負不忠之罪니이다 何則고 有其心이나 行之不得其道也일새니이다 伏惟컨대 陛下以至德承洪業하고 以大孝奉先帝하시니 聖心切至를 天下共知니이다 然이나 臣以疎賤으로 復敢區區冒萬死以進其說者니 願컨대 陛下以至孝之心으로 盡至孝之道하고 鑑歷古之失하여 爲先帝深慮하시면 則天下臣子之心에 無不慰安이로소이다

이른바 前古의 잘못을 두루 살핀다는 것은 다음과 같습니다. 신이 살펴보건대 秦나라·漢나라 이래로 帝王이 된 사람은 천하의 존귀한 지위를 차지하고 四海의 富를 소유하니, 그가 살아 있을 적에 봉양하는 것이 어떠하였겠으며, 그가 죽었을 적에 安葬하는 것이 어떠하였겠습니까? 그런데도 그 陵墓를 능히 보전한 경우가 드무니, 그 까닭은 무엇이겠습니까?

---

48) 具位 : 벼슬자리를 차지하고 인원수나 채운다는 뜻인데, 唐·宋 이후로는 奏疏나 편지 등을 쓸 적에 구체적인 관직과 작위를 생략하고 겸손하게 표현하는 말로 쓰였다.

오직 魏 文帝(曹丕)와 唐 太宗은 제위를 전해 받은 嗣君으로서 능히 효도를 극진히 하여 先君을 위해 장구히 도모하였으니, 그 陵墓가 지금까지도 안전하고 사적 또한 뚜렷하여 簡策에 남아 있습니다. 아! 이 두 嗣君은 구차하게 사치를 숭상하여 자기 마음대로 하지 않고 어버이를 편안하게 할 것을 마음에 두었으니 지극한 효성이라 말할 수 있습니다.

漢 武帝를 장사지낼 적에는 霍光이 정사를 도맡았는데 大體에 어둡고 사치스러움이 과도하여 陵 안에 더 이상 부장품을 넣을 수 없는 지경에 이르렀는데, 赤眉의 난[49]에 결국 도굴을 당했습니다. 식자들은 赤眉의 흉포함은 곽광이 제멋대로 한 것과 다름이 없다고 말하니, 깊이 사려하지 않아 후환을 초래하였기 때문입니다. 위 문제와 당 태종 두 嗣君은 검소하게 장례를 치렀으나 후세 사람들은 그들을 불효하다고 말하지 않았고, 곽광은 무제를 후하게 장사지냈으나 천고에 죄인이 됨을 면치 못했습니다.

예로부터 이 밝은 거울을 살펴보면서도 능히 행하지 못하는 것은 다름이 아니라, 여러 사람의 의론을 어기기 어렵고 인정이 절박하기 때문입니다. 만약 일반적인 인정에 부합하기를 힘써 끝내 원대하게 도모하지 않는다면 이는 곧 인정에는 후하지만 先君에게는 박한 것이니, 또한 미혹된 것이 아니겠습니까.

위 문제가 지은 終制[50]와 唐나라 虞世南이 올린 封事[51]는 모두 법도로 삼을 만합니

---

49) 赤眉의 난 : 前漢 말 王莽이 찬탈하여 新나라를 세우자 樊崇 등이 반란을 일으켰는데, 이들은 王莽의 군대와 구분하기 위해 눈썹을 모두 적색으로 칠했기 때문에 赤眉라 불렀다. 왕망이 죽은 뒤 황족 劉盆子를 황제로 옹립하고 長安을 함락한 뒤 궁실을 불태우고 여러 園陵을 도굴하는 등 방화와 약탈을 자행하다가 劉秀(光武帝)에게 토벌되었다.(≪後漢書≫ 권1 〈光武帝紀〉, 권41 〈劉盆子列傳〉)

50) 위……終制 : 終制는 생전에 자신의 喪禮와 葬禮의 禮制에 대해 부탁하는 것이다. 魏 文帝가 首陽山 동쪽에 壽陵(임금이 죽기 전에 미리 만들어 두는 무덤)을 만들게 하고 終制를 지었는데, 검소하게 장사지낼 것을 당부하면서 漢 文帝의 霸陵이 도굴되지 않은 것은 張釋之에게 공이 있다고 하였다.(≪三國志≫ 권2 〈魏書 文帝紀〉 3년 10월조) 漢 文帝가 일찍이 霸陵(漢 文帝의 壽陵)에 갔을 때 여러 신하들에게 "아! 北山의 돌로 外棺을 만들고, 모시와 솜을 잘라 그 안에 넣고, 그 사이에 옻칠을 하면 어찌 棺을 움직일 수 있겠는가!〔嗟乎 以北山石爲椁用 紵絮斮陳 蕠漆其間 豈可動哉〕"라고 하자, 張釋之가 말하기를 "만약 그 속에 욕심낼 만한 것이 있다면 비록 쇠를 부어 南山처럼 만들더라도 틈이 있을 것이고, 만약 그 속에 욕심낼 만한 것이 없다면 비록 石槨이 없더라도 또 어찌 근심하겠습니까.〔使其中有可欲者 雖錮南山 猶有郄 使其中無可欲者 雖無石椁 又何戚焉〕"라고 하였다.(≪史記≫ 권102 〈張釋之列傳〉)

51) 唐나라……封事 : 唐 高祖가 승하하자 太宗이 山陵의 제도를 漢나라 長陵(高祖의 陵)의 고사에 따르라고 조서를 내렸는데, 융성하게 하는 데 힘써 기한이 촉박하여 功役이 매우 수고로웠다. 이에 虞世南이 封事를 올려 이전의 聖帝·明王이 장례를 검소하게 지낸 까닭을 논하고, 劉向의 간언과 魏 文帝의 終制를 거론하여 長陵의 제도는 마땅한 바가 아니니 장구한 계책을 세

다. 그들이 지적하여 아뢴 말이 매우 간절하여 차마 아뢸 수 있는 바가 아니니, 바라건대 폐하께서 취하여 살펴보신다면 밝은 임금과 현명한 신하가 사려한 것이 심원한 것을 볼 수 있을 것입니다. 옛사람이 말하기를 "죽는 자는 끝없이 이어지지만, 국가는 흥망과 성쇠가 있습니다."라고 하였습니다.[52] 예로부터 신하가 큰일을 당했을 때 흥망성쇠에 대한 말을 하는 것을 꺼려 감히 의론하여 언급하지 않으니, 이와 같이 구차하게 인정을 따라 죽은 이를 저버리는 것은 크게 불충한 일입니다.

所謂歷古之失은 臣觀컨대 秦漢而下로 爲帝王者는 居天下之尊하고 有四海之富하니 其生也에 奉養之如之何며 其亡也에 安厝(조)之如之何잇가 然而鮮克保完其陵墓者니 其故何哉잇고 獨魏文帝唐太宗은 所傳嗣君으로 能盡孝道하여 爲之永慮하니 至今安全하고 事迹昭然하여 存諸簡策이니이다 嗚呼라 二嗣君은 不苟爲崇侈以狥己意요 乃以安親爲心하니 可謂至孝矣니이다 漢武之葬에 霍光秉政이어늘 暗於大體하고 奢侈過度하여 至使陵中不復容物이러니 赤眉之亂에 遂見發掘이니이다 識者는 謂赤眉之暴는 無異光自爲之니 爲其不能深慮以致後害也일새니이다 二君從儉이나 後世不謂其不孝요 霍光厚葬이나 千古不免爲罪人이니이다 自古以來로 觀此明鑑而不能行之者는 無他요 衆議難違하고 人情所迫爾일새니이다 苟若務合常情하여 遂亡遠慮면 是乃厚於人情而薄於先君也니 不亦惑乎잇가 魏文帝所作終制와 及唐虞世南所上封事는 皆足取法니이다 其指陳深切하여 非所忍言하니 願컨대 陛下取而觀之시면 可以見明君賢臣所慮深遠이니이다 古人有言曰 死者無終極이나 國家有廢興이라하니이다 自昔으로 人臣當大事之際하여 乃以興廢之言爲忌諱하여 莫敢議及하니 如此苟循人情하여 辜負往者는 不忠之大者也니이다

신이 가만히 생각건대 폐하께서는 先帝를 추념할 적에 聖情이 망극하여 반드시 陵寢을 성대하게 만들어 효심을 극진히 하시려는 것입니다. 그러나 신의 어리석은 생각으로는 先帝의 검소한 덕에 위배되고 폐하의 효도를 손상시켜 실제로도 무익하고 후세에도 누가 되어 마땅한 바가 아닙니다.

엎드려 바라건대 폐하께서는 지극한 심정을 억제하고 장구한 계책을 깊이 생각하여

울 것을 간언하였다.(≪舊唐書≫ 권72 〈虞世南列傳〉)

52) 옛사람이……하였습니다 : 漢 成帝가 자신의 壽陵인 昌陵을 조성하다가 몇 년이 지나도 완성하지 못하여 다시 延陵으로 돌아왔는데 그 제도가 매우 사치스러웠다. 이에 劉向이 간언하기를 "죽는 자는 끝없이 이어지지만, 국가는 흥망과 성쇠가 있습니다. 그러므로 張釋之의 말은 무궁한 계책입니다.〔夫死者無終極 而國家有廢興 故釋之之言 爲無窮計也〕"라고 하였다.(≪漢書≫ 권36 〈劉向列傳〉)

遺詔를 받들어 有司에게 근엄하게 신칙하여 모든 規模를 전부 魏 文帝의 終制에 의거하고, 필요한 明器[53]는 모두 기와와 나무로 만들고, 금·은·구리·쇠와 진귀한 보물과 기이한 물건은 무덤에 넣을 수 없게 하고, 그런 뒤에 원근의 사람들에게 환히 알리고 金石에 그 일을 새기십시오. 이와 같이 하면 폐하의 효성이 무궁한 후세까지 드러나고 폐하의 聖明이 이전의 제왕보다 드높을 것입니다. 비단처럼 쉽게 썩는 물건을 부장품으로 넣는 것은 또한 수백 년 뒤에 걱정거리가 될 것이니, 漢나라 薄后의 陵이 이런 경우입니다.[54]

臣竊慮컨대 陛下追念先帝할새 聖情罔極하여 必欲崇厚陵寢하여 以盡孝心이로소이다 臣愚以爲컨대 違先帝之儉德하고 損陛下之孝道하여 無益於實하고 有累於後하여 非所宜也니이다 伏願컨대 陛下損抑至情하고 深爲永慮하여 承奉遺詔하여 嚴飭有司하여 凡百規模를 盡依魏文之制하고 明器所須는 皆以瓦木爲之하고 金銀銅鐵珍寶奇異之物은 無得入壙하고 然後昭示遐邇하고 刊之金石하소서 如是則陛下之孝가 顯於無窮하고 陛下之明이 高於曠古하리이다 至於紈帛易(이)朽之物하얀 亦能爲患於數百年之後니 漢薄后陵이 是也니이다

혹자가 말하기를 "山陵이 높고 크면 부장품을 넣지 않더라도 어찌 후세에 온전하리라 확신할 수 있겠는가."라고 하니, 신은 그렇지 않다고 생각합니다. 천하 사람들이 이미 알고 있으니, 후세 사람들도 반드시 알 것입니다. 신이 일찍이 秦 땅을 유람하였는데 한나라·당나라 때의 여러 陵을 두루 살펴보니 온전한 것이 없었고, 오직 昭陵[55]만이 도굴되지 않았습니다. 陵의 옆에 사는 사람들이 아직도 그 당대의 검소했던 일을 능히 말하니, 이것이 수백 년이 지날 동안 여러 차례 전란을 겪으면서도 홀로 온전했던 까닭입니다.

신하가 임금에게 아뢰는 것은 자식이 아버지에게 말씀드리는 것과 같으니, 폐하께서 어버이에게 후하게 하려는데 신하가 도리어 그 임금에게 박하게 하려는 경우가 어찌 있겠습니까. 진실로 폐하께서 先帝에게 후하게 하는 것으로는 이렇게 하는 것보다 더 후한 것이 없습니다. 잃어버린 비녀나 벗겨진 신발도 오히려 지키고 간직하여 감

53) 明器 : 冥器와 같은 뜻으로, 장례에 쓰기 위해 만드는 器物이다.
54) 漢나라……경우입니다 : 晉나라 孝愍帝 때 漢 文帝의 霸陵과 薄太后(漢 文帝의 생모)의 南陵이 도굴 당했는데, 태후의 얼굴이 살아 있는 듯하였고 金玉과 綵帛을 얻은 것을 이루 다 기록할 수 없었다고 한다.(≪晉史≫ 권5 〈孝愍帝紀〉)
55) 昭陵 : 唐 太宗의 陵이다.

히 공경하지 않음이 없어야 하는데, 하물며 園陵에 대해 지극히 깊고 원대하게 생각하지 않을 수 있겠습니까.

或曰 山陵崇大면 雖使無藏이라도 安能信於後世오하니 臣以爲不然이니이다 天下旣知之니 後世必知之니이다 臣嘗遊秦中한대 歷觀漢唐諸陵하니 無有完者요 惟昭陵不犯이니이다 陵旁居人이 尙能道當日儉素之事하니 此所以歷數百年에 屢經寇亂而獨全也일새니이다 夫臣之於君은 猶子之於父니 豈有陛下欲厚其親而臣反欲薄於其君乎잇가 誠以厚於先帝는 無厚於此者也니이다 遺簪墜履도 尙當保而藏之하여 不敢不恭어늘 況於園陵에 得不窮深極遠以慮之乎잇가

폐하께서 제위를 이으신 초기에 여러 신하들이 성상의 위엄을 두려워하니, 신이 만일 아뢰지 않았다면 감히 아뢰는 자가 없는 것을 필시 염려하였을 것입니다. 폐하께서 신의 말을 망령되이 여겨 죄를 주신다면 신은 죽더라도 후회하지 않을 것이고, 신의 말을 옳다고 여겨 따르신다면 先帝의 福이 되고, 폐하의 효성을 성대하게 하고, 천하 사람들의 마음을 편안하게 하고, 만세의 법을 보일 수 있을 것이니, 보탬이 되는 바가 어찌 두텁지 않겠습니까.

신의 마음속에 솟구치는 애절한 정성과 거칠고 경솔한 말을 바라건대 폐하께서 자세히 살펴보시고 깊이 성찰하신다면 천하 사람들이 더 이상 바랄 게 없을 것입니다. 신은 분수에 넘게 狂者·狷者와 같은 말을 하여 지극히 두려운 마음을 감당할 수 없습니다. 신이 죽음을 무릅쓰고 머리를 조아리며 삼가 아룁니다.

陛下嗣位方初에 群臣畏威하니 臣苟不言이면 必慮無敢言者니이다 陛下以臣言爲妄而罪之시면 則臣死且不悔요 以臣言爲是而從之시면 則可以爲先帝之福하고 大陛下之孝하고 安天下之心하고 示萬世之法하리니 所補가 豈不厚哉리잇가 臣哀誠內激과 言意狂率을 願컨대 陛下詳覽而深察之하시면 天下不勝大願이니이다 臣無任踰越狂狷恐懼之極하노이다 臣昧死頓首謹言하노이다

呂公著를 대신해서 詔命에 응하여 神宗皇帝께 올리는 글
代呂公著應詔上神宗皇帝書①

① 熙寧 8년(1075) 10월.
熙寧八年十月.

엎드려 보건대 이번 달 13일의 詔勅에 혜성이 동쪽에 나타난 일로 안팎의 신료에게 조정의 잘못을 직언하도록 허락하였습니다.[56] 신은 일을 아뢰어 죄를 얻은 뒤로 오랫동안 조정을 떠나 보답할 바가 없이 한가로이 자리만 차지하는 곳으로 물러나 있었습니다. 그런데도 오히려 감히 구구하게 진언을 올리는 것은 진실로 폐하께서 天命을 경외하여 두려워하고 수신하고 반성하는 의중이 있으심을 보았기 때문입니다. 초야의 사람도 오히려 그 충심을 바치고자 생각하는데, 하물며 신은 대대로 국은을 입어 오랫동안 가까이서 모셨으니, 비록 죄가 남아 있으나 감히 어리석은 정성을 다하여 밝은 詔命에 응하지 않을 수 있겠습니까.

伏覩컨대 今月十三日詔勅에 以彗出東方으로 許中外臣僚直言朝廷闕失하니이다 臣自言事得罪로 久去朝廷하여 無所補報하여 退就閑冗이로되 尙敢區區以言自進者는 誠見陛下寅畏天命하여 有恐懼修省之意일새니이다 草萊之人도 尙思效其忠懇이온 況臣世荷國恩하여 久忝近侍하니 雖罪釁(흔)之餘라도 敢不竭其愚誠하여 以應明詔리잇가

신이 엎드려 보건대 예전 史書에 실린 것 중에 혜성이 재변이 된 경우가 많으니, 그에 상응하는 재변이 없는 경우가 드문 것은 대개 上天의 뜻은 공연히 그러한 것이 아니기 때문입니다. 지금 폐하께서 경계하고 두려워하는 마음이 있으시다면 마땅히 그치게 할 방도를 생각하셔야 합니다. 또한 오늘날의 변고가 어디로부터 왔다고 생각하십니까? ≪書經≫에 이르기를 "하늘은 우리 백성들이 보는 것을 통해서 보시고, 하늘은 우리 백성들이 듣는 것을 통해 들으신다."[57]라고 하였으니, 어찌 정사의 소치가 아니겠습니까. 만일 '정사 때문이 아니다.'라고 말씀하신다면 經典은 거짓말이 되니, 신이 다시 무슨 말을 하겠습니까. 詔命을 내려 구하시는 것 또한 헛된 일이 될 것입니다. 만약 정사의 소치라고 생각하신다면 그것을 고쳐 天命을 따르는 것은 폐하께 달려 있을 따름입니다. 晏子(晏嬰)가 말하기를 "축원하여 불러올 수 있다면 또한 물리쳐

56) 이번……허락하였습니다 : 宋 神宗 熙寧 8년(1075) 10월에 "을미일(9일)에 혜성이 軫星에서 나왔다. 기해일(13일)에 詔命을 내려 災異가 자주 나타나니 正殿에 나가지 않고 수라는 음식 수를 줄이고 直言을 구하라고 하였다.〔乙未彗出軫 己亥詔以災異數見 不御前殿 減常膳 求直言〕"라고 하였다.(≪宋史≫ 권15 〈神宗本紀〉)

57) 하늘은……들으신다 : ≪書經≫ 〈周書 泰誓〉에 보인다.

쫓을 수 있다."[58]라고 하였습니다. 또 ≪春秋左氏傳≫에 "하늘에 혜성이 나타나는 것은 더러운 것을 쓸어내기 위한 것이다."[59]라고 하였고, 또 "옛것을 쓸어내고 새것을 펴는 것이다."[60]라고 하였습니다.

신은 바라건대 폐하께서는 하늘의 경계를 공경히 순종하여 마땅히 없애야 할 것은 어떤 일이며 마땅히 새롭게 해야 할 것은 어떤 방법으로 할 것인지 생각하십시오. 만일 '이전의 정사는 이미 선하니 없앨 바가 없다.'라고 생각하신다면 하늘이 속이는 것이니, 신이 다시 무슨 말을 하겠습니까. 만약 '자신을 새롭게 하기를 구해야 한다.'고 생각하신다면 그것은 폐하께서 생각하시는 것에 달려 있을 따름입니다.

臣伏觀컨대 前史所載에 彗之爲變이 多矣니 鮮有無其應者는 蓋上天之意는 非徒然也일새니이다 今陛下既有警畏之心이시면 當思消弭(미)之道니이다 且以今日之變이 孰從而來잇가 書曰 天視自我民視하며 天聽自我民聽이라하니 豈非政之所致歟잇가 如曰非政之由라하시면 則經爲誣矣니 臣復何言이릿가 詔之所求도 亦爲虛設이리이다 若以爲政之所致면 則改以①順天은 在陛下而已니이다 晏子所謂에 可祝而來면 亦可禳而去也라하고 傳曰 天之有彗는 以除穢也라하고 又曰 所以除舊布新이라하니이다 臣願컨대 陛下祗若天戒하여 思當除者何事而當新者何道오하소서 如曰 舊政既善이니 無所可除라하시면 則天爲誣矣니 臣復何言이리잇가 若以爲當求自新이시면 則在陛下思之而已니이다

---

58) 축원하여……있다 : 齊 景公이 혜성이 나타난 것을 근심하여 기도하여 물리칠 수 있는지 묻자, 晏嬰이 말하기를 "가령 神을 축원하여 불러올 수 있다면 또한 물리쳐 쫓을 수도 있습니다. 그러나 괴로워하고 원망하는 백성들이 수만 명인데 임금께선 한 사람의 기도로 물리치려 하시니, 많은 사람의 입을 어찌 이겨낼 수 있겠습니까.〔使神可祝而來 亦可禳而去也 百姓苦怨以萬數 而君令一人禳之 安能勝衆口乎〕"라고 하였다. 사치스러운 생활, 무거운 조세와 형벌로 백성을 괴롭게 하는 것이 혜성보다 훨씬 두려운 일임을 간언한 것이다.(≪史記≫ 권32 〈齊太公世家〉)

59) 하늘에……것이다 : ≪春秋左氏傳≫ 昭公 26년에 "齊나라에 혜성이 나타나서 齊侯가 기도하여 물리치게 하자, 晏子가 말하였다. '이로움이 없고 단지 속임만을 취할 뿐입니다. 天道는 의심할 수 없어 그 命에 착오가 없으니, 어찌 기도하여 물리칠 수 있겠습니까. 또한 하늘에 혜성이 나타나는 것은 더러운 것을 쓸어내기 위함이니, 임금께 穢德이 없다면 또한 어찌 물리칠 것이 있으며, 만약 德에 더러움이 있다면 기도하여 물리친들 어찌 사라지겠습니까.〔無益也 祇取誣焉 天道不謟 不貳其命 若之何禳之 且天之有彗也 以除穢也 君無穢德 又何禳焉 若德之穢 禳之何損〕'"라고 하였다.(≪春秋左氏傳≫ 昭公 26년)

60) 옛것을……것이다 : ≪春秋左氏傳≫ 昭公 17년에 "겨울에 大辰(大火星)에 혜성이 나타나 서쪽으로 은하까지 미치자, 申須가 말하였다. '혜성은 옛것을 쓸어내고 새것을 펴는 것이다. 하늘의 일은 징조가 되는 현상을 예고하는데, 지금 火星을 쓸어냈으니 火星이 나타나면 반드시 불이 퍼져 제후국에 화재가 있을 것이다.〔冬 有星孛于大辰 西及漢 申須曰 彗所以除舊布新也 天事恒象 今除於火 火出必布焉 諸侯其有火災乎〕'"라고 하였다.(≪春秋左氏傳≫ 昭公 17년)

①〈'以'는〉 어떤 판본에는 '而'로 되어 있다.
一作而.

만약 매우 無道한 세상이 아니라면 어찌 재변을 만나 두려워하지 않은 적이 있었겠습니까. 그러나 능히 자신을 새롭게 하는 자가 적었으니, 대개 욕심에 가려지고 임무를 맡은 자에게 미혹되어 밝은 안목이 스스로 분변하기에 부족하였기 때문입니다. 옳은 것을 보고서도 그르게 여기고 사특한 것을 바르게 여기며 패망이 이르렀는데도 깨닫지 못하는 경우는 하늘도 경계할 수 없습니다. 보존하는 것을 싫어하고 망하는 것을 좋아하며, 잘 다스려지는 것을 미워하고 혼란한 것을 기뻐하는 임금이 어찌 있겠습니까. 또한 미혹되어 분변할 수 없기 때문입니다.

신은 분변하는 것이 어려운 일이 아니고 다만 제대로 된 방도를 알지 못할 뿐이라고 생각합니다. 진실로 능히 자신이 마음을 보존하는 것을 성찰하고, 자신이 사람을 임명하는 것을 고찰하고, 자신이 정사를 행하는 것을 관찰하고, 자신이 자처하는 바를 사려한 뒤에 남의 말에서 질정한다면 어떤 미혹인들 분변할 수 없겠습니까. 그 미혹을 능히 분변하면 天命에 응하여 자신을 새롭게 하는 방도를 알게 될 것입니다. 신은 청컨대 폐하를 위해 분변해 보겠습니다.

自非大無道之世면 何嘗不遇災而懼리잇가 然而能自新者는 蓋寡니 大率蔽於所欲하고 惑於所任하여 明不足以自辨也일새니이다 視是而爲非하고 以邪而爲正하고 敗亡至而不寤는 天亦不能戒也니이다 豈其惡(오)存而好亡하고 憎治而喜亂哉리잇가 亦惑而不能辨爾일새니이다 臣以爲辨之非艱이요 顧不得其道也니이다 誠能省己之存心하고 考己之任人하고 察己之爲政하고 思己之自處하고 然後質之人言이면 何惑之不可辨哉리잇가 能辨其惑이면 則知所以應天自新之道矣리이다 臣請爲陛下辨之하노이다

이른바 '자신이 마음을 보존하는 것을 성찰한다.'라는 것은 다음과 같습니다. 임금은 억조창생으로 인해 존귀하게 되었으니 그들을 위무하고 다스리는 방도는 마땅히 至誠으로 가엾이 여기는 마음을 극진히 하여 다친 사람을 보듯이 그들을 보아야 하니, 항상 감히 삼가지 않을 수 있겠습니까. 전전긍긍하며 한 가지 정사라도 하늘에 순응하지 않을까 한 가지 일이라도 이치에 합당하지 않을까를 두려워해야 합니다. 이와

같다면 王者의 공정한 마음입니다.

만약 차지한 권세를 믿고 욕심을 방자하게 하여 法令을 엄격히 하고 법조문을 거행하는 것을 기뻐할 만한 것으로 여기고, 國家를 부유하게 하고 兵甲을 강하게 하는 것을 만족스러운 것으로 여기며, 일을 행하는 데는 재빠르고 스스로 책임지는 것을 유쾌하게 여겨 탐욕과 미혹이 이와 같은 지경에 이른다면 미혹되고 어긋나는 것을 어찌 스스로 알 수 있겠습니까. 이와 같은 자는 천하로써 자신의 사욕을 따르는 자입니다. 몸소 부지런히 노력하지만 단지 실패에 이르기에 충분하고 이른 아침부터 늦은 밤까지 힘쓰지만 단지 후회를 초래하기에 충분하니, 이렇게 하고서도 善治를 이룩한 경우는 듣지 못했습니다.

바라건대 폐하께서 안으로 마음을 성찰하실 적에 이와 가까운 점이 있으십니까? 만일 그런 점이 있다면 하늘이 경계할 바이니, 마땅히 고쳐서 자신을 새롭게 해야 합니다.

所謂省己之存心者는 人君因億兆以爲尊하니 其撫之治之之道는 當盡其至誠惻怛之心하여 視之如傷하니 動敢不愼이릿가 兢兢然惟懼一政之不順於天하고 一事之不合於理니이다 如此면 王者之公心也니이다 若乃恃所據之勢하고 肆求欲之心하여 以嚴法令擧條綱爲可喜하고 以富國家强兵甲爲自得하며 銳於作爲하고 快於自任하여 貪惑至於如此면 迷錯을 豈能自知리잇가 若是者는 以天下로 徇其私欲者也니이다 勤身勞力이나 適足以致負①敗하고 夙興夜寐나 適足以招後悔니 以是而致善治者는 未之聞也니이다 願컨대 陛下內省於心에 有近於是者乎잇가 苟有之면 則天之所戒也니 當改而自新者也니이다

①〈'負'는〉 어떤 판본에는 '貪'으로 되어 있다.
一作貪.

이른바 '자신이 사람을 임명하는 것을 고찰한다.'라는 것은 다음과 같습니다. 王者는 인재를 선발할 적에 천하의 공론에 따르고 자신의 사견을 따르지 않으며, 견해가 바른 사람을 구하고 욕심을 좇는 사람을 구하지 않으며, 나의 마음에 거슬리는 사람은 道에 맞는지 찾아보고 나의 지향에 공손한 사람은 그의 그릇된 부분을 살펴서,[61] 오히려 부지런히 힘써 혹시라도 잘못될까 두려워합니다. 이것이 王者가 사람을 임명

61) 나의……살펴서 : 伊尹이 太甲에게 말하기를 "말이 당신의 마음에 거슬리거든 반드시 道에서 찾으시며, 말이 당신의 뜻에 공손하거든 반드시 道가 아닌 것을 찾으소서.〔有言 逆于汝心 必求諸道 有言 遜于汝志 必求諸非道〕"라고 하였다.(≪書經≫ 〈商書 太甲 下〉)

하는 공정함입니다.

지향이 같은 사람을 좋아하고 지향이 다른 사람을 미워하여 치우치게 믿어서 총명을 해치게 되면 '저 사람이 말하는 것은 내가 크게 바라는 것이다.'라고 여겨 기뻐하면서 바라보고 맹신하면서 미혹되어 매우 간악한데도 살피지 못하고 방자하게 속이는데도 깨닫지 못하는 지경에 이를 것입니다. 이를 미루어나가면 사슴을 말이라 여기게[62] 될 것입니다. 바라건대 폐하께서 자신이 사람을 임명하는 것을 고찰할 적에 이와 가까운 점이 있으십니까? 만일 그런 점이 있다면 하늘이 경계할 바이니, 마땅히 고쳐서 자신을 새롭게 해야 합니다.

바야흐로 폐하께서 至治를 생각하신 초기에는 치우치게 주장하시는 바가 있지 않아 좋아하고 미워하는 것과 취하고 버리는 것을 한결같이 公議에 따르시어, 천하 사람들이 어질다고 말하면 폐하께서도 따라서 어질게 여긴 경우가 많았고 조정에 진출시킨 것 또한 많았습니다. 그러나 정사를 주도하신 뒤로는 모두 마음이 맞지 않는다는 이유로 물리치셨고, 다시 후임으로 등용된 사람들은 모두 예전에 어질다고 여긴 적이 없는 사람들이었습니다. 그 뒤로는 조정의 의론에 폐하의 뜻을 어김이 없었습니다.

처음에 어질다고 여겼던 사람은 모두 어리석은 사람이며 처음에 어질다고 여긴 적이 없는 사람은 모두 어진 사람이라는 것은 천하 사람들의 公論입니까? 자기 생각의 사사로움입니까? 조정의 의론에 폐하의 뜻을 어김이 없게 된 뒤로 성상의 귀에 거슬리고 마음을 거스르는 간언 또한 들리지 않습니다.

지극히 존귀한 지위에 있고 남들보다 뛰어난 자질을 가지고서 귀와 마음에 거슬리는 말을 듣지 않는 것은 크게 두려워할 만한 일입니다. 인재를 알아보는 것은 어려워서 지극히 명철하더라도 실수가 없을 수 없습니다. 그러나 아침에는 마음이 맞아 세상에 보기 드문 현자라고 여기다가 저녁에는 틈이 벌어져 끝도 없는 죄를 받게 되는데 이르면 어긋남이 또한 너무 심하니, 사람을 임명하는 방도에 있어 마땅히 고쳐야 할 것이 또한 분명합니다.

---

62) 사슴을 말이라 여기게 : 秦나라 환관 趙高가 반란을 일으키고자 하였는데 군신들이 따르지 않을까 염려하여, 먼저 시험해보기 위해 二世皇帝 胡亥에게 사슴을 바치며 "말입니다."라고 하였다. 이세황제가 웃으며 "승상이 틀렸소. 사슴을 말이라고 하다니."라고 하며 좌우 신하들에게 묻자, 어떤 사람은 잠자코 있고, 어떤 사람은 말이라고 답하여 조고에게 아부하고, 어떤 사람은 사슴이라고 말하였다. 조고가 사슴이라고 말한 사람을 은밀히 처벌하자 그 뒤로 군신들이 모두 조고를 두려워하였다.(≪史記≫ 권6 〈秦始皇本紀〉)

所謂考己之任人者는 夫王者之取人에 以天下之公而不以己하며 求其見正而不求其從欲하며 逆心者는 求諸道하고 巽志者는 察其非하여 尙孜(자)孜焉懼或失也니이다 此王者任人之公也니이다 若乃喜同而惡(오)異하여 偏信而害明이면 謂彼所言者는 吾之所大欲也라하여 悅而望之하고 信而惑之하여 至於甚惡而不察하고 恣欺而不悟니이다 推是而往이면 鹿可以爲馬矣니이다 願컨대 陛下考己之任人에 有近於是者乎잇가 苟有之면 則天之所戒也니 當改而自新者也니이다 方陛下思治之初에 未有所偏主하여 好惡(오)取舍를 一以公議하여 天下謂之賢이면 陛下從而賢之者가 衆矣요 進之於朝도 亦多矣니이다 及乎旣有爲也하얀 皆以不合而去之하고 更用後來之人은 皆昔未嘗以爲賢者也니이다 然後에 議論無違니이다 始之所賢者皆愚요 始之未嘗賢者皆賢은 此爲天下之公乎잇가 己意之私乎잇가 自論議無違之後로 逆耳拂心之言이 亦罕聞矣니이다 夫以居至尊之位하고 負出世之資로 而不聞拂(패)逆之言은 可懼之大者也니이다 知人之難하여 雖至明이라도 不能無失이니이다 然이나 至於朝合則爲不世之賢하고 暮隙則有①無窮之罪면 顚錯亦已甚矣니 在任人之道에 當改亦明矣니이다

① 〈'有'는〉 어떤 판본에는 '爲'로 되어 있다.
一作爲.

이른바 '자신이 정사를 행하는 것을 관찰한다.'라는 것은 다음과 같습니다. 정사를 하는 방도는 민심에 순응하는 것을 근본으로 삼고, 민생을 두텁게 하는 것을 근본으로 삼고, 안정시켜 동요되지 않게 하는 것을 근본으로 삼습니다. 폐하께서는 오늘날의 일로 즉위하신 초기와 비교해볼 때 민심이 기뻐하게 되었습니까? 원망하게 되었습니까? 백성들의 삶이 넉넉해졌습니까? 궁핍해졌습니까? 정사가 백성을 안정시켰습니까? 동요시켰습니까? 억조창생의 입은 말을 할 수 없지 않으니, 다만 민심을 살피는 것이 자세하지 못함을 두려워할 뿐입니다. 만일 민심을 살피지 못한 점이 있다면 하늘이 경계할 바이니, 마땅히 고쳐서 자신을 새롭게 해야 합니다.

所謂察己之爲政者는 爲政之道는 以順民心爲本하고 以厚民生爲本하고 以安而不擾爲本이니이다 陛下以今日之事로 方於卽位之初컨대 民心爲歡悅乎잇가 爲愁怨乎잇가 民生爲阜足乎잇가 爲窮蹙乎잇가 政事爲安之乎잇가 爲擾之乎잇가 億兆之口는 非不能言也니 顧恐察之不審爾니이다 苟有不察이면 則天之所戒也니 當改而自新者也니이다

이른바 '자신이 자처하는 바를 사려한다.'라는 것은 다음과 같습니다. 聖人이 이른바 "망함은 그 생존을 보존하는 것이고, 혼란함은 그 다스려짐을 있게 하는 것이다." 라고 하였으니,[63] 폐하께서는 반드시 이 말을 망언이라 여기지 마십시오. 예로부터 위태롭거나 패망할 것을 근심하였는데도 위태롭거나 패망하는 데 이른 경우가 어찌 있었습니까. 오직 스스로 잘 다스려지고 안정되었다고 여기다가 위태로움과 패망이 갑자기 이른 경우는 많았습니다.

모르겠습니다만 폐하께서 평소 자처하실 적에 천하가 어떻다고 생각하십니까? 聖心이 스스로 아실 것입니다. 만일 위태로움을 근심하여 두려워하는 마음이 있어서 항상 임명한 자가 적임자가 아닐까, 말미암은 바가 제대로 된 방도가 아닐까를 염려하시며, 오직 천하 사람들의 말을 듣지 못할까 두려워하신다면, 이와 같은 경우는 聖王이 천하를 보호하는 마음이니 上帝께서 밝게 보실 것입니다. 혹 '이미 안정되고 잘 다스려져 임명한 자는 합당하고 행하는 일은 지극하니 천하 사람들의 말은 돌아볼 것이 없다.'고 여기신다면, 이와 같은 경우는 하늘이 경계할 바이니 마땅히 고쳐서 자신을 새롭게 해야 합니다.

所謂思己之自處者는 聖人謂호되 亡者는 保其存者也요 亂者는 有其治者也라하니 陛下必不以斯言爲妄하소서 自古以來로 何嘗有以危亡爲憂而至危亡者乎잇가 惟其自謂治安이라가 而危亡卒至者는 則多矣니이다 不識커이다 陛下平日自處에 以天下爲如何잇가 聖心所自知也니이다 苟有憂危恐懼之心하여 常慮所任者非其人이요 所由者非其道하시고 唯恐不聞天下之言하시면 如此則聖王保天下之心也니 上帝其鑑之矣리이다 或以爲已安且治하여 所任者當矣요 所爲者至矣니 天下之言은 不足恤矣라하시면 如此則天之所戒也니 當改而自新者也니이다

이른바 '남의 말에서 질정한다.'라는 것은 마땅히 제대로 된 방법이 있어야 합니다. 대중에게 묻고자 하십니까? 대중의 말은 똑같게 할 수 있습니다. 下民에게 묻고자 하

63) 聖人이……하였으니 : ≪周易≫ 〈繫辭傳 下〉에 "孔子께서 말씀하셨다. '위태로움은 그 지위를 편안히 하는 것이고, 망함은 그 생존을 보전하는 것이고, 혼란함은 그 다스려짐을 있게 하는 것이다. 이런 까닭에 군자는 편안해도 위태로움을 잊지 않고, 보존되어도 망함을 잊지 않고, 다스려져도 혼란함을 잊지 않는다. 이 때문에 몸이 편안하고 국가가 보존될 수 있는 것이다. 易에 이르기를 「망할까 망할까 염려하여야 무성한 뽕나무에 매어두듯 편안하리라.」라고 하였다.〔子曰 危者 安其位者也 亡子 保其存者也 亂者 有其治者也 是故君子安而不忘危 存而不忘亡 治而不忘亂 是以身安而國家可保也 易曰 其亡其亡 繫于苞桑〕"라고 하였다.

십니까? 下民의 말 또한 그렇게 할 수 있습니다. 한 사람의 마음으로 살피고 대중의 지혜로써 가려버리면 성공할 수 있겠습니까? 이는 의혹을 분별할 수 없고 은폐를 굳건히 할 뿐입니다.

신이 생각건대 밖에 있는 한두 老臣은 이전 조정을 수십 년간 섬겨 오랫동안 大任을 담당하여 천하 사람들이 모두 그들은 사람을 기망하지 않을 것을 알고 나라를 무너뜨리지 않을 사람임을 알고 있습니다. 신은 바라건대 폐하께서 그들을 예우하여 그들에게 자문하신다면 믿을 수 있을 것입니다. 천하 사람들이 賢人君子라고 말하는 사람에 대해서는 폐하께서 일을 행하기 전에 그들의 말을 들으시고, 오늘날의 利害와 관계가 없는 것에 대해서도 물으실 수 있습니다. 이 몇 가지로써 참고하시면 고쳐야 할 것은 어떤 일인지, 새롭게 해야 할 것은 어떤 방도인지를 참으로 아실 수 있을 것입니다.

所謂質之人言者는 當有其方이니이다 欲詢之於衆人乎잇가 衆人之言은 可使同也니이다 欲訪之下民乎잇가 下民之言도 亦可爲也니이다 察之以一人之心하고 而蔽之以衆人之智면 其可勝乎잇가 是不足以辨惑하고 而足以固其蔽爾니이다 臣以爲컨대 在外一二老臣은 事先朝數十年하여 久當大任하여 天下共知其非欺妄人也요 知其非覆敗邦家者也니이다 臣願컨대 陛下禮而問之하시면 宜可信也리이다 及天下所謂賢人君子하얀 陛下聞之於有爲之前하시고 而不在今日利害之間者도 亦可訪也니이다 以是數者로 參考之하시면 則所當改者何事요 所當新者何道를 固可見矣니이다

천하 사람들이 한 번 詔音을 듣고서 고무되고 서로 기뻐하며 '폐하께서 반드시 위로 天心에 부응하여 和氣를 불러올 것이다.'라고 여기지 않는 이가 없습니다. 신이 생각건대 오직 至誠이라야 하늘을 감동시킬 수 있으니, 폐하의 誠意에 달려 있을 따름입니다. 예전 商나라 임금 中宗 때 桑穀의 재변[64]이 있었고, 高宗 때 雊雉의 이변[65]이 있었는데, 두 임금은 두렵게 여기고서 정사를 돌보아 마침내 王道를 부흥하게 하여 모두 商宗[66]이 되었고 백세 뒤에도 그 聖明을 찬송하였습니다.

근세 이래로 자책하는 詔書와 자신을 새롭게 하겠다는 말은 또한 항상 있었습니다.

---

64) 桑穀의 재변 : 188쪽 주 32) 참조.
65) 雊雉의 이변 : 188쪽 주 33) 참조.
66) 商宗 : 188쪽 주 34) 참조.

그러나 만일 人君이 至誠을 말미암지 않으면 천하 사람들이 한갓 헛된 말로 여길 것이니, 天心을 감동시키고 災變을 그치게 할 수 있겠습니까? 신은 바라건대 폐하께서 이 하늘의 경계를 인하여 분연히 마음을 바꿔 商宗의 아름답고 진실함을 생각하고 후대의 虛飾을 거울로 삼으셔서 오늘날에는 재변을 사라지게 하여 평상을 회복할 뿐만 아니라, 장차 무궁한 후세까지 大業을 영원히 보전하신다면 천하를 위해 매우 다행일 것입니다.

天下之人이 一聞詔音하고 莫不鼓舞相慶하여 謂陛下必能上應天心하여 召迎和氣니이다 臣以爲컨대 唯至誠이야 可以動天이니 在陛下誠意而已니이다 昔在商王中宗之時에 有桑穀之祥하고 高宗之時에 有雊雉之異이로되 二王以爲懼而修政하여 遂致王道復興하여 皆爲商宗하니 百世之下에도 頌其聖明이니이다 近世以來로 引咎之詔와 自新之言은 亦常有之나 倘(당)人君不由於至誠이면 則天下徒以爲虛語니 其能感天心弭災變乎잇가 臣願컨대 陛下因此天戒하여 奮然改爲하여 思商宗之休實하고 鑑後代之虛飾하시어 不獨消復災沴(려)於今日이요 將永保丕基於無窮하시면 天下幸甚이로소이다

富弼을 대신하여 神宗皇帝께 올린 永昭陵[67]에 대해 논하는 疏　代富弼上神宗皇帝論永昭陵疏①

① 元豐 3년(1080).
元豐三年.

신 富弼이 엎드려 보건대, 太皇太后[68]께서 돌아가신 지 1년이 되어 늙은 신하의 마음에 매우 간절한 바가 있어 차마 아뢰지 않을 수 없어서 죽음을 무릅쓰고 말씀드리니, 오직 폐하께서 깊이 사려하고 힘써 행하신다면 더 이상 바랄 것이 없을 것입니다.

예전 昭陵[69]을 조성할 적에 英宗皇帝[70]께서는 한창 병환이 있어 사안을 들으실 수 없었고, 조정에서는 겨를이 없어 그 제도를 알지 못해 급박하게 일을 처리하는 데서 잘못을 저질렀는데, 다시 깊게 사려하고 널리 물어보지 않아 온갖 계획이 모두 匠人

67) 永昭陵 : 宋 仁宗의 陵이다.
68) 太皇太后 : 宋 仁宗의 妃인 慈聖光獻皇后 曹氏를 가리킨다.
69) 昭陵 : 宋 仁宗의 陵인 永昭陵을 말한다.
70) 英宗皇帝 : 宋 仁宗이 후사 없이 죽어 후계자로 즉위한 濮安懿王의 아들 趙越曙를 가리킨다.

의 졸렬한 도모와 中人의 사사로운 생각에서 나와 巨木과 架石으로 지붕을 만들었으니, 1백 년이 못되어 반드시 무너질 것입니다. 묘혈 안에 또한 쇠 덮개를 만든 것은 무게가 또한 1만 근이나 되지만 나무로 골조를 만든 것은 크기가 두세 치에 그치니, 불과 20~30년이면 분명히 무너질 것입니다. 梓宮[71]의 두께는 어림잡아 한 자가 안 되니, 훗날 억만 균[72]의 돌이 위로부터 무너져 내리면 장차 어찌 하겠습니까.

생각이 여기에 미치면 등골이 오싹하고 간담이 서늘합니다. 신은 처음에 그 상세한 정황을 알지 못했고, 나중에는 계책으로 삼을 방도가 없었습니다. 士·民 중에 그 일을 아는 자들은 애통해하고 한스러워하지 않는 이가 없는데, 하물며 노신의 마음은 어떠하겠으며, 하물며 폐하의 마음은 어떠하시겠습니까.

臣竊伏覩컨대 太皇太后山陵有期하여 老臣之心에 有所甚切하여 不忍不言하여 昧死以聞하노니 惟陛下深思而力行之시면 不勝大願이리이다 往者營奉昭陵時에 英宗皇帝는 方不豫하여 未能聽事하시고 朝廷은 罔然하여 不知其制하여 失於迫卒이어늘 不復深慮博訪하여 凡百規畫이 一出匠者之拙謀와 中人之私意하여 以巨木架石爲之屋하니 計不百年에 必當損墜리이다 壙中에 又爲鐵罩는 重且萬斤이나 以木爲骨은 大止數寸이니 不過二三十年이면 決須摧毀리이다 梓宮之厚는 度(탁)不盈尺하니 異日에 以億萬鈞之石으로 自高而墜면 其將奈何리잇가 思之及此하얀 骨寒膽喪이니이다 臣은 始則不知其詳하고 後則無以爲計니이다 士民之間에 有知之者는 無不痛心飮恨이온 況老臣之心乎며 況陛下之心乎잇가

그 뒤 厚陵[73]을 조성할 적에 비로소 石藏을 하였는데, 의론하는 자들은 일을 주관하는 대신들이 昭陵의 일에서 깨달은 것이라고 여기지만, 오직 폐하께서는 그 사실을 모르고 계십니다. 오늘날 불행히도 太皇太后께서 갑자기 천하 사람들의 봉양을 저버리셨으니, 이번 일의 기회를 통해 마땅히 도모해야 합니다.

생각해보면 周公은 合葬의 禮를 만들었고,[74] 仲尼는 魯나라 사람이 祔葬하는 것을 좋다고 여겼습니다.[75] 역대의 여러 陵이 전부 이 제도를 적용하지는 않았으나 또한

71) 梓宮 : 황제나 황후의 棺을 말한다.
72) 균 : 1鈞은 30斤이다.
73) 厚陵 : 宋 英宗의 陵인 永厚陵이다.
74) 周公은……만들었고 : ≪禮記≫ 〈檀弓 上〉에 "舜임금을 蒼梧의 들판에 장사지냈는데 대개 세 사람의 妃를 祔葬하지 않았다. 季武子가 말하기를 '周公 때부터 비로소 祔葬하였다.'라고 하였다.〔舜葬於蒼梧之野 蓋三妃未之從也 季武子曰 周公蓋祔〕"라고 하였다.

합장을 행한 곳이 많습니다. 太祖皇帝의 신묘한 계책과 성스러운 사려는 萬古를 초월하여 昭憲太后[76] 또한 安陵[77]에 합장하였습니다. 주공의 제도와 중니의 가르침과 역대의 옛 제도와 태조의 법도를 따라 행하시면 의심이 없을 것입니다.

늙은 신하가 바라건대 폐하께서는 어버이를 편안하게 하는 도리를 생각하고 훗날을 위한 도모를 하여 聖心으로 결단하고 근거 없는 의론을 따르지 마십시오. 태황태후를 받들어 昭陵에 합장하면서 쇠 덮개를 철거하고 厚陵에 石藏을 만든 제도를 적용하며, 다시 별도로 조처하여 훗날 목조가 무너지고 석조가 추락하더라도 해가 될 수 없게 하여, 인종황제의 능에 반드시 닥칠 재난을 구제하고 더없이 큰 폐하의 효성을 이루십시오. 또한 무엇이 어렵겠습니까. 폐하께서 결단하시는 데 달려 있을 따름입니다.

其後에 厚陵始爲石藏한대 議者竊意主事大臣已悟昭陵之事나 獨陛下未知之爾니이다 今也不幸하여 太皇太后奄棄天下之養하시니 因此事會하여 當爲之謀니이다 竊以周公制合葬之禮요 仲尼善魯人之祔니이다 歷代諸陵은 雖不盡用이나 亦多行之니이다 太祖皇帝의 神謀聖慮는 超越萬古하여 昭憲太后도 亦合安陵하니이다 夫以周公之制와 仲尼之訓과 歷代之舊와 藝祖之法으로 循而行之하시면 可無疑也니이다 老臣願컨대 陛下思安親之道하고 爲後日之慮하여 決於聖心하고 勿循浮議하소서 奉太皇太后하여 合祔昭陵하여 因得徹去鐵罩하고 用厚陵石藏之制하며 仍更別加裁處하여 使異日雖木壞石墜라도 不能爲害하여 救仁皇必至之禍하고 成陛下莫大之孝하소서 復何難哉리잇가 在陛下斷之而已니이다

이미 禮典에 합당하고 또 人情을 따르면 비록 무지한 사람일지라도 반드시 감히 옳지 않다고 할 수 없을 것입니다. 다만 陰陽家에서 금기로 여긴다는 설을 올려서 성상의 총명을 의혹되게 하는 일이 있을까 두려우나, 폐하의 지혜로운 판단에 있어 분별하기 어렵지 않을 것입니다. 聖人의 가르침을 따르지 않고 일의 마땅함을 헤아리지 않고서 금기에 얽매이는 것이 현명한 것이겠습니까? 어리석은 것이겠습니까?

또 음양설이 설령 믿을 만한 것일지라도 吉凶의 징험은 貴賤에 동등할 것입니다. 오늘날 천하 臣民의 집안에서는 夫婦를 同穴에 장사지내지 않는 이가 없으니, 그것을

---

75) 仲尼는……여겼습니다 : ≪禮記≫ 〈檀弓 下〉에 孔子가 말하기를 "衛나라 사람이 祔葬할 적에는 壙中을 분리하는데, 魯나라 사람이 祔葬할 적에는 壙中을 합치니 이것이 좋구나.〔衛人之祔也 離之 魯人之祔也 合之 善夫〕"라고 하였다.

76) 昭憲太后 : 宋 太祖 趙匡胤과 太宗 趙匡義의 모친인 杜氏이다.

77) 安陵 : 宋 太祖 趙匡胤의 부친 趙弘殷의 陵인 永安陵이다.

꺼린다고 하는 말을 듣지 못했습니다. 오직 국가가 그것을 꺼린다면 무슨 의리가 있겠습니까. 唐 中宗은 용렬하고 혼매한 군주였으나 오히려 능히 예법을 지키고 효심을 극진히 하여 嚴善思[78]의 어리석고 미혹된 의론을 꾸짖고 마침내 則天武后를 乾陵에 합장하였습니다.[79] 그 뒤 高宗의 자손은 대대로 길이 이어졌으니, 이는 합장이 이롭지 않은 것이 아니라는 증명입니다.

늙은 신하는 지위가 三公에 이르렀고 나이는 장차 팔순이 되니, 다시 무엇을 추구하겠습니까. 보존할 것은 명예와 절의일 따름이니, 옳지 않은 일을 폐하께 권하여 후세에 비난을 받으려 하겠습니까.

旣合禮典하고 又順人情이면 雖無知之人이라도 必不敢以爲非是니이다 但恐有以陰陽拘忌之說로 上惑聰明者나 在陛下睿斷에 不難辨也니이다 不遵聖訓하며 不度(탁)事宜하고 而規規於拘忌者가 爲賢乎잇가 爲愚乎잇가 且陰陽之說이 設爲可信이라도 吉凶之應은 貴賤當同이니이다 今天下臣庶之家에 夫婦莫不同穴하니 未聞以爲忌也니이다 獨國家忌之면 有何義理리잇고 唐中宗은 庸昏之主나 尙能守禮法하고 盡孝心하여 責嚴善思愚惑之論하고 卒祔乾陵이니이다 其後에 高宗子孫은 歷世延永하니 是合葬非不利也니이다 老臣은 位至三公하고 年將八十이니 復何求哉리잇가 所保者는 名節而已니 肯以不是事로 勸陛下하여 取譏於後世乎잇가

또 폐하께서 신은 마음은 비록 충성스럽고 간절하지만 식견과 사려가 어리석고 어두워 사리를 밝게 진달할 수 없다고 여기실까 두렵습니다. 신은 진실로 지극히 어리석으나 신이 아뢰는 것은 폐하께서 경전의 가르침을 지키고 태조의 규범을 따라서 인종황제의 능으로 하여금 편안하고 온전한 방도를 얻게 하고 태황태후께는 존숭하는 마음을 지극히 하시기를 바라는 것이니, 어찌 오직 늙은 신만의 마음이겠습니까. 천하 사람들의 마음도 그러하지 않음이 없을 것입니다.

폐하께서 믿지 못하신다면 시험 삼아 신이 아뢴 것을 여러 신하들에게 물어보시면 필시 옳지 않다고 여기는 이는 없을 것입니다. 만약 신의 말이 옳지 않다고 여긴다면

---

78) 嚴善思 : 嚴譔(644~728)이다. 善思는 그의 字인데 자로 통용되었다. 어려서부터 학문으로 이름이 났고 특히 天文·曆數·卜相에 뛰어났다. 則天武后 때 발탁되어 監察御史를 지냈다.

79) 唐……합장하였습니다 : 則天武后가 승하하여 乾陵(唐 高宗의 陵)에 합장하려 하였는데, 嚴善思가 乾陵을 열어 합장하는 것은 지위가 낮은 사람으로 인해 존귀한 사람을 움직이는 것이니 이는 術家가 기피하는 것이라고 하며 반대하였으나 中宗이 받아들이지 않았다.(≪新唐書≫ 권204 〈嚴善思列傳〉)

이는 인종황제의 遺骨과 聖體를 거대한 돌 아래에서 부서지게 하더라도 걱정하지 않는 것이 옳다고 여기는 것입니다. 무릇 血氣가 있는 사람이라면 누가 이런 생각을 하려 하겠습니까.

復恐陛下謂臣心雖忠切이나 而識慮愚闇하여 不能曉達事理니이다 臣誠至愚나 然臣所言者는 欲陛下守經典之訓하고 遵藝祖之規하여 使仁宗皇帝로 得安全之道하고 於太皇太后에 極崇奉之意니 豈獨老臣之心哉리잇가 天下之心도 莫不然也니이다 陛下不信이어든 試以臣之所陳으로 訪於群臣하시면 必無以爲非者리이다 若以臣言爲非면 則是使仁宗遺骨聖體로 碎於巨石之下而不恤이 乃爲是也니이다 凡有血氣之類면 孰肯爲此意乎잇가

신이 인종황제를 섬긴 것이 30여 년이며 지위는 재상에 이르렀으나 귀와 눈이 가려져 일찍 알아서 처음에 구제할 수 없었으니 이미 큰 죄를 지었습니다. 지금 구제할 수 있는 때를 만났으니, 만약 다시 심정을 아끼고 자신만을 생각하여 극언을 하지 않는다면 천지신령이 반드시 죽을죄를 내릴 것이니, 무슨 면목으로 지하에서 인종황제를 뵙겠습니까. 또 폐하께서 모르셨다면 그만이지만 지금 이미 들으셨으니, 평범한 사람의 심정에 있어서도 차마 하지 않을 수 없는 도리인데, 하물며 폐하의 지극한 어짊과 성대한 효성이야 말할 것이 있겠습니까. 오직 폐하께서 깊이 사려하고 힘써 행하신다면 천하 사람들은 더 이상 바랄 게 없을 것입니다.

臣事仁宗皇帝가 三十餘年이요 位至宰相이나 聾瞽(농고)之蔽하여 不能早知而救之於始니 已爲大罪니이다 今遇可爲之時하니 若更惜情顧己하여 不能極言이면 天地神靈이 必加誅殛死니 何面目見仁宗於地下리잇가 且陛下不知則已어니와 今旣聞之시니 在常人之情에도 無可忍而不爲之理어늘 況陛下至仁大孝乎잇가 惟陛下深思而力行之하시면 則天下不勝大願이니이다

富公이 이 奏疏를 지어 달라고 부탁하였는데, 내가 文辭에 서툴다고 두세 차례 사양하였으나 그의 의지가 매우 간절하여 의리상 거절할 수 없었다. 富公은 며칠 사이에 드디어 염려하는 바가 생겨 글을 올리지 못하였다. 애석하도다! 그는 義에 과감하지 못하여 드디어 忠孝의 죄인이 되었다.

富公見託爲此奏한대 頤以拙於文辭로 辭之再三이나 其意甚切하여 義不可拒라 數日之間에 遂生顧慮하여 不克上이라 惜乎라 其不果於義也하여 遂爲忠孝罪人이라

二程全書 卷60

伊川先生文 二

明 後學 嘉興 徐必達 校正

표·소 表·疏

西京 國子監 教授의 사직을 청하는 表
辭免西京國子監教授表①

① 元豐 8년(1085) 11월.
元豐八年十一月

신 程頤가 아뢰옵니다. 이번 달 某日 汝州의 牒文[1)]과 보내온 官誥[2)] 한 통에 의거하여 신에게 汝州 團練推官을 제수하고 西京 國子監 教授에 임명하신 성은을 삼가 입었습니다. 신은 어리석고 미천한 小儒로서 초야에 숨어살았는데 문득 어명을 받으니 두렵고 놀란 마음을 견딜 수 없습니다. 中謝.

엎드려 생각건대, 신은 재주와 식견이 우활하고 소원하며 학술이 천박하여 자신을 다스리기에도 부족하니, 어찌 남을 가르칠 수 있겠습니까. 어찌 감히 은총과 영화를 탐하여 천거를 잘못한 허물에 朝廷을 빠지게 하겠습니까. 내리신 誥命은 감히 감당하여 받을 수 없으니, 삼가 사직하는 表를 받들어 올리면서 아뢰옵니다.

臣頤言하노이다 今月日에 准汝州牒과 送到官誥一道하여 伏蒙聖恩하여 授臣汝州團練推官하고 充西京國子監教授者하니이다 臣愚陋小儒로 晦處草野어늘 忽承明命하니 不任震驚이니이다 中謝라 伏念컨대 臣才識迂疎하고 學術膚淺하여 自治不足하니 焉能教人이리잇가 豈敢貪冒寵榮하여 致朝廷於過擧리잇가 所降誥命은 不敢當受니 謹奉表辭免以聞하노이다

---

1) 牒文 : 관청 간에 주고받는 공문서를 가리킨다. 宋나라 때에는 문서를 보낼 적에 上行·下行·平行 구분 없이 牒文을 사용하였다.
2) 官誥 : 임금이 내리는 教旨 또는 辭令書이다.

재차 사직을 청하는 表 再辭免表

신 程頤가 아뢰니다. 이번 달 某日 汝州의 牒文과 갖추어 보낸 尙書省 禮部의 符文[3]에 의거하여 성상의 뜻이 사직을 허락하지 않는다는 恩命을 받들었습니다. 中謝.

엎드려 생각건대 황제 폐하께서 보위를 이어받은 초기에 바야흐로 크게 다스리기를 도모하여 초야에서 제일 먼저 한 사람을 발탁하시니, 의당 빼어난 인재를 얻어 지위에 두신다면 천하 사람들이 감동하여 朝廷에서 賢者 구하는 것을 급선무로 여겨 한 시대를 구제할 쓰임이 될 뿐만 아니라 후세의 광명이 되기에 충분함을 알 것입니다. 지금 저처럼 평범한 사람을 취하여 관직에 임명하시면 천하 사람들은 무엇을 기대하겠으며, 후세 사람들은 무엇을 보겠으며, 조정의 천거는 무엇이 되겠으며, 臣이 받는 것은 무슨 의리가 되겠습니까.

신은 비록 지극히 어리석으나 어찌 감히 은총과 봉록을 탐하여 이 몸에 허물을 불러들이겠습니까. 이런 까닭에 형벌의 두려움을 우려하지 않고 굳이 말씀을 다 올리는 것입니다. 신은 바라건대 폐하께서는 신을 알아보신 총명을 넓혀 四方을 비추어 보시고 신을 취하신 마음을 확충하여 참된 현자를 구하시어, 합당한 방법으로 인재를 구하고 합당한 도리로써 그들을 대우하시면 聖賢일지라도 장차 폐하를 위해 조정에 나올 것이니, 하물며 신과 같은 자는 어찌 말할 것이 있겠습니까. 성상의 위엄을 범하였으니 신은 지극히 두렵고 간절하고 황송한 마음을 견딜 수 없습니다.

臣頤言하노이다 今月日에 准汝州牒과 備到尙書禮部符하여 奉聖旨不許辭免恩命者니이다 中謝라 伏以皇帝陛下嗣位之初에 方圖大治하여 首拔一人於畎畝之中하시니 宜得英異之才하여 寘(치)之於位하시면 則天下聳(용)動하여 知朝廷急賢하여 不特濟一時之用이요 足以爲後世之光하리이다 今乃取庸常之人하여 命之以官하시면 則天下何望이며 後世何觀이며 朝廷之擧也何爲며 臣之受也何義니잇고 臣雖至愚나 敢貪寵祿하여 以速戾厥躬이리잇가 是以로 罔虞刑威하고 而必盡其辭也니이다 臣願컨대 陛下擴(확)知臣之明하여 以照四方하시고 充取臣之心하여 以求眞賢하사 求之以其方하고 待之以其道하시면 雖聖賢이라도 亦將爲陛下出하리니 況如臣者는 何足道哉리잇가 冒犯天嚴하니 臣無任戰恐激切屛營之至하노이다

---

3) 符文 : 조정에서 명령을 전달하거나 군대를 징발할 때 사용하는 증빙문서이다.

館職[4]의 사직을 청하는 狀　辭免館職狀①

① 元祐 원년(1086) 윤2월 24일.
元祐元年閏二月二十四日.

삼가 성은을 입어 신에게 宣德郞 祕書省 校書郞을 제수하시니, 명을 듣고서 두렵고 놀라 몸 둘 바를 모르겠습니다. 신은 작년에 성은을 입어 西京 國子監 敎授에 제수되어 두 차례나 사직을 청하는 글을 올렸는데, 驛馬를 타고 대궐에 나오게 하라는 성상의 詔旨를 받들었습니다. 어명을 받들고 와서 아직 나아가 알현하지 못했는데, 갑자기 이 관직을 제수하는 명이 있었습니다.

엎드려 생각건대 신은 초야의 사람으로 이미 성상의 부르심을 받았으니 임금을 알현하는 것이 禮에 합당한데, 恩命을 먼저 받았으니 의리상 온당하지 않습니다. 하물며 祖宗朝의 布衣로서 임금의 부름을 받은 자는 故事에 모두 보존되어 있습니다. 엎드려 바라건대 자애로운 성상께서는 신으로 하여금 입궐하여 알현하게 하십시오. 내리신 誥命은 감히 감당하여 받을 수 없으니, 엎드려 勅旨를 기다립니다.

伏蒙聖恩하여 授臣宣德郞祕書省校書郞하시니 聞命震驚하여 不知所措니이다 臣昨蒙恩하여 授西京國子監敎授하여 方再具辭免이로되 奉聖旨하여 令乘遞馬赴闕이니이다 祗命而來하여 未獲進見(현)한대 遽然有此除授니이다 伏念컨대 臣은 草萊之人으로 旣蒙賜召니 禮合見(현)君이어늘 先受恩命하니 義理未安하니이다 況祖宗朝布衣被召者는 故事具存이니이다 伏望컨대 聖慈令臣入見하소서 所降誥命은 不敢當受하니 伏候勅旨니이다

재차 大殿에 나아가 經筵의 일을 논하기를 청하는 箚子
乞再上殿論經筵事劄子

---

4) 館職 : 昭文館·史館·集賢殿·祕書省 등의 직책으로, 여기서는 祕書省 校書郞에 제수된 것을 가리킨다.

새로 汝州 團練推官 西京 國子監 敎授에 제수된 신 程頤입니다. 신은 어제 대전에 나아가 이전에 내리신 恩命에 사직을 청하였는데, 성상의 말씀을 직접 받들자 신에게 崇政殿 說書를 제수하셨습니다. 신이 비록 간절한 마음을 피력하고 사양하였으나 윤허하지 않으셨습니다. 신은 문득 어리석은 정성이 있어 죽음을 무릅쓰고 성상께 아뢰니다.

삼가 생각건대 "사람을 알아보면 명철하다."[5]라는 것은 帝堯도 어렵게 여긴 것입니다. 비록 폐하께서 살펴보시는 것이 명철하시더라도 신은 아주 잠시 동안 나아가 폐하를 뵈었는데, 폐하께서는 신의 어떤 점을 보시고서 갑자기 발탁하여 임명하신 것입니까? 지금 초야에서 신을 취하여 갑자기 經筵에 두신 것은 대개 평범하지 않은 조처로서 朝廷에서는 그에 상응하는 공효를 요구할 것이며, 천하 사람들은 지켜볼 것입니다. 만일 혹 마땅하지 않다면 오늘날에는 신망을 잃고 후세에는 비난을 받을 것이니, 신중하지 않을 수 있겠습니까.

신이 또한 감히 사직할 수 없다면, 다만 재차 신으로 하여금 大殿에 나아가 세 편의 箚子를 올려 經筵의 일을 아뢸 수 있게 해주십시오. 아뢴 바가 옳다면 폐하께서 신을 기용하신 것이 잘못되지 않은 것이 되고 신이 명을 받은 것이 부끄럽지 않은 것이 되며, 아뢴 바가 옳지 않다면 이는 신의 재주가 기용되기에 부족한 것이니 참으로 사양하는 것을 허락하실 만합니다. 이와 같이 하면 조정에는 지나친 거동이 없고, 어리석은 신은 마땅한 거취를 얻을 것입니다. 엎드려 바라건대 성상의 자애로움으로 특별히 윤허하소서. 신은 감당할 길이 없습니다.

新授汝州團練推官西京國子監敎授臣程頤로소이다 右臣昨日上殿하여 辭免前降恩命이로되 面奉德音하니 除臣崇政殿說書니이다 臣雖瀝懇辭避나 不蒙俞允이니이다 臣輒有愚誠하여 昧死上聞天聽하노이다 竊以컨대 知人則哲은 帝堯所難이니이다 雖陛下聖鑑之明이나 然臣方獲進對於頃刻之間이어늘 陛下見其何者하여 遽加擢任이니잇가 今取臣於畎畝之中하여 驟置經筵은 蓋非常之擧로 朝廷責其報效며 天下之所觀矚이니이다 苟或不當이면 則失望於今而貽譏於後하리니 可不愼哉잇가 臣亦未敢必辭어든 只乞再令臣上殿하여 進劄子三道하여 言經筵事하노이다 所言

5) 사람을 알아보면 명철하다 : ≪書經≫ 〈虞書 皐陶謨〉에 皐陶가 말하기를 "훌륭합니다! 사람을 알아보는 데 달려 있으며 백성을 편안히 하는 데 달려 있습니다.〔都 在知人 在安民〕"라고 하자, 禹가 말하기를 "아! 너의 말이 옳으나 이와 같이 하는 것은 帝堯도 어렵게 여기셨으니, 사람을 알면 명철하여 훌륭한 사람을 벼슬시키며, 백성을 편안히 하면 은혜로워 모든 백성이 그리워한다.〔吁 咸若時 惟帝 其難之 知人則哲 能官人 安民則惠 黎民懷之〕"라고 하였다.

而是면 則陛下用臣爲不誤요 臣之受命爲無愧며 所言而非면 是其才不足用也니 固可聽其辭避니이다 如此則朝廷無擧動之過요 愚臣得去就之宜리이다 伏望컨대 聖慈特賜俞允하소서 臣無任이니이다

貼黃[6)]

신이 명이 내려오는 것을 기다리지 않고 문득 上奏하여 아뢴 것은 대개 아직 제수하기 전에 朝廷으로 하여금 審理하고 처결하여 이미 내려온 명을 철회하는 번거로움을 면하게 하고자 하는 것입니다.

臣이 不候命下하고 便有奏陳은 蓋欲朝廷審處於未授之前하여 免煩回改成命이니이다

貼黃

신이 어제 大殿에 나아갔던 것과 같이 다만 조칙을 내려 신이 實封한 箚子를 올리도록 허락해 주시길 바랍니다. 하나하나 분명하게 貼黃하였으니, 또한 입으로 아뢴 것과 다름이 없습니다.

如以臣昨日已上殿하여 只乞旨揮許臣實封劄子進呈하노이다 逐一分明貼黃하니 亦與口陳無異니이다

經筵에 대해 논하는 첫 번째 箚子　論經筵第一劄子

신이 엎드려 보건대 예로부터 임금 중에 이루어진 王業을 잘 지켜서 성대한 至治를 이룩한 이로는 周 成王 같은 이가 없으니, 성왕이 德을 완성한 까닭은 周公이 輔養하

---

6) 貼黃 : 奏疏나 箚子를 올릴 적에 미진한 점이 있으면 별도로 그 요점을 노란 종이에 써서 본문 뒤에 덧붙이는 것을 가리킨다.

였기 때문입니다. 옛날 주공이 성왕을 보필할 적에 어려서부터 익히게 하여 보는 것은 반드시 바른 일이고, 듣는 것은 반드시 바른 말이고, 左右·前後의 사람은 모두 바른 사람이었습니다. 그러므로 습관이 지혜와 더불어 성장하고, 교화가 마음과 더불어 이루어졌습니다. 오늘날 士大夫의 집안에서 子弟를 잘 가르치는 경우에도 반드시 명망과 덕이 있는 단정하고 방정한 士를 맞이하여 함께 거처하게 하여 감화되어 덕성을 이루게 합니다. 그러므로 "어려서 이루면 천성과 같아지며, 습관으로 익숙해지면 원래 그러한 것과 같아진다."[7]라고 하였습니다.

엎드려 생각건대, 황제 폐하께서는 춘추가 어리시니 비록 지혜롭고 성스러운 자질을 하늘에서 품부 받으셨더라도 보양하는 방법을 지극히 하지 않을 수 없습니다. 이른바 보양하는 방도라는 것은 말로써 教導하고 허물이 있은 뒤에 간언하는 것을 말하는 것이 아니라, 涵養하고 薰陶하는 데 달려 있을 따름입니다. 대개 하루 중에 어진 사대부를 가까이 하는 시간이 많고 寺人·宮女를 가까이 하는 시간이 적으면 자연스럽게 기질이 변화하고 德器가 성취될 것입니다.

바라건대 朝廷에서 어질고 덕이 있는 士를 신중히 선발하여 勸講에 대비하게 하고, 講讀이 끝나면 항상 두 사람이 남아서 日直하고 밤에는 한 사람이 宿直하여 성상의 질문에 대비하게 하십시오. 황제께서 익히고 강독하는 여가와 편하게 쉬는 사이에 수시로 內殿으로 불러서 만나보고 조용히 말씀을 나누십시오. 그러면 道義를 점차 연마할 뿐만 아니라, 人情과 世態 및 농사의 어려움에 이르기까지 오랫동안 축적되면 자연히 통달하실 것입니다. 늘 깊은 궁궐에 계시는 것과 비교하면 유익함이 어찌 매우 크지 않겠습니까.

삼가 듣건대, 격일에 한 번 經筵을 열어 몇 줄의 글을 강독하고 여러 관원들이 죽 늘어서서 엄숙히 있다가 물러나 情意가 거의 서로 접하지 않는다고 합니다. 이와 같이 하면 보양하는 공효를 바라는 것이 또한 어렵지 않겠습니까. 지금 주상께서는 어리시고 太皇太后께서는 자애로우시니, 또한 경연에 자주 나오시기를 감히 바랄 수는 없습니다. 그러나 수시로 講官을 접견하시어 시일이 오래되면 자연히 친숙해질 것입니다.

대개 寺人·宮女와 지내는 것이 오래되어 익숙해지면 무례하고 방자함이 생기고,

---

7) 어려서……같아진다 : ≪孔子家語≫ 〈七十二弟子解〉에 孔子가 말하기를 "어려서 이루면 천성과 같아지며, 습관으로 익숙해지면 원래 그러한 것과 같아진다.〔少成若性也 習慣若自然也〕"라고 하였다.

어진 사대부와 지내는 것이 오래되어 익숙해지면 사랑하고 공경함이 생깁니다. 이것이 聖德을 양성하여 종묘사직과 백성의 복이 되게 하는 방법입니다. 천하의 일 중에 이보다 더 급한 것이 없으니, 성상께서는 재결해 주십시오.

臣伏觀컨대 自古로 人君守成而致盛治者는 莫如周成王이니 成王之所以成德은 由周公之輔養일새니이다 昔者에 周公輔①成王할새 幼而習之하여 所見必正事요 所聞必正言이요 左右前後皆正人이라 故로 習與智長하고 化與心成이니이다 今士大夫家에 善教子弟者도 亦必延名德端方之士하여 與之居處하여 使之薰染成性이니이다 故曰 少成이면 若天性이요 習慣이면 如自然이라하니이다 伏以컨대 皇帝陛下는 春秋之富하시니 雖睿聖之資를 得於天稟이라도 而輔養之道를 不可不至니이다 所謂輔養之道는 非謂告詔以言하고 過而後諫也요 在涵養薰陶而已니이다 大率一日之中에 親賢士大夫之時多하고 親寺人宮女之時少하면 則自然氣質變化하고 德器成就하리이다 欲乞朝廷愼選賢德之士하여 以待勸講하고 講讀旣罷면 常留二人直日하고 夜則一人直宿하여 以備訪問하소서 皇帝習讀之暇와 遊息之間에 時於內殿召見하고 從容宴語하소서 不獨漸磨道義요 至於人情物態와 稼穡艱難히 積久自然通達하리이다 比之常在深宮之中이면 爲益이 豈不甚大리잇가 竊聞컨대 間日一開經筵하여 講讀數行(항)하고 群官列侍하여 儼然而退하여 情意略不相接이라하니이다 如此而責輔養之功이 不亦難乎잇가 今主上沖幼하시고 太皇太后慈愛하시니 亦未敢便乞頻出이로되 但時見講官하여 久則自然接熟하리이다 大抵與近習處久熟이면 則生褻(설)慢하고 與賢士大夫處久熟이면 則生愛敬하니이다 此所以養成聖德하여 爲宗社生靈之福이니이다 天下之事에 無急於此하니 取進止하소서

①〈'輔'는〉 어떤 판본에는 '傅'로 되어 있다.
一作傅.

貼黃

신이 삼가 헤아려 보건대, 대중의 생각에는 반드시 '황제께서 아직 어리시니 이처럼 번거롭게 해서는 안 된다.'고 여길 것이니, 이는 곧 천근한 소견입니다. 어려서부터 익히면 공부를 하는 것이 쉬우니, 과오가 발생한 뒤에 금지하는 것은 禮經에서 옳지 않다고 한 것입니다.[8) 옛사람이 스스로 밥을 먹고 말을 할 때부터 가르친 까닭은 대

8) 과오가……것입니다 : ≪禮記≫ 〈學記〉에 "학생의 과오가 발생한 뒤에 금지시키면 저항하여 그

개 이 때문입니다.

臣竊料컨대 衆人之意는 必以爲皇帝尙幼하여 未煩如此라하리니 此乃淺近之見이니이다 夫幼而習之면 爲功則易(이)니 發然後禁은 禮經所非니이다 古人所以自能食能言而敎者는 蓋爲此也일새니이다

두 번째 箚子 第二

신이 듣건대 三代 때에는 임금에게 반드시 師·傅·保의 관원이 있었으니 師는 교훈으로 인도하고, 傅는 그 德과 義를 몸에 익숙하게 하고, 保는 그 신체를 보호하였습니다. 후세에는 일을 하는 데 근본이 없어 至治를 구할 줄은 알면서도 임금을 바르게 할 줄은 모르고, 허물을 바로잡을 줄은 알면서도 德을 기를 줄은 모르니, 德과 義를 몸에 익숙하게 하는 道가 참으로 이미 소원해졌고, 신체를 보호하는 법도는 더 이상 들을 수 없습니다.

엎드려 생각건대 태황태후 폐하께서는 총명함과 지혜로움이 천고에 뛰어나시며, 황제 폐하께서는 춘추가 어리시니 輔養하는 방법은 마땅히 先王을 본받아야 합니다. 신이 생각건대 德과 義를 몸에 익숙하게 하는 것은 그릇된 見聞을 막고 지나친 嗜好를 절제하는 데 달려 있으며, 신체를 보호하는 것은 起居가 마땅한 데로 나아가고 경외하고 삼가는 마음을 보존하는 데 달려 있습니다.

신은 바라건대 황제의 近臣·侍從·祗應[9]·宮人·內臣[10]은 모두 나이 45세 이상의 중후하고 신중한 사람을 뽑고, 복식과 기물은 모두 질박한 것으로 하여 일체의 화려하고 사치스러운 물건들이 성상의 앞에 이를 수 없게 해야 하니, 요점은 사치스러운 물건이 눈에 보이지 않고 천박하고 속된 말이 귀에 들리지 않는 데 있습니다. 또 바라건대 內臣 10인을 가려서 經筵의 祗應에 충원하여 황제의 기거를 살피고, 모든 황제의 動靜은 반드시 經筵官이 알게 하여 剪桐과 같은 장난[11]이 있으면 일에 따라 경계

情慾을 이기기 어렵다.〔發然後禁 則扞格而不勝〕"라고 하였다.

9) 祗應 : 심부름을 하는 관원을 가리킨다. 祗候라고도 한다.

10) 內臣 : 환관을 가리킨다.

11) 剪桐과……장난 : 周 成王이 어렸을 적에 아우인 叔虞에게 오동나무 잎을 잘라 珪를 만들어 주면서 "이것으로 너를 봉하노라."라고 하였는데, 史佚이 이 말을 듣고 택일하여 숙우를 제후로 봉하

하여 바로잡고, 持養하는 방법에 어긋나면 때에 따라 간언하여 금지해야 합니다. 성상의 몸을 보호하는 것은 이보다 더 나은 방법이 없으니, 재결해 주십시오.

臣聞컨대 三代之時엔 人君必有師傅保之官하니 師는 道之教訓이요 傅는 傅其德義요 保는 保其身體니이다 後世엔 作事無本하여 知求治而不知正君하고 知規過而不知養德하니 傅德義之道가 固已疎矣요 保身體之法은 復無聞焉하니이다 伏惟컨대 太皇太后陛下는 聰明睿哲이 超越千古하시며 皇帝陛下는 春秋之富하시니 輔養之道는 當法先王이니이다 臣以爲컨대 傅德義者는 在乎防見聞之非하고 節嗜好之過하며 保身體者는 在乎適起居之宜하고 存畏慎之心이니이다 臣欲乞컨대 皇帝左右扶侍祗應宮人內臣은 竝選年四十五已上의 厚重小心之人하고 服用器玩은 皆須質朴하여 一應華巧奢麗之物이 不得至於上前이니 要在侈靡之物이 不接於目하고 淺俗之言이 不入於耳니이다 及乞擇內臣十人하여 充經筵祗應하여 以伺候皇帝起居하고 凡動息은 必使經筵官知之하여 有翦桐之戲면 則隨事箴規하고 違持養之方이면 則應時諫止하소서 調護聖躬은 莫過於此니 取進止하소서

貼黃

오늘날 保·傅의 관직을 설치하지 않으니, 德과 義를 몸에 익숙하게 하고 신체를 보호하는 책임이 모두 經筵에 있습니다. 황제가 궁중에서 말씀하시는 것, 거동하시는 것, 착용하시는 의복, 드시는 음식은 모두 經筵官이 알게 해야 합니다.

今不設保傅之官하니 傅德義保身體之責이 皆在經筵이니이다 皇帝在宮中語言動作衣服飮食은 皆當使經筵官知之니이다

세 번째 箚子　第三

신이 삼가 생각건대 임금은 숭고한 지위에 있고 威福의 권한을 가져 百官이 두려워

기를 청하였다. 성왕이 "과인은 그와 장난을 하였을 뿐이다."라고 하자, 사일이 "천자는 농담을 하지 않는 법입니다. 말을 하면 史官이 그것을 기록하고 禮로써 그것을 완성하고 음악으로 그것을 노래합니다."라고 하였다. 이에 마침내 숙우를 唐에 봉하였다.(≪史記≫ 권39 〈晉世家〉)

하여 감히 우러러보지 못하고, 萬方의 사람들이 받들어 원하는 바는 뜻대로 얻습니다. 만일 道를 알고 義를 두려워하여 함양하는 바가 이와 같지 않으면 그 의혹됨을 알 수 있습니다. 평범한 군주는 교만방자하지 않음이 없을 것이고, 영명한 군주는 자연히 자만하게 될 것입니다. 이는 예로부터 공통된 근심이며, 治亂이 달린 바입니다. 그러므로 周公이 成王에게 고하여 前王의 德을 칭송하되 '공경하고 경외하며 공경하고 두려워하다.〔寅畏祗懼〕'[12]라는 말로써 첫머리를 삼았습니다. 예로부터 賢者를 존숭하고 재상을 경외하지 않으면서도 능히 그 성스러움을 이룩한 경우는 있지 않습니다.

황제 폐하께서는 여러 정사를 아직 친람하지 않고 바야흐로 학문에 전념하고 계십니다. 신이 생각건대 聖德을 보양하는 것은 공경보다 더 먼저 할 것이 없으니, 거동하고 주선하는 것을 마땅히 공경을 주로 삼아서 세월이 오래되어 익숙해지면 자연히 성상의 성품을 이루게 될 것입니다.

신이 삼가 듣건대 經筵의 신료들 중에 입시한 이들은 모두 앉아있고 講하는 자만 홀로 서있다고 하니, 이는 禮에 어긋나는 것입니다. 바라건대 앞으로는 특별히 앉아서 講하게 하시면 義理에 맞을 뿐만 아니라 주상께서 儒者를 존숭하고 道를 중시하는 마음을 기르는 방법일 것이니, 재결해 주십시오.

臣竊以컨대 人主居崇高之位하고 持威福之柄하여 百官畏懼하여 莫敢仰視하고 萬方承奉하여 所欲隨得이니이다 苟非知道畏義하여 所養如此면 其惑可知니이다 中常之君은 無不驕肆하고 英明之主는 自然滿假하리이다 此自古同患이요 治亂所繫也니이다 故로 周公告成王하여 稱前王之德호되 以寅畏祗懼爲首니이다 從古以來로 未有不尊賢畏相而能成其聖者也니이다 皇帝陛下는 未親庶政하고 方專問學이니이다 臣以爲컨대 輔養聖德은 莫先寅恭이니 動容周旋을 當主於此하여 歲月積習이면 自成聖性이니이다 臣竊聞컨대 經筵臣寮는 侍者皆坐하고 而講者獨立이라하니 於禮爲悖니이다 欲乞今後로 特令坐講하시면 不惟義理爲順이요 所以養主上尊儒重道之心이니 取進止하소서

---

12) 공경하고……두려워하다 : ≪書經≫ 〈周書 無逸〉에 周公이 말하기를 "아! 제가 듣자하니, 옛날 殷王 中宗은 엄숙하고 공손하며 공경하고 경외하여 天命으로 자신을 스스로 다스리시며, 백성을 다스림에 공경하고 두려워하여 감히 게으르고 편안히 지내지 않으셨으니, 그러므로 중종이 제위를 누린 것이 75년이었습니다.〔嗚呼 我聞 曰昔在殷王中宗 嚴恭寅畏 天命自度 治民祗懼 不敢荒寧 肆中宗之享國 七十有五年〕"라고 하였다.

貼黃

삼가 듣건대 講官이 성상의 책상 옆에서 손으로 글을 가리키기 때문에 앉지 못하는 것이라 합니다. 바라건대 별도의 한 사람이 글을 가리키고 講官은 성상의 책상에서 조금 멀리 앉아서 講하게 하십시오.

竊聞컨대 講官在御案旁하여 以手指書하여 所以不坐니이다 欲乞別一人指書하고 講官稍遠御案坐講하소서

貼黃

신이 삼가 생각건대 朝廷에서는 예전의 체제를 그대로 따라 經筵을 한 가지 아름다운 일로 여길 뿐입니다. 신이 생각건대 천하의 중임은 오직 宰相과 經筵官일 뿐이니, 천하의 治亂은 재상에 달려 있고 君德의 성취는 경연관의 책임입니다. 이런 관점으로 아뢰자면 경연관을 어찌 중요하게 여기지 않을 수 있겠습니까.

臣竊意컨대 朝廷循沿舊體하여 只以經筵爲一美事니이다 臣以爲컨대 天下重任은 唯宰相與經筵이니 天下治亂은 繫宰相이요 君德成就는 責經筵이니이다 由此言之면 安得不以爲重이리잇가

崇政殿 說書의 사직을 청하는 表 辭免崇政殿說書表

신 程頤가 아룁니다. 閤門[13)]의 告報에 의거하여 신에게 通直郎을 제수하고 崇政殿 說書에 임명하시는 성은을 삼가 입었습니다. 신은 어제 大殿에 나아가 성상의 말씀을 직접 받들어 이미 간절한 마음을 피력하여 사양하였고, 이어서 陳奏하여 어리석은 정성을 이미 다 아뢰었으나, 성상께서는 마음을 돌리지 않으셨습니다. 中謝.

삼가 생각건대 儒者는 經術로써 임금의 앞에서 진언하여 말이 신뢰를 얻으면 뜻을

13) 閤門 : 관원의 朝參·宴飮·禮儀 등을 관장하던 기구이다.

펼 수 있었으니, 예로부터 道를 품은 士 중에 누가 그것을 원하지 않았겠습니까. 단지 기회를 얻지 못하는 것을 한스러워했을 따름입니다. 신은 어떤 사람입니까? 이런 기회를 얻은 사람입니다. 그러나 신이 삼가 살펴보건대 前古의 임금과 신하가 道로써 계합한 경우는 신하가 至誠으로 임금을 감동시키고 임금이 신임하여 지향을 펴지 않음이 없었습니다.

지금 신은 道가 집안에서 행해지지 못하고 善이 향당에서 믿음을 얻지 못하니, 어찌 임금의 마음을 감동시킬 수 있겠습니까. 만일 신의 정성이 지극하지 못한 것을 헤아리지 않고 進對하는 시간에 말을 잘하여 한 때의 볼거리가 되기를 원한다면 그것은 가능하겠지만, 반드시 神明에 통하고 四海에 빛나 정성을 오랫동안 기울여도 임금이 싫증내지 않기를 바란다면 그 일은 신이 할 수 없음을 압니다. 신은 이 때문에 나아가기를 바라면서도 義를 생각하게 되고, 시대를 기뻐하면서도 자신을 부끄러워하는 것이니, 감히 성상의 위엄을 범하면서 구구한 말을 다 아뢰는 것입니다.

엎드려 생각건대 황제 폐하께서는 춘추가 어리시니, 바야흐로 左右・前後의 사람들에 의지하여 성상의 성품을 輔養하셔야 합니다. 勸講하는 직책은 임무가 막중합니다. 삼가 생각건대 드넓은 세상에 어질고 뛰어난 자가 지극히 많습니다. 신은 바라건대 朝廷에서 여러 신하들에게 널리 자문하여 인재를 거두어 뽑는 방안을 두루 마련해서 출중한 현자를 얻어 곁에 두어 聖德을 도와 이루게 하기를 기약한다면 종묘사직과 백성의 복이 될 것입니다. 신과 같은 어리석은 사람으로서는 실로 중임을 감당할 수 없을까 두렵습니다. 내리신 誥命은 감히 감당하여 받을 수 없으니, 삼가 사직하는 表를 올려 아룁니다.

臣頤言하노이다 准閤門告報하여 伏蒙聖恩하여 除臣通直郎하고 充崇政殿說書者니이다 臣昨上殿하여 面奉德音하여 已嘗瀝懇辭避하고 及繼有陳奏하여 愚誠已竭이나 天聽不回니이다 中謝라 竊以컨대 儒者는 得以經術進說於人主之前하여 言信則志行이니 自昔으로 抱道之士가 孰不願之리잇가 顧恨弗獲이니이다 臣何人哉잇가 有此遭遇니이다 然이나 臣竊觀컨대 前古君臣道合은 靡不由至誠感動하여 信以發志니이다 今臣은 道未行於家室하고 善未信於鄕黨하니 何足以感動人主之心乎잇가 苟不度(탁)其誠之未至하고 而欲善辭說於進對之間하여 爲一時之觀이면 則可矣어니와 必欲通於神明하고 光於四海하여 久誠而無斁이면 臣知其不可也니이다 臣是以로 欲進而思義하고 喜時而愧己니 冒犯天威하여 而盡其區區之說이니이다 伏以컨대 皇帝陛下는 春秋之富하시니 方賴左右前後之人輔養聖性이니이다 勸講之職은 任莫重焉이니이다 竊惟컨대 海宇之廣에

賢俊至多하나이다 臣願컨대 朝廷博謀群臣하고 旁加收擇하여 期得出類之賢하여 寘諸左右하여 輔成聖德하면 爲廟社生靈之福이리이다 如臣之愚론 實懼不足以當重任이니이다 所有誥命은 不敢當受니 謹奉表辭免以聞하노이다

재차 사직을 청하는 狀　再辭免狀

신은 삼가 通直郎 崇政殿 說書에 제수되는 성은을 입고서 곧 表를 갖추어 사직을 청하였으나, 尙書省의 劄子에 의거하여 사직을 허락하지 않는다는 성상의 명을 받들었습니다.

신은 듣건대, 옛 사람은 道를 행함이 가능한 것을 본 뒤에 벼슬하였다[14]고 합니다. 신은 비록 지극히 어리석으나 독서하여 儒者가 되었으니, 어찌 감히 옛 선현을 본받지 않을 수 있겠습니까. 신은 근래 세 편의 劄子를 올렸으나 분부를 듣지 못했습니다. 엎드려 바라건대 성상의 자애로움으로 다시 살펴보아 주십시오. 만일 조금이라도 쓸 만한 점이 있다면 신은 명을 받들어 감히 다시 사직하지 않을 것이며, 혹 狂妄하여 취할 점이 없다면 신의 사직을 허락해 주시길 바랍니다. 귀하게 여길 바는 朝廷에는 사람을 잘못 선발함이 없고, 소신에게는 進退의 道를 극진히 하는 것입니다. 신은 山野의 사람으로 文飾에 능하지 못하지만 정성을 다하였으니 마음을 열고 받아들여 주시기를 바랍니다. 엎드려 勅旨를 기다립니다.

臣蒙恩授通直郎崇政殿說書하고 尋具表辭免이나 准尙書省劄子하여 奉聖旨不許辭免者니이다 臣聞컨대 古之人은 見行可而後仕라하니이다 臣雖至愚나 讀書爲儒하니 敢不先民是憲잇가 臣近進劄子三道호되 未聞進止니이다 伏望컨대 聖慈更賜省覽하소서 如小有可用이면 則臣受命하여 不敢復辭요 或狂妄無取면 則乞許臣辭避하노이다 所貴는 朝廷無取人之失과 小臣盡進退之道니이다 臣은 山野之人으로 不能文飾이나 傾竭悃誠하니 願賜開納하노이다 伏候勅旨하노이다

---

14) 옛……벼슬하였다 : ≪孟子≫ 〈萬章 下〉에 "孔子께서는 道를 행함이 가능한 것을 보고서 벼슬하신 것이 있고, 교제가 가능한 것을 보고서 벼슬하신 것이 있고, 제후가 봉양하는 것을 보고서 벼슬하신 것이 있었으니, 季桓子에 있어서는 道를 행함이 가능한 것을 보고서 벼슬하신 경우이고, 衛靈公에 있어서는 교제가 가능한 것을 보고서 벼슬하신 경우이고, 衛孝公에 있어서는 제후가 봉양하는 것을 보고서 벼슬하신 경우이다.〔孔子有見行可之仕 有際可之仕 有公養之仕也 於季桓子 見行可之仕也 於衛靈公 際可之仕也 於衛孝公 公養之仕也〕"라고 하였다.

六參日[15)]에 大殿에 나아갈 것을 청하는 箚子
乞六參日上殿劄子①

① 元祐 원년(1086) 4월.
元祐元年四月.

신이 삼가 생각건대 朝廷에 勸講의 관직을 둔 것은 임금을 輔導하는 것이니, 어찌 경전의 뜻을 강론하여 밝히는 데서 그치겠습니까. 임금의 성품과 자질을 훈도하기 위함입니다. 옛날 이른바 "〈아침저녁으로〉 임금을 받들어 보필하였기 때문에 임금이 출입하고 기거할 적에 〈공경하지 않음이 없다.〉"라고 하였으니,[16)] 마땅히 아침저녁으로 가르침을 올려 성상의 德을 도와야 합니다.

지금까지 무더위로 인해 〈4월에〉 講을 파하고 中秋가 되어서야 바야흐로 經筵에 나오신다고 하니, 몇 달 동안 講讀官이 나아가 뵐 길이 없습니다. 文王과 武王의 성스러움으로도 아침저녁으로 받들어 보필하기를 바랐는데, 지금 몇 달 동안이나 儒臣을 접견하지 않으시니 보도하여 덕을 기른 先王의 의도가 전혀 아닙니다.

바야흐로 주상의 춘추가 어리시니 輔養하는 방도를 어찌 이처럼 소략하게 할 수 있겠습니까. 신은 바라건대 강연에 나가지 않으시면 六參하는 날마다 宰臣이 일을 아뢰고 물러난 뒤 강독관이 大殿에 나아가 聖體를 문안하는 것을 허락하십시오. 며칠에 한 번 유신을 대면하시면 임금에게 유익할 뿐만 아니라 권강하는 禮에 있어서도 또한 마땅할 것입니다. 엎드려 바라건대 성상의 자애로움으로 특별히 윤허하여 주십시오.

臣竊以컨대 朝廷置勸講之官은 輔導人主니 豈止講明經義리잇가 所以薰陶性質이니이다 古所

---

15) 六參日 : 한 달에 여섯 번 황제를 朝見하는 날을 말한다.
16) 옛날……하였으니 : ≪書經≫ 〈周書 冏命〉에 "옛날 文王·武王 때에는 임금이 총명하고 공경하며 성스러우셨는데 대소의 신하들은 모두 忠良을 생각하며, 그 侍御하는 僕從들은 바른 사람 아닌 이가 없었다. 그래서 아침저녁으로 임금을 받들어 보필하였기 때문에 출입하고 기거할 적에 공경하지 않음이 없으며 호령을 할 적에 不善함이 없으니, 下民들이 공경하여 순종하며 萬方이 모두 아름다워졌다.〔昔在文武 聰明齊聖 小大之臣 咸懷忠良 其侍御僕從 罔匪正人 以旦夕 承弼厥辟 出入起居 罔有不欽 發號施令 罔有不臧 下民祗若 萬邦咸休〕"라고 하였다.

謂承弼厥辟일새 出入起居者焉이니 宜朝夕納誨하여 以輔上德이니이다 自來로 暑熱罷講하고 直至中秋라야 方御經筵이라하니 數月之間에 講讀官無由進見이니이다 夫以文武之齊聖으로도 而欲旦夕承弼이온 今乃數月不接儒臣하시니 甚非先王輔導養德之意니이다 方主上春秋之富하시니 輔養之道를 豈可疎略如此리잇가 臣欲乞컨대 未御講筵이면 每遇六參日하여 宰臣奏事退하고 許講讀官上殿問聖體하소서 數日一對儒臣이면 不惟有益人主요 在勸講之禮에도 亦當然하니이다 伏望컨대 聖慈特賜俞允하소서

太皇太后께 올리는 글　上太皇太后書①

① 元祐 원년(1086).[17]
元祐元年.

6월 某日에 具位 신 程頤는 죽음을 무릅쓰고 再拜하며 太皇太后 陛下께 글을 올립니다.

신은 어리석고 비루한 사람으로 젊어서부터 벼슬길에 나아가는 것을 기뻐하지 않고 독서하여 求道하는 것을 일삼아 지금까지 거의 30년이 되었습니다. 英宗朝와 神宗 초기에 여러 번 當路者에게 천거되었으나, 신은 이때 학문이 부족함을 스스로 돌아보고서 出仕를 원하지 않았습니다. 황제 폐하께서 보위를 이어받으신 뒤에는 태황태후 폐하께서 朝廷에 임하여 賢者를 구해 잘 다스리기를 바라시니, 대신들이 위로 폐하의 생각을 받들어서 巖穴을 찾아다니다가 제일 먼저 미천한 신에게 미쳐 西京의 學官에 제수되는 성은을 입었습니다.

신은 이때 아직 벼슬에 뜻이 있지 않아 바야흐로 두 차례 사직하였으나 갑자기 부르시는 명이 있었습니다. 신의 문하에서 배우는 자들 중 신에게 나아갈 것을 재촉하는 자가 절반이었고, 신에게 나아가지 말 것을 권하는 자가 절반이었습니다. 신에게 나아갈 것을 재촉하는 자는 말하기를 "임금이 명하여 부르시면 禮에 수레에 멍에 매기를 기다리지 않는다[18]고 하였습니다."라고 하였고, 신에게 나아가지 말 것을 권하

17) 〈伊川先生年譜〉에 의하면 元祐 원년(1086) 6월에 올린 상소이다.
18) 임금이……않는다 : ≪論語≫ 〈鄕黨〉에 "임금이 명하여 부르시면 수레에 멍에 매기를 기다리

는 자는 말하기를 "옛날의 儒者는 임금이 부르면 나아가지 않았습니다."[19]라고 하였습니다.

신은 임금이 불러도 나아가지 않는 것은 오직 子思와 孟軻만이 할 수 있다고 생각합니다. 대개 이 두 사람은 賓師의 지위에 처하였으니 나아가지 않는 것이 임금을 바로잡는 방법이 되었지만, 저의 미천함으로는 땅 위의 초목을 먹고 살며 왕의 백성이 되었으니 불러도 나아가지 않으면 나라에 정해진 법이 있어 처벌 받습니다. 이 때문에 분주히 소명에 부응하여 대궐에 이르렀는데 館職에 제수되는 성은을 입었고, 바야흐로 의리상 사직하자 드디어 召對를 허락해주시는 은혜를 입었습니다.

신은 이때에도 오히려 벼슬에 생각이 있지 않았습니다. 나아가 주렴 앞에 이르자 天光이 지척에 있었는데 감히 한 마디도 조정의 정사를 언급하지 못했으니, 폐하께서 신을 보실 적에 어찌 관직에 나아가기를 바라는 자였겠습니까. 얼마 뒤 德音을 직접 받들어 經筵에 발탁되었으니, 기대하지 않은 데서 일이 벌어져 망연히 놀라고 두려워하였습니다. 신은 삼가 마음속으로 '儒者가 道學으로 임금을 보필할 수 있는 것은 대개 평범하지 않은 기회이니, 신으로 하여금 처할 자리를 스스로 고르게 하더라도 이보다 더 좋은 자리는 없을 것이다.'라고 생각하였습니다.

신은 이때 비록 재주가 없다는 이유로 사직하였으나, 나라에 몸을 바치고자 하는 마음이 실로 싹텄습니다. 폐하께서 현자를 탐내고 善을 즐거워하며 사람을 선발하는데 과감하시지만, 인재를 알아보는 것이 혹 상세하지 않을까를 오히려 염려하였습니다. 그러므로 또 狂言을 올려 상세히 살피시기를 바랐는데, 그 말 중에 "만일 조금이라도 쓸 만한 점이 있다면 감히 관직에 나아가지 않을 수 있겠습니까. 혹 狂妄하여 취할 점이 없다면 사직하는 것을 허락해 주시길 청합니다."라고 하였습니다. 두 차례 상소를 올려 두 차례 명을 공경히 받았으니, 이는 폐하께서 신을 망령되이 여기지 않으신 것인지라 신은 이에 명을 받았습니다.

관직을 맡은 뒤 밤낮으로 정성을 다하고 사려를 다해 오직 주상의 德이 堯・舜과

지 않고 출발하셨다.〔君命召 不俟駕行矣〕"라고 하였다.

19) 옛날의……않았습니다 : ≪孟子≫ 〈萬章 下〉에 萬章이 말하기를 "庶人이 임금이 그를 불러 부역을 시키면 가서 부역을 하고, 임금이 그를 만나보고자 하여 그를 부르면 가서 만나보지 않는 것은 어째서입니까?〔庶人 召之役則往役 君欲見之 召之則不往見之〕"라고 하자, 孟子가 말하기를 "가서 부역하는 것은 義요, 가서 만나보는 것은 義가 아니기 때문이다.〔往役 義也 往見 不義也〕"라고 하였다.

같아지기를 바랐으니, 훗날 천하 사람들이 요·순의 정치를 누리고 종묘사직이 무궁할 기반을 견고히 하는 것이 곧 신의 마음이었습니다. 신은 본래 山野의 사람으로 품성이 질박하고 솔직하며 언사가 촌스럽고 서툰 점은 있으나, 임금을 사랑하는 마음과 임금을 섬기는 禮와 임금께 고하는 道에 있어서는 어찌 감히 극진하지 않음이 있었겠습니까. 위로 폐하의 聖明하심에 힘입어 밝게 살피실 수 있었을 것입니다. 신은 스스로 생각하기에 지극히 어리석으나 폐하께 특별한 知遇를 입어 이와 같은 기회를 얻었으니, 원컨대 구구한 정성을 바쳐서 털끝만큼의 보탬이라도 있기를 바랍니다. 오직 폐하께서 유념하여 살펴봐 주신다면 이보다 더 큰 다행이 없을 것입니다.

六月日에 具位臣程頤는 昧死再拜하며 上書太皇太后陛下하노이다 臣은 愚鄙之人으로 自少不喜進取하고 以讀書求道爲事하여 于玆幾三十年矣니이다 當英祖朝曁神宗之初하여 屢爲當塗者稱薦이나 臣於斯時에 自顧學之不足하고 不願仕也니이다 及皇帝陛下嗣位하얀 太皇太后陛下臨朝하여 求賢願治하시니 大臣上體聖意하여 搜揚巖穴이라가 首及微賤하여 蒙恩除西京學官이니이다 臣於斯時에 未有意於仕也하여 辭避方再로되 而遽有召命이니이다 臣門下學者는 促臣行者半이요 勸臣勿行者半이니이다 促臣行者는 則曰 君命召어시든 禮不俟駕라하고 勸臣勿行者는 則曰 古之儒者는 召之則不往이라하니이다 臣以爲召而不往은 惟子思孟軻라야 則可니이다 蓋二人者는 處賓師之位니 不往이 所以規其君也어니와 己之微賤으로 食土之毛而爲王民이니 召而不至면 邦有常憲이니이다 是以로 奔走應命하여 到闕한대 蒙恩授館職하고 方以義辭하니 遂蒙召對니이다 臣於斯時에도 尙未有意於仕也니이다 進至簾前하니 咫尺天光이어늘 未嘗敢以一言及朝政하니 陛下視臣에 豈求進者哉리잇가 旣而요 親奉德音하여 擢至經筵하니 事出望外하여 惘然驚惕이니이다 臣竊內思컨대 儒者가 得以道學輔人主는 蓋非常之遇니 使臣自擇所處라도 亦無過於此矣리이다 臣以斯時에 雖以不才而辭나 然許國之心이 實已萌矣니이다 尙慮陛下貪賢樂善하며 果於取人이나 知之或未審也라 故로 又進其狂言하여 以覬(기)詳察호되 曰如小有可用이면 則敢不就職이릿가 或狂妄無取면 則乞聽辭避라하니이다 章再上하여 再命祗受하니 是陛下不以爲妄也라 臣於是受命이니이다 供職而來로 夙夜畢精竭慮하여 惟欲主上德如堯舜하니 異日天下享堯舜之治하고 廟社固無窮之基가 乃臣之心也니이다 臣本山野之人으로 稟性朴直하며 言辭鄙拙은 則有之矣나 至於愛君之心과 事君之禮와 告君之道하얀 敢有不盡이리잇가 上賴聖明하여 可以昭鑑이니이다 臣自惟至愚나 蒙陛下特達之知하여 遭遇如此하니 願效區區之誠하여 庶幾毫髮之補니이다 惟陛下留意省覽하시면 不勝幸甚이니이다

엎드려 생각건대 태황태후 폐하께서는 마음에 지극히 공정함을 보존하고 몸소 大道를 행하여 마음을 열어 충언을 받아들이고 연로하고 덕이 있는 사람을 등용하여 大業을 유지하는 데서 그치지 않고 장차 태평한 시대를 일으키려 하시니, 前代의 영명한 군주도 미치지 못하는 바입니다. 날마다 하루하루를 삼가기만 하시면 천하의 일은 염려할 것이 없습니다. 신이 생각건대 오늘날 지극히 중대하고 지극히 급한 일은 종묘사직과 백성을 장구하게 할 계획을 세우는 것이니, 오직 이는 성상의 德을 輔養하는 것일 뿐입니다.

前古의 일을 두루 살펴보건대 어린 군주를 보양하는 道는 周公보다 더 갖추어진 사람이 없으니, 주공이 행한 것이 만세의 법도입니다. 신은 바라건대 폐하께서 세속을 초월한 뛰어난 고견을 확충하여 聖人의 말씀을 반드시 믿을 수 있는 것으로 여기시고 先王의 道를 반드시 행할 수 있는 것으로 여기시어, 근래의 규정에 얽매이지 마시고 여러 사람의 말에 미혹되지 마십시오.

옛 사람이 이른바 "주공이 어찌 나를 속이겠는가."[20]라고 하였습니다. 주공은 〈立政〉의 글을 지어 常伯으로부터 綴衣·虎賁까지 거론하며 "이 〈아름다운 관직에 걸맞는〉 인재 얻기를 근심할 줄 아는 이가 드물다."라고 하였습니다.[21] 이 한 편 가운데 간곡하게 반복해서 말한 것은 오직 이 한 가지 일에 있을 따름입니다.

≪書經≫에 또 이르기를 "僕臣이 바르면 그 임금이 능히 바르게 된다."라고 하였고, 또 이르기를 "임금이 덕이 있는 것도 신하 때문이며, 덕이 없는 것도 신하 때문이다."[22]

---

20) 주공이……속이겠는가 : 滕文公이 世子로 있을 적에 孟子가 그에게 道는 하나일 뿐이니 누구나 聖人이 될 수 있음을 설득하며 "成覵이 齊景公에게 이르기를 '저들도 丈夫이며 나도 丈夫이니, 내 어찌 저 聖賢들을 두려워하겠는가.'라고 하였으며, 顔淵이 말하기를 '舜임금은 어떠한 분이며, 나는 어떠한 사람인가. 훌륭한 일을 하는 자는 또한 이 순임금과 같다.'라고 하였으며, 公明儀가 말하기를 '〈周公이〉 「文王은 나의 스승이다.」라고 하였으니, 주공이 어찌 나를 속이겠는가.'라고 하였습니다.〔成覵謂齊景公曰 彼丈夫也 我丈夫也 吾何畏彼哉 顔淵曰 舜何人也 予何人也 有爲者亦若是 公明儀曰 文王我師也 周公豈欺我哉〕"라고 하였다.(≪孟子≫ 〈滕文公 上〉)

21) 주공은……하였습니다 : ≪書經≫ 〈周書 立政〉에 여러 신하들이 成王에게 進戒하기를 "왕의 좌우에 있는 신하는 常伯과 常任과 準人과 綴衣와 虎賁입니다.〔王左右 常伯常任準人綴衣虎賁〕"라고 하자, 周公이 말하기를 "아! 이 관직이 아름다우나 인재를 얻기를 근심할 줄 아는 이가 드뭅니다.〔嗚呼 休玆 知恤 鮮哉〕"라고 하였다. 常伯은 백성을 기르는 장관이고, 常任은 일을 맡은 公卿이고, 準人은 법을 지키는 有司이고, 綴衣는 의복과 기물을 관장하는 자이고, 虎賁은 활 쏘고 말 모는 것을 관장하는 자이다.

22) 僕臣이……때문이다 : ≪書經≫ 〈周書 冏命〉에 周 穆王이 伯冏에게 말하기를 "僕臣이 바르면 그 임금이 능히 바르고, 僕臣이 아첨하면 그 임금이 스스로 聖人이라 할 것이니, 임금이 덕이 있는 것도 신하 때문이며 덕이 없는 것도 신하 때문이다.〔僕臣正 厥后克正 僕臣諛 厥后自聖 后德惟臣

라고 하였고, 또 이르기를 "그 侍御하는 僕從들이 바른 사람 아닌 이가 없었다. 그래서 아침저녁으로 임금을 받들어 보필하였기 때문에 출입하고 기거함에 공경하지 않음이 없었다."[23)]라고 하였으니, 옛 사람의 생각에는 임금은 반걸음이라도 바른 사람을 떠나서는 안 된다고 여긴 것입니다.

대개 氣質을 함양하고 德性을 훈도하였기 때문에 습관이 지혜와 더불어 성장하고 교화가 마음과 더불어 이루어질 수 있었습니다. 후세에는 더 이상 이를 알지 못하여 임금이 학문에 나아가는 것은 서책과 역사를 섭렵하고 고금의 일을 열람하는 것으로만 여기니, 서책과 역사를 섭렵하고 고금의 일을 열람하는 것은 학문의 한 단서일 뿐임을 알지 못한 것입니다. 만약 이와 같이 하는 데서 그친다면 문장에 능한 宮人도 勸講에 채울 수 있고, 글을 아는 內寺도 輔導하는 데 충원될 수 있으니, 무엇 때문에 관직을 설치하여 현명하고 덕이 있는 사람을 정밀히 구하겠습니까.

대저 임금은 하늘의 命을 받아 품부 받은 자질이 본래 다릅니다. 이전의 역사를 두루 고찰해보건대 帝王의 자질은 남들보다 뛰어나지 않은 경우가 드물었으나 德을 완성하고 道를 지닌 임금은 지극히 적었으니, 그 까닭이 무엇이겠습니까? 모두 보양할 적에 올바른 방도를 얻지 못하여 지위와 형세가 그렇게 만든 것입니다.

伏以컨대 太皇太后陛下는 心存至公하고 躬行大道하여 開納忠言하고 委用耆德하여 不止維持大業하고 且欲興致太平하시니 前代英主所不及也니이다 但能日愼一日이시면 天下之事는 不足慮也니이다 臣以爲컨대 今日至大至急은 爲宗社生靈長久之計니 惟是輔養上德而已니이다 歷觀前古컨대 輔養幼主之道는 莫備於周公이니 周公之爲가 萬世之法也니이다 臣願컨대 陛下擴高世之見하여 以聖人之言으로 爲可必信하고 先王之道로 爲可必行하여 勿狃滯於近規하고 勿遷惑於衆口하소서 古人所謂호되 周公이 豈欺我哉리오하니이다 周公은 作立政之書하여 擧言常伯至於綴衣虎賁하며 以爲知恤玆者鮮이라하니이다 一篇之中에 丁寧重複은 惟在此一事而已니이다 又曰 僕臣正이면 厥后克正이라하고 又曰 后德惟臣이며 不德惟臣이라하고 又曰 侍御僕從이 罔匪正人이라 以旦夕에 承弼厥辟일새 出入起居에 罔有不欽이라하니 是古人之意는 人主跬(규)步不可離正人也니이다 蓋所以涵養氣質하고 薰陶德性이라 故로 能習與智長하고 化與心成이니이다 後世엔 不復知此하여 以爲人主就學은 所以涉書史하고 覽古今也니 不知涉書史하고 覽古今은 乃一端爾니이다 若止於如是면 則能文宮人도 可以備勸講이요 知書內侍도 可以充輔導니 何用置官設

不德惟臣]"라고 하였다.

23) 그……없었다 : ≪書經≫ 〈周書 冏命〉에 보인다.

職하여 精求賢德哉리잇가 大抵人主는 受天之命하여 稟賦自殊니이다 歷考前史컨대 帝王才質은 鮮不過人이나 然而完德有道之君은 至少하니 其故는 何哉잇가 皆輔養不得其道하여 而位勢使之然也니이다

엎드려 생각건대 황제 폐하께서는 타고난 자질이 순수하고 아름다우며 덕스러운 성품이 인자하고 두터우시니 반드시 宋나라의 훌륭한 임금이 되실 것입니다. 다만 輔養하는 방도에 아직 지극하지 못한 점이 있는 것이 안타까울 뿐입니다. 신이 관직을 맡은 이래로 여섯 번 經筵에 입시하였는데, 단지 여러 신하들은 두 손을 맞잡고 묵묵히 앉아 있고 강설을 맡은 자는 책상 옆에 서서 몇 줄을 해석하고 물러나는 것만을 보았을 뿐입니다. 이와 같이 하면 비록 여러 해가 지나더라도 유익함이 얼마나 되겠습니까. 周公이 成王을 보양한 방법과 전혀 같지 않습니다.

혹자는 '주상께서 한창 어리시니 또한 이와 같이 해야 한다.'고 하니, 이는 근본을 아는 의론이 아닙니다. 옛 사람은 자식을 낳으면 밥을 먹고 말을 할 수 있을 때부터 가르쳤으니, 大學의 法은 미리 가르치는 것을 선무로 여겼습니다.[24] 사람이 어릴 적에는 지혜와 사려에 주장하는 바가 없으니, 마땅히 格言과 至論을 날마다 앞에서 말해주어야 합니다. 비록 환히 알지는 못하더라도 또한 귀가 따갑도록 가르쳐서 귓가에 가득하고 뱃속에 꽉 차게 하며, 오랫동안 스스로 편안하게 익혀 본래 소유한 것처럼 하게 하면 비록 다른 말로써 유혹하더라도 빠져들지 않을 수 있습니다.

만약 그를 위해 미리 가르치지 않아 조금 성장하여 사사로운 생각과 편벽된 기호가 안에서 생겨나고 여러 사람들의 변론하는 말이 밖에서 스며들면 그가 순수하고 완전하기를 바라더라도 그렇게 될 수 없습니다. 그러므로 급선무로 삼을 것은 먼저 주입하는 데에 있으니, 어찌 너무 빠름이 있겠습니까.

伏惟컨대 皇帝陛下는 天資粹美하며 德性仁厚하시니 必爲有宋令主리이다 但恨輔養之道에 有未至爾니이다 臣供職以來로 六侍講筵한대 但見諸臣은 拱手默坐하고 當講者는 立案傍하여 解釋數行(항)而退니이다 如此면 雖彌年積歲라도 所益幾何리잇고 與周公輔養成王之道와 殊不同矣니이다 或以爲主上方幼하시니 且當如此라하니 此不知本之論也니이다 古人生子어든 能食能言

24) 大學의……여겼습니다 : 《禮記》 〈學記〉에 "大學의 법에 아직 발하지 않았을 때 금하는 것을 豫라고 한다.〔大學之法 禁於未發之謂豫〕"라고 하였다.

而敎之하니 大學之法은 以豫爲先이니이다 人之幼也엔 知思未有所主니 便當以格言至論으로 日陳於前이니이다 雖未曉知라도 且當薰聒(괄)하여 使盈耳充腹하며 久自安習하여 若固有之면 雖以他言惑之라도 不能入也니이다 若爲之不豫하여 及乎稍長하여 私意①偏好가 生於內하고 衆口辯言이 鑠(삭)於外면 欲其純完이나 不可得也라 故로 所急在先入하니 豈有太早者乎잇가

①〈'私意'는〉 어떤 판본에는 '思慮'로 되어 있다.
一作思慮.

혹자는 또 '주상은 타고난 자질이 지극히 아름다워 저절로 道를 어김이 없으시니 지나치게 염려할 필요가 없다.'고 여기니, 이는 더욱 至論이 아닙니다. 대저 聖明함은 舜임금보다 더 성명한 분이 없으나 禹와 皐陶가 경계하기를 잊은 적이 없어서 심지어 "丹朱처럼 태만히 노니는 것을 좋아하고 오만함과 포악함을 행하는 것을 하지 마십시오."[25)]라고까지 말하였습니다. 또한 순임금이 태만히 노닐고 오만하고 포악하지 않음은 지극히 어리석은 사람일지라도 마땅히 알 것이니, 어찌 禹와 같은 분이 몰랐겠습니까. 대개 높은 지위에 처하면 경계하는 방도가 이와 같지 않을 수 없는 것입니다. 또 사람의 마음에 어찌 일정함이 있겠습니까. 영명하고 지혜로운 唐 太宗은 몸소 어려움을 두루 겪어 힘써 禍亂을 평정하고 나이 또한 많았는데도, 처음에는 隋 煬帝의 사치스러움을 미워하여 그의 높다란 樓觀과 넓은 궁전을 허물었으나 6~7년도 되지 않아 다시 乾陽殿[26)]을 수리하고자 하였습니다. 사람의 마음이 과연 일정할 수 있겠습니까. 이 때문에 聖賢은 밝고 성대한 때일지라도 경계하는 것을 그만두지 않는 것이니, 염려함이 어찌 심원하지 않겠습니까. 하물며 아직 어리신 임금에 대해 간사함을 막고 어긋남을 물리치는 방도를 조금이라도 게을리할 수 있겠습니까.

或又以爲主上天資至美하여 自無違道하시니 不須過慮라하니 此尤非至論이니이다 夫聖은 莫聖於舜이나 而禹皐陶가 未嘗忘規戒하여 至曰無若丹朱好慢遊作傲虐이라하니이다 且舜之不爲慢遊傲虐은 雖至愚라도 亦當知之어니 豈禹而不知乎잇가 蓋處崇高之位하면 儆戒之道가 不得不

25) 丹朱처럼……마십시오 : ≪書經≫ 〈虞書 益稷〉에 禹가 舜임금에게 말하기를 "丹朱처럼 오만하게 하지 마소서. 그는 태만하게 노는 것을 좋아하며, 오만함과 포악함을 행하며, 밤낮없이 쉬지 않고 계속하며, 물이 없는 데서 배를 끌고 다니며, 소인과 붕당해서 집안에서 음란하여 그 代를 끊어 버렸습니다.〔無若丹朱傲 惟慢遊是好 傲虐是作 罔晝夜頟頟 罔水行舟 朋淫于家 用殄厥世〕"라고 하였다.

26) 乾陽殿 : 隋나라 東京의 紫微宮城 중 大朝正殿으로, 唐나라 때 중건하여 乾元殿이라 불렀다.

如是也니이다 且人心이 豈有常哉리잇가 以唐太宗之英睿로 躬歷艱難하여 力平禍亂하고 年亦長矣어늘 始惡(오)隋煬侈麗하여 毁其層觀廣殿이로되 不六七年에 復欲治乾陽殿하니이다 是人心이 果可常乎잇가 所以聖賢은 雖明盛之際라도 不廢規戒니 爲慮가 豈不深遠也哉잇가 況沖幼之君에 閑邪拂違之道를 可少懈乎아

엎드려 보건대 4월 말부터 무더위로 인해 進講을 파하여 仲秋에 이르게 되면 대개 석 달이 넘습니다. 옛 사람은 아침저녁으로 임금을 받들고 보필하여 출입하고 기거할 적에 공경하기를 바랐는데, 오늘날 석 달 동안 한 번도 儒臣을 만나보지 않으신다면 어찌 그리도 옛 사람의 생각과 다른 것입니까. 오늘날 사대부 집안의 자제도 여러 달 동안 儒士를 가까이 하지 않게 하지는 않습니다.

초가을에 날씨가 점차 시원해지면 신은 바라건대 內殿 혹은 後苑의 시원한 곳에서 당일의 講官을 불러서 道義를 아뢰게 하십시오. 비록 매우 유익함은 없더라도 또한 천하 사람들로 하여금 태황태후께서 마음을 쓰시는 것이 이와 같다는 것을 알게 할 것입니다.

또 한 사람을 獨對하는 것은 여러 사람을 동시에 접견하는 것과 같지 않아서 자연히 情意가 통하기 쉬워 3~5차례 만나지 않아도 곧 익숙해집니다. 만약 이와 같이 점진적으로 이룩하지 않고 자연스럽게 되기를 기다리는 것은 輔導하는 관원이 모두 힘을 쓰지 않는 것이니, 장차 어디에 쓰겠습니까. 앞으로 삼복더위에 휴강하는 관례를 열어놓았다면 經筵官으로 하여금 예전처럼 돌아가며 日直하게 하십시오. 중요한 점은 항상 한 사람이 독대할 수 있게 하는 것입니다.

伏自四月末間에 以暑熱罷講하여 比至中秋면 蓋踰三月이니이다 古人은 欲旦夕承弼하여 出入起居어늘 而今乃三月不一見儒臣이면 何其與古人之意異也잇가 今士大夫家子弟도 亦不肯使經時累月不親儒士니이다 初秋漸涼하면 臣欲乞컨대 於內殿或後苑淸涼處에 召見當日講官하여 俾陳說道義하소서 縱然未有深益이라도 亦使天下로 知太皇太后用意如此니이다 又一人獨對는 與衆見不同하여 自然情意易(이)通하여 不三五次에 便當習熟이니이다 若不如此漸致하고 待其自然은 是輔導官都不爲力이니 將安用之리잇가 將來伏假旣開어든 且乞依舊輪次直日하소서 所貴는 常得一員獨對니이다

聖德을 개발시키는 방도는 본래 방법이 있으니, 붕우와 강습하는 유익함이 가장 지극하고 절실합니다. 그러므로 周公이 成王을 보필할 적에 伯禽으로 하여금 함께 거처하게 하였으니,[27] 聖人이 행한 일은 반드시 마땅하지 않은 것이 없습니다. 眞宗께서 蔡伯俙로 하여금 仁宗을 모시게 한 것[28]은 곧 옛 일을 본받은 것입니다.

신은 바라건대 신료 집안의 자제 중 10세 이상 12세 이하의 단정하고 영특한 자 3인을 가려서 성상의 곁에서 모시게 하십시오. 성상이 읽는 글을 또한 읽게 하되, 날이 밝으면 궁으로 들어오고 날이 저물면 마치고 돌아가게 하십시오. 항상 두 사람이 입시하고 한 사람은 번갈아 쉬게 하십시오. 한 사람당 나이 든 宮人과 內臣 2인을 골라 따라다니며 보살펴서 잠시도 떨어지지 않게 하십시오. 평범하게 하는 담소는 또한 금지하지 말되, 오직 말은 반드시 바르게 하고 거동은 반드시 장엄하게 하도록 하십시오. 또 날마다 資善堂[29]에 이르러 익힌 학업을 아뢰게 하고, 講官이 항상 가르치고 권면하여 엄숙함과 두려움을 알게 하십시오. 그들이 13세가 되었을 때 마치고 돌아가게 하면 세월이 흐르는 사이에 그 유익함을 저절로 깨달을 것입니다.

開發之道는 蓋自有方하니 朋習之益이 最爲至切이니이다 故로 周公輔成王할새 使伯禽與之處하니 聖人所爲는 必無不當이니이다 眞廟使蔡伯希侍仁宗은 乃師古也니이다 臣欲乞컨대 擇臣寮家子弟에 十歲已上과 十二已下의 端謹穎悟者三人하여 侍上左右하소서 上所讀之書를 亦使讀之하되 辨色則入하고 昏而罷歸하소서 常令二人入侍하고 一人更休하소서 每人擇有年宮人과 內臣二人하여 隨逐看承하여 不得暫離하소서 常情笑語는 亦勿禁止하되 唯須言語必正하고 擧動必莊하소서 仍使日至資善堂하여 呈所習業하고 講官常加敎勸하여 使知嚴憚하소서 年纔十三에 便令罷去하면 歲月之間에 自覺其益하리이다

27) 周公이……하였으니 : 伯禽은 周公의 아들이다. ≪禮記≫ 〈文王世子〉에 "成王이 어려서 帝位에 임할 수 없었다. 이에 周公이 그를 도와 阼階를 밟고 천하를 다스렸다. 世子의 법도를 들어서 伯禽에게 가르쳤는데, 成王으로 하여금 父子·君臣·長幼의 도리를 알게 하려는 것이었다. 成王에게 잘못이 있으면 伯禽에게 매를 때렸으니, 成王에게 세자의 도리를 보이려는 것이었다. 이는 文王이 세자로서 행한 도리였다.〔成王幼 不能涖阼 周公相 踐阼而治 抗世子法於伯禽 欲令成王之知父子君臣長幼之道也 成王有過 則撻伯禽 所以示成王世子之道也 文王之爲世子也〕"라고 하였다.

28) 眞宗께서……것 : 蔡伯俙(1013~1100)는 자가 景蕃이며 福建省 福清 사람이다. 4세에 시 100여 편을 외워 童子科에 합격하였다. 眞宗이 그를 불러 御製詩를 내려 칭찬하고 祕書省 正字를 제수하여 太子(仁宗)의 伴讀이 되게 하였다.

29) 資善堂 : 宋나라 때 太子가 강학하던 곳으로, 1015년 眞宗이 태자(仁宗)를 위해 세웠다.

예전부터 宰臣은 열흘에 한 번 經筵에 이르러 또한 묵묵히 앉아있을 뿐입니다. 또 격일로 강독하면 史官 1인이 입시합니다. 사관의 직책은 임금의 言動을 반드시 기록하는 것이니 정사를 돌볼 때에 기록하는 것은 괜찮습니다. 그러나 經筵은 의문을 강론하는 곳이니, 임금이 편안하게 거처해야 합니다. 주상께서 바야흐로 학문을 하시는 초기에는 의당 성상의 마음이 편안하고 옥체가 펴지게 해야 배움을 기뻐하실 수 있습니다. 지금은 성상 앞에 入對한 대신은 항상 잘못이 있을까 우려하고 옆에 입시한 사관은 말만 하면 곧 기록하니, 성상께서 그 마음을 편안히 하시려 하나 그럴 수 있겠습니까. 말씀을 하시려 하나 감히 하실 수 있겠습니까. 학문하는 것에 매우 방해가 되니 고치지 않을 수 없습니다. 바라건대 특별히 지시를 내려 宰臣은 한 달에 두 차례 文彦博[30]과 함께 經筵에 나아가게 하십시오.

宰臣이 經筵에 나아가는 날이 되면 즉시 崇政殿으로 나아가서 講說하고 인하여 사관을 입시하게 하십시오. 崇政殿 說書의 직책은 설치한 지 이미 오래되었으니, 이곳이 바로 講說하는 곳입니다.[31] 漢나라・唐나라 때 儒士에게 명하여 강론할 적에도 殿上에서 하는 경우가 많았으니, 대개 옛 일을 따르는 것입니다. 邇英閣[32]은 답답하고 좁은데도 講讀官과 內臣 근 30인이 그 안에 있습니다. 4월에는 오히려 더위가 심하지 않았는데도 講官이 땀을 흘렸으니, 하물며 옥체가 연약하신 주상께서 어찌 편안하실 수 있겠습니까. 봄과 여름이 교차하는 즈음에는 사람의 기운이 뜨겁고 가벼워지니 매우 염려할 만합니다. 祖宗朝 때 우연히 이영각에서 강독하였는데 그것을 가지고 典故로 삼으니 전혀 의리가 없습니다.

바라건대 앞으로는 延和殿[33]에서만 강독하시고, 後楹에 주렴을 드리우고 주렴 앞

---

30) 文彦博 : 1006~1097. 자는 寬夫, 시호는 忠烈로, 汾州 介休 사람이다. 1027년 진사에 급제하여 樞密副使・參知政事 등을 지냈다. 貝州에서 일어난 王則의 반란을 진압하고 同中書門下平章事에 올랐다. 1051년 탄핵을 받아 재상에서 파직되어 외직으로 나갔다가 1055년 다시 재상이 되었다. 1058년 潞國公에 봉해졌다. 富弼 등과 함께 英宗의 옹립에 진력하여 그 공으로 樞密使가 되었다. 神宗 때 王安石의 新法에 반대하여 쫓겨났다가 1083년 太師로 致仕하였다. 哲宗 즉위 후 舊法黨이 부활하자 司馬光의 추천으로 平章軍國重事가 되었다.

31) 崇政殿……곳입니다 : 宋 仁宗 景祐 원년(1034)에 처음으로 崇政殿 說書를 두어, 황제를 위해 經史를 강독하고 자문에 응하는 일을 담당하게 하였다.

32) 邇英閣 : 禁苑에 있던 전각으로, 英才를 가까이한다는 뜻을 취하여 이름을 붙였다. 崇政殿 서남쪽에 있었다.

33) 延和殿 : 正殿인 大慶殿과 正衙인 文德殿 북쪽에 있던 궁전으로, 聖節・冬至・正旦・寒食 등의 典禮가 있을 때 재계하며 머물던 곳이다. 崇政殿과 인접하여 있었다.

에 御座를 두십시오. 태황태후께서는 政事가 한가하고 聖體가 편안하실 때마다 주렴 아래 이르셔서 강관이 아뢰는 것을 살펴보십시오. 이는 주상께서 학업에 나아가는 것을 살피는 것일 뿐만 아니라, 태후 폐하의 聖聽에 있어서도 반드시 도움이 없지 않을 것입니다. 아울러 강관이 輔導하는 사이에 정사에 관한 생각이 적지 않을 것이니 마땅히 아뢰어야 할 것이 있으면 바로 아뢸 수 있게 하십시오. 또한 태후 폐하의 聖躬을 번거롭고 수고롭게 할 수 없으니 日數를 제한하여 열흘이나 한 달에 사이에 마음이 내키실 때 가시면 될 것입니다.

自來로 宰臣十日一至經筵하여 亦止於默坐而已니이다 又間日講讀하면 則史官一人立侍하니이다 史官之職은 言動必書하니 施於視政之時則可커니와 經筵은 講疑①之所니 乃燕處也니이다 主上方問學之初에 宜心泰體舒라야 乃能悅懌이니이다 今則前對大臣은 動虞有失하고 旁立史官은 言出輒書하니 使上欲游其志나 得乎잇가 欲發於言이나 敢乎잇가 深妨問學하니 不得不改니이다 欲乞컨대 特降指揮하여 宰臣一月兩次로 與文彥博同赴經筵하소서 遇宰臣赴日이면 卽乞就崇政殿講說하고 因令史官入侍하소서 崇政殿說書之職은 置來已久하니 乃是講說之所니이다 漢唐命儒士講論할새 亦多在殿上이니 蓋故事也니이다 邇英迫狹이로되 講讀官內臣近三十人이 在其中하니이다 四月間엔 尙未甚熱이나 而講官已流汗하니 況主上氣體嫩(눈)弱하시니 豈得爲便이리잇가 春夏之際에 人氣蒸薄하니 深可慮也니이다 祖宗之時에 偶然在彼한대 執爲典故하니 殊無義理니이다 欲乞今後로 只於延和殿講讀하고 後楹垂簾하고 簾前置御座하소서 太皇太后每遇政事稀簡하고 聖體康和時어든 至簾下하여 觀講官進說하소서 不惟省察主上進業이요 於陛下聖聰에 未必無補리이다 兼講官輔導之間에 事意不少리니 有當奏稟이면 便得上聞하소서 亦不可煩勞聖躬하니 限以日數하여 但旬月之間에 意適則往이면 可也니이다

① 〈'疑'는〉 어떤 판본에는 '肆'로 되어 있다.
一作肆.

지금 講讀官은 전부 5인인데 4인은 모두 요직을 겸하고 신만이 다른 관직을 맡지 않았었는데 근래에 다시 國子監 太學 條制[34]를 수찬하는 일에 차임되었으니, 이 또한 다른 직책을 겸하는 것입니다. 이에 한 사람도 輔導를 전담하는 자가 없으니 執政의 생각을 알 수 있습니다. 대개 인재를 아껴 그를 한가롭게 놔두려 하지 않고, 또 비록

34) 條制 : 條例와 制度를 말한다.

다른 관직을 겸하더라도 講讀에 방해가 되지 않는다고 여기기 때문이니, 이는 더욱 사려하지 못함이 심합니다. 감히 임금에게 고하는 道로써 말할 수 없어 단지 대중에게 고하는 것으로써 아뢰겠습니다.

남에게 고하는 자는 그 誠意를 축적하지 않으면 상대를 감동시켜 받아들이게 할 수 없습니다. 그러므로 聖人이 蒲蘆[35)]로 교육에 비유한 것은 誠心으로 교화한 것을 말합니다. 지금 저 鍾은 노여운 마음으로 두드리면 소리가 격렬하고 슬픈 마음으로 두드리면 소리가 애절하니, 誠意가 감동시켜 받아들인 것입니다. 남에게 고하는 것 또한 이와 같으니, 옛 사람이 재계하고서 임금에게 고한 것은 무엇을 말하는 것이겠습니까.

신이 전후로 두 차례 進講할 적에 감히 齋室에서 자며 미리 재계하고 잠심해 생각하며 정성을 보존하여 성상의 마음을 감동시키기를 바라지 않은 적이 없었습니다. 만약 맡은 일에 몰두하여 그 사려를 어지럽히다가 성상의 앞에 이른 뒤에 그 말을 잘 꾸며서 한갓 안색과 구설로 성상을 감동시킨다면 또한 천박하지 않겠습니까.

이런 이치는 학문을 아는 자가 아니면 깨달을 수 없습니다. 道가 쇠퇴하고 학문이 폐지되니 세속에서 어찌 일찍이 이런 말을 들었겠습니까. 비록 들었더라도 반드시 우활하고 허탄하다고 여겼을 것입니다. 태후 폐하께서는 식견이 고원하시니 마땅히 살펴서 아실 것입니다. 조정은 크고 임금은 중하니 두세 명의 신하를 두어 輔導를 전담하는 것은 전혀 지나친 일이 아닙니다.

지금 여러 신하들이 겸한 것은 모두 요직이니, 만약 갑자기 그만두게 할 수 없다면 우선 신이 國子監 條制를 수찬하는 것을 면하게 하여 신으로 하여금 밤낮으로 사려를 정밀히 하고 성심을 다하여 輔導에 전념하게 해주십시오. 이는 사리에 합당할 뿐만 아니라, 또한 천하 사람들로 하여금 조정에서 이 일을 중요하게 여기고 經筵官을 한직으로 여기지 않는다는 점을 알게 할 것입니다.

今講讀官共五人이로되 四人皆兼要職하고 獨臣不領別官이러니 近復差修國子監太學條制하니 是亦兼他職也니이다 乃無一人專職輔導者하니 執政之意를 可見也니이다 蓋惜人才하여 不欲使

35) 蒲蘆 : ≪中庸≫의 "夫政也者 蒲盧也"라고 한 데서 나왔다. 舊說에서는 蒲蘆를 나나니벌〔蜾蠃〕로 보아 ≪詩經≫ 〈小雅 小宛〉의 "뽕나무 벌레가 새끼를 낳았는데, 나나니벌이 업어가네. 네 자식을 잘 가르쳐서, 좋은 점을 닮게 하라.〔螟蛉有子 蜾蠃負之 教誨爾子 式穀似之〕"라고 한 것에 의거하여 자식이나 제자를 성심으로 잘 가르치는 것에 비유한 것으로 보았다. 그러나 이후 朱熹는 沈括의 설에 따라 부들과 갈대로 보아 속성하는 부들이나 갈대처럼 그 효과가 빠르게 나타나는 것으로 해석하였다.

之閑爾하고 又以爲雖兼他職이라도 不妨講讀이니 此尤不思之甚也니이다 不敢言告君之道하여 只以告衆人言之하노이다 夫告於人者는 非積其誠意면 不能感而入也니이다 故로 聖人이 以蒲蘆喩教는 謂以誠化之也니이다 今夫鍾은 怒而擊之則武하고 悲而擊之則哀하나니 誠意之感而入也니이다 告於人도 亦如是니 古人所以齋戒而告君者는 何謂也잇가 臣前後兩得進講할새 未嘗敢不宿齋豫戒하고 潛思存誠하여 覬(기)感動於上心이니이다 若使營營於職事하여 紛紛其思慮라가 待至上前然後에 善其辭說하여 徒以頰舌感人이면 不亦淺乎잇가 此理는 非知學者면 不能曉也니이다 道衰學廢하니 世俗이 何嘗聞此리잇가 雖聞之라도 必以爲迂誕하니이다 陛下는 高識遠見하시니 當蒙鑑知니이다 以朝廷之大와 人主之重으로 置二三臣專職輔導는 極非過當이니이다 今諸臣所兼은 皆要官이니 若未能遽罷면 且乞免臣修國子監條制하여 俾臣夙夜精思竭誠하여 專在輔導하소서 不惟事理當然이요 且使天下로 知朝廷以爲重事와 不以爲閑所也니이다

태후 폐하께서 초야에서 신을 간택하신 것은 대개 신이 聖人의 글을 읽고 聖人의 道를 들었기 때문일 것이니, 신이 감히 배운 바를 가지고 위로 밝으신 성상께 보답하지 않을 수 있겠습니까. 삼가 생각건대 성인의 학문은 전해지지 않은 지가 오래되었으나, 신은 다행히 남은 경전에서 그 뜻을 터득하여 자신의 분수를 헤아리지 않고 몸소 도를 자임하였습니다. 세상에 놀라거나 비웃는 자들이 비록 많지만 근년에는 믿고 따르는 자도 많습니다. 바야흐로 구구하게나마 그 설을 전해서 학자에게 보인 것은 후세에 전할 수 있기를 바란 것입니다. 생각지도 못하게 성상을 만나 뵈어 임금의 곁에서 강설을 할 수 있게 되었으니, 신으로 하여금 성인의 학문을 성상께 들려드릴 수 있게 하신다면 성인의 도가 행해질 수 있는 희망이 있는 것이니, 어찌 단지 신만의 다행이겠습니까.

만일 폐하께서 신의 말을 믿을 만한 것으로 여기지 않으신다면 어찌하여 한번 불러서 묻지 않으십니까? 신은 마땅히 聖學의 단서를 진술하고 至道의 깊고 은미함을 드러낼 것입니다. 폐하께서 살피시는 바가 고원하고 명철하시니 반드시 비추어보고 받아들여 주실 것입니다. 만일 그 말이 망령되이 속이는 것이라면 바라건대 처벌을 따르겠습니다. 어리석은 신은 지극히 간절하고 두려워하며 죄를 기다리는 마음을 견딜 수 없습니다.

陛下擇臣於草野之中은 蓋以其讀聖人書하고 聞聖人道일새니 臣敢不以其所學으로 上報

聖明이릿가 竊以컨대 聖人之學은 不傳久矣나 臣幸得之於遺經하여 不自度(탁)量하고 以身任道하니이다 天下駭笑者가 雖多나 而近年信從者도 亦衆이니이다 方將區區駕其說하여 以示學者는 覬能傳於後世니이다 不虞天幸之至하여 得備講說於人主之側하니 使臣得以聖人之學으로 上沃聖聽이면 則聖人之道가 有可行之望이니 豈特臣之幸哉잇가 如陛下未以臣言爲信이시면 何不一賜訪問이니잇가 臣當陳聖學之端緖하고 發至道之淵微하리이다 陛下聖鑑高明하시니 必蒙照納이리이다 如其妄僞면 願從誅殛하노이다 臣愚는 不任懇悃惶懼待罪之至하노이다

判登聞鼓院[36]의 사직을 청하는 奏狀
辭免判登聞鼓院奏狀①

① 元祐 원년(1086) 8월.
元祐元年八月.

신은 이번 달 22일 尙書省의 黃牒[37]에 의거하여 신을 兼權判登聞鼓院에 差任하는 칙명을 받들었습니다. 신은 감히 죽을죄를 피하지 않고 정성을 모두 쏟아 성상의 귀를 번거롭게 합니다. 삼가 생각건대 勸講하는 관원은 체통상 講官의 임무만을 전담하는 것이 마땅합니다. 신이 앞서 6월에 올린 글에서 그 점을 매우 상세히 논하였으니 감히 중복하여 아뢰지 않겠습니다. 엎드려 바라건대 성상의 자애로움으로 신이 이전에 올린 글을 다시 살펴보시고서 義理의 마땅함만을 구하시고 신이 미천하다는 이유로 신의 말을 폐기하지 마십시오. 앞서 내리신 칙명은 감히 감당하여 받을 수 없으니, 엎드려 바라건대 특별히 명을 내려 사직을 허락해 주십시오. 성상의 위엄을 욕되게 하였으니 신은 감당할 길이 없습니다.

臣은 今月二十二日에 准尙書省黃牒하여 奉勅差臣兼權判登聞鼓院이니이다 臣不敢避斧鉞之誅하고 傾瀝悃誠하여 上煩天聽하노이다 竊以컨대 勸講之官은 體宜專任이니이다 臣昨於六月中所進文字에 論之甚詳하니 不敢重疊敍陳이니이다 伏望컨대 聖慈將臣前來文字를 再賜省覽하시어

---

36) 登聞鼓院 : 宋代에 臣民의 奏章을 관장하던 관청이다.
37) 黃牒 : 宋代 임명장의 일종이다. 품계가 있는 자에게는 告身을 발급하였고, 품계가 없거나 임시로 差遣할 적에는 직임의 경중을 막론하고 모두 黃牒을 발급하였다.

惟求義理之當하고 不以臣微賤而廢其言하소서 前件勅命은 不敢當受니 伏乞컨대 特降睿旨하여 許令辭免하소서 冒瀆宸嚴하니 臣無任이니이다

貼黃

예로부터 鼓院의 관원은 출입하는 것을 제때에 맞게 하였는데, 만약 겸직하게 하여 講說하는 날에 고원에 혹 급한 소송이 있게 되면 반드시 소송을 늦추어야 할 것입니다. 엎드려 바라건대 성상의 자애로움으로 특별히 자세하게 살펴보십시오.

自來로 鼓院官은 出入以時로되 若使兼領하여 遇講說日에 或有急訴訟이면 必須留滯니이다 伏望컨대 聖慈特賜詳察하소서

재차 사직을 청하는 狀　再辭免狀

신은 尙書省의 箚子에 의거하여 신이 兼權判登聞鼓院의 사직을 청한 것에 대해 사직을 허락하지 않는다는 성상의 명을 받들었습니다. 미천한 소관이 천자의 위엄을 욕되게 하였으니 顯戮[38]을 달갑게 여겨야 했으나 이미 조정의 관대한 처분을 받았으니 감히 저의 구구한 정성을 다시 극진히 아뢰겠습니다.

폐하께서 초야에서 신을 발탁하여 勸講의 반열에 두어 천하 사람들이 놀라워하며 폐하께서 儒者를 존숭하고 道를 중시하며 大本에 마음을 두신 것을 알게 된 것과 같은 일이 어찌 다만 한때의 아름다운 일일뿐이겠습니까. 후세의 성대한 이야깃거리가 되기에 충분합니다. 지금 다시 신을 兼判鼓院에 임명하신 것은 신으로 하여금 내전에 들어가서는 임금을 모시고서 道德을 담론하고, 조정에 나와서는 司局에 앉아 訴訟을 다스리게 하신 것입니다.

어리석은 신이 삼가 생각건대, 이는 조정에서 사람을 쓰는 체통을 잃은 것입니다. 하물며 신은 품성이 질박하고 어리석어 오직 학문을 할 줄만 알고 오늘날의 時務는

38) 顯戮 : 죄인을 저잣거리에서 처형하여 여러 사람들에게 보이는 형벌이다.

전혀 알지 못하니, 司局에 나아가 일을 하면 반드시 잘못을 저지를 것입니다. 만약 마음을 오로지 하고 심지를 지극히 해서 聖學을 끝까지 연구하여 성상의 顧問에 대비할 수 있다면 어리석은 신은 지극한 바람을 이길 수 없을 것입니다. 엎드려 바라건대 성상의 자애로움으로 긍휼히 여겨 살피시어 특별히 사직을 허락해 주십시오. 엎드려 칙명을 기다립니다.

臣은 准尙書省劄子하여 以臣辭免兼權判登聞鼓院으로 奉聖旨不許辭免者니이다 微賤小官이 冒瀆天威하니 甘從顯戮이나 旣荷朝廷寬大之賜하니 敢復盡其區區之誠하나이다 如陛下擢臣草野之中하여 置之勸講之列하여 天下聳(용)然知陛下崇儒重道하며 留意大本이 豈特一時之美事리잇가 足[①]爲後世之盛談이니이다 今復命臣兼判鼓院은 使臣으로 入則侍人主而談道德하고 出則坐司局而領訴訟이니이다 臣愚竊謂컨대 失朝廷用人之體니이다 況臣稟性朴愚하여 唯知爲學하고 今時之務는 皆所未諳이니 使臨事局이면 必致廢闕하리이다 若得專心致志하여 窮硏聖學하여 以備顧問이면 臣愚不勝至願이리이다 伏望컨대 聖慈矜察하여 特許辭免하소서 伏候勅旨하노이다

① 〈'足'은〉 어떤 판본에는 '將'으로 되어 있다.
一作將.

冬至에 稱賀하는 것을 논하는 箚子　論冬至稱賀箚子[①]

① 元祐 원년(1086).
元祐元年.

신이 엎드려 듣건대 冬至日에 百官이 절하고 表를 올릴 적에 '축하〔賀〕'라고 칭한다고 합니다. 신이 생각건대 節氣의 차례가 변하여 時思[39]가 바야흐로 절실하니, 만약 축하하는 表를 받으신다면 居喪하는 禮를 크게 잃게 되어 萬方의 사람들과 後世 사람들이 朝廷을 경시하고 비웃어 천하를 風化할 길이 없을 것입니다. 신은 바라건대 특별히 中旨[40]를 내리시어 '축하〔賀〕'를 '위문〔慰〕'으로 바꾸십시오. 신은 勸講을 맡은 관

39) 時思 : ≪孝經≫ 〈親喪章〉에 보이는 '以時思之'를 줄여 쓴 말로, 봄에 비가 내려 초목이 싹틀 때와 가을에 서리가 내려 초목이 시들 때 돌아가신 부모님이 그립고 추모하는 마음이 간절해진다는 뜻이다.
40) 中旨 : 中書省・門下省을 거치지 않고 內殿에서 직접 내리는 勅諭를 말한다.

원으로서 그 직임이 經術로써 임금을 輔導하는 데 있으니, 이렇게 도리에 어긋나고 禮를 잃는 일을 보고서 감히 아뢰지 않을 수 없습니다. 성상께서 재결해 주십시오.

臣伏聞컨대 冬至日에 百官拜表稱賀라하니이다 臣以爲컨대 節序變遷하여 時思方切하니 若受表賀면 大失居喪之禮하여 萬方後世가 輕笑朝廷하여 無以風化天下리이다 臣欲乞컨대 特降中旨하여 改賀作慰하소서 臣은 備員勸講으로 職在以經術輔導人主하니 見此違經失禮하고 不敢不言이니이다 取進止하소서

貼黃

신이 삼가 생각건대, 성상의 의중은 작년 冬至와 올해 元旦에 이미 축하하는 表를 받았기 때문에 고치려 하지 않으실 것이니, 이는 매우 옳지 않습니다. 훗날의 옳은 일이 이전의 잘못을 덮을 수 있으니, 허물을 고치는 데 인색하지 않는 것이 成湯이 聖君으로 일컬어진 까닭입니다.[41)]

臣竊慮컨대 聖意는 以去年冬至及今歲旦에 已受賀表로 不欲改更하시리니 此甚不然이니이다 後是可以蓋前非니 改過不吝이 成湯所以稱聖也니이다

다시 太皇太后께 올리는 疏　又上太皇太后疏①

① 元祐 2년(1087) 봄.
元祐二年春.

신 程頤는 어리석은 정성을 다해 외람되이 태황태후 폐하께 아뢰니 狂妄한 죄는 감

41) 허물을……까닭입니다 : ≪書經≫ 〈商書 仲虺之誥〉에 仲虺가 成湯에게 말하기를 "王께서는 음악과 여색을 가까이 하지 않으시며, 재화와 이익을 증식하지 않으시며, 德이 많은 자에게는 관직을 성대하게 내리시며, 功이 많은 자에게는 상을 성대하게 내리시며, 사람을 등용하되 자신처럼 여기시며, 허물을 고치는 데 인색하지 않으시어 능히 너그럽고 능히 인자하여 드러나게 兆民의 믿음을 받았습니다.〔惟王 不邇聲色 不殖貨利 德懋懋官 功懋懋賞 用人惟己 改過不吝 克寬克仁 彰信兆民〕"라고 하였다.

히 피할 바가 아닙니다. 엎드려 생각건대 신은 초야의 미천한 士로서 태후 폐하께서 발탁하여 勸講의 반열에 두셨으니, 아침저녁으로 정성과 사려를 다하여 만분의 일이라도 보답하기를 생각하였습니다. 앞서 작년 6월에 일찍이 아뢰어 임금을 輔導하는 일을 말씀드린 적이 있는데, 이미 반년이 지났으나 한 가지 일도 시행되지 못하고 있습니다.

어리석은 신이 삼가 생각건대 아뢴 바가 매우 많아 모두 시행할 수 없었던 듯하니, 신의 狂妄함이 또한 심하였습니다. 朝廷은 관대하여 아뢴 말로 사람을 죄주려 하지는 않을 것이지만, 주상께서는 춘추가 한창 어리시어 의당 道德이 있는 士를 가까이 해야 하니 어찌 광망한 사람을 좌우에 둘 수 있겠습니까. 신은 안절부절하며 의심하는 생각을 스스로 그칠 수 없습니다.

하물며 신이 아뢴 바는 저의 생각에서 나온 것이 아니라 모두 先王의 法과 祖宗의 故事로서 한 가지 일이라도 聖心에 합치됨이 없지 않을 것입니다. 신은 삼가 의심컨대 문자가 번다하여 태후 폐하께서 자세히 살펴볼 수 없으셨거나, 혹 살펴보셨더라도 어리석은 신의 생각을 살피지 못하신 것이라 생각합니다. 신이 감히 하나하나 다시 아뢸 수 없으니, 단지 한 가지 가장 절실한 것을 취하여 다시 태후 폐하를 위해 아뢰겠습니다.

臣頤는 傾竭愚誠하여 冒聞天聽하노니 狂妄之誅는 非所敢避니이다 伏念컨대 臣은 草萊賤士로 蒙陛下拔擢하여 置之勸講之列하니 夙夜畢精竭慮하여 思所以補報萬一이니이다 昨於去年六月中에 嘗有奏陳하여 言輔導人主之事어늘 已踰半年이로되 不蒙施行一事니이다 臣愚竊思컨대 所言甚多하여 如皆不可用이니 其狂妄이 亦甚矣니이다 雖朝廷寬大하여 不欲以言罪人이나 然主上春秋方富하여 宜親道德之士니 豈可以狂妄之人으로 置之左右리잇가 臣은 彷徨疑慮를 不能自已니이다 況臣所言은 非出己意요 皆先王之法과 祖宗之舊니 不應無一事合聖心者니이다 臣竊疑컨대 文字煩多하여 陛下不能詳覽이요 或雖蒙覽이나 而未察愚意니이다 臣不敢一一再言하니 止取一事最切者하여 復爲陛下陳之하노이다

신이 이전에 아뢰기를 "延和殿에서 강독하시고, 태황태후께서는 政事가 한가하고 聖體가 편안하실 때마다 주렴 아래 이르셔서 講官이 진강하는 것을 살펴보십시오. 이는 주상께서 학업에 나아가는 것을 살피는 것일 뿐만 아니라, 태후 폐하의 聖聰에 있

어서도 반드시 도움이 없지 않을 것입니다. 아울러 講官이 輔導하는 사이에 정사에 관한 생각이 적지 않을 것이니, 마땅히 아뢰어야 할 것이 있으면 바로 아뢸 수 있게 하십시오."라고 하였습니다.

신이 지금 생각건대, 태황태후께서 짝숫날에 수렴청정하시고 홀숫날에 다시 강독에 친히 임하신다면 아마도 태후 폐하의 聖躬을 번거롭고 수고롭게 할 듯합니다. 바라건대 수렴청정하시는 날 정사를 듣는 것이 끝나고 聖體가 피곤하지 않으실 때 당직 講官을 불러서 주렴 앞에 이르게 하여 주상께서 학업에 나아가는 차례와 강설한 내용과 어떻게 가르치고 있는지를 물어서, 천하 사람들로 하여금 태후 폐하께서 임금을 輔養하는 방도에 이와 같이 마음을 쓰신다는 것을 알게 하십시오.

儒臣을 불러 만나보시는 것은 예로부터 아름다운 일로 여겼습니다. 태후 폐하께서 시험 삼아 신의 말을 따르신다면 훗날 신의 말이 잘못되지 않았음을 알게 되실 것입니다. 그러나 이것은 한때의 일이고 또한 정해진 제도가 아니니, 만일 이로움이 없다면 그만두더라도 어찌 늦겠습니까.

예전부터 經筵에서 講官에게 자리를 내주고 茶를 마시게 하는 것은 대개 임금이 儒者를 존숭하고 道를 중시하는 체통입니다. 오늘날 태황태후께서 주상이 학업에 나아가는 것을 살피실 적에 혹 강설을 하게 하지만 또한 이러한 禮는 없습니다. 신이 이 한 가지 일을 재차 아뢰는 까닭은 대개 임금을 輔導하는 사이에 마땅히 아뢰어서 알려야 할 일이 있어도 아뢸 길이 없기 때문입니다. 만약 때때로 주렴 앞에 이르러서 아뢸 수 있게 되면 관계되는 바가 매우 클 것입니다.

臣前上言호되 乞於延和殿講讀하고 太皇太后每遇政事稀簡하고 聖體康和時어든 至簾下하여 觀講官進說하소서 不惟省察主上進業이요 於陛下聖聰에도 未必無補리이다 兼講官輔導之間에 事意不少리니 有當奏稟이면 便得上聞하소서하니이다 臣今思之컨대 太皇太后가 雙日垂簾聽政하고 隻(척)日若更親臨講讀하시면 亦恐煩勞聖躬이니이다 欲乞只就垂簾日聽政罷하고 聖體不倦時에 召當日講官至簾前하여 問當主上進業次第와 講說所至와 如何開益하여 使天下로 知陛下於輔養人主之道에 用意如此하소서 延對儒臣은 自古로 以爲美事니이다 陛下試從臣言이시면 後當知其不謬리이다 此一時之事요 且非定制니 如其無益이면 罷之何晚이리잇가 自來經筵에 賜坐啜(철)茶는 蓋人主崇儒重道之體니이다 今太皇太后省察主上進業에 雖或使之講說이나 亦無此禮니이다 臣所以再言此一事者는 蓋輔導之間에 有當奏知之事호되 無由上達일새니이다 若得時至簾前하여 可以陳說이면 所繫甚大니이다

태후 폐하께서는 반드시 '주상이 어려서 격일로 강독하면 충분하니, 다시 다른 일이 없어야 한다.'라고 하실 것입니다. 이는 매우 그렇지 않습니다. 아마도 예전부터 태후 폐하를 위해 어린 임금을 輔養하는 방도를 극진히 아뢴 사람이 있지 않았기 때문에 태후 폐하께서 깊이 사려하지 않으신 듯합니다.

바라건대 태후 폐하의 聖明으로 신이 미천하다는 이유로써 신의 말을 소홀히 여기지 마십시오. 신의 구구한 마음을 살펴보시면 어찌 다른 마음이 있겠습니까. 오직 임금에게 보탬이 있기를 바랄 뿐입니다. 신이 肝膽을 쏟아내어 여기에서 말을 극진하게 하였으니, 엎드려 바라건대 폐하의 자애로움으로 채납해 주신다면 천하를 위해 매우 다행일 것입니다.

陛下必謂主上幼沖하여 間日講讀足矣니 更無他事리이다 此甚不然이니이다 蓋從前不曾有爲陛下極陳輔養少主之道者라 故로 陛下未深思爾니이다 願컨대 陛下聖明으로 不以臣之微賤而忽其言하소서 察臣區區之心이시면 豈有他哉리잇가 惟欲有補於人主爾니이다 臣披瀝肝膽하여 言盡於此하니 伏望컨대 聖慈采納하시면 天下幸甚이리이다

넓고 시원한 곳으로 가서 강독할 것을 청하는 奏狀
乞就寬涼處講讀奏狀①

① 元祐 2년(1087) 3월 26일.
元祐二年三月二十六日.

신이 엎드려 보건대 邇英閣에서 강독하는 것은 여름이 되면 점차 더워질 것입니다. 작년 4월 이후로 이른 새벽에 강독하였으나 또한 매우 더운 기운이 있었으니, 아마도 聖體에 적절하지 않을 듯합니다. 바라건대 특별히 聖旨를 내리시어 한 군데 넓고 시원한 곳으로 옮기게 하십시오. 중요한 것은 편안함을 얻는 것입니다. 삼가 기록하여 아뢰고 엎드려 勅旨를 기다립니다.

臣伏見컨대 邇英閣講讀은 入夏漸熱하리이다 去年四月後로 侵晨講讀이나 亦甚有暑氣하니 恐

於聖體非宜니이다 欲乞特降聖旨하여 移就一寬涼處하소서 貴得穩便이니이다 謹錄奏聞하고 伏候勅旨하노이다

貼黃

비록 祖宗朝 이래로 邇英閣에서만 강독하였으나 주상의 聖體가 연약하기 때문에 더욱 지나칠 정도로 신중하게 보호해야 합니다. 祖宗의 법도는 참으로 고쳐서는 안 되는 것이 있으나, 강독하는 처소에 있어서는 곧 편의를 따라서는 안 될 리가 없습니다.

雖祖宗以來只在邇英이나 緣主上聖體少嫩(눈)하여 尤須過意愼護니이다 祖宗法度는 固有不可改者로되 至於講讀處所하얀 卽無不可從便之理니이다

貼黃

만일 별도의 편안한 곳이 없다면 崇政殿이나 延和殿으로 가서 홀숫날에는 강독하고 짝숫날에는 수렴청정하시면 서로 방해되지 않을 것입니다.

如別無穩便이면 只乞就崇政或延和殿하여 隻日講讀하고 與雙日垂簾이면 自不相妨이리이다

다시 太皇太后께 올리는 글　又上太皇太后書①

① 元祐 2년(1087) 4월.
元祐二年四月.

某月 某日 具位 신 程頤는 죽음을 무릅쓰고 再拜하며 太皇太后 陛下께 글을 올립니다.

신이 근래 아뢰기를 '邇英閣에서 강독하면 날씨가 점차 더워질 것이니 넓고 시원한 곳으로 옮기게 하십시오.'라고 하였고, 貼黃에 '만일 별도의 편안한 처소가 없으면 崇

政殿이나 延和殿으로 가서 강독하게 하십시오.'라고 하였습니다. 삼가 듣건대 給事中 顧臨[42]이 말하기를 '연화전에서 강독하는 것은 불가하다.'고 하였다 합니다. 신은 본래 '이영각은 더울 것이니 聖體에 적절하지 않을 듯합니다.'라고 아뢰었습니다. 이제 듣건대 이영각을 수리하여 넓힌다고 하니 이영각이 넓고 시원해진다면 신의 바람이 이루어지는 것입니다.

고림의 말에 대해서 신의 입장에서 본디 개의치 않아도 되지만 이 말은 매우 해로운 바가 있으니, 태후 폐하를 위해 논변하지 않을 수 없습니다. 만약 고림의 말이 태황태후의 생각을 바꾸고 미혹시키는 데서 그친다면 신의 관직은 간쟁하는 자리가 아니니 논변하지 않아도 괜찮지만, 지금 고림의 말을 옳다고 여기신다면 주상의 知見을 그르칠 것입니다. 신의 직분은 마땅히 임금을 輔導하는 것이니, 어찌 논변하지 않을 수 있겠습니까.

月日에 具位臣程頤는 昧死再拜하고 上書太皇太后陛下하노이다 臣近言호되 邇英講讀漸熱하니 乞移就寬涼處하소서하고 貼黃稱호되 如別無穩便處所면 只乞就崇政或延和殿하소서하니이다 竊聞컨대 給事中顧臨이 有言호되 以延和講讀爲不可라하니이다 臣本謂邇英熱하여 恐於聖體非宜라하니이다 今聞컨대 修展邇英하니 苟得寬涼이면 則臣志願遂矣니이다 於臨之言에 在臣自可不恤이나 然有所甚害니 不得不爲陛下辨之니이다 若臨之言이 止於移惑太皇太后聖意면 臣官非諫諍이니 不辨尙可也로되 今以臨言爲是면 則誤主上知見하리이다 臣職當輔導니 安得不辨이리잇가

신은 삼가 생각건대 예로부터 국가가 근심할 것은 벼슬자리에 있는 자가 학문을 알지 못하는 것보다 더 큰 것이 없습니다. 벼슬자리에 있는 자가 학문을 알지 못하면 임금이 大道를 들을 수 없고 朝廷은 善治를 이룩할 수 없습니다. 임금이 大道를 듣지 못하면 천박하고 속된 의론이 들어가기 쉽고 道義를 논하는 말이 진달되기 어렵습니다. 임금의 功德이 높아지고 낮아지는 것이 한결같이 여기에 달려 있습니다.

신은 감히 아첨하는 말로써 태후 폐하를 기쁘게 하려는 것이 아닙니다. 삼가 듣건대 태후 폐하께서는 이전의 역사를 널리 살펴보셨다고 하니, 청컨대 폐하께서 簡策을 두루 살펴보실 적에 前世에 母后가 조정에 임하여 紀綱을 무너뜨리지 않은 경우가 있

42) 顧臨 : 자는 子敦이며, 會稽 사람이다. 國子監直・同知禮院・給事中・河北都轉運使・翰林學士・刑部侍郎・兵部侍郎・吏部侍郎兼侍讀・龍圖閣學士 등을 역임했다. 經學에 정통하고 訓詁學에 조예가 깊었다.

었습니까? 태후 폐하처럼 지극히 공정함으로 마음을 먹고 부지런히 至治를 구하여 영명한 군주가 되게 한 일이 있었습니까? 이는 태후 폐하께서 스스로 아실 것입니다. 태후 폐하께는 簡策에 없는 성대한 덕이 있으시니, 태후 폐하께서 簡策에 없는 功業을 행하시어 세월만 보내면서 임금이 장성하기를 기다리는 데서 그치지 않기를 천하 사람들은 또한 바랄 것입니다. 그들은 아마도 태후 폐하께서 海內에 治安을 이룩하고 후손에게 장구한 계책을 남기기를 바랄 것입니다.

후손에게 장구한 계책을 남기고 至治를 이룩하는 방도는 마땅히 聖德이 날마다 높아지고 善治가 날마다 새로워지게 하는 것입니다. 德을 진전시키는 것은 道를 구하는 데 달려 있고, 至治를 도모하는 것은 옛일을 상고하는 일만 한 것이 없습니다. 道는 반드시 道가 있는 士에게 물어야 하고, 옛일은 반드시 옛일을 상고한 사람에게 물어야 합니다. 저 세속의 천박한 士는 道를 지키는 것을 우활하다고 여기고 옛일을 상고하는 것을 천착한다고 여기니, 단지 임금의 귀를 미혹시키고 어지럽히기에 충분할 뿐입니다.

臣竊謂컨대 自古로 國家所患은 無大於在位者不知學이니이다 在位者不知學이면 則人主不得聞大道하고 朝廷不能致善治니이다 不聞道면 則淺俗之論이 易(이)入하고 道義之言이 難進이니이다 人君功德高下가 一繫於此니이다 臣非敢以諛言悅陛下니이다 竊聞컨대 陛下博覽前史하시니 請陛下歷觀簡策에 前世母后臨朝하여 有不壞紀綱者乎잇가 有以至公爲心하여 孜孜求治爲英主之事가 如陛下者乎잇가 此陛下所自知也니이다 陛下有簡策所無之盛德이시니 則天下亦望陛下爲簡策所無之功業하여 不止維持歲月하여 俟人主長大而已니이다 蓋望陛下致海內於治安하고 詒孫謀於久大니이다 詒謀致治之道는 當使聖德日躋하고 善治日新이니이다 進德은 在於求道하고 圖治는 莫如稽古니이다 道必詢於有道之士하고 古必訪諸稽古之人이니이다 若夫世俗淺士는 以守道爲迂요 以稽古爲泥니 適足惑亂人主之聽이니이다

근년 이래로 士風이 더욱 쇠퇴하여 志趣가 추락하고 議論이 비천해졌는데, 높고 원대한 식견을 가진 士는 더욱 적어 그런 세태에 익숙해져서 풍속을 이루었습니다. 이런 풍속이 바뀌지 않으면 신은 세도가 흥성할 조짐이 아니라 바로 혼란스러워질 형세라고 생각합니다. 대개 천박하고 속된 사람은 순종하는 것을 임금을 사랑하는 것이라 여기고, 자신을 낮추고 타협하는 것을 임금을 존중하는 것이라 여기고, 풍속을 따르

는 것을 변화를 아는 것이라 여기고, 그릇된 것에 익숙해지는 것을 常道를 지키는 것이라 여기니, 이것이 오늘날의 큰 근심거리입니다. 만일 이와 같은 사람이 많아지면 임금이 비록 높은 식견을 가졌더라도 어찌 홀로 감당할 수 있겠습니까.

신은 道德을 진전시킬 말은 알지 못하나 聖德을 증진시킬 수 있는 방법이 몇 가지 있습니다. 그러나 태후 폐하의 원대한 도모를 손상시키고 태후 폐하의 선한 생각을 바꾸게 하는 말도 있으니, 顧臨의 말과 같은 것이 이런 경우입니다.

近年以來로 士風益衰하여 志趣汙下하고 議論鄙淺이어늘 高識遠見之士는 益少하여 習以成風矣니이다 此風不革이면 臣以爲컨대 非興隆之象이요 乃陵替之勢也니이다 大率淺俗之人은 以順從爲愛君이요 以卑折爲尊主요 以隨俗爲知變이요 以習非爲守常이니 此今日之大患也니이다 苟如是者衆이면 則人君雖有高世之見이라도 豈能獨任哉리잇가 臣은 不知進道德之言이나 足以增益聖德者有幾니이다 而損陛下之遠圖하고 移陛下之善意도 則有矣니 如顧臨之言이 是也니이다

신이 顧臨의 의중을 헤아려 보건대 '講官은 殿上에 앉아서는 안 된다.'는 말에 불과하니, 임금을 높이는 것으로써 설을 삼은 것일 뿐입니다. 殿上에서 강설하는 것은 의리상 지극히 마땅한 것이며 옛날에 늘 행해지던 일입니다. 신은 멀리서 인용할 겨를이 없으니 本朝의 故事만을 가지고 아뢰겠습니다.

太祖皇帝께서 王昭素[43]를 불러 ≪周易≫을 강설하게 하시고, 眞宗께서 崔頤正[44]을 불러 ≪尙書≫를 강설하게 하시고, 邢昺[45]을 불러 ≪春秋≫를 강설하게 하실 적에 모두 殿上에서 하게 하였습니다. 당시에는 여전히 앉아서 강설하였으니, 서서 강설하는

43) 王昭素 : 894~982. 開封 酸棗 사람이다. 일찍이 벼슬에 뜻이 없어 향리에서 학문에 전념하고 학생들을 가르쳤다. 九經에 두루 해박하였는데 특히 ≪詩經≫과 ≪周易≫에 밝았다. 門人 李穆의 천거로 宋 太祖를 알현하고 ≪주역≫을 강론하였는데, 당시 나이가 77세였다. 태조가 가상히 여겨 國子博士에 제수하고, 茶・藥 등을 하사하였다.

44) 崔頤正 : 922~1000. 開封 封丘 사람이다. 宋 太宗 雍熙 연간에 천거를 받아 高密尉・國子直講・殿中丞을 지냈다. 태종이 불러 ≪莊子≫를 강설하게 하였다. 眞宗 咸平 초에 날마다 御書院에서 ≪尙書≫를 강설하게 하였는데, 당시 연로하여 致仕하려 하자 진종이 앉아서 강설할 것을 명하였다. 直講에 임명했다가 다시 國子博士에 제수하였다.

45) 邢昺 : 932~1010. 자는 叔明이며, 曹州 濟陰 사람이다. 宋 太宗 太平興國 초에 급제하여 國子監丞・尙書博士・國子博士・王府侍講 등을 지냈다. 眞宗 때 右諫議大夫・國子祭酒・翰林侍講學士・工部尙書 등을 지냈다. 진종에게 ≪孝經≫・≪禮記≫・≪論語≫・≪尙書≫・≪周易≫・≪詩經≫・≪春秋左氏傳≫ 등을 강설하였는데, 傳・疏를 널리 인용하고 時事를 들어 비유하여 크게 칭찬을 받았다.

의례는 단지 明肅太后[46]의 생각에서 비롯되었습니다. 이는 곧 祖宗朝에서 儒者를 존숭하고 道를 중시한 성대하고 아름다운 일이니, 어찌 자손만이 마땅히 법으로 삼겠습니까. 만세의 제왕이 법으로 삼아야 할 바입니다. 그런데도 고림은 옳지 않다고 여깁니다. 고림은 '講官은 殿上에 앉아서는 안 된다.'고 하였으니, 벼슬이 없는 왕소소 같은 士는 그 불가함이 더욱 심할 것입니다.

邇英閣에서 강독한 것은 겨우 仁宗 때부터이니 또한 편의를 따른 것일 뿐, 殿上을 피한 것이 아닙니다. 만약 殿上을 피했다면 崇政殿 說書의 직책을 두어서는 안 됩니다. 비록 전각의 이름으로 관직을 설치하더라도 반드시 本殿에서 서책을 강설해야 하는 것은 아니지만, 또한 강설해서는 안 되는 곳에 說書의 관직을 두는 것도 굳이 하려 하지 않았을 것입니다.

신은 진강할 때마다 주상께 祖宗朝의 아름다운 일을 법도로 삼으실 것을 충고하고 권면하지 않은 적이 없습니다. 고림의 의도대로라면 주상께서 다시 왕소소를 예우하던 일을 하지 못하고 숭정전에 설서를 둔 의도를 갖지 못하도록 금지하는 것입니다. 祖宗朝의 아름다운 일인데도 주상으로 하여금 유독 행하실 수 없게 하니, 만약 주상께서 그 말을 믿어 옳다고 여기신다면 손해되는 것이 어찌 매우 크지 않겠습니까.

殿上에서 서책을 강설하는 것은 또한 늘 있었던 일로, 임금이 儒者를 존숭하는 방도가 무엇이 이보다 더 중한 것이 있겠습니까. 신은 지금 입으로 감히 아뢸 수 없으나, 마음속으로는 오직 道를 중시하는 주상의 마음을 輔養하여 前代의 명철한 임금처럼 역사책에 빛나도록 하는 것이 이 한 가지 일에서 그치지 않기를 바랄 뿐입니다. 고림의 소견과 신의 마음이 어찌 그리도 다릅니까.

또한 경전을 강론하는 것과 연회를 베푸는 것 중에 어느 것이 더 중요합니까? 眞宗·仁宗 때에는 모두 숭정전에서 講讀官에게 연회를 베풀어 주었습니다. 예전부터 임금을 모시고 연회를 여는 것도 모두 殿上에서 하였는데, 경전을 강론하는 것만 殿上에서 할 수 없다는 것에 대해 신은 그 의리를 알지 못하겠습니다. 고림의 의중에 필시 '연회는 일시적인 일이고, 일상에서 늘 강론하는 것은 불가하다.'고 여길 것입니다. 의리상 마땅하다면 일상에서 행한다고 무엇이 해롭겠습니까. 의리상 혹 불가하다면 일시적인 일 또한 불가합니다.

---

46) 明肅太后 : 宋 眞宗의 황후인 章獻明肅皇后로, 송나라에서 처음으로 수렴청정을 한 황후이다.

臣料臨之意컨대 不過謂講官不可坐於殿上이니 以尊君爲說爾니이다 夫殿上講說은 義理之至當이요 古者所常行也니이다 臣不暇遠引하니 只以本朝故事로 言之하노이다 太祖皇帝召王昭素講易하고 眞宗令崔頤正講書하고 邢昺講春秋할새 皆在殿上하니이다 當時仍是坐講하니 立講之儀는 只始於明肅太后之意니이다 此乃祖宗尊儒重道之盛美니 豈獨子孫當以爲法이릿가 萬世帝王所當法也로되 而臨以爲非니이다 臨謂講官不可坐殿上이라하니 則昭素布衣之士는 其不可가 更甚矣니이다 邇英講讀은 只自仁宗時니 亦從便爾요 非是避殿上也니이다 若避殿上이면 則不應置崇政說書之職이니이다 雖以殿名設職이라도 不必須在本殿說書나 然亦必不肯於不可講說之處置說書官也니이다 臣每進講에 未嘗不規勸主上以祖宗美事爲法이니이다 如臨之意면 則是禁止主上不得復爲優禮昭素之事及有崇政設職之意니이다 祖宗美事어늘 而使主上獨不得爲니 若主上信以爲然이면 所損이 豈不甚大리잇가 殿上說書는 亦是常事니 人主崇儒之道가 甚有重於此者잇가 臣今口未敢言이나 然中心惟欲輔養主上重道之心하여 如前代明王하여 光耀史冊이 不止此一事而已니이다 臨之見與臣之心이 何其異也잇가 且講經與飮宴이 孰重이릿고 眞宗仁宗時에 皆宴講讀官於崇政殿이니이다 從來侍宴도 皆在殿上이어늘 而講經獨不得在殿上은 臣未諭其義也니이다 臨之意에 必曰 彼一時之事爾니 日常則不可라하리이다 夫於義苟當이면 日常何害리잇고 義或不可면 一時亦不可也니이다

신이 처음 아뢸 적에는 執政大臣이 신의 말을 그르다고 여기지 않았으나, 顧臨이 한 마디 한 뒤에는 그의 말을 옳다고 여겨 따랐습니다. 신의 생각으로 헤아려 보건대, 고림의 말을 옳다고 여기는 자 또한 간혹 있을 것이나, 만약 '네댓 명의 대신이 모두 옳다고 여긴다.'고 말한다면 반드시 그렇지는 않을 것입니다. 이는 대개 알기 어려운 일이 아니니, 네댓 명의 소견이 모두 이와 같지는 않을 것입니다. 다만 태후 폐하께서 고림의 말을 믿으시고, 또 대신들이 임금을 높인다는 의미에 압박을 받기 때문에 감히 아뢸 수 없을 뿐이니, 道로써 임금을 섬기는 의리는 아닌 듯합니다.

오늘날 세속의 사람들은 임금을 높이는 말을 능히 하지만 임금을 높이는 도리는 알지 못합니다. 임금은 오직 道德이 높을수록 더욱 높아지니, 지위와 권세 같은 것은 숭고함이 지극하고 존엄함이 지극하여 더 이상 더할 수가 없습니다. 禮를 지나치게 행하면 禮가 아니고, 억지로 높이면 높이는 것이 아닙니다.

漢 明帝는 桓榮에게 직접 경서를 듣고 가르침을 받았으니[47] 겸손하게 몸을 낮추었

다고 말할 만하고, 北周의 宣帝는 天元皇帝라 칭하며 자신을 上帝에 견주어 여러 신하들이 며칠 동안 재계하여 몸을 깨끗이 해야 朝見할 수 있었으니[48] 스스로 높였다고 말할 만합니다. 그러나 이치로써 살펴보건대 한 명제는 현명한 군주로서 백세 뒤에도 존경을 받고, 북주의 선제는 혼란한 군주로서 백세 뒤에도 천시를 받습니다.

고림의 견해와 같다면 반드시 환영은 능히 임금을 높이지 못한 사람이 되고, 북주 선제의 신하는 능히 임금을 높인 사람이 될 것입니다. 道를 알지 못하는 사람이 더욱 진출하고 이치에 합당하지 않은 말이 날마다 들리면, 비록 임금이 聖明하더라도 그런 것을 보고 듣는 것에 익숙해져서 또한 聖明을 손상시킴이 없을 수 없을 듯합니다. 후세에 功業이 더욱 낮아져 先王의 순수하고 아름다운 道를 더 이상 세상에서 보지 못하는 것은 바로 천박하고 속된 의론이 믿기 쉬워 행할 수 있기 때문입니다.

臣始言之엔 執政大臣이 未以爲非也로되 及臨一言하얀 則是而從之니이다 以臣度(탁)之컨대 以臨之言爲是者도 亦或有之로되 若謂四五大臣이 皆以爲是라하면 則必不然이니이다 蓋非難知之事니 不應四五人所見이 皆如是也니이다 特以陛下信臨之言하시고 而又迫於尊君之意라 故로 不敢言爾니 恐非以道事君之義니이다 今世俗之人은 能爲尊君之言이나 而不知尊君之道니이다 人君은 唯道德益高則益尊하니 若位勢則崇高極矣요 尊嚴至矣니 不可復加也니이다 過禮則非禮요 强尊則不尊이니이다 漢明帝는 於桓榮에 親自執業하니 可謂謙屈矣요 周宣帝는 稱天하며 自比上帝하여 群臣齋戒淸身數日에 方得朝見(현)하니 可謂自尊矣니이다 然이나 以理觀之컨대 漢明帝는 賢明之君으로 百世所尊也요 周宣帝는 昏亂之主로 百世所賤也니이다 如臨之見이면 則必以桓榮爲不能尊君이요 以周宣之臣爲能尊君矣니이다 不知道之人이 益進하고 不合理之言이 日聞하면 雖人主聖明이라도 習熟見聞하여 亦恐不能無損爾니이다 後世에 功業益卑하여 先王粹美之道를 不復見於世者는 正由淺俗之論이 易(이)信而得行爾일새니이다

---

47) 漢……받았으니 : 漢 明帝가 太子였을 때부터 桓榮에게 ≪尙書≫를 배웠는데, 제위에 오르고 나서도 여전히 환영을 스승의 禮로 존숭하였다. 명제가 일찍이 太常府에 행차하여 환영으로 하여금 東面하여 앉게 하고 几와 杖을 진설하였다. 百官과 환영의 문생 수백 명을 모아놓고 명제가 직접 經書를 받들고 수업을 받았다. 명제가 매번 문득 말하기를 "太師가 이 자리에 계시다."라고 하였다.(≪後漢書≫ 권67 〈桓榮傳〉)

48) 北周의……있었으니 : 南北朝시대 北周의 宣帝 宇文贇은 太子에게 傳位하고 스스로 天元皇帝라 칭하고서 거처하는 곳을 天臺라고 하였다. 오직 자신을 존숭하는 데 거리낌이 없어서 國典과 朝儀를 마음대로 바꾸었다. 群臣으로 하여금 天臺에서 조현하게 하였는데 모두 3일 동안 致齋를 하고 1일 동안 몸을 청결히 하게 하였다.(≪周書≫ 권7 〈宣帝紀〉)

先王의 道는 비록 모두 행할 수는 없으나 옛일을 상고하는 마음은 없어서는 안 되니, 배우는 자가 聖賢의 일에 대해 비록 모두 실천할 수는 없으나 바라고 사모하는 마음은 없어서는 안 되는 것과 같습니다. 이것이 곧 학문에 나아가고 유익함을 구하는 방도입니다. 지금 顧臨의 의중은 '옛 先王의 일은 본받을 것이 못 되고 오늘날의 일로 충분하니, 다시 진보함이 있어서는 안 된다.'는 것입니다. 이는 곧 善으로 나아가는 문을 막고 옛일을 상고하는 길을 끊는 것입니다. 한창 주상의 춘추가 어리신데 德을 진전시키는 즈음에 그가 아뢴 말이 이와 같으니, 勸講官이 조금이라도 맡은 직분을 생각한다면 어찌 감히 논변하지 않을 수 있겠습니까.

만약 태후 폐하께서 신의 말을 그르다고 여기신다면 狂妄한 죄를 피할 수 없을 것입니다. 그러나 만에 하나라도 신의 말을 옳다고 여기신다면 바라건대 태후 폐하께서는 옛것을 좋아하고 道를 구하려는 의중을 밝게 보이시어 朝廷의 벼슬자리에 있는 자들로 하여금 모두 알게 하십시오. 그러면 비록 비루한 사람일지라도 폐하의 聖慮가 高明하여 淺近한 의론을 기뻐하시지 않는 것을 보면 또한 장차 義理를 힘써 생각하여 그 비속한 견해가 聖鑑에 비루하게 여겨질까 두려워하는 마음을 감히 견딜 수 없을 것입니다. 진실로 이와 같이 되면 장차 道學이 날마다 밝아지고 지극한 말이 날마다 진달되어 弊風이 날마다 혁파되는 것을 보게 되실 것이니, 유익함이 무엇이 이보다 더 크겠습니까.

신의 직분은 마땅히 도리를 분변하여 밝히는 것이니, 의리상 감히 침묵할 수 없었습니다. 신은 간절하고 황송하여 죄를 기다리는 지극한 마음을 견딜 수 없습니다.

夫先王之道는 雖未能盡行이나 然稽古之心은 不可無也니 猶學者於聖賢之事에 雖未能盡行이나 然希慕之心은 不可無也니이다 此乃進學求益之道니이다 今臨之意는 則以古先之事로 爲不足法이요 今日之事로 足矣니 不可更有進也니이다 此乃塞進善之門이요 絶稽古之路니이다 方主上春秋之富어늘 進德之際에 而其所獻納이 如是하니 使勸講官稍思職業이면 敢不辨乎잇가 若陛下以臣言爲非하시면 則狂妄之誅를 不可避也어니와 萬一以臣言爲是하시면 則願陛下明示好古求道之意하여 使朝廷在位로 皆知之하소서 雖鄙陋之人이라도 見陛下聖慮高明하여 不喜淺近이면 亦將勉思義理하여 不敢任其卑俗之見이 懼獲鄙於聖鑑矣리이다 誠如是면 則將見道學日明하고 至言日進하여 弊風日革하시리니 爲益이 孰大於此리잇가 臣職當辨明이니 義不敢默이니이다 臣無任懇切惶懼待罪之至하노이다

음악을 연주하고 御宴[49)]을 베푸는 것을 논하는 奏狀 論開樂御宴奏狀①

① 元祐 2년(1087) 여름.
元祐二年夏.

신이 삼가 보건대 有司가 배치되어 음악을 연주하고 御宴을 베푼다고 합니다. 신은 勸講을 맡은 관원으로서 직무가 經義로써 임금을 輔導하는 데 있으니, 그 일에 의리를 해치는 점이 있어 감히 아뢰지 않을 수 없습니다.

居喪 중에는 喪禮를 쓰고 喪을 마치면 吉禮를 쓰니, 일에 따라서 禮를 행하는 것이 常道입니다. 지금 만약 음악을 연주하고 연회를 베풀면 이는 단지 하나의 기쁜 경사로 삼는 것이니, 禮의 의미를 잃고 사람의 감정을 해치는 것이 이보다 더 큰 것이 없습니다. 비록 '故事가 있다.'고 말하더라도 祖宗朝에서 또한 모두 행한 것은 아니니, 혹 일 때문에 그만두기도 하고 혹 일로 인해 행하기도 하였습니다. 어리석은 신은 삼가 祖宗朝의 의도도 의심컨대 온당하지 않게 여겼기 때문인 듯합니다.

臣伏覩컨대 有司排備하여 開樂御宴이니이다 臣備員勸講으로 職在以經義輔導人主하니 事有害義하여 不敢不言이니이다 夫居喪用喪禮하고 除喪用吉禮하니 因事而行이 乃常道也니이다 今若爲開樂張宴이면 則是特爲一喜慶之事니 失禮意하고 害人情이 無大於此니이다 雖曰故事라도 祖宗亦不盡行하니 或以故而罷하고 或因事而行이니이다 臣愚竊恐祖宗之意도 亦疑未安故也니이다

예로부터 태평한 날이 오래되면 禮樂이 순수하고 완비되니, 대개 줄이거나 더하기를 講求하여 점차 지극해지기 때문입니다. 비록 祖宗朝의 故事일지라도 참으로 바꾸어서는 안 될 경우가 있고 마땅히 일에 따라 줄이거나 더해야 할 경우가 있습니다. 만약 모두 바꿀 수 없다고 여긴다면 이는 옛날에 시행할 겨를이 없었던 것을 지금 다시 일으킬 수 없게 하고, 예전에 온당하지 못했던 것을 훗날 다시 바로잡을 수 없게 하는

---

49) 御宴 : 황제가 직접 베푸는 연회이다.

것입니다. 朝廷의 일에 다시 줄이거나 더하는 이치가 없게 된다면 어찌 올바르게 될 수 있겠습니까. 하물며 선대 조정의 아름다운 일을 반드시 행하려 한 적이 또한 언제 있었습니까. 신이 殿上에서 강설하는 것에 대해 이전에 아뢴 것이 이런 경우입니다. 故事가 온당하지 않은데 또한 고수하여 고치지 않으니, 신이 冬至에 축하하는 表를 받는 것에 대해 이전에 아뢴 것이 이런 경우입니다.

自古로 太平日久면 則禮樂純備하니 蓋講求損益而漸至爾일새니이다 雖祖宗故事라도 固有不可改者하고 有當隨事損益者니이다 若以爲皆不可改면 則是昔所未遑을 今不得復作이요 前所未安을 後不得復正이니이다 朝廷之事에 更無損益之理면 得爲是乎잇가 況先朝美事를 亦何嘗必行이니잇가 臣前日所言殿上講說이 是也니이다 故事未安이어늘 則守而不改하니 臣前日所言冬至受表賀가 是也니이다

신이 전후로 여러 번 狂言을 올렸으나 아직 받아들여진 적이 없는데도 그만두지 않고 아뢰는 것은 직무상 마땅히 해야 할 바이므로 감히 그만둘 수 없기 때문입니다. 엎드려 바라건대 성상의 자애로움으로 특별히 받아들이시어 내전에서 中旨를 내려 음악을 연주하고 연회를 베푸는 것을 그만두게 하시고, 다만 일에 따라 禮를 쓰는 것이 의리에 온당한지를 살피십시오. 성상의 위엄을 욕되게 하였으니 신은 감당할 길이 없습니다.

臣前後累進狂言이나 未嘗得蒙采用이로되 而言之不已者는 蓋職之所當으로 不敢曠廢일새니이다 伏望컨대 聖慈特賜聽納하여 自中降旨하여 罷開樂宴하고 直候因事而用이 於義爲安하소서 冒瀆天威하니 臣無任하노이다

고향으로 돌아가기를 청하는 첫 번째 狀　乞歸田里第一狀①

① 元祐 2년(1087) 11월 초6일.
元祐二年十一月初六日.

신은 이전에 崇政殿 說書에 임명되었는데 갑자기 權同管勾西京國子監에 差任하는

칙명을 받들었습니다. 전하는 말에 言事官이 신의 죄상을 아뢴 일이 있었다는 것을 들었습니다. 신은 이것이 견책하는 命임을 알았으니 분주히 직책에 나아가는 것이 禮에 마땅할 것입니다. 이제 이미 부임하였으니 감히 간절한 정성을 쏟아내어 성상께 아룁니다.

삼가 생각건대 신은 본래 초야의 사람으로 두세 명의 대신이 천거를 논하여 드디어 조정에서 발탁하여 經筵官에 임명하고 朝官의 품계를 제수하는 은혜를 입었습니다. 이제는 죄가 있어 勸講하는 일을 할 수가 없으니 받았던 관직은 이치상 환수되어야 마땅합니다. 비록 조정에서는 힘써 관대한 처분을 유지할지라도 신으로서는 의리상 처신하기 어려운 바입니다. 엎드려 바라건대 성상의 자애로움으로 신이 관직을 반납하고 고향으로 돌아가서 어리석은 저의 분수를 편안히 지키는 것을 허락해 주십시오. 성상의 위엄을 욕되게 하였으니 신은 감당할 길이 없습니다.

臣은 昨任崇政殿說書러니 忽奉勅差權同管勾西京國子監이니이다 傳聞有言事官言臣罪狀이니이다 臣旣知是責命이니 禮當奔走就職이니이다 今已到任訖하니 方敢傾瀝懇誠하여 仰干天聽하노이다 竊念컨대 臣本草萊之人으로 因二三大臣論薦하여 遂蒙朝廷擢任하여 寘之經筵하고 授以朝階니이다 今旣有罪하여 不使勸講하니 則所受之官은 理當還奪이니이다 雖朝廷務存寬厚나 在臣義所難處니이다 伏望컨대 聖慈許臣納官歸田里하여 以安愚分하소서 冒瀆宸嚴하니 臣無任하노이다

貼黃

만약 신이 원래 朝官이었다가 조정에서 등용하여 說書로 삼았다면 비록 說書를 그만두더라도 朝官으로서 물러나는 것이 곧 마땅한 분수입니다. 그러나 신은 본래 관직이 없었고 단지 說書가 된 것으로 인해 朝官에 제수되었습니다. 이미 說書를 그만두었는데 유독 朝官으로서 물러나는 것은 지극히 의리가 없습니다.

若臣元是朝官이라가 朝廷用爲說書면 雖罷說書라도 却以朝官去가 乃其分也니이다 臣本無官하고 只因說書授以朝官이니이다 旣罷說書로되 獨取朝官而去는 極無義理니이다

두 번째 狀 第二狀①

① 12월 18일.
十二月十八日.

신은 이번 달 14일에 河南府에서 보내온 尙書省의 箚子 한 통에 의거하여 신이 고향으로 돌아가기를 청한 것에 대해 윤허하지 않는다는 聖旨를 받들었습니다. 명을 듣고 두려워하여 편안할 바를 알지 못하겠습니다. 이에 재차 정성을 다하여 성상의 귀를 번거롭게 합니다.

신은 이전에 崇政殿 說書로서 權同管勾西京國子監에 差任하는 칙명을 받았습니다. 전하는 말에 諫官이 아뢴 바가 있었기 때문이라고 들었으니, 신은 비록 언관이 아뢴 바가 어떤 일인지 알지 못하지만 반드시 죄악에 실상이 있을 것입니다. 삼가 생각건대 신은 초야의 사람으로 司馬光·呂公著·韓絳 등이 行義로 천거하여 조정에서 관직을 받았습니다. 이제 이미 죄악이 있어 行義가 없게 되었으니 追奪하여 조정을 그르친 죄를 바로잡는 것이 절로 마땅한데, 오히려 봉록과 지위를 외람되이 받으니 무슨 의리가 있겠습니까.

어리석은 신이 삼가 생각건대, 조정에서는 事體를 안타까워하여 일찍이 禮를 갖추어 신을 등용했다는 이유로 내치려 하지 않은 것입니다. 신은 삼가 그렇지 않다고 생각합니다. 처음 그의 善을 듣고 등용한 것은 폐하께서 賢者를 구하는 것을 급선무로 삼는 마음이며, 나중에 그의 惡을 보고서 쫓아내는 것은 지극히 공정한 도리입니다. 엎드려 바라건대 성상의 자애로움으로 저의 충정을 굽어 살피시어 고향으로 돌아가는 것을 허락해 주십시오.

臣은 今月十四日에 准河南府送到尙書省劄子一道하여 以臣乞歸田里로 奉聖旨不允所乞者니이다 聞命惶懼하여 不知所安이니이다 須至再竭悃誠하여 上煩天聽하노이다 臣은 昨自崇政殿說書로 受勅權同管勾西京國子監이니이다 傳聞因諫官有言이니 臣雖不知所言何事나 必是罪惡有實이니이다 竊念컨대 臣은 畎畝之人으로 因司馬光呂公著韓絳等이 以行義稱薦하여 蒙朝廷受官이니이다 今旣有罪惡하여 是無行義니 自當追奪하여 以正誤朝廷之罪어늘 尙叨祿位하니 有何義理잇가 臣愚竊意컨대 朝廷顧惜事體하여 以嘗旌用으로 不欲放棄니이다 臣竊以爲不然이니이다

始聞其善而用之는 陛下急賢之心也요 後見其惡而去之는 至公之道也니이다 伏望컨대 聖慈俯鑑丹誠하여 許歸田里하소서

세 번째 狀 第三狀①

① 元祐 3년(1088) 봄.
元祐三年春.

신이 삼가 생각건대 善을 보고서 등용하고 不善을 보고서 물리치는 것은 임금이 인재를 내치고 등용하는 지극히 공정한 도리이며, 道가 합치되면 따르고 합치되지 않으면 떠나는 것은 儒者가 벼슬에 나아가고 물러나는 큰 절도입니다. 내치고 등용할 적에 마땅함을 잃으면 혼란이 생겨나는 원인이 되고, 나아가고 물러날 적에 義를 잊으면 道가 무너지는 원인이 됩니다.

변변치 못한 어리석은 신은 초가집에서 발탁하여 勸講官에 임명하는 폐하의 은총을 입었는데, 얼마 뒤 사람들의 말로 인해 쫓겨나게 되었습니다. 조정에서는 신의 악행을 믿었고 어리석은 신은 道가 쓰이질 못했으니, 신의 악행을 믿으면서도 신을 관직에 두는 것은 인재를 내치고 등용하는 마땅함이 아닌 듯하며, 道가 쓰이지 않는데도 한갓 구차하게 봉록을 탐하는 것은 벼슬에 나아가고 물러나는 의리에 매우 어긋납니다.

신은 이로 인해 감히 편안할 겨를이 없이 계속 封章을 올려 고향으로 돌아가기를 바랐습니다. 명을 기다린 지 석 달이 되었으나 아직 俞音을 받들지 못하였습니다. 신으로서는 의리상 마땅히 물러나야 하니, 감히 간청하지 않을 수 있겠습니까. 성상을 욕되게 하여 죄를 더하게 하는 것보다는 청원을 인하여 물러나게 하는 것이 어찌 더 낫지 않겠습니까.

신은 봉록을 누리는 것이 몸소 농사짓는 것보다 낫고 궁핍함이 풍족함만 못하다는 것을 모르지 않습니다. 다만 독서하여 儒者가 되어 염치를 대략 아니, 감히 道를 굽혀 구차하게 편안함을 구할 수는 없습니다. 엎드려 바라건대 성상의 자애로움으로 신의 지극한 정성을 긍휼히 여겨 살펴보시고 평소의 지조를 온전히 할 수 있게 해주십시오. 만일 귀향하려는 청을 들어주신다면 어찌 감히 天地와 같은 은혜를 잊을 수 있겠

습니까. 죽을죄를 피하지 않고 윤허해 주시기를 간절히 바랍니다.

臣竊以컨대 見善而用하고 見不善而退는 人主黜陟之至公이요 道合則從하고 不合則去는 儒者進退之大節이니이다 黜陟失當이면 則亂所由生이요 進退忘義면 則道所由廢니이다 愚臣無狀이 蒙陛下擢自衡茅하여 寘之勸講이어늘 旋以人言으로 至於黜逐이니이다 朝廷은 信其惡矣요 愚臣은 道不用矣니 信其惡而使之在官은 恐非黜陟之當이요 道不用而徒玆苟祿은 殊乖進退之義니이다 臣은 是以로 不敢遑寧하여 繼上封章하여 願歸田里니이다 待命三月이로되 未奉①俞音하니이다 在臣義旣當去니 敢不固請이리잇가 與其至於瀆而加罪론 曷若因其請而使去리잇가 臣은 非不知享祿勝於躬耕하고 貧匱不如溫足이니이다 顧以讀書爲儒하여 粗知廉恥니 不敢枉道以求苟安이니이다 伏望컨대 聖慈矜察至誠하여 俾完素守하소서 苟遂丘園之請이면 敢忘天地之恩이리잇가 罔避誅夷하고 必期俞允하노이다

①〈'奉'은〉 어떤 판본에는 '聞'으로 되어 있다.
一作聞.

致仕를 청하는 첫 번째 狀　乞致仕第一狀

신은 삼가 부임하는 날부터 세 차례 奏狀을 갖추어 아뢰어서 고향으로 돌아가기를 청하였습니다. 명을 기다린 지 이미 석 달이 되었으나 아직 지시를 받지 못했습니다. 신으로서는 떠나기를 구하는 의리를 전후로 다 진술하였으니, 감히 거듭 아뢰어 성상의 귀를 번거로이 할 수 없습니다.

삼가 생각건대 조정에서 특별히 신을 초야에서 일으켜 經筵官에 임명하여 임금을 輔導하게 하였으니 평범하지 않은 조처였습니다. 이미 죄를 지어 쫓겨났으니 만약 부끄러움을 참고 구차하게 관직을 얻어 去就의 의리를 돌아보지 않는다면 萬世 뒤에 聖朝의 조처를 비웃을까 실로 두렵습니다. 신은 이 때문에 거듭 성상의 위엄을 무릅쓰고 굳이 청을 들어주시기를 바라는 것입니다.

예로부터 신하가 되어 힘을 다하다가 할 수 없으면 그 벼슬을 그만두는 것이 禮입니다. 삼가 조정에서는 事體를 안타까워하여 이미 조정에 불렀기 때문에 내쫓지 않으려 하는 듯합니다. 신은 다시 고향으로 돌아가기를 감히 청할 수 없으니, 신으로 하여금 致仕하게 하시기를 청합니다. 엎드려 바라건대 성상의 자애로움으로 신의 간절한

정성을 살피시어 특별히 윤허하여 주십시오.

臣伏自到任으로 三具奏陳하여 乞歸田里니이다 待命又已三月이로되 未得指揮니이다 在臣所以求去之義를 前後陳述盡矣니 不敢重疊하여 煩瀆聖聽이니이다 竊以컨대 朝廷特起臣於畎畝之中하여 寘之經筵하여 使輔導人主하니 非常之擧也니이다 旣以罪去하니 若包羞苟得하여 不顧去就之義면 實懼萬世之下에 非笑聖朝之擧하노이다 臣은 是以로 屢冒天威하여 必期得請이니이다 自古로 爲臣陳力이라가 不能則致其仕가 禮也니이다 竊恐朝廷顧惜事體하여 旣已招來하니 不欲放棄니이다 臣更不敢乞歸田里하니 只乞令臣致仕하니이다 伏望컨대 聖慈察其懇誠하여 特賜俞允하소서

두 번째 狀　第二狀

신은 부임하는 날부터 고향으로 돌아가기를 세 차례 청하였고 致仕를 한 차례 청하였으나 지금까지 지시를 받지 못해 이에 재차 간절한 정성을 다하여 살펴주시기를 우러러 바랍니다.

바야흐로 황제 폐하께서 보위를 이으신 초기 태황태후께서 조정에 임하신 처음에 政事를 모두 새롭게 하실 적에 맨 먼저 인재를 찾아 초야에서 신을 발탁하여 勸講의 직책에 임명하였습니다. 폐하께서 賢者를 좋아하시는 마음을 살펴보건대 지극하다고 할 만하며, 폐하께서 인재를 등용하시는 마음을 생각건대 어찌 깊지 않겠습니까. 簡策을 두루 살펴보건대 예로부터 母后가 조정에 임하여 이와 같은 일을 능히 행한 경우가 없었으니, 어찌 단지 한 시대를 놀라게 할 뿐이겠습니까. 족히 千古에 빛날 것입니다.

신이 이미 이와 같은 때를 만났으니 의당 아름다운 덕과 두터운 명망이 있어 조정을 빛내야 하는데도 德義를 닦지 못하고 誠意가 지극하지 않아 위로는 임금의 신임을 얻지 못하고 아래로는 근거 없는 의론을 진정시키지 못하여 드디어 비방이 몰래 더해지고 죄가 은밀히 쌓여 조정의 부름을 받은 지 얼마 되지 않아 내쫓기는 일이 뒤이어 이르렀으니, 폐하의 천고에 드높은 성대한 아름다움으로 하여금 도리어 천하 사람들에게 비난을 받게 하였습니다. 옛날의 君子는 등용되면 그 임금이 존귀하고 영화로워졌는데,[50] 지금 신이 나아가서는 聖明의 누가 되었으니 신의 죄가 큽니다. 그런데 오히려 무슨 의리로 다시 벼슬의 반열에 끼겠습니까.

신은 이런 까닭으로 여러 번 封章을 올려 고향으로 돌아가기를 바랐습니다. 신이 만약 물러날 수 있다면 천하 사람들과 후세 사람들이 마땅히 '폐하께서 이전에 程頤를 부르신 것은 비록 윗사람에게 신임을 얻는 방법이 있고[51] 명철하여 그 몸을 보전하는[52] 士를 얻은 것은 아니지만, 그래도 처신하는 데 염치가 있고[53] 나아가고 물러날 적에 義를 돌아보는 사람을 잘못 알아본 것은 아니다.'라고 할 것이니, 조정의 거조가 큰 허물이 되지 않을 것이고, 두세 명의 대신이 천거한 것도 심하게 속인 것은 되지 않을 것입니다. 그러므로 신이 여러 번 사직을 청하는 것은 자신을 위하는 것일 뿐만 아니라, 또한 조정을 위한 일이기도 합니다.

臣自到任으로 三請歸田하고 一乞致仕로되 至今未得指揮하여 須至再竭懇誠하여 仰冀省察하노이다 方皇帝陛下嗣位之初와 太皇太后臨朝之始에 一新政事할새 首及人才하여 擢臣草野之中하여 處以勸講之職이니이다 觀陛下好賢之心컨대 可謂至矣요 惟陛下用人之意컨대 不其深乎잇가 (曆)〔歷〕[54]觀簡策컨대 自古로 母后臨朝하여 未有能爲如此之事者니 豈止聳(용)動一時리잇가 足以輝光千古니이다 臣旣遭遇如此하니 宜有令德重望하여 爲朝廷光이어늘 而乃德義不修하고 誠意不至하여 上不能取信人主하고 下不能鎭服浮議하여 遂致詆毁潛加하고 罪釁陰積하여 招延未幾에 斥逐隨至하니 使陛下高古之盛美로 翻爲天下所譏議니이다 古之君子는 用之則其君尊榮이어늘 今臣之進은 乃爲聖明之累하니 則臣之罪大矣니이다 尙以何義로 復齒仕列이리잇가 臣은 是以로 累上封章하여 願歸田里하니이다 臣若得去면 則天下後世當謂호되 陛下前日招延은 雖不得獲上有道明哲保身之士나 猶不失行己有恥進退顧義之人이라하리니 則朝廷之擧가 未爲大過요 二三大臣之薦도 未爲甚欺니이다 故로 臣之累請은 不止自爲요 亦所以爲朝廷也니이다

---

50) 옛날의……영화로워졌는데 : ≪孟子≫ 〈盡心 上〉에 "君子가 그 나라에 거처할 적에 임금이 군자를 등용하면 그 나라는 편안하고 부유하며 그 나라 임금은 존귀하고 영화로워진다.〔君子居是國也 其君用之 則安富尊榮〕"라고 하였다.

51) 윗사람에게……있고 : ≪中庸≫에 "아랫자리에 있으면서 윗사람에게 신임을 얻지 못하면 백성을 다스리지 못할 것이다. 윗사람에게 신임을 얻는 것에는 방법이 있으니, 朋友에게 믿음을 얻지 못하면 윗사람에게 신임을 얻지 못할 것이다.〔在下位 不獲乎上 民不可得而治矣 獲乎上 有道 不信乎朋友 不獲乎上矣〕"라고 하였다.

52) 명철하여……보전하는 : ≪詩經≫ 〈大雅 烝民〉에 "이미 이치에 밝고 또 일을 살펴서 그 몸을 보전한다.〔旣明且哲 以保其身〕"라고 하였다.

53) 처신하는……있고 : ≪論語≫ 〈子路〉에 子貢이 묻기를 "어떠해야 士라고 할 수 있습니까?"라고 하자, 孔子가 말하기를 "처신할 적에 염치가 있으며 四方에 사신으로 가서 君命을 욕되게 하지 않으면 士라고 할 수 있다.〔行己有恥 使於四方 不辱君命 可謂士矣〕"라고 하였다.

54) (曆)〔歷〕: 저본에는 '曆'으로 되어 있으나, 一蓑古本에 의거하여 '歷'으로 바로잡았다.

신을 알지 못하는 자들은 신이 분하고 조급해 한다고 여기지 않고 반드시 신이 억지를 부려 명예를 얻으려 한다고 생각할 것이니, 신이 어찌 그러하겠습니까. 신은 몸은 지극한 학문을 전해 받고 마음은 道에 종사하기를 보존하여, 당시에 행해질 수 없으면 오히려 마땅히 자신에게 행하고, 오늘날 믿음을 얻지 못하면 오히려 훗날 믿음을 얻기를 기약하니, 어찌 禮를 잃고 義를 해쳐 후세에까지 자신을 훼손하려 하겠습니까. 대개 聖賢에게 질정하고 經典의 뜻을 고찰하여 마땅한 것을 행할 따름인데, 하물며 물러나고 나아가는 의리는 어찌 신만이 아는 것이겠습니까. 道를 배운 자는 모두 아는 바입니다.

바라건대 폐하께서 보필하는 신하들에게 두루 물어보시면 신의 간청이 義이겠습니까? 義가 아니겠습니까? 만약 義가 아니라고 한다면 이는 신이 배운 바가 치우치고 그릇된 것이니 감히 어리석고 망령된 말로 성상을 번거롭고 욕되게 한 죄를 피할 수 없을 것이지만, 만약 義라고 한다면 신의 간청을 들어주십시오. 혹 조정에서 事體를 안타까워하여 고향으로 돌려보내려 하지 않는다면, 신으로 하여금 致仕하게 해주십시오.

不知臣者는 不以臣爲忿躁요 必以臣爲沽激이니 臣豈然哉리잇가 臣은 身傳至學하고 心存事道하여 不得行於時어든 尙當行於己하고 不見信於今이어든 尙期信於後하니 安肯失禮害義하여 以自毁於後世乎잇가 蓋質之聖賢하고 考之經義하여 爲當然爾이온 況去就之義는 豈獨臣知之리잇가 學道者는 所共知也니이다 願컨대 陛下遍詢輔臣하시면 臣之請이 爲義乎잇가 爲非義乎잇가 如以爲非義면 是臣所學偏謬니 不敢避愚妄煩瀆之罪어니와 如以爲義면 則乞從臣之請하소서 或朝廷顧惜事體하여 不欲使歸田里어든 只乞令臣致仕하소서

喪을 마친 뒤에 제수된 直祕閣 判西京國子監의 사직을 청하는 狀 辭免服除直祕閣判西京國子監狀①

① 元祐 7년(1092) 4월.
元祐七年四月.

신은 이번 달 1일에 河南府 差人이 보내온 官誥 한 통에 의거하여 신을 左通直郞 直祕閣 權判西京國子監에 제수하는 성은을 삼가 입었습니다. 신은 이전에 견책하는 명을 받아 외직으로 나가 아침저녁으로 겨를 없이 오직 자신을 성찰하였습니다. 처음에는 招致하는 예우를 받았는데 곧 쫓겨난 사람이 되었으니 장차 무슨 낯으로 조정에 서겠습니까. 마땅히 스스로 탄핵하여 물러나야 합니다. 다섯 차례나 간청하였으나 허락을 받지 못하였으니, 어찌 힘써 변론하여 신원하기를 바랄 수 있겠습니까. 드디어 조용히 체직되거나 파면되기를 기다렸습니다. 임기가 끝나지 않았는데 갑자기 집안의 喪[55]을 당하여 낳아주신 분을 욕되게 함이 없기를 생각하고 평소의 절조를 굳게 지키기를 생각하였습니다. 喪制를 마치기도 전에 관직에 제수하는 조서를 내리시니 돌보아 주시는 은혜를 우러러 느끼며 마음속으로 깊이 부끄럽고 두렵습니다.

臣은 今月一日에 准河南府差人送到官誥一道하여 伏蒙聖恩하여 授臣左通直郞直祕閣權判西京國子監者니이다 臣은 昨被責命하여 出爲外官하여 夙夜靡遑하여 惟是內省이니이다 始蒙招致之禮어늘 旋爲黜逐之人하니 將胡顔以立朝리잇가 當自劾而引去니이다 至于五請而未聽하니 豈可力辯以求伸이리잇가 遂且從容하여 以須替罷니이다 未及任滿하여 遽丁家艱하여 思無忝於所生하며 惟堅持於素節이니이다 未終喪制에 已降除書하니 上體眷恩하고 內深愧懼니이다

엎드려 생각건대 신은 지향은 道를 지키는 것을 보존하지만 식견은 時宜를 따르는데 어두워 세속의 미움을 받아 걸핏하면 비방을 초래합니다. 이전에 발탁되었으나 사람들의 말로 인해 쫓겨나 조정의 수치가 되었습니다. 이제 다시 직임에 제수되어 거듭 조정의 수치가 되기에 충분하니, 밝은 시대에 보탬이 되는 바는 없고 후세에 비웃음만 살 뿐입니다.

엎드려 바라건대 성상의 자애로움으로 신의 어리석은 정성을 긍휼히 여기고 살피시어 恩命을 거두어 주십시오. 신은 이전에 喪을 당해 이미 관직에서 물러났으니, 지금 내리신 誥命을 감히 받을 수 없어 이미 河南府에 되돌려 보냈습니다. 엎드려 바라건대 조정에서는 신이 이전에 다섯 차례 상주하여 아뢴 것을 살펴보아 특별히 지시를 내려 고향으로 돌아가는 것을 허락해 주십시오.

伏念컨대 臣은 志存守道나 識昧隨時하여 俗所忌憎하여 動招謗毁니이다 昨蒙擢任이나 旣以人

55) 집안의 喪 : 元祐 5년(1090) 정월에 부친상을 당했다.

言被黜하여 爲朝廷羞矣니이다 今復授以職任하여 適足重爲朝廷羞니 無所益於明時요 徒取笑於後世니이다 伏望컨대 聖慈矜察愚誠하여 追寢恩命하소서 臣은 昨因丁憂하여 旣已去官하니 今來所降誥命을 不敢祗受하여 已於河南府寄納하니이다 伏乞컨대 朝廷檢會臣前來五次奏陳하여 特賜指揮하여 許歸田里하소서

재차 사직을 청하는 表　再辭免表

신 程頤가 아룁니다. 이전에 신에게 左通直郎 直祕閣 權判西京國子監을 제수하는 성은을 입어 이윽고 奏狀을 갖추어 사직을 청하였습니다. 이번 달 19일에 河南府에서 보내온 尙書省의 箚子로 사직을 허락하지 않는다는 聖旨를 받들었습니다. 쫓겨난 사람은 분수상 마땅히 멀리 떠나야 하니, 제수하시는 명은 의리상 실로 편안히 받기가 어렵습니다. 中謝.

臣頤言하노이다 昨蒙聖恩하여 授臣左通直郎直祕閣權判西京國子監하여 尋具狀辭免하니이다 今月十九日에 河南府送到尙書省劄子로 奉聖旨不許辭免者니이다 斥逐之人은 分當遠引이니 甄收之命은 義實難安하노이다 中謝라

엎드려 생각건대, 신은 오랫동안 학문에 힘쓰면서 몸소 道를 자임하여 오직 농사짓고 어버이를 봉양하면서 지향을 추구할 줄만 알고 이름이 알려져 시대에 영합하기를 바라지 않았는데, 황제 폐하께서 詔命을 내려 초야에서 신을 일으켜 직접 講說의 직임을 제수하셨습니다. 신은 삼가 생각건대 '講學하여 임금을 모실 수 있으니 만일 임금께서 堯임금·舜임금·禹임금·湯임금·文王·武王의 道를 터득하실 수 있게 한다면 천하 사람들이 唐나라·虞나라·夏나라·商나라·周나라의 治世를 누릴 것이다.'라고 여겼습니다. 儒者가 때를 만나는 것 중에 무엇이 이보다 낫겠습니까. 신은 이런 까닭에 뛸 듯이 기뻐하며 나라에 몸을 바치려는 마음을 먹었습니다.

재직한 1년여 동안 밤낮으로 정성과 사려를 다하였습니다. 대개 말재주로 글의 뜻을 해석하기만 하는 것이 아니라, 오직 신의 성의를 쌓아 성상의 마음을 感通하여 지향을 펼치는 신의를 주고받기를 기다리며 바야흐로 성상의 마음을 비옥하게 할 의론

을 올렸으니, 전해지지 못한 학문이 오늘날 다시 밝아지고 聖君이 되시는 功效가 멀리 先王을 계승하기를 실로 바랐습니다.

元祐 2년(1087) 봄 이후로 신이 講說할 때마다 폐하께서 항상 고개를 끄덕이며 신에게 응답하셨으니, 신은 폐하의 성스러운 자질이 학문을 즐거워하심을 알고 진실로 천재일우의 기회라고 스스로 생각하였습니다.

伏念컨대 臣은 力學有年에 以身任道하여 唯知耕養以求志하고 不希聞達以干時로되 皇帝陛下詔起臣於草野之中하여 面授臣以講說之職이니이다 臣竊思之컨대 得以講學侍人主하니 苟能致人主得堯舜禹湯文武之道면 則天下享唐虞夏商周之治리이다 儒者逢時에 孰過於此리잇가 臣은 是以로 躍然有許國之心이니이다 在職歲餘에 夙夜畢精竭慮하니이다 蓋非徒爲辯辭解釋文義요 唯欲積其誠意하여 感通聖心하여 傒(혜)交發志之孚하며 方進沃心之論하니 實覬(기)不傳之學이 復明於今日하고 作聖之效가 遠繼於先王이니이다 自二年春後來로 臣每進說에 陛下常首肯應臣하시니 臣知陛下聖資樂學하고 誠自以謂千載之遇也니이다

그러나 道가 크면 용납되기 어렵고 자취가 외로운 자는 넘어지기 쉽다는 것을 생각하지 못했습니다. 조정에 들어와 질시를 받는 것은 세속에 늘 있는 일이고, 명망이 높아지면 비방이 심한 것은 역사책에서 분명히 말했습니다. 신과 같이 지극히 어리석은 사람이 어찌 사람들의 비난을 면하겠습니까. 윗사람에게 능히 신임을 받지 못하면서 옛사람을 계승하는 일을 하고 세상에 보기 드문 공을 이루기를 바라는 것은 사람들이 모두 그 어려움을 압니다. 신이 얼마나 狂簡하기에 감히 그런 것을 바라겠습니까. 밝은 시대에 죄를 얻어 公論의 비난을 받기에 마땅합니다.

지향이 이미 道에 종사하는 것과 어긋나니, 의리상 마땅히 신하노릇을 그만두어야 합니다. 여러 번 간청하였으나 받아들여지지 않았는데 갑자기 喪을 당해 관직을 그만두고 물러났습니다. 슬픔을 머금고서 喪制를 마친 뒤 물러나 마땅히 初心을 이루려는 것이 어찌 임금을 버리는 것이겠습니까. 충성하고 사모하는 정성이 비록 지극하나 어쩔 수 없으니, 물러나고 나아가는 의리가 마땅히 그러한 것입니다.

而不思道大則難容하고 跡孤者易(이)躓이니이다 入朝見嫉은 世俗之常態요 名高毁甚은 史冊之明言이니이다 如臣至愚가 豈免衆口리잇가 不能取信於上이어늘 而欲爲繼古之事하고 成希世之功은 人皆知其難也니이다 臣何狂簡이완대 敢爾覬幸이리잇가 宜其獲罪明時하여 見嗟公論이니이다

志旣乖於事道하니 義當致於爲臣이니이다 屢懇請而未從에 俄遭憂而罷去하니이다 銜恤旣終於喪制에 退身當遂於初心이 豈捨王哉리잇가 忠戀之誠이 雖至나 不得已也니 去就之義가 當然하니이다

신은 스스로 '노쇠한 몸이 편안하고 한가로운 곳으로 나아가게 되었으니, 오늘날에 알려지고 후세에 道를 전하는 일은 여생에 다시 희망이 있게 되었고, 道를 행하고 임금을 聖君으로 만드는 일은 聖世에 기꺼이 마음을 내려놓게 되었다.'고 생각하였습니다. 그런데 어찌 긍휼히 여겨 용서하시기를 바랐는데 오히려 승진하게 하십니까. 성은이 비록 매우 융숭하나 의리로 보면 처하기 어렵습니다. 예전에 조정에서 신의 불초함을 알지 못하여 임금에게 학문을 권면하게 하였습니다. 쓰이지 않으면 또한 그만두어야 하니, 만약 다시 부끄러운 줄 모르고 구차하게 봉록과 지위를 받는다면 孟子가 이른바 '이것이 壟斷하는 짓이다.'라는 꼴[56]이 될 것입니다. 儒者가 나아가고 물러나는 것이 이와 같아서야 되겠습니까.

신은 구차하게 자신을 소중하게 여기는 것이 아니라, 위로 聖明에 누를 끼쳐 천하 사람들과 후세 사람들로 하여금 '조정에서 특별히 기용한 士가 곧 이익을 탐하고 구차하게 얻으려는 사람이었으니, 매우 부끄러울 만하다.'라고 말하게 할 것이 실로 두렵습니다. 신도 오히려 그것을 부끄러워하는데 하물며 조정이야 말할 것이 있겠습니까. 신으로서는 받을 만한 이치가 없어 감히 만 번 죽기를 무릅쓰고 청하니 성상께서는 恩命을 거두어 주십시오. 엎드려 바라건대 신이 전후로 여러 번 아뢴 것을 살펴보아 특별히 지시를 내려 주십시오.

自惟컨대 衰邁之軀가 得就安閑之地니 聞今傳後는 更有望於殘年이요 行道致君은 甘息心於

56) 孟子가……꼴 : '壟斷'은 이익을 독점하는 것을 말한다. 孟子가 벼슬을 그만두고 齊나라를 떠나려 할 적에 제나라 왕이 時子를 통해 萬鍾의 祿으로 맹자를 만류하려 하였다. 이에 맹자가 말하기를 "季孫氏가 말하기를 '괴이하다, 子叔疑여. 자기로 하여금 정사를 하게 하다가 쓰이지 않으면 그만두어야 할 것인데, 또 子弟로 하여금 卿을 삼게 하였으니, 사람들이 누군들 부귀하고자 하지 않겠는가마는, 홀로 부귀 가운데에도 壟斷(높은 언덕)을 독점하는 이가 있다.'라고 하였다. 옛날 시장에서 교역하는 자들이 자기가 가지고 있는 물건을 가지고 있지 않은 물건과 바꾸면 有司는 다스릴 뿐이었다. 그런데 賤丈夫가 있어 반드시 농단을 찾아 올라가서 좌우로 바라보면서 시장의 이익을 망라하자, 사람들이 모두 천하게 여겼다. 그러므로 따라서 그에게 세금을 징수하였으니, 장사꾼에게 세금을 징수한 것은 이 賤丈夫로부터 비롯되었다.〔季孫曰 異哉 子叔疑 使己爲政 不用則亦已矣 又使其子弟爲卿 人亦孰不欲富貴 而獨於富貴之中 有私龍斷焉 古之爲市者 以其所有 易其所無者 有司者治之耳 有賤丈夫焉 必求龍斷而登之 以左右望而罔市利 人皆以爲賤 故從而征之 征商 自此賤丈夫始矣〕"라고 하였다.

聖世라하니이다 豈期矜貸어늘 尙俾甄升이리잇가 恩雖甚隆이나 義則難處니이다 前日朝廷不知其不肖하여 使之勸學人主니이다 不用則亦已矣니 若復無恥以苟祿位면 孟子所謂是爲壟斷也니이다 儒者進退가 當如是乎잇가 臣은 非苟自重이요 實懼上累聖明하여 使天下後世謂호되 朝廷特起之士가 乃貪利苟得之人이니 甚可羞也니이다 臣猶羞之이온 況朝廷乎잇가 在臣無可受之理하여 敢冒萬死하니 上還恩命하소서 伏乞컨대 檢會臣前後累奏하여 特賜指揮하소서

貼黃

신의 가문은 忠孝를 전하여 대대로 나라의 은혜를 받았고, 초야에서 발탁되어 오랫동안 經閣[57]에서 폐하를 모셨으니, 어찌 임금을 사랑하고 나라에 보답하려는 마음이 없겠습니까. 의리가 절박하여 마땅히 떠나가야 하니 신의 정성을 바칠 길이 없습니다. 오직 오늘날 죽음을 무릅쓰고 폐하를 위해 儒者가 나아가고 물러나는 도리와 신하된 자가 물러나고 나아가는 의리를 아뢰어 보탬이 있기를 바라니, 이것이 곧 성상께 보답하려는 신의 보잘것없는 마음입니다.

臣家傳忠孝하여 世受國恩하고 擢自草萊하여 久侍經閣하니 豈無愛君報國之心이리잇가 義迫當去하니 無路自效니이다 惟今日冒死하여 爲陛下陳儒者進退之道와 爲臣去就之義하여 覬望有補하니 乃區區上報之心也니이다

貼黃

신이 떠나가기를 바라고 관직을 사직한 전후 일곱 번의 상소에 進退의 의리를 아뢴 것이 이미 상세하고 분명하니, 말을 또한 여기에서 다했습니다. 이는 모두 경전의 뜻에 의거한 것이지, 저의 사사로운 생각에서 나온 것이 아닙니다. 엎드려 바라건대 성상의 밝은 안목으로 특별히 살펴보아 주십시오.

臣求去與辭官前後七章에 陳說進退之義가 既已詳明하니 言亦盡於此矣니이다 皆據經義요

57) 經閣 : 임금에게 經書를 강론하는 經幄과 같은 말이다.

非出私意니이다 伏望컨대 聖明特賜省察하소서

管勾崇福宮에 제수된 것에 사은하는 狀 謝管勾崇福宮狀①

① 元祐 7년(1092) 5월.
元祐七年五月.

신은 지난 달 신에게 左通直郎 直秘閣 權判西京國子監을 제수하는 성은을 입었습니다. 이에 두 차례 表狀을 갖추어 사직하고 고향으로 돌아가기를 청하였습니다. 이번 달 10일 칙명에 의거하여 左通直郎 管勾西京嵩山崇福宮에 특별히 제수된 것은 잘못 임용된 것이니, 거듭 封章을 올립니다.

감히 사양하는 말을 할 수 없어 오직 임금을 공경하는 생각을 극진히 하여 옛날의 의리를 깊이 아뢰니, 대개 나라에 보답하려는 마음을 보존하고 있기 때문입니다. 天聽이 지극히 높아 아뢰는 것이 이미 극진했는데도 정성이 이르지 못하였고, 임금의 위엄은 범접하기 어려워서 번거롭게 할 것을 염려하여 근심과 두려움이 더욱 깊습니다. 이는 단지 刑章을 두려워해서가 아니라, 국가의 체통을 보존하기를 실로 바라서입니다. 다행히 너그러이 용서받는 것을 어찌 감히 자주 바랄 수 있겠습니까. 신은 더 이상 감히 조정의 명을 굳게 어길 수 없으니, 내리신 勅牒은 신이 이미 받아두었습니다. 엎드려 아뢰건대 현재 허리와 고관절에 병이 있어 拜受할 수 없으니 병이 낫는 날을 기다려 사은하고 부임지로 나아가겠습니다.

臣은 昨蒙聖恩하여 除臣左通直郎直秘閣權判西京國子監이니이다 兩具表狀辭免하고 乞歸田里하니이다 今月十日에 准勅하여 特授左通直郎管勾西京嵩山崇福宮者는 誤蒙甄錄이니 再露封章하노이다 不敢遜言하여 惟盡敬主之意하여 深陳古義하니 蓋存報國之心일새니이다 天聽至高하여 言已盡而誠孚未格하고 君威難犯하여 慮其瀆而憂懼交深이니이다 非特畏於刑章이요 實願存於國體니이다 幸蒙寬貸를 豈敢頻煩하리잇가 臣更不敢固違朝命하니 所降勅牒은 臣已領訖하노이다 伏爲컨대 見患腰跨하여 拜受未得하니 候痊損日하여 謝恩就職次하리이다

河南府에 보고하여 의원을 찾기를 청하는 狀
申河南府乞尋醫狀①

① 元祐 7년(1092) 8월.
元祐七年八月.

저는 지난 번 칙명에 의거하여 左通直郎 管勾嵩山崇福宮에 제수되었습니다. 이윽고 奏狀을 갖추어 아뢰기를 '허리와 고관절의 병 때문에 拜受할 수 없으니 병이 낫는 날을 기다려 사은하고 부임지로 나아가겠습니다.'라고 하였습니다. 그런데 지금까지 이미 백 일이 되도록 병이 낫질 않습니다. 조정의 명을 오랫동안 지체한 것이 삼가 두려우니 의원을 찾는 것을 청하려 합니다. 삼가 西京留府에 자세히 아뢰니, 엎드려 바라건대 조목에 의거하여 시행해 주십시오.

頤昨准勅하여 授左通直郎管勾嵩山崇福宮이니이다 尋具奏聞호되 爲患腰跨하여 拜受未得하니 候痊損日하여 謝恩就職次라하니이다 今來已滿百日에 未得痊安이니이다 竊懼久稽朝命하니 欲乞尋醫니이다 謹具申西京留府하니 伏乞컨대 依條施行하소서

재차 直秘閣 判監에 제수된 것에 사직을 청하는 狀
辭免再除直秘閣判監狀①

① 元祐 9년(1094) 봄.
元祐九年春.

신은 이번 달 14일 河南府에서 보낸 官誥 한 통과 尙書省의 箚子 한 통에 의거하여 신에게 예전대로 左通直郎 直祕閣 權判西京國子監을 제수하고 敎導를 전적으로 주관하라는 성은을 삼가 입었습니다. 성은을 입으니 황공함을 견디지 못하겠습니다.

공경히 생각건대 황제 폐하께서 친히 정사를 돌보신 초기에 萬邦의 어진 백성으로부터 바다 모퉁이의 蒼生과 夷狄·蠻貊의 사람들에 이르기까지 고개를 들어 바라보고 귀를 기울여 듣지 않는 이가 없습니다. 지금 정사를 처결하신 지 두 달이 채 되지 않았는데도 학문을 권면하던 옛 신하에까지 생각이 미치시어 물러나 은거하던 신을 거두어 임명하셨습니다. 이에 폐하의 聖明이 儒者를 존숭하고 道를 중시하여 살피시지 않는 일이 없어 족히 천하 사람들을 놀라게 하는 것을 보았습니다. 그러나 조처하는 것이 도리에 맞고 등용하는 사람이 적임자여야 公論에 합치되어 성대하고 아름다운 일이 됩니다. 그렇지 않으면 사방에서 의론을 전하여 도리어 성상의 정사에 누를 끼칠 것입니다.

臣은 今月十四日에 准河南府送到官誥一道와 尙書省劄子一道하여 伏蒙聖恩하여 授臣依前左通直郎直祕閣權判西京國子監하고 專主教導者하니이다 祗荷睿恩하니 不任惶懼하노이다 恭以컨대 皇帝陛下親政之初에 萬邦黎獻으로 至于海隅蒼生夷狄蠻貊之人히 莫不仰首以觀하고 傾耳而聽이니이다 今聽政未及兩月이어늘 而念及勸學舊臣하여 收錄於退藏之中이니이다 玆見陛下聖明이 崇儒重道하여 事無不察하여 足以聳(용)動天下니이다 然而處得其道하고 用當其人이라야 乃允公論하여 爲盛美之事니이다 不然則四方傳議하여 反累聖政이니이다

엎드려 생각건대, 신은 부친상을 마친 초기인 지난해에 이미 조정에서 이 직임에 제수하는 성은을 입었습니다. 신은 의리상 온당하지 않다고 여겨 두 차례 奏狀을 갖추어 사직하였으니, 儒者가 나아가고 물러나는 의리를 아뢴 것이 이미 지극히 상세하고 분명하였습니다. 다만 미천한 신이 아뢴 것은 일반적인 절차가 있는 글이어서 즉시 외부의 관청으로 보내져 성상께서 살펴보실 수 없었을 듯합니다. 얼마 뒤 祠宮(崇福宮)을 관리하는 관직에 바꾸어 임명하시어 드디어 의원을 찾아 떠날 수 있었습니다. 비로소 어리석은 신의 분수에 편안하여 문득 외람된 성은을 입었습니다.

비록 거두어 임명하시는 은혜를 입었으나 지조를 지키는 마음을 어찌 감히 스스로 바꿀 수 있겠습니까. 엎드려 바라건대 성상의 자애로움으로 옛 신하를 굽어 살펴 가련히 여기시고 신의 충정을 깊이 살피시어 신이 이전부터 사직을 청한 表狀을 특별히 살펴보신다면 신이 사직하는 이유는 대개 옛날의 의리를 지키는 것이지 신의 사사로운 생각에서 나온 것이 아님을 아실 것입니다. 내려주신 誥命은 감히 받을 수 없어 이

미 河南府에 되돌려 보냈습니다. 성상의 위엄을 욕되게 하였으니 신은 감당할 길이 없습니다.

伏念컨대 臣은 去年丁憂服闋之初에 已蒙朝廷授此職任하노이다 臣以於義未安하여 兩具奏辭免하니 陳儒者進退之義가 已極詳明하니이다 但恐微賤之言은 繫常程文字하여 卽以付外하여 不曾得經聖覽이니이다 旣而오 改命祠宮하시어 遂以尋醫得去니이다 方安愚分하여 忽被誤恩이니이다 雖仰荷於甄收나 敢自渝其節守리잇가 伏望컨대 聖慈曲憐舊物하고 深鑑丹誠하여 將臣前來辭免表狀을 特賜省覽하시면 則知臣所以辭者는 蓋守古義요 非出私意하리이다 所降誥命은 不敢祗受하여 已於河南府寄納하니이다 冒瀆宸嚴하니 臣無任하노이다

재차 사직을 청하는 狀　再辭免狀

신은 이전에 신에게 예전대로 左通直郎 直秘閣 權判西京國子監을 제수하는 성은을 입었으나, 이윽고 奏狀을 갖추어 사직을 청하였습니다. 이번 달 17일에 河南府에서 보내온 尙書省의 箚子 한 통에 의거하여 사직을 허락하지 않는다는 성상의 명을 받들었습니다. 명을 듣고 황공하여 몸 둘 바를 알지 못하였습니다.

신은 "나라에 道가 있을 때에는 말을 고상하게 하고 행실을 고상하게 하며, 나라에 道가 없을 때에는 행실을 고상하게 하되 말은 공손하게 해야 한다."[58]라고 들었습니다. 오늘날 주상께서 친히 정사를 돌보시는 초기에 신이 그 말을 극진히 하지 못하고 갑자기 공손한 말을 한다면 불경함이 이보다 더 큰 것은 없을 것입니다. 신은 이런 까닭에 죽을죄를 피하지 않고 반드시 그 말을 다하려 합니다.

臣은 昨蒙聖恩하여 授臣依前左通直郎直秘閣權判西京國子監이로되 尋具狀辭免하니이다 今月十七日에 河南府送到尙書省箚子一道로 奉聖旨不許辭免者하니이다 聞命惶懼하여 不知所措니이다 臣聞호되 邦有道엔 危言危行하고 邦無道엔 危行言遜이라하니이다 今主上親政之初에 臣未極其言하고 而遽爲遜言이면 則不敬이 莫大乎是니이다 臣은 是以로 不避斧鉞之誅하고 而必盡其辭也니이다

58) 나라에……한다 : ≪論語≫ 〈憲問〉에 孔子가 말하기를 "나라에 道가 있을 때에는 말을 고상하게 하고 행실을 고상하게 하며, 나라에 道가 없을 때에는 행실을 고상하게 하되 말은 공손하게 해야 한다.〔邦有道 危言危行 邦無道 危行言孫〕"라고 하였다.

신은 이전에 은혜로운 명을 받고서 즉시 奏狀을 갖추어 아뢰기를 '바라건대 신이 부친상을 마친 초기에 사직을 청한 表狀을 특별히 살펴보아 주신다면 신이 사직하는 이유는 대개 옛날의 의리를 지키는 것이지 신의 사사로운 생각에서 나온 것이 아님을 아실 것입니다.'라고 하였습니다. 지금 성상의 명을 받드니 사직을 허락하지 않으셨습니다.

신은 진실로 지극히 어리석어 조정의 의중을 알지 못하겠습니다. 모르겠습니다만 신이 이전에 進退의 의리를 아뢴 것을 옳다고 여기십니까? 그르다고 여기십니까? 만약 옳다고 여기신다면 명을 받는 것은 義가 아닙니다. 신은 40년 동안 聖人의 道를 배웠으니 감히 義가 아닌데도 직임을 받아 조정을 잘못된 거조에 이르게 할 수 있겠습니까. 만약 신이 이전에 아뢴 것을 옳지 않다고 여기신다면 신은 狂妄하여 義理를 알지 못하는 것이니, 광망하여 의리를 알지 못하는 사람은 떠나가게 하는 것이 마땅합니다. 어찌 教導하는 직임에 둘 수 있겠습니까. 모르겠습니다만 신으로 하여금 무슨 의리로 직임을 받게 하는 것입니까?

臣은 昨被恩命하고 卽具奏陳호되 乞將臣丁憂服闋之初에 辭免表狀을 特賜省覽하시면 則知臣所以辭者는 蓋守古義요 非出私意라하니이다 今奉聖旨하니 不許辭免하니이다 臣誠至愚하여 不喩朝廷之意니이다 不知케라 以臣前日所陳進退之義로 爲是乎잇가 爲非乎잇가 若以爲是면 則受爲非義니이다 臣은 四十年學聖人之道하니 敢以非義而受하여 致朝廷於過擧乎잇가 若以臣前日所陳으로 爲非是면 臣狂妄不知義理니 狂妄不知義理之人은 使去가 宜也니이다 豈可處教導之職이릿가 不知케라 使臣以何義受之잇가

신이 삼가 생각건대, 조정에서 신이 미천하다는 이유로 물러나고 나아감에 輕重을 따질 것이 없기 때문에 문득 신의 말을 폐기하여 폐하께서 살펴보지 않으시고 보좌하는 신하도 보고하지 않은 것이 어찌 아니겠습니까. 신은 진실로 미천하지만 신이 아뢴 것은 聖賢의 말씀에 근본을 둔 것이고, 신이 나아가고 물러나는 것은 儒者가 나아가고 물러나는 道를 지키는 것입니다.

비록 조정에서 신이 아뢴 말을 살펴보지 않지만, 신은 천하 사람들과 후세 사람들이 그 말을 암송하고 그 의리를 생각하여 儒者를 등용하고 내친 道로써 조정을 의론

할까 염려됩니다. 그러므로 신은 임금을 사랑하는 구구한 마음을 절로 그칠 수 없어, 오히려 작은 정성으로 성상의 마음을 감동시키고 깨우치기를 바라는 것입니다. 삼가 죽음을 무릅쓰고 아뢰니 감히 명을 받을 수 없습니다. 성상의 위엄을 거듭 욕되게 하니 신은 감당할 길이 없습니다.

臣竊思之컨대 豈非朝廷以臣微賤으로 去就不足爲輕重이라 故로 忽棄其言하여 陛下不經省覽하시고 而輔臣莫以告也잇가 臣誠微賤이나 然臣之言은 本諸聖賢之言하고 臣之進退는 守儒者進退之道니이다 雖朝廷不見省察이나 臣恐天下後世가 有誦其言思其義하여 而以進退儒者之道로 議朝廷也니이다 故로 臣區區愛君之意를 不能自已하여 尙冀微誠으로 感悟聖心이니이다 謹昧死以聞하니 不敢受命하니이다 再瀆宸嚴하니 臣無任하노이다

復官된 것에 사은하는 表　謝復官表[①]

① 元符 3년(1100) 10월.
元符三年十月.

신 程頤는 아뢰니다. 이번 달 20일 河南府에서 보내온 官誥 한 통에 의거하여 신에게 通直郎 權判西京國子監을 제수하는 성은을 삼가 입었습니다. 처음 먼 변방으로 쫓겨났을 적에 끝내 버려지는 것을 분수상 달갑게 여겼는데, 크나큰 은덕으로 다시 옛 관직에 제수될 줄을 어찌 기대했겠습니까. 우러러 은총을 입으니 삼가 부끄럽고 두려운 마음이 더합니다. 中謝.

삼가 생각건대 신은 타고난 자질이 우매하여 스스로 쫓겨나게 되었는데, 너그러운 성은을 입어 樂土에 편안히 거처하는 듯하였고, 문득 특별한 사면을 받아 복직하는 은혜를 뒤이어 입었습니다. 이는 아마도 황제 폐하의 道가 커서 아울러 포용하고 밝음이 비추지 않는 곳이 없으며, 先帝께서 행한 經筵의 옛 제도를 생각하시고 仁을 지극히 하여 만물을 사랑하는 마음을 미루심을 삼가 만났기 때문일 것입니다. 그러니 신이 어찌 감히 자신을 더욱 선하게 하고 배우는 바에 정성을 다해 후세에 전함이 있기를 기약하여 깊은 성은에 보답하지 않을 수 있겠습니까.

臣頤言하노이다 今月二十日에 准河南府送到官誥一道하여 伏蒙聖恩하여 授臣通直郎權判西京國子監者하니이다 始竄遐荒할새 分甘終廢어늘 豈期洪造로 復畀(비)舊官이릿가 仰荷恩私하니 伏增愧懼하노이다 中謝라 竊念컨대 臣은 天資愚暗하여 自致放投어늘 旣仰荷於寬恩하여 如安居於樂土하고 忽遇非常之宥하여 繼蒙牽復之恩이니이다 玆蓋伏遇皇帝陛下道大兼容하고 明無不照하며 念先帝經筵之舊하고 推至仁愛物之心일새니이다 臣이 敢不益善其身하고 勵精所學하여 期有傳於後世하여 以上報於深恩이리잇가

附錄

1.《二程全書 7》參考書目 / 293
2.《二程全書》解題(QR) / 301
3.《二程全書》總目次(QR) / 301
4. 二程 年譜(QR) / 301

〔附錄〕

1. ≪二程全書 7≫ 參考書目

◇ 底本

- ≪二程全書≫, 徐必達 校, 서울대 규장각(奎中 1470)

◇ 參考本

- ≪二程全書≫, 서울대 규장각(一簑古 181.1-j463i)
- ≪二程全書≫, 국립중앙도서관(일산古3745-50)
- ≪二程全書≫, 국립중앙도서관(古貴3745-22-1-15)
- ≪二程集≫, 王孝魚 點校, 中華書局, 1981.
- ≪二程集≫, 臺灣 漢京文化事業有限公司, 1983.

◇ 經部

- ≪論語注疏≫, 十三經注疏整理委員會 整理, 北京大學校出版社, 2000.
- ≪論語集註大全≫, 朱熹(宋) 集註, 胡廣(明) 等 編, 影印本, 成均館大學校出版部, 1998.
- ≪大學章句大全≫, 朱熹(宋) 集註, 胡廣(明) 等 編, 影印本, 成均館大學校出版部, 1998.
- ≪孟子精義≫, 朱熹(宋), 景印文淵閣四庫全書, 商務印書館, 1983~1986.
- ≪孟子注疏≫, 十三經注疏整理委員會 整理, 北京大學校出版社, 2000.
- ≪孟子集註大全≫, 朱熹(宋) 集註, 胡廣(明) 等 編, 影印本, 成均館大學校出版部, 1998.
- ≪毛詩正義≫, 十三經注疏整理委員會 整理, 北京大學校出版社, 2000.
- ≪尙書正義≫, 十三經注疏整理委員會 整理, 北京大學校出版社, 2000.
- ≪書傳大全≫, 蔡沈(宋) 集註, 胡廣(明) 等 編, 影印本, 學民文化社, 1990.
- ≪詩傳大全≫, 朱熹(宋) 集傳, 胡廣(明) 等 編, 影印本, 學民文化社, 1989.
- ≪禮記正義≫, 十三經注疏整理委員會 整理, 北京大學校出版社, 2000.
- ≪禮記集說大全≫, 陳澔(元) 集說, 胡廣(明) 等 編, 影印本, 學民文化社, 2000.
- ≪周禮注疏≫, 十三經注疏整理委員會 整理, 北京大學校出版社, 2000.

- ≪周易大全≫, 程頤(宋) 傳, 朱熹(宋) 本義, 胡廣(明) 等 撰, 影印本, 學民文化社, 2008.
- ≪中庸章句大全≫, 朱熹(宋) 集註, 胡廣(明) 等 編, 影印本, 成均館大學校出版部, 1998.
- ≪春秋尊王發微≫, 孫復(宋), 景印文淵閣四庫全書, 商務印書館, 1983~1986.
- ≪春秋左傳正義≫, 十三經注疏整理委員會 整理, 北京大學校出版社, 2000.
- ≪孝經注疏≫, 十三經注疏整理委員會 整理, 北京大學校出版社, 2000.

◇ 史部

- ≪史記≫ 司馬遷(漢), 中華書局, 1997.
- ≪漢書≫, 班固(後漢), 中華書局, 1997.
- ≪後漢書≫, 范曄(南朝 宋), 中華書局, 1997.
- ≪三國志≫, 陳壽(晉), 中華書局, 1997.
- ≪晉書≫, 姚思廉(唐), 中華書局, 1997.
- ≪唐六典≫, 李林甫(唐) 等 撰, 景印文淵閣四庫全書, 商務印書館, 1983~1986.

◇ 子部

- ≪管子≫, 管仲(齊), 景印文淵閣四庫全書, 商務印書館, 1983~1986.
- ≪近思錄≫, 朱熹・呂祖謙(宋), 影印本, 學民文化社, 1995.
- ≪南華經≫, 莊周(戰國 宋), 影印本, 學民文化社, 1993.
- ≪老子道德經≫, 王弼(魏), 景印文淵閣四庫全書, 商務印書館, 1983~1986.
- ≪白虎通義≫, 班固(後漢), 景印文淵閣四庫全書, 商務印書館, 1983~1986.
- ≪荀子≫, 荀況(周), 景印文淵閣四庫全書, 商務印書館, 1983~1986.
- ≪揚子法言≫, 揚雄(漢), 景印文淵閣四庫全書, 商務印書館, 1983~1986.
- ≪列子≫, 列禦寇(戰國), 景印文淵閣四庫全書, 商務印書館, 1983~1986.
- ≪張子全書≫, 張載(宋), 景印文淵閣四庫全書, 商務印書館, 1983~1986.
- ≪朱子語類≫, 黎靖德(宋) 等 編, 中華書局, 1986.
- ≪中說≫, 王通(隋), 景印文淵閣四庫全書, 商務印書館, 1983~1986.
- ≪皇極經世書≫, 邵雍(宋), 景印文淵閣四庫全書, 商務印書館, 1983~1986.
- ≪黃帝內經素問≫, 王冰(唐) 注, 景印文淵閣四庫全書, 商務印書館, 1983~1986.

◇ 集部

- ≪五百家注昌黎文集≫, 魏仲擧(宋) 編, 景印文淵閣四庫全書, 商務印書館, 1983~1986.

◇ 번역서 및 연구서

- 賈豊臻, ≪中國理學史≫, 臺灣商務印書館公司, 1987.
- 岡田武彦, ≪宋明哲學の本質≫, 木耳社, 1984.
- 岡田武彦, ≪中國思想における理想と現實≫, 木耳社, 1973.
- 今井宇三郎, ≪宋明易學の研究≫, 明治圖書出版株式會社, 1958.
- 楠本正繼, ≪宋明時代儒學思想の研究≫, 廣池學園事業部, 1962.
- 楠本正繼 著, 김병화 외 譯, ≪송명유학사상사≫, 예문서원, 2005.
- 勞思光, ≪中國哲學史≫, 三民書局, 1981.
- 勞思光 著, 鄭仁在 譯, ≪中國哲學史－宋明篇－≫, 探求堂, 1987.
- 牟宗三, ≪心體與性體≫, 正中書局, 1968.
- 蒙培元, ≪理學範疇系統≫, 人民出版社, 1989.
- 潘富恩, 徐餘慶, ≪程顥程頤理學思想研究≫, 復旦大學出版社, 1988.
- 徐遠和, ≪洛學源流≫, 齊魯書社出版, 1987.
- 徐志銳, ≪宋明易學概論≫, 遼寧古籍出版社, 1997.
- 石訓 外, ≪北宋哲學史≫, 河南人民出版社, 1987.
- 狩野直喜 著, 吳二煥 譯, ≪中國哲學史≫, 乙酉文化社, 1986.
- 市川安司, ≪程伊川哲學の研究≫, 東京大學出版會, 1978.
- 안은수, ≪정이 : 중국 송대의 신유학자≫, 성균관대학교 출판부, 2002.
- 野口豊太, ≪二程遺書全譯≫, V2solution, 2016.
- 余敦康, ≪內聖外王的貫通－北宋易學的現代闡釋≫, 學林出版社, 1997.
- 이향준 외 譯, ≪이정유서 Ⅰ·Ⅱ·Ⅲ≫, 발해그래픽스, 2019.
- ＿＿＿＿＿＿, ≪이정외서≫, 발해그래픽스, 2019.
- 이현선, ≪장재와 이정형제의 철학 : 기철학과 리철학의 대립≫, 문사철, 2013.
- 張岱年, ≪中國哲學大綱≫, 中國社會科學出版社, 1982.
- 張德麟 著, 박상리 등 譯, ≪정명도의 철학≫, 예문서원, 2004.
- 張立文 主編, ≪中國學術通史－宋元明卷－≫, 人民出版社, 2004.
- 張立文, ≪宋明理學研究≫, 人民大學出版社, 1985.
- 陳來, ≪宋明理學≫, 遼寧教育出版社, 1991.
- 陳來 著, 안재호 譯, ≪송명성리학≫, 예문서원, 1997.
- 蔡方鹿, ≪程顥程頤與中國文化≫, 貴州人文出版社, 1996.
- 蔡仁厚, ≪宋明理學－北宋篇－≫, 臺灣學生書局, 1983.

- 土田健次郎 著, 성현창 譯, ≪북송도학사≫, 예문서원, 2006.
- 馮友蘭, ≪中國哲學史新編≫, 人民出版社, 1988.
- 韓鍾文, ≪中國儒學史 - 宋元卷 -≫, 廣東教育出版社, 1997.
- 侯外廬 主編, ≪中國思想通史≫, 人民出版社, 1957.
- A.C. Graham, *Two Chinese philosophers : Cheng Ming-tao and Cheng Yi-chuan*, Lund Humphries, 1958.(이현선 譯, ≪정명도와 정이천의 철학≫, 심산, 2011.)
- Bruce, J. Percy, *Chu Hsi and His Masters: an introduction to Chu Hsi and the Sung School of Chinese Philosophy,* Probsthain & co., 1923.
- ________________, *Two Chinese philosophers : the metaphysics of the brothers Cheng*, Open Court, 1992.
- Kidder Smith Jr & Peter K. Bol & Joseph A. Adler & Don J. Wyatt, *Sung Dynasty Uses of the I Ching*, Princeton University Press, 1990.
- Robin R. Wang & L. Michael Harrington, *The Yi River Commentary on the Book of Changes*, Yale University Press, 2019.
- Thomas F. Cleary, *I Ching : The Tao of Organization*, Shambhala, 1988.
- Yong Huang, *Why be moral? : learning from the neo-Confucian Cheng Brothers*, State University of New York Press, 2014.

◇ 해제 및 연구논문

- 김동민, 〈程伊川의 理學的 ≪春秋≫ 이해에 관한 연구〉, ≪유교사상문화연구≫ 60, 한국유교학회, 2015.
- 김문갑, 〈程明道의 天理에 관한 小考〉, ≪유학연구≫ 8, 충남대학교 유학연구소, 2000.
- 김연재, 〈義理學的 해석에서 본 程伊川의 道學 및 그 易學的 범주〉, ≪동양철학연구≫ 46, 동양철학연구회, 2006.
- 김필수, 〈程頤 철학의 位置와 易傳 出版의 意義〉, ≪역학연구≫ 5, 한국주역학회, 2000.
- 김홍수, 〈≪河南程氏遺書≫ · ≪河南程氏外書≫ · ≪河南程氏粹言≫의 作者不明語錄 鑑別〉, ≪동아인문학≫ 28, 동아인문학회, 2014.
- ______, 〈二程語錄考證及思想異同硏究〉, 중국 南開大學 박사논문, 2005.
- ______, 〈二程思想 연구에 있어서 ≪程書分類≫의 자료적 가치와 유용성〉, ≪中國과 中國學≫ 3, 영남대학교 중국연구센터, 2005.
- ______, 〈≪程書分類≫와 그 철학적 의의〉, ≪東亞人文學≫ 29, 동아인문학회, 2014.

- 민병삼, 〈程伊川의 風水地理思想研究〉, ≪동양철학연구≫ 59, 동양철학연구회, 2009.
- 박길수, 〈程明道의 人性論과 儒學史的 意義〉, ≪공자학≫ 25, 한국공자학회, 2013.
- ______, 〈程明道의 仁說 연구〉, ≪양명학≫ 41, 한국양명학회, 2015.
- 박양자, 〈二程의 思想的 特性〉, ≪공자학≫ 1, 한국공자학회, 1995.
- 박호석, 〈程伊川의 생애와 문제의식〉, ≪동양예학≫ 11, 동양예학회, 2003.
- ______, 〈程伊川 '理'哲學의 이론적 체계에 관한 연구〉, 대구한의대학교 박사학위논문, 2015.
- 성백효, 〈≪程書分類≫ 解題〉, ≪程書分類≫, 학민문화사, 1994.
- 손영식, 〈程伊川 철학에 있어서의 理와 그 實踐〉, 서울대학교 석사학위논문, 1982.
- 송봉구, 〈程伊川의 心性·居敬窮理論 研究〉, ≪동양고전연구≫ 18, 한국고전학회, 2003.
- ______, 〈程伊川의 修養論 연구〉, ≪동양문화연구≫ 1, 영산대학교 동양문화연구원, 2007.
- 심의용, 〈程伊川 철학에서 행위 방식으로서의 義理의 특성〉, ≪동서철학연구≫ 31, 한국동서철학회, 2004.
- ______, 〈북송시대 사대부들의 변화와 程伊川 철학의 특성〉, ≪동서철학연구≫ 36, 한국동서철학회, 2005.
- 안동섭, 〈伊川 程頤의 窮理 연구〉, 연세대학교 석사학위논문, 2012.
- 양승무, 〈程明道의 哲學思想 研究〉, ≪유교사상문화연구≫ 7, 한국유교학회, 1994.
- ______, 〈程伊川의 格物致知說 연구〉, ≪한중철학≫ 3, 한중철학회, 1997.
- ______, 〈程伊川의 철학사상 연구 - 理氣論·中和說을 중심으로〉, ≪공자학≫ 3, 한국공자학회, 1998.
- 엄연석, 〈程頤 易傳의 易學理論에 관한 연구〉, 서울대학교 박사학위논문, 1999.
- 오종일, 〈程明道의 心性說〉, ≪동양철학연구≫ 17, 동양철학연구회, 1997.
- 이선열, 〈程伊川 性卽理說 연구〉, 서울대학교 박사학위논문, 1998.
- 이승환, 〈論程明道思想中'價值'之根據與其實踐的問題〉, 대만대학교 석사학위논문, 1984.
- ______, 〈송명유학 수양론에서 未發說의 형성과 전개 - 程門의 미발설과 求中 공부〉, ≪철학연구≫ 38, 고려대학교 철학연구소, 2009.
- 이원태, 〈王弼과 伊川의 義理易 비교 연구〉, 연세대학교 박사학위논문, 1998.
- 이정환, 〈程學 전통에서의 格物, 致知, 窮理 - 二程 4대 初傳弟子들의 해석과 주자 재해석의 의의 -〉, ≪동양학≫ 60, 단국대학교 동양학연구원, 2015.
- 이천일, 〈程伊川 教育論에 관한 고찰〉, ≪동방학≫ 21, 한서대학교 동양고전연구소, 2011.
- 인현정, 〈程伊川의 생의 원리와 感通의 문제〉, 이화여자대학교 석사학위논문, 2009.

• 장승구, 〈伊川 易學과 사대부의 윤리사상〉, ≪이천역학 국제학술대회 자료집≫, 한국주역학회, 1999.
• 정병련, 〈程明道의 '理有善惡' 眞詮〉, ≪유교사상문화연구≫ 8, 한국유교학회, 1996.
• 정병석, 〈≪易程傳≫을 통해 본 程伊川의 政治的 思惟〉, ≪주역연구≫ 5, 한국주역학회, 2000.
• ______, 〈≪伊川易傳≫에 보이는 程伊川의 國家論〉, ≪중국학보≫ 63, 한국중국학회, 2011.
• 정상봉, 〈程明道의 천리와 인성에 대한 이해〉, ≪한국철학논집≫ 40, 한국철학사연구회, 2014.
• 정종모, 〈정명도의 ≪주역≫ 해석과 그 경학사적 의미〉, ≪양명학≫ 45, 한국양명학회, 2016.
• 정종복, 〈程明道의 哲學思想 硏究〉, ≪청주대학교 논문집≫ 15, 청주대학교, 1982.
• 정해민, 〈易의 哲學體系에 관한 硏究 – 程伊川의 易學을 중심으로〉, 부산대학교 석사학위논문, 1987.
• 조장연, 〈程伊川 易學思想에 관한 硏究〉, 성균관대학교 석사학위논문, 1993.
• 주광호, 〈程伊川 太極觀 연구 – 太極에서 理로〉, ≪고려대학교 한자한문연구소 연구발표회≫, 2008.
• 천병돈, 〈程明道 ≪定性書≫에 대한 霞谷의 이해〉, ≪양명학≫ 15, 한국양명학회, 2005.
• ______, 〈程明道 易學思想〉, ≪동양철학연구≫ 58, 동양철학연구회, 2009.
• 최영성, 〈南冥 曺植의 程朱學 受容樣相 – 二程과 관련하여 ≪學記類編≫을 중심으로〉, ≪남명학연구≫ 24, 경상대학교 남명학연구소, 2007.
• 허 벽, 〈程明道의 天理思想 형성에 관한 연구〉, ≪유교문화연구≫ 17, 성균관대 유교문화연구소, 2010.
• ______, 〈程明道의 天理思想 硏究〉, 성균관대학교 박사학위논문, 2011.
• 홍원식, 〈程伊川의 格物致知說〉, ≪철학연구≫ 13, 고려대학교 철학연구소, 1989.
• 황태현, 〈≪대학≫ 聽訟章의 이해 – 伊川과 朱子를 중심으로〉, ≪동양문화연구≫ 24, 영산대 동양문화연구원, 2016.
• 羅 光, 〈程顥的哲學思想〉, ≪人文學報≫, 輔仁大學文學院, 1976.
• 張岱年, 〈正確評價二程洛學〉, ≪中州學刊≫, 河南省社會科學院, 1998.
• 陳榮捷, 〈論朱熹與程頤之不同〉, ≪中國哲學≫, 三聯書店, 1983.
• 李景林, 〈二程心性論之異同與儒學精神〉, ≪中州學刊≫, 河南省社會科學院, 1991.

- Barry Keenan, *Reverence and Cheng-Zhu Ecology, Dao,* A Journal of Comparative Philosophy Vol.17, 2018.
- Feng Youlan, *Cheng Hao and Cheng Yi,* Contemporary Chinese Thought Vol.13, 1981.
- Hans van Ess, *The Compilation of the Works of the Ch'eng Brothers and its Significance for the Learning of the Right Way of the Southern Sung Period*, T'oung pao Vol.90, 2004.
- Wai-Ying Wong, *The Status of Li in the Cheng Brothers' Philosophy, Dao*, A Journal of Comparative Philosophy Vol.3, 2003.
- ________________, *Morally bad in the philosophy of the Cheng Brothers*, Journal of Chinese philosophy, Vol.36, 2009.
- Wing-Tsit Chan, *Patterns for Neo-Confucianism : Why Chu Hsi differed from Ch'engi*, Journal of Chinese Philosophy, Vol.5, 1978.
- Wing-Tsit Chan & A.C. Graham, *Two Chinese Philosophers : Ch'eng Ming-tao and Ch'eng Yi-ch'uan* , Journal of the American Oriental Society Vol.79, 1959.
- Yl Feng, *Cheng Hao and Cheng yi*, Chinese Studies in Philosophy Vol.13, 1982.
- Yong Huang, *Cheng Yi's Neo-Confucian Ontological Hermeneutics of Dao*, Journal of Chinese philosophy, Vol.27, 2000.
- ____________, *Cheng Brothers' Neo-Confucian Virtue Ethics : The Identity of Virtue and Nature* , Journal of Chinese philosophy, Vol.30, 2003.
- ____________, *Confucian love and global ethics : How the Cheng Brothers would help respond to Christian criticisms,* Asian Philosophy, Vol.15, 2005.
- ____________, *Neo-confucian political philosophy : The Cheng Brothers on li (propriety) as political*, psychological, and metaphysical, Journal of Chinese philosophy, Vol.34, 2007.
- ____________, *The Cheng Brothers' Onto-theological Articulation of Confucian Values*, Asian philosophy, Vol.17, 2007.

- ___________, *Neo-Confucian Hermeneutics at Work : Cheng Yi's Philosophical Interpretation of Analects 8.9 and 17.3,* The Harvard theological review, Vol.101, 2008.
- ___________, *"WHY BE MORAL?" The Cheng Brothers' Neo-Confucian Answer*, The Journal of religious ethics, Vol.36, 2008.
- ___________, *The Cheng Brothers on Virtue(de, 德) : Is a Virtuous Person Self-Centered?*, Journal of Sino-Western communications, Vol.2, 2010.
- Zheng Zemian, *Two Kinds of Oneness : Cheng Hao's Letter on Calming Nature in Contrast with Zhang Zai's Monism,* Philosophy east and west, Vol.65, 2015.

◇ 사전 및 공구서

- ≪道教思想辭典≫, 金勝東 編著, 釜山大學校出版部, 2004.
- ≪佛教・印度思想辭典≫, 金勝東 編著, 釜山大學校出版部, 2001.
- ≪宋元語言詞典≫, 龍潛庵, 上海辭書出版社, 1985.
- ≪語錄解三種校本合刊≫, 尹昭晶・潘牧天 編, 學古房, 2015.
- ≪註解語錄總覽≫, 白斗鏞・尹昌鉉, 太學社, 1978.

◇ 데이터베이스(DB) 자료

- 국립중앙도서관 디지털화 자료
- 규장각 한국학연구원(http://kyujanggak.snu.ac.kr)
- 동양고전종합DB(http://db.cyberseodang.or.kr)
- 성균관대학교 존경각(http://east.skku.edu)
- 한국고전종합DB(http://db.itkc.or.kr)
- 電子版 文淵閣四庫全書, 上海古籍出版社

2. ≪譯註 二程全書≫ 解題

QR코드를 스캔하면 ≪二程全書≫ 解題를 보실 수 있습니다.

• 집필 : 최석기(경상국립대학교 한문학과 명예교수)

3. ≪譯註 二程全書≫ 總目次

QR코드를 스캔하면 ≪二程全書≫ 總目次를 보실 수 있습니다.

4. 二程 年譜

QR코드를 스캔하면 程顥와 程頤의 年譜를 보실 수 있습니다.

責任飜譯

崔錫起

성균관대학교 한문교육과 졸업
성균관대학교 대학원 한문학과 문학박사
민족문화추진회 국역연수원 연수부 및 상임연구원 졸업
민족문화추진회 국역실 전문위원 역임
한국경학학회 회장 역임
경상국립대학교 인문대학 한문학과 명예교수

論著 및 譯書

論著 ≪星湖 李瀷의 學問精神과 詩經學≫, ≪韓國經學家 事典≫, ≪조선시대 大學圖說≫(공저) 등
譯書 ≪大學≫, ≪中庸≫, ≪王夫之의 대학 읽기≫, ≪星湖 詩經疾書≫, ≪南冥集≫(공역),
≪王夫之의 중용 읽기≫(공역), ≪유교경전과 경학≫(공역), ≪譯註 二程全書≫ (공역) 등

共同飜譯

姜導顯

경상국립대학교 인문대학 한문학과 졸업
경상국립대학교 대학원 한문학과 박사과정 수료
경상국립대학교 경남문화연구원 인문한국(HK) 연구보조원
한국고전번역원 권역별 거점연구소 협동번역사업 연구보조원

論著 및 譯書

論著 ≪조선시대 大學圖說≫
譯書 ≪19세기 경상우도 학자들≫(공역), ≪澗松集≫(공역), ≪謙齋集≫(공역),
≪선인들의 지리산 유람록≫(공역), ≪남명 조식의 문인들≫(공역), ≪譯註 二程全書≫ (공역) 등

懸吐監修

吳圭根

江原 平昌 大化 出生
南山 鄭鑽 先生, 祖父 鳳西 先生, 家親 研靑 先生에게 受學
民族文化推進會 國譯研修院 卒業
國譯研修院 講師 歷任
傳統文化研究會 古典研修院 講師 歷任
理事(前)

譯書 및 校勘標點

譯書 朝鮮王朝實錄 ≪宣祖實錄≫, ≪光海君日記≫, ≪中宗實錄≫
≪白湖全書≫, ≪順庵集≫, ≪承政院日記≫(高宗祖) 등
校勘標點 ≪韓國文集叢刊≫ 등

東洋古典譯註叢書 119

譯註 二程全書 7　　31,000원

2025년 05월 20일 초판 인쇄
2025년 06월 30일 초판 발행

著　　者　　程顥 · 程頤

企劃編輯　　東洋古典飜譯編輯委員會
飜譯硏究管理 朴相水
責任飜譯　　崔錫起
共同飜譯　　姜導顯
懸吐監修　　吳圭根
潤　　文　　李承俊
校　　訂　　李承俊
編輯出版　　白俊哲
裝　　幀　　김진디자인

發 行 人　　金　炫
發 行 處　　社團法人 傳統文化硏究會
서울 종로구 삼봉로 81 두산위브파빌리온 1332호
전화 : (02)762-8401　전송 : (02)747-0083
전자우편 : juntong@juntong.or.kr
홈페이지 : juntong.or.kr
사이버書院 : hm.cyberseodang.or.kr
온라인서점 : book.cyberseodang.or.kr
총판 : 한국출판협동조합(070-7119-1750)

ISBN 979-11-5794-296-1 94820
978-89-85395-71-7(세트)

※ 이 책은 2023년도 교육부 고전문헌 국역지원사업 지원비에 의해 번역되었음.

전통문화연구회 도서목록

新編 基礎漢文教材·漢文讀解捷徑

新編 四字小學·推句 고전교육연구실 編譯 11,000원
新編 啓蒙篇·童蒙先習 고전교육연구실 編譯 11,000원
新編 明心寶鑑 李祉坤·元周用 譯註 15,000원
新編 擊蒙要訣 咸賢贊 譯註 12,000원
新編 註解千字文 李忠九 譯註 12,000원
新編 原文으로 읽는 故事成語 元周用 編譯 15,000원
新編 唐音註解選 權卿相 譯註 22,000원
(개정판) 漢文독해기본패턴 고전교육연구실 著 20,000원
논어독해 첫걸음 고전교육연구실 著 17,000원
맹자독해 첫걸음 근간
한문독해첩경 文學篇 朴相水·李和春 외 著 17,000원
한문독해첩경 史學篇 朴相水·李和春 외 著 17,000원
한문독해첩경 哲學篇 朴相水·李和春 외 著 17,000원

五書五經讀本

論語集註 上·下 鄭太鉉 譯註 合 49,000원
孟子集註 上·下 田炳秀 外 譯註 合 60,000원
大學·中庸集註 李光虎 外 譯註 15,000원
小學集註 上·下 李忠九 外 譯註 合 50,000원
詩經集傳 上·中·下 朴小東 譯註 合 90,000원
書經集傳 上·中·下 金東柱 譯註 合 90,000원
周易傳義 元·亨·利·貞 崔英辰 外 譯註 合 120,000원
詳說 古文眞寶大全後集 上·下 李相夏 外 譯註 合 64,000원
春秋左氏傳 上·中·下 許鎬九 外 譯註 合 109,000원
禮記 上·中·下 成百曉 外 譯註 合 90,000원

東洋古典國譯叢書

大學·中庸集註 -개정증보판 成百曉 譯註 12,000원
論語集註 -개정증보판 成百曉 譯註 30,000원
孟子集註 -개정증보판 成百曉 譯註 30,000원
詩經集傳 上·下 成百曉 譯註 合 70,000원
書經集傳 上·下 成百曉 譯註 合 66,000원
周易傳義 上·下 成百曉 譯註 合 80,000원
小學集註 成百曉 譯註 30,000원
古文眞寶 後集 成百曉 譯註 32,000원

東洋古典譯註叢書

〈經部〉

十三經注疏
周易正義 1~4 成百曉 外 譯註 合 147,000원
尙書正義 1~7 金東柱 譯註 合 241,000원
毛詩正義 1~8〔全15〕 朴小東 外 譯註 合 288,000원
禮記正義 1~3, 中庸·大學 李光虎 外 譯註 合 117,000원
論語注疏 1~3 鄭太鉉 外 譯註 合 117,000원
孟子注疏 1~4〔全5〕 崔彩基 外 譯註 合 124,000원
孝經注疏 鄭太鉉 外 譯註 35,000원
周禮注疏 1~4〔全15〕 金容天 外 譯註 合 129,000원
春秋左傳正義 1~2〔全18〕 許鎬九 外 譯註 合 59,000원
春秋公羊傳注疏 1〔全7〕 宋基采 外 譯註 合 37,000원
春秋左氏傳 1~8 鄭太鉉 譯註 合 255,000원
禮記集說大全 1~6〔全10〕 辛承云 外 譯註 合 206,000원
東萊博議 1~5 鄭太鉉 外 譯註 合 172,000원
韓詩外傳 1~2 許敬震 外 譯註 合 65,000원
說文解字注 1~5〔全20〕 李忠九 外 譯註 合 172,000원

〈史部〉

思政殿訓義 資治通鑑綱目 1~23〔全39〕 辛承云 外 譯註 合 710,000원
通鑑節要 1~9 成百曉 譯註 合 316,000원
唐陸宣公奏議 1~2 沈慶昊 外 譯註 合 88,000원
貞觀政要集論 1~4 李忠九 外 譯註 合 109,000원
列女傳補注 1~2 崔秉準 外 譯註 合 68,000원
歷代君鑑 1~4 洪起殷 外 譯註 合 140,000원

〈子部〉

孔子家語 1~2 許敬震 外 譯註 合 79,000원
管子 1~4〔全5〕 李錫明 外 譯註 合 130,000원
近思錄集解 1~3 成百曉 譯註 合 106,000원
老子道德經注 金是天 譯註 30,000원
大學衍義 1~5〔全7〕 辛承云 外 譯註 合 148,000원
墨子閒詁 1~7 李相夏 外 譯註 合 267,000원
說苑 1~2 許鎬九 譯註 合 50,000원
世說新語補 1~5 金鎭玉 外 譯註 合 181,000원
荀子集解 1~7 宋基采 譯註 合 238,000원
心經附註 成百曉 譯註 38,000원
顏氏家訓 1~2 鄭在書 外 譯註 合 59,000원
揚子法言 1〔全2〕 朴勝珠 譯註 24,000원
列子鬳齋口義 崔秉準·孔勤植·權憲俊 共譯 40,000원
二程全書 1~7〔全8〕 崔錫起·外 譯註 合 251,000원
莊子 1~4 安炳周·田好根 共譯 合 143,000원
政經·牧民心鑑 洪起殷·全百燦 譯註 27,000원
韓非子集解 1~5 許鎬九 外 譯註 合 202,000원
武經七書直解
孫武子直解·吳子直解 成百曉 外 譯註 45,000원
六韜直解·三略直解 成百曉 外 譯註 26,000원
尉繚子直解·李衛公問對直解 成百曉 外 譯註 26,000원
司馬法直解 成百曉 外 譯註 26,000원

〈集部〉

古文眞寶 前集 成百曉 譯註 30,000원
唐詩三百首 1~3 宋載卲 外 譯註 合 127,000원
唐宋八大家文抄 韓愈 1~3 鄭太鉉 譯註 合 78,000원
〃 柳宗元 1~2 宋基采 譯註 合 44,000원
〃 歐陽脩 1~7 李相夏 譯註 合 220,000원
〃 王安石 1~2 申用浩·許鎬九 共譯 合 45,000원
〃 曾鞏 宋基采 譯註 25,000원
〃 蘇洵 李章佑 外 譯註 25,000원
〃 蘇軾 1~5 成百曉 譯註 合 110,000원
〃 蘇轍 1~3 金東柱 譯註 合 64,000원
明淸八大家文鈔 1 歸有光·方苞 李相夏 外 譯註 35,000원
〃 2 劉大櫆·姚鼐 李相夏 外 譯註 35,000원
〃 3 梅曾亮·曾國藩 李相夏 外 譯註 38,000원
〃 4 張裕釗·吳汝綸 李相夏 外 譯註 50,000원

東洋古典新譯

당시선 송재소·최경렬·김영죽 편역 24,000원
손자병법 성백효 역주 14,000원
장자 안병주·전호근·김형석 역주 13,000원
고문진보 후집 신용호 번역 28,000원
노자도덕경 김시천 역주 15,000원
고문진보 전집 上·下 신용호 번역 各 22,000원
신식 비문척독 박상수 번역 25,000원
쉽게 배우는 안씨가훈 김창진 편역 23,000원

동양문화총서

동양사상 해설과 원전 정규훈 外 저 22,000원
화합의 길 《중용》 읽기 금장태 저 20,000원
호설과 시장 신용호 저 20,000원
어느 노학자의 젊은 시절 -《고문진보》 選譯 심재기 저 22,000원

문화문고

경전으로 본 세계종교 그리스도교 이정배 편저 10,000원
〃 도교 이강수 편역 13,000원
〃 천도교 윤석산 외 편저 10,000원
〃 힌두교 길희성 편역 10,000원
〃 유교 이기동 편저 10,000원
〃 불교 김용표 편저 22,000원
〃 이슬람 김영경 편역 13,000원
논어·대학·중용 조수익·박승주 공역 13,000원
맹자 조수익·박승주 공역 10,000원
소학 박승주·조수익 공역 10,000원
십구사략 1~2 정광호 저 合 24,000원
무경칠서 손자병법·오자병법 성백효 역 13,000원
〃 육도·삼략 성백효 역 10,000원
〃 사마법·울료자·이위공문대 성백효 역 10,000원
당시선 송재소·최경렬·김영죽 편역 10,000원
한문문법 이상진 저 20,000원
한자한문전통교재 조수익·이성민 공역 13,000원
士小節 선비 집안의 작은 예절 이동희 편역 13,000원
儒學이란 무엇인가 이동희 저 18,000원
동아시아의 유교와 전통문화 이동희 저 13,000원
현대인, 동양고전에서 길을 찾다 이동희 저 10,000원
100자에 담긴 한자문화 이야기 김경수 저 12,000원
우리 설화 1~2 김동주 편역 合 20,000원
대한민국 국무총리 이재원 저 10,000원
백운거사 이규보의 문학인생 신용호 저 14,000원